THE NEXT BIG THING

スティーブ・ジョブズと日本の環太平洋創作戦記

Mikiro Enomoto
榎本幹朗

まえがき――この世界に何か価値あるものを残したいと願うすべての人へ

告白しよう。

この小説を書きはじめるまで、筆者はスティーブ・ジョブズという人物をまったく誤解していた。エキセントリックな天才で、たったひとりで世界を変えた最強のワンマン経営者だと考えていた。人間離れした情熱で偉大な仕事を成し遂げたが、天才にありがちな人格的破綻が私生活を蝕んでいたと思い込んでいた。公式伝記には大きな感銘を受けたが、日本とは別天地で生まれた、我々凡人とはほとんど共通点のない人物だとどこかで感じていた。

今ではそう思っていない。そして本書は、この世界にささやかでも何か価値あるものを残して世を去りたいと願うすべての人たちのために書いたと思っている。

第一部はジョブズが、いかにして変わっていったかを綴る。

「挫折の章」は、若き日のジョブズがMａｃの〝次の大物〟として、ｉＰｈｏｎｅに近いプロダクトを作ろうと奔走していた姿を描く。彼はたしかに時代のはるか先を感じとっていた。が、そこへたどり着くのに必要な何かをじぶん自身の外にも、内にも欠いていた。彼は会社から追放されてしまうが、思えばそこから経験する苦難の道は、みずからに課した使命を実現するのに必要なものを手に入れる旅路だった。

続く「成長の章」では、「ジョブズはいつ、どこで、どのようにして史上最強の経営者に生まれ変わったのか」という彼の最大の謎に挑戦した。

再起をかけて彼はネクスト社とピクサー社を立ち上げるが、ことごとく経営を誤り倒産の危機に瀕してしまう。だが、どん底で彼の人間性は変わりはじめた。のみならず、彼はこの時期、じぶんのやり方とは全く異なる経営手法に出会い、成長の刻を迎えるが、そこには日本が大きく関わっていた。手塚治虫や宮崎駿がなぜ本章に登場するのかは、読んでのお楽しみとさせていただこう。

第二部はネクスト・ビッグ・シングの永遠のロールモデルを物語に書き起こした。

「円環の章」は、ｉＰｈｏｎｅのあまりにも激しい開発物語を通じて彼の「魔法のレシピ」を解き明かしてゆく。ジョブズが発明した様々な経営手法と、彼が育てた最強の部下たちの姿を追ううちに、読者はＡｐｐｌｅという会社が、実は彼の尊敬するＳｏｎｙとトヨタの融合であったことを見出すだろう。それは一九七〇年代以降、日本経済に敗れかけたアメリカが逆転を決めた最重要局面でもあり、その戦局を詳らかにすれば、日本再生のヒントが見えてくると思い、書きあげた。

「挑戦の章」は、Ｓｏｎｙで「ジョブズに唯一対抗できる男」と目された久多良木健が、シリコンバレーへいかに攻め込み、敗れたかを描く。たしかにＳｏｎｙはこの敗戦で大きな痛手を負ったが、その高い志は筆者にむしろ勇気と誇りを与えてくれた。その挑戦は姿かたちを変えて今も続き、花開こうとしている。

「天穹の章」は、死を覚悟したジョブズがｉＰｈｏｎｅの〝次の大物〟を人工知能に託していた姿を描く。振り返ればそれは前世紀、彼がネクスト社にいた頃から始まっていた。我々は最新ニュースに時代の最先端を見出そうと勤しんでいるが、それはイノヴェーターたちの過去を見ているにすぎないのかもしれない。

「和解の章」は、ジョブズの私生活の恥部とされてきた、彼が捨てた長女リサとの関係の真実をふたりの視点から描いた。イノヴェーションというものは技術革新やアイデアのみで出来あがっているものではなく、実際には経営者の人間的な成長が深く関わっているが、ふたりの関係はジョブズという人間が我々凡人と同じように苦しみ、変容を体験していたことを如実に示している。実に、リサは『スティーブ・ジョブズ』という物語のヒロインだった。

エピローグでは、ジョブズ亡きあとのAppleと、復活へ向かうSonyの姿をまとめた。ジョブズがApple Carについて議論を始めたのは日本でiPhoneが初めて発売された年に遡る。一方、Sonyは前世紀にエレクトロニクス産業の先導者としてあまりに成功したゆえにイノヴェーションのジレンマに陥ってしまったが、平井改革でついに〝次の大物〟をもう一度目指す力を取り戻した。現在、ポスト・スマートフォンの本命はスマートグラスと自律走行車と目されているが、日本に現れたかもしれない第三のネクスト・ビッグ・シングについて最後に触れてある。

あらすじは以上のとおりだが、本書のテーマはビジネスを超えて多岐にわたる。美と醜、生と死、人と神、罪と許し——それらはジョブズにとって常にビッグ・シング(人生の一大事)であったが、これまで「ヒッピーカルチャー」の一語で切り捨てられてきた。本書は彼の想いを汲みとり、そうした人生のビッグ・シングからも逃げずに取り組んだ。

ジョブズが金儲けや私的幸福のために生きなかったのはAppleに復帰した時点で確定している。ピクサーの上場で彼は富も名誉も取り戻していたし、幸福な家庭もすでに持っていた。そして彼はイノヴェーションそれ自体のためにも生きなかった。彼が人生をかけて追い求めたのは、時代を超える、完璧な美を宿したモノづくりだ。では、それは何のためだったのか?

また本書はAppleをアメリカの象徴、Sonyを日本の象徴として扱っている。モノづくりをめぐって高め合ってきた日本とアメリカの歴史、企業のみならず国家全体が陥るイノヴェーションのジレンマ、その克服方法から日本復活の縁を見出すべく、この小説を書き進めてきた。

しかし本書のテーマを一点に集約するのなら、「復活」になるだろう。一度、敗れた者はどうすれば復活できるのか。それは企業や国家にも当てはまるし、この人生において何かクリエイティヴな価値を世界に残して去りたいと願う人すべてに当てはまるかもしれない。

人は志を持つからこそ挫折する。だが、そこから復活した者のみが、かけがえのない魂の充実を得ると、スティーブ・ジョブズの人生は今も私たちに語りかけている。

目次

成長の章

ジョブズが生まれ変わった場所、ピクサーの誕生物語

[第二部]

復活

円環の章

iPhoneの完成と音楽産業の復活

挑戦の章

――シリコンバレーを唯一、脅かした日本人の物語

天穹の章　375

人類の最良の精神を信じた男

和解の章　396

魂の変容――とある父娘の罪と許しの物語

エピローグ

［第一部］

流離譚

りゅうりたん

挫折の章

若き日のスティーブ・ジョブズ

失敗を繰り返した若き日のジョブズ

学生時代のスティーブ・ジョブズは精神の解放、覚醒あるいは悟りに強く惹かれていた。だから起業した頃、彼はＡｐｐｌｅを去り、福井県は永平寺の僧になろうか本気で迷っていた。

結局、敬愛する知野弘文(ちのこうぶん)師にジョブズは出家の志を伝えたのだが、師から日本語訛りの英語でこう諭された。「ビジネスマンにはなりたくなかったからね」と彼は振り返る。「あんなふうになりたくないと思う奴ばかりだった」[★001] すべてが修行、事業も座禅も同じ修行なのだと。このとき、彼の道は定まった。

旅こそが報い。一意専心。アメリカ人らしく、禅語は彼の仕事哲学となった。そして禅僧が只管打坐(しかんたざ)するがごとく、コンピュータ革命の実現に打ち込んでいくのである。

それから六年後――。

パロアルト郊外の広大な自宅でひとり雑誌を広げた若きジョブズは得意顔だった。別冊「最新ジョブズの本」。二十代の半ばにして、権威あるタイム誌にここまで大きく取り扱われる起業家にじぶんはなったのだ。だが読み終える頃には彼の体は震え、赤面していた。

ＡｐｐｌｅⅠ、ＡｐｐｌｅⅡを創った共同創業者スティーブ・ウォズニアックこそ真の天才で、ジョブズは友人の立場を利用し、口先で財を成したビジネスマンにすぎない。それがタイム誌の評価だった。

「スティーブは、回路づくりもデザインも、あるいはコーディングも一切やってない。彼はコンピュータにほんとうに関わってきたとはいえないんだ」★002

取材に答えた相棒ウォズニアックのその言葉は、彼の心臓を突き刺した。

醜聞も添えられていた。ジョブズは、実の親に捨てられたことに苦しんできた。それなのに高校時代からのガールフレンド、クリスアンとのあいだに生まれた娘を認知しようとすらしない。会社のみんなは心配している……。学生時代からの親友、ダン・コトケが周知の事実と勘違いし、ジョブズの秘密を記者に語ってしまったのだ。ほかのＡｐｐｌｅ社員も辛辣だった。「技術のことはあまりわかっていない」「フランスの国王にしたらさぞかし立派だったに違いない」等々。

一五〇〇万人の読むメディアで、彼は自画像を初めて知った。それはかつて思った、あんなふうになりたくない軽薄なビジネスマンそのものだったのだ。

七〇年代のアメリカ西海岸で多感な時代を過ごした彼は、ボブ・ディランやビートルズの創作活動に憧れ、Ａｐｐｌｅを創業した頃にはガレージ裏でよくギターを爪弾き、歌っていた。

じぶんの天命は音楽ではない。かわりに人類の最大の発明であるコンピュータの創成期に立ち会う幸運に恵まれた。この世界で、音楽に匹敵する何かを創りあげたい。その欲望に苛まされてきた。

そんな彼にとって、「口がうまいだけのセールスマン」という風刺画以上に核心を突いた侮辱はなかった。彼は涙さえ流した。

じぶん自身の作品を完成して、みずから証明するしかない。いま手がけている新作マッキントッシュを最高の創造物に仕上げ、ウォズニアックのＡｐｐｌｅⅡを超えてやる。そう誓ったのである。

その闘志が、若い彼を歪めたのかもしれない。

高校時代、ボブ・ディランの大ファンになったのは、大学生だったウォズニアックの影響だった。[★003] ふたりで電話会社ＡＴ＆Ｔをハッキングし、世界の要人にいたずら電話をかけまくる道具、ブルーボックスを創って売り、高校生ながら彼女のクリスアンと二人暮らしを営んだ。そしてウォズニアックとともに起業した。

だがいまや、彼は相棒のウォズニアックに激しい敵意を向けるほかなかった。

大学を中退した頃、ジョブズはクリスアンといっしょに、同級生だったコトケの家へ転がり込んだ。コトケとは何十冊もいっしょに精神世界の本を読み、屋根裏で座禅を組んだ。いっしょにインドまで行き、『あるヨギの自叙伝』にふたりとも心酔した。だがもう、二度と彼と口をきかなかった。

それから二年後――。

詩の朗読から始まった株主総会はこれまでなかったし、これからもないだろう。[★004] 一九八四年一月二十四日、ディランの「時代は変る」を開会の冒頭に詠みあげる若きジョブズに、生真面目な証券アナリストたちは目を白黒させ、彼に慣れた記者たちは冷笑を送った。

「今の敗者が勝者にかわる」だって？　上場以来、ＡｐｐｌｅⅡは負けが込んでいるではないか。彼らはそう思ったのである。共同創業者ウォズニアックの傑作ＡｐｐｌｅⅡの大成功を見て、ＩＢＭがすばやくパソコン事業に参入し、わずか二年でＡｐｐｌｅの売上を追い越した。[★005]

それは巨人らしからぬ素早さだった。

イノヴェーションのジレンマを避けたＩＢＭは、少人数のチームでＩＢＭ ＰＣを完成させ、ソフトは外注を活用。小さなヴェンチャーだったマイクロソフトのＭＳ－ＤＯＳを採用することで、わずか数ヶ月で追撃してきたのだ。

先駆者Ａｐｐｌｅのほうは、自失点を繰り返していた。

大ヒット作ＡｐｐｌｅⅡの後継機、ＡｐｐｌｅⅢは成功間違いなしのはずだった。だが経営陣がマーケティング主導で仕様を決めたので、なにもかもが、ちぐはぐとなり、ＡｐｐｌｅⅡとの互換性をほとんど喪失。ソフトウェア開発者のＡｐｐｌｅ離れが始まっていた。

しかもジョブズがコンパクトな美しいデザインと、ファンレスの静音にこだわったあまり、窮屈な筐体(きょうたい)のなか、オーバーヒートした基板が問題を起こした。[★006] ロサンゼルスのディズニーランドを借り切って盛大にお披露目した直後、ハンダ付けの不良で全店返品対応という醜態を晒してしまう。

続いて出したＬｉｓａ(リサ)は、パソコン史上初となるＧＵＩ（グラフィカル・ユーザー・インターフェース）を備えた、画期的な製品となるはずだった。

だがジョブズの独裁に開発チームが愛想をつかし、彼を追放。反動でエンジニアが民主主義で仕様を決めてしまう。エンジニアたちの理想をすべて詰め込むと、価格は一万ドル、当時の日本円で二百万円以上になってしまった。

彼らは高額なＬｉｓａをビジネス市場で売ろうとしたが的外れだった。企業は格安のＩＢＭ ＰＣのほうを喜んで買った。その失態はＡｐｐｌｅが、早くも大企業病に罹ったことも暗示していた。クリスアンとのあいだに生まれた長女リサの名を付けた、画期的なパーソナル・コンピュータは大失敗に終わった。まるで、赤ん坊のリサを頑なに認知しなかった天罰が下ったかのように……。

Ｌｉｓａチームから追放されたジョブズだったが、ジェフ・ラスキン率いる社内のマッキントッシュ・チームを乗っ取った。そしてウォズニアックが飛行機事故で入院したのを機に、彼のＡｐｐｌｅⅡ部門から才能あるエンジニアと予算を強引に奪い取った。

「海軍に入るより海賊になれ」

そう書いたＴシャツを配り、Ａクラスだけを集めた百人のチームを本社ビルから隔離して率いてきた。のちにクリステンセン教授が「イノヴェーションのジレンマ」を克服する範とした手法である。

Ａｐｐｌｅの罹った大企業病を治すのはそれしかない、そうしなければ会社はいずれ崩壊する。ジョブズはそう思っていた。

実際そうだった。ＡｐｐｌｅⅢの失敗で、Ｍａｃまでも失敗したら会社には何も残らない。そこまで来ようとしていた。リリース予定日を二年も跨ぎ、開発費は見積もりの二十五倍に膨らんでいた。

二十代半ばのジョブズは、才能を集める才に長けていただけでない。とびきり優秀ゆえに一筋縄でいかない彼らを、最高にエキサイティングなヴィジョンで燃えあがらせ、一体にした。情熱的な説得で、ひとりひとりのどんな些細な役割にも、世界的な使命感を与えて回った。

誰かが難所を乗り越えると、ジョブズはすぐに小切手を切って特別ボーナスを渡しに行き、握手して労った。チームがマイルストーンに到達すると、シャンパンを開けてこれを祝った。三ヶ月に一度、ハワイ合宿へチーム全員を引き連れて行き、士気を高めた。

オフィスにはゲーム機やピンポン台、搾りたてのオレンジジュースとにんじんジュース、最高級のオーディオがあった。当時、ＣＤは誕生したばかりだったが、Ｓｏｎｙの創った世界初のＣＤプレーヤーと、第一陣として発売されたＣＤアルバム百枚のすべてが揃っていた。

生涯最高の仕事をひとりひとりにしてもらいたい。

そのためには最高の仕事場を提供する。若きジョブズはそう考え、実行したのである。遊び心あふれた飛び切りのオフィス。のちにグーグルなども踏襲するシリコンバレーのこの職場スタイルは、ジョブズが始めた伝統だったといわれている。

ジョブズは終生、病人に無類の優しさを見せたが、このときも社員が病気に罹れば小さくは風邪薬から、大きくは手術代と入院費まですべて支払った。[★007]

その楽しげな外観とは裏腹に、長時間労働を競い合うブラックな職場でもあった。若き船長は疲労困憊の海賊たちを鼓舞しつづけた。

楽しみも苦しみもいずれ過ぎ去る。だが決して消え去らない幸福がある。それは魂のすべてを叩き込んで、何かを成し遂げた者にしか味わえぬ誇りであり、充実感である。そう彼は信じて部下を率い、約束の地へたどり着いたのだった。[★008]

壇上のジョブズは、これから披露する作品に絶対の自信があった。

ディランの詩を朗読したあと、彼はおもむろにコンピュータ産業の歴史を語りだした。研究施設を埋め尽くす、巨大なメインフレーム・コンピュータの時代はＩＢＭが創った。しかし冷蔵庫サイズのミニコンピュータが登場したとき、ＩＢＭはこれを軽視し、ＤＥＣが王座を奪った。

ＡｐｐｌｅⅠの登場で、コンピュータが机に置けるサイズまで小さくなり、ミニコンからパソコンの時代となった。そのときも、ＩＢＭは「こんなおもちゃ、マニアしか使わない」と鼻で笑った。だが、ＡｐｐｌｅⅡの成功で目の色を変えて追撃してきた。

先駆者のあとに、模倣者が続くのが世の常だ。

彼らの戦略は決まっている。模倣にちょっとばかりの目新しさを装い、価格競争に持ち込んで先駆者の利益を奪い取る。結果、世界に模造品があふれ、人類の精神は後退することになる。

模造品には粗悪な精神が宿っているからである。

それがジョブズの感じ方であり、彼にとって、ＩＢＭのＰＣは模造品だったし、のちの彼にとってはＷｉｎｄｏｗｓやＡｎｄｒｏｉｄがそうだった。模倣者が追いあげてきたとき、先駆者のすべきことはただひとつ。

本質的な創造をふたたび、みたび、世に問うことだ。

全米に衝撃を起こしたＣＭ、通称「一九八四」をスクリーンに映したあと、壇上のジョブズは言った。今から見せる製品は、コンピュータと個人のあいだにあった垣根を取り払う画期的なものである、と。

「では直にお見せしましょう」

シルクハットからうさぎを取り出すように、キャリーケースから片手でひょいと一体型のマッキントッシュを出し、机に置いた。人類の誰もがコンピュータを持つ時代を到来させる。その決意を表現した演出である。

フロッピーをＭａｃの口に放り込むと、ヴァンゲリスの「炎のランナー」が会場に流れる。音楽に乗って「マッキン

若き日のスティーブ・ジョブズ。初代Macの開発指揮でGUIとマウスを備えたパーソナル・コンピュータの時代を切り拓いたが、会社追放の憂き目に遭う。

Bernard Gotfryd "Steve Jobs [Apple computer]," Library of Congress, Prints & Photographs Division (1984) https://www.loc.gov/item/2020731396/

トッシュ」の文字がスクリーンをゆっくり横切ると、会場を埋めるシニカルな批評家たちは、みな熱狂的信者に変わった。

世界初の美しいフォント表示。それは技術と芸術が交差した瞬間だった。ずっと続くスタンディングオベーションの最前列には、感激のあまり泣きじゃくる百人の開発スタッフたちがあった。

「週九十時間、喜んで働こう！」「旅こそ報い」と叱咤激励するジョブズのもと、休日のない徹夜だらけの千日を過ごした。無数の難関を創意と工夫で乗り切った。そしてＡｐｐｌｅはふたたび世界を変えたのだ。

最前列のスタッフ陣を壇上から見つめるジョブズも、目に涙を浮かべていた。[★004]

その天分を蝕んだ欠点

ゲームや音楽の世界にはディレクターという職がある。映画では監督という言葉に訳される。映画監督は必ずしも脚本を書かない。演技をしない。だが作品を生み出す、紛れもないクリエイターである。

エンジニアでもプログラマでもない。「ただの目立ちたがり屋」と詰られてきたジョブズだったが、マッキントッシュの製作により偉大なるクリエイティヴ・ディレクターと認められた。そして彼の魂が希求したクリエイターの称号をようやく手に入れたのだった。

マッキントッシュのデビュー成功で彼は、数百人の事業部を率いることになった。取締役会から信用を得て、未経験の若造からも卒業できたからである。そして彼は思った。Ｍａｃを創った少人数精鋭のヴェンチャー方式で、Ａｐｐｌｅを蝕みだした大企業病を駆逐してやる、と。

「Ａｐｐｌｅはこれからフォーチュン五〇〇（アメリカの代表的企業五百社）のお手本になるチャンスを持っていると思う」

若きジョブズは記者にそう語った。

「売上が何十億ドル（何千億円）の規模になると、会社は自動的にヴィジョンを失っていく。現場と経営陣に幾重もの中間管理職が出来る。そうするとプロダクトへの愛と情熱が消えていく仕組みが出来あがるんだ」

社交界の花形となったジョブズは当時、プレイボーイ誌の取材を受け、そう答えている。

「クリエイティヴな奴らがクリエイティヴなことを思いついても、いちいち五人の上司を説得しないと実現しなくなる。優秀な人間ほどバカバカしくなって辞めていき、平凡なサラリーマン集団になるわけだ」[★009]

言葉つきは傲慢だったが、のちに史上最強の経営者となる片鱗を覗かせているように感じる。が、それを現実とするには、当時のジョブズは何かを欠いていた。

「君らは失敗した」

事業部長に就任して初めて部下を招集した彼は、刺すような目線でそう言った。その先には、部門統合であらためて部下となった大所帯のＬｉｓａチームがいた。

「失敗するようなＢクラスの選手はここにいてほしくないので、兄弟会社で働くチャンスを与えようと思う。あと太りすぎたので人数を減らす」

そう言ってチーム全体の左遷・解雇を宣告した。Ｂクラスの人材を排し、Ａクラスのチームをキープする。初代Ｍａｃの開発でジョブズが摑み、のちにはｉＰｈｏｎｅ誕生に活用される成功哲学である。

しかしＬｉｓａ部門には、正しい監督がいればＡクラスで働ける人材が残っていた。Ｍａｃ部門で最高のエンジニアだったビル・アトキンソンは、そう振り返る。

さらにジョブズは言い放った。

「Ｌｉｓａチームは全員降格する。Ｍａｃチームの部下になってもらう。上司の許可なくＭａｃチームのあるビル

への出入りも禁止だ」★010

その宣告は、部門の多数を占めるＬｉｓａチームの労働意欲を根こそぎ奪った。

この決定はしばらくして、昇進したはずのＭａｃチームの労働意欲をも奪うことになった。部下の給料を知る立場となり、じぶんたちがＬｉｓａチームに比べかなり安い給料で働いていたことに気づいたのだ。

薄給で三年間、週九十時間の激務を強いられていたのか……。

彼らは騙された気持ちになった。ジョブズは疲れた彼らを癒すため、五年勤続者に一ヶ月の休暇を与えるサバティカル制度を導入した。そして年俸に匹敵する臨時ボーナスを出し、彼らの努力に報いようとした。

しかしこれが、会社の稼ぎ頭だったウォズニアック率いるＡｐｐｌｅ Ⅱ部門の怒りを買ってしまう。

Ａｐｐｌｅ Ⅱが稼いでいたから、その金でＭａｃを開発できたのではないか。なのにジョブズは感謝するどころか、温厚なウォズニアックを怒らせるほどにＡｐｐｌｅ Ⅱを「古い」だのなんだのと散々こき下ろしてきた。あまつさえ我々の稼ぎを奪い、Ｍａｃチームにだけ莫大なボーナスを払うのか。

たちまち社内でジョブズは孤立していく。だが、四面楚歌は彼の耳に届いていなかった。遠く離れたニューヨークでほとんどを過ごすようになっていたからである。

「ビジネス界のロックスター」、彼の得たその称号は世界初のものだった。

オノ・ヨーコの家に行き、ポップアートの大家アンディ・ウォーホルの見守るなか、亡きジョン・レノンと彼女の子ショーンにＭａｃをプレゼントした。ミック・ジャガーの家にも行き、同様のことをした。若きジョブズは高級ワインを空ける華やかなニューヨークの社交界に魅了されていく。

「ニューヨークのほうが知的な女性は多い」★011

憧れだったシンガー・ソングライターのジョーン・バエズと付き合いはじめたジョブズは、そのうちそんなことを言いだしてニューヨークから帰ってこなくなった。が、Ｍａｃチームがそれで不満を言うことはなかった。会長に会うためならファーストクラスに乗って移動できたのである。

半年後の夏。恒例のハワイ合宿に集ったＡｐｐｌｅのセールス部隊は興奮していた。

ジョブズは、この合宿のために短編映画を特別に創っていた。彼の率いるＭａｃ軍が艱難辛苦の末、ＩＢＭ軍を打ち破るという脚本である。意図のとおり、販売部員たちは足を踏み鳴らし、合宿は意気軒昂の様相を呈した。しかしその裏で、ジョブズはひどく落ち込んでいたという。

わずか半年で、Ｍａｃが全く売れなくなったのだ。

会心作が売れない――自信を喪失するジョブズ

電話の発明にも匹敵する――。

それだけの革命的なものを創ったとジョブズは信じていた。電話の登場以前、モールス信号を四十時間かけて覚えた技術者しか、通信技術の恩恵に浴することはできなかった。同様に、Ｍａｃ以前のコンピュータは呪文のようなコマンドラインを覚えたオタクしか使うことができなかった。

だがグラハム・ベルが電話を発明すると、誰もが通信技術を使えるようになった。技術が後ろに隠れ、髪を撫でる櫛よりも日常的な道具に変わった。

同様にＭａｃのマウスとＧＵＩで、コンピュータは物々しいものから、一般人でも使えそうな身近なものに変わった。はじめジョブズはマッキントッシュではなく「バイシクル（自転車）」と名付けようとさえしていた。肉体労働ではなく、頭脳労働全般を助ける道具を、この星の民衆は初めて手に入れたのである。

春が過ぎ、夏が過ぎ、秋になるとジョブズは販売数の報告を見るたびに、情緒不安定な言動を見せるようになった。彼は、会議で標的をみつけては当たり散らした。

　じぶんのすべてを叩き込んだマッキントッシュを、世界は認めない。世界がじぶんを否定しようとしているような不信感に彼は苛まれるようになった。幼き頃、親から捨てられたと知ったときの心傷（トラウマ）がふたたび開いたのかもしれなかった。

　しかし調査の結果、失敗のほとんどがジョブズ自身に起因することがわかった。初代Ｍａｃには拡張スロットがなかった。ハードディスクがなかった。冷却ファンがなかった。ビジネス用途に向かず、壊れやすい仕様だった。どれもジョブズが周囲の反対を押し切って決めたものだ。

　老若男女がコンピュータを持つ時代を呼び寄せるには、ハードは限りなくシンプルでなければならない。そう信じていたためだ。彼が間違えたのは、彼が正しかったからだった。

「ＡｐｐｌｅⅡまではハードウェアで拡張する時代だった」Ｍａｃの開発中、ジョブズはインタビューで答えている。「これからはソフトウェアでマシンをカスタマイズする時代になる」[★012]

　その予見は、あまりにも先を見すぎていた。当時のＣＰＵは貧弱で、ＧＵＩの実現にほとんどパワーを吸い取られていた。その上でソフトを動かそうにも、さしたることはできないことを見落としていた。

　もっと致命的だったのは、ＯＳが高度に複雑化して、ソフトウェアの開発が格段に難易度を増したことだった。結果、ＡｐｐｌｅⅡやＩＢＭ ＰＣに比べ、Ｍａｃの対応ソフトはほとんど出てこないという状況に陥った。

　Ｍａｃを客に売ったら、ソフトが売れない。拡張スロットがないから、周辺機器も売れない。だから、販売店は客にＩＢＭ ＰＣを薦めてばかりいる。それが調査の報告だった。サードパーティの利益を軽視したジョブズは、エコシステムの構築に失敗したのである。

　だが失敗は、大きなインスピレーションを与えてくれもする。

Ｍａｃの誕生はソフトとハード双方の天才がいて起きた奇跡だったが、ハード側の天才バレル・スミスは、次こそ予算内でハードディスクを内蔵してみせると張り切っていた。

スミスはエンジニアだったが、価格を下げるため流通面でも画期的なアイデアを出した。注文が入ったら工場から航空便でＭａｃを届ければいい。そうすれば倉庫がほとんどいらなくなる。

在庫をなくす。このクレイジーなアイデアに感じ入ったジョブズは、これを断行しようとしたが、あまりに常識外れだと取締役会に止められてしまう。

追い詰められると、人の本質が見えてくる。彼は、あれこれＭａｃの改善案を出す、そんな程度の反撃策で満足できなかった。

ＡｐｐｌｅⅡがそうだったように、いずれＩＢＭかどこかがＭａｃを真似してくる。ＡｐｐｌｅがＡｐｐｌｅであり続けるためには、Ｍａｃに匹敵するとんでもなくすごい何かをふたたび出さなくてはならない。若きジョブズはすでにその構想に夢中となりつつあった。

それがＭａｃフォンである。

Ｍａｃフォン——ｉＰｈｏｎｅ誕生へ連なる夢

その日、プレイボーイ誌の編集部に一本の電話がかかった。

「スティーブ・ジョブズだ」とその声は名乗り、ジョン・レノン最後のロングインタビューを手がけたデヴィッド・シェフ記者につないでくれと指名してきた。

それでシェフはＡｐｐｌｅ社に招待された。「ダ・ヴィンチ」「ミケランジェロ」と名付けられた会議室を通り抜け、「ピカソ」という名の部屋にジョブズと入る。そしてロングインタビューが始まった。

話も佳境に入り、Ｍａｃもいずれ古くなる日が来るか、とシェフが問うと、ジョブズは紙を取りスケッチを始め、こう答えた。

次の進化でコンピュータは携帯できるほど小さくなり、ネットワークにつながり、電話とすら融合するかもしれない、と。[★013]スケッチが整うと、「それはｉＰａｄにそっくりなデッサンになった」とシェフは振り返る。[★009]

それこそ若きジョブズが、ＡＴ＆Ｔとともに進めようとしていた極秘プロジェクト、のちのｉＰａｄそっくりの「Ｍａｃフォン」だった。

電話の発明者ベルを始祖に持つＡＴ＆Ｔ社はその頃、Ａｐｐｌｅとの共同事業を強く所望していたという。これに好機を見たジョブズは、研究段階にあったフラットパネルやタッチスクリーンの技術者を呼び、Ａｐｐｌｅの取締役会でプレゼンを繰り返していた。

しかしタブレットに必須のタッチスクリーンは研究の端緒についたばかりで、製品化を取締役会に提案するにはあまりにも未完成だった。

「スティーブは、水平線のかなた、数千マイルも向こうを見ることができます」腹心だったジェイ・エリオットは言う。「でも、そこに至るまでの道がどうなっているかは見えないのです。これがスティーブの才能であり、失脚の原因です」[★014]

東海岸流のきっちりしたスーツを着こなし、リムジンでやってく

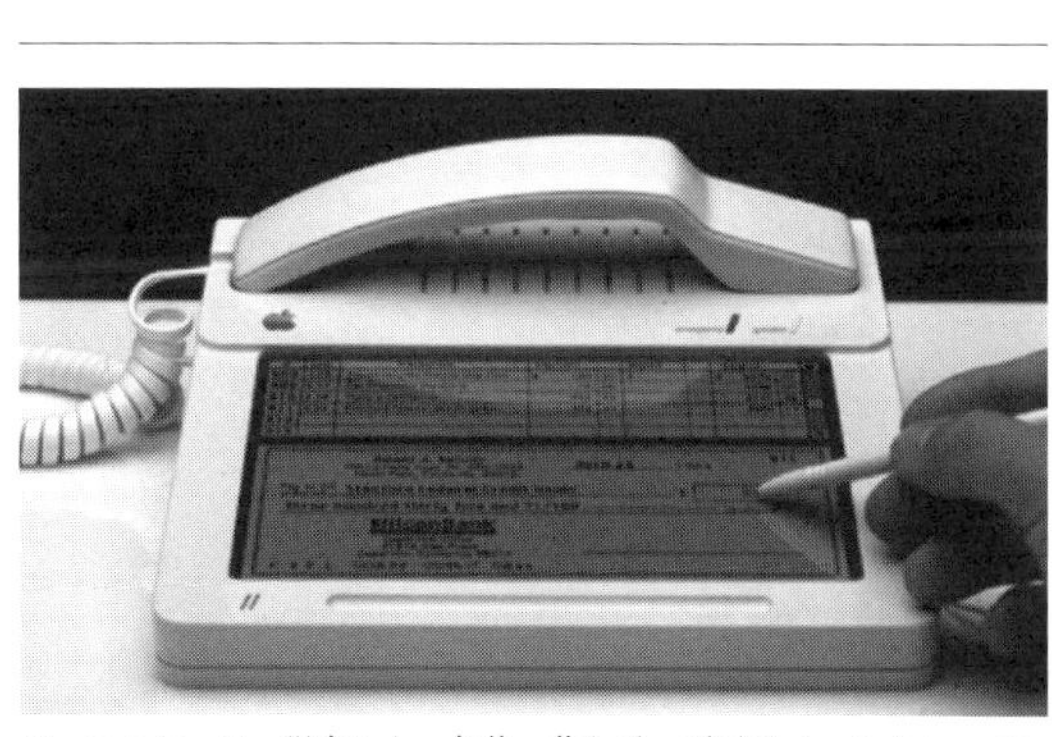

Macフォン。Mac誕生から一年後、若きジョブズがパーソナル・コンピュータに続く「次の大物」に選んだのがこれだった。そのアイデアはやがてiPhoneとなって結実する。

Bloritz “File:1983ko Apple-ren “MacPhone” telefono prototipoa.png.” Wikimedia https://commons.wikimedia.org/wiki/File:1983ko_Apple-ren_%E2%80%9CMacPhone%E2%80%9D_telefono_prototipoa.png

るＡＴ＆Ｔの重役陣と、西海岸流にぼろぼろのジーンズを履いた、Ａｐｐｌｅのエンジニア陣との会議も全くまとまらなかった。そして格上のＡＴ＆Ｔが支配権を言い続けたことで、このプロジェクトは暗礁に乗り上げてしまう。[★015]

若きジョブズの足元は崩れ去ろうとしていた。

一九八四年の暮れ。販売目標の一〇％しか達成できず、初代Ｍａｃの在庫処分が始まった頃。ジョブズの事業部は崩壊状態に入り、すべての開発が止まっていた。全員降格でやる気を失ったＬｉｓａチームと、燃え尽きてしまったＭａｃチームから成っていたためである。

そして、なんとか引き締めようと躍起になったマネージャーのボブ・ベルヴィールと、Ｍａｃ ＯＳの中心的エンジニアだったアンディ・ハーツフェルドが衝突し、大喧嘩になってしまう。

「ソフトウェアチームは完全にやる気がなくなって、何ヶ月もなにも出来てないんだ」と相談するハーツフェルドに、ジョブズは「おまえ、何を言っているのかわかっているのか！」と怒鳴った。[★016]

「今が最高潮で、Ｍａｃチームはうまくやっていて、俺も人生最高の時を迎えているんだ」

その言葉を聞いて、ハーツフェルドは退職を決意した。対するマネージャーのベルヴィールのほうもこころが折れ、会社を去ろうとしていた。何年も土日返上で会社に尽くしたため離婚となり、妻と子どもを失ったのだ。[★017]

ハードウェアの要だったバレル・スミスも会社を辞めた。ジョブズが、ＩＢＭの支配するオフィス環境を奪い取る開発計画を優先し、スミスの進めていたハードディスク付きＭａｃの開発を反故（ほご）にしたからだった。敵愾心（てきがいしん）のあまり、ジョブズはＡｐｐｌｅの不得意なビジネス市場へ向かおうとしていた。彼の哲学だったはずの「集中」を欠く戦略だ。

共同創立者のウォズニアックも会社を去った。じぶんのＡｐｐｌｅ Ⅱ部門がジョブズからずっと蔑ろにされつづけてきたと、彼は記者に答えた。

その前後、ジョブズは出張で日本に来ていた。

スタジオエンジニアの使っていた巨大なテープ録再機を、Ｓｏｎｙが手のひらサイズのウォークマンにしたとき、音楽生活に革命が起こった。同じようにＭａｃを限りなく小型化する技術はないか、日本に探しに来ていたのである。人類すべてがコンピュータを持つ時代を到来させるには、それが最善だと信じていたからだ。

実際このときＳｏｎｙにも来社し、尊敬する盛田昭夫と時間をともにしている。

アメリカから来た若者に昔のじぶんを見た盛田は、みずからＳｏｎｙの工場案内を買って出てくれた。ジョブズは、工場の整然とした美しさに強く感銘を受けた。帰国後、Ｓｏｎｙの工場ユニフォームを真似て、同じデザイナーに頼んで自身のユニフォームまで作った。[★018]黒のタートルネックだ。

夜は盛田の招待で、河豚をごちそうになった。「調理に失敗すると、毒で死にます」と盛田にからかわれ、ふたりのかたわらで河豚をおっかなびっくり食べていた腹心のエリオットは、このときの会話を鮮明に覚えている。

盛田とジョブズ、ふたりの年齢は三十歳以上離れていたが、瓜二つの価値観を持っていた。

ふたりとも、じぶんの欲しいプロダクトを創るという信念を持っていた。じぶんの創るものを愛し、完璧に仕上げなければならない。そのためには会社自体を、じぶんの作品として磨きあげる必要がある……。[★019]

ふたりの会話は、ビジネスには何が大切かを教える授業のようだったという。

同行したエリオットはＩＢＭ出身で、ジョブズの十歳年上だった。穏やかな彼がそばにいるときは、癇癪（かんしゃく）もちのジョブズも人が変わったように落ち着いたという。だがキヤノン、Ｓｏｎｙに続いてエプソン社に行ったときばかりは、そうはいかなかった。

エプソンの本社は長野にあった。同社が東京によこした高級車へ乗ったジョブズは途中、雪崩で通行止めに遭う。しかたなく駅へ連れて行かれるが電車も不通で、結局八時間かけて長野に着いた頃には、彼の頭は沸騰していた。

ロビーに入ると、ジョブズは挨拶もなおざりに寿司が食いたいと言いだし、出迎えるエプソン社員に寿司ネタを言いつけると、重役室に入っていった。

会議室にはエプソンの製品がずらりと並んでいたが、説明を始めたエプソンの社長に「こんなものはクソの役にも立たない」とジョブズは言い放ち、呆然とする重役たちを背にものの数分で会社を去っていった。

帰りの電車のなか。まだ冷や汗の引かない常識人のエリオットを相手に、ジョブズは恋愛相談を始めた。

最近、新しい恋人が出来たけどやっぱりうまくいかない。終生の伴侶が欲しいという。エプソンのことは全く気になっていないようだった。そしてエリオットの腕を摑んでジョブズは言った。[★020]

「俺だってふつうの人間だよ。どうしてみんな、それがわからないんだ！」

アメリカに戻った頃には、現場から次々と告発文がＡｐｐｌｅの取締役会に届くようになっていた。ジョブズがすべてに口出しして、会社をめちゃくちゃにしていると。

結局、年明けの株主総会では初の四半期赤字を発表せざるをえなくなった。そればかりか開発陣の大混乱で、発表すべき新製品は何も出来あがっていないという最悪の事態を迎えていた。

新製品なきプレゼンを、何食わぬ顔でこなしたジョブズだったが、トラウマ級の冷や汗を味わっていた。追放前のジョブズにとって最後となったこの独演会を「蝦蟇の油売りと大差なかった」と作家のジェフリー・ヤングは評している。[★021]

その頃になると、ジョン・スカリー社長らは、「お願いだから君の得意なことに専念してくれ」と、ジョブズに嘆願するようになっていた。誰もが認める得意なこと。それは最高の人材を集め、最高の新製品を創り、そして最高のプレゼンテーションで製品を世に送り出すことだ。経営管理は君の天分ではない、と。

はじめ反発していたジョブズも、新製品を生み出す「秘密研究所」のアイデアを着想すると、やらせてくれと言うようになった。
スカリーがほっとしたのも束の間だった。

じぶんの新製品が中心の会社にするために、どうしてもみずから会社を経営したくなったジョブズは、中国出張中にスカリーを解任しようと策謀しだす。

しかしジョブズと馬の合ったはずのジャン＝ルイ・ガセーに密告され、スカリーに露呈してしまう。ガセーは失敗必至のクーデターに付いていきたくなかったのだ。若き創業者の起こす数々の騒動に辟易していた取締役会も、スカリーの味方に立った。

ジョブズの裏切りに激怒したスカリーは、部下の誰もいない「秘密研究所」を会社の外れに新設して、そこに彼を封じ込めた。かわりにガセーがＭａｃ部門を率いることになり、ジョブズに代わって、彼は「Ｍａｃの育ての父」と呼ばれるようになる。

その短い晩年に「後悔している」とジョブズが打ち明けたことがいくつかある。

がんを早期発見したのに手術を拒み、転移が進んだこと。若き日に、長女のリサを認知しなかったこと。そしてスカリーによる幽閉の屈辱に耐え切れず、エリオットたちの制止を払ってＡｐｐｌｅをあっさり捨て去ったことだ。

彼はあのとき、ただ一年、欧州や日本に旅行し、ついでに現地メディアのインタビューでも受けて過ごしていればよかった。その間にキラーアプリを得たＭａｃが過去最高の利益をＡｐｐｌｅコンピュータにもたらすことになるからである。

ジョブズが去ってからまもなく、ＭａｃにはＩＢＭ陣営にないふたつのキラーアプリが誕生した。のちにアドビを名乗るアルダス社のＤＴＰソフトと、マイクロソフト社の表計算ソフト、エクセルだ。

そしてガセーの指揮下、後継機のＭａｃプラスが出た。

それはジョブズが頑なに拒んでいた拡張性を備えていた。ようやくＭａｃにメモリを増やしたりハードディスクを付けられるようになると、人びとは喜んでＭａｃを買うようになった。九〇年代初頭にＡｐｐｌｅは、売上世界一のパソコン・メーカーという栄誉すら得るのである。

だが戦上手(いくさじょうず)のビル・ゲイツは、ジョブズなきＡｐｐｌｅにある要求をしていた。表計算ソフトをＡｐｐｌｅのために開発するかわりに、ＧＵＩをマイクロソフトにライセンスすることである。スカリーはこの罠に気づかず、あっさり呑んでしまった。

ゲイツはこのライセンスを元にＷｉｎｄｏｗｓを開発。そしてＩＢＭと闘うＭａｃのために創ったはずのエクセルをＷｉｎｄｏｗｓへ移植。これをキラーアプリにして、Ｗｉｎｄｏｗｓを全メーカーに供給し、オープン戦略で巨大陣営を組みあげ、一気にＡｐｐｌｅ包囲網を築いてゆく。

実の父が捨てて逃げたＡｐｐｌｅは、頂点から転落していこうとしていた。

ネクスト・キューブ――放埓な完璧主義がもたした失敗作

うららかな土曜日のことだった。メンロパークにある広場の芝生では、子どもたちが駆けまわり、大人たちはホットドッグを頬張ってジョブズの開いたピクニックを楽しんでいた。

三十代の半ばに達したジョブズは少し離れた木陰で、社員の家族たちの笑い声を聞いていた。そばには友人の記者がいた。この新しい会社にとって家族の支えがいかに大切か、切々と語ったという。[★022] 彼は変わりつつあった。

ジョブズはかつて捨てた娘のリサを引き取っていた。引っ越してきた十四歳の少女は喜んで父の隣部屋を選ぼうとした。ジョブズはよき父親になろうと彼なりに努力していたが、娘が高校生になった頃には関係がぎこちなくなっていた。

Ａｐｐｌｅ追放後に創業したネクストの社員と子どもたちの笑い声がさざめくなか、ジョブズの面持ちは重たげだった。

「プレッシャーを感じていたんじゃないかしら」と財務責任者だったスーザン・バーンズは振り返る。ネクストの社員だけでない。その家族の生活もまた、彼の肩にのしかかっていた。

育ての親が肺がんになったのを機に、病人へ無類の共感を見せるようになったように、家庭を持ったジョブズは、家族持ちのスタッフに痛切な責任を感じるようになっていた。

ネクストの「めちゃめちゃすごい」ワークステーションは、全く売れていなかった。

大学向けのワークステーションを創る。そう決めたのはＡｐｐｌｅを辞めたあと、スタンフォード大学の図書館に通いつめたときだ。進路に迷った高校時代も、Ａｐｐｌｅを創業する前もここに通った。人生に迷うと本を読み漁るのが彼の癖だった。

Ａｐｐｌｅを退社したときの契約で、次に興した会社では、個人消費者向けにコンピュータを創ることを禁じられていた。つまりパソコンはもう創れない。人生の目標を失った当時の彼は、齢三十にして早くも中年の危機を体験しつつあった。

政治家への転身も考えた。宇宙船スペースシャトルのクルー募集にも応募したが、落選した。当選した小学校教師クリスタ・マコーリフを載せたチャレンジャー号は、テレビ中継のさなか爆発し、空に散った。

そんなある日、スタンフォード大学のそばにあるカフェテリアでのことだった。

ランチをともにした生化学の教授が、遺伝子治療の研究で困っていることがあると話しはじめた。計算が複雑で、実験に時間がかかりすぎるというのだ。

その瞬間、ジョブズの目が輝いたと教授は振り返る。

大学向けのワークステーションを創れば、もう一度、世界を変えられるのではないか。学生や教授がコンピュータで気軽にシミュレーションできるようになれば、様々な研究、とりわけ製薬や先端医療は飛躍的に進むだろう。彼はその年、末期がんで痩せこけた養母クララを失おうとしていた。

「大学に普及させれば、がんの治療法だってみつかるかもしれないんだ！」[★023]

それが才あるエンジニアを新たな会社に誘う際の、彼の口説き文句となった。ネクスト社を代表するソフトウェアの魔術師となったアニー・テヴァニヤンも、そんなふうに説得されて入社した。大学で教授とともにＭａｃｈ（マーク）カーネルを創りあげた若者だ。

彼の手がけたＭａｃｈカーネルはやがてネクストのＯＳ、新生ＭａｃのＯＳ Ｘ、そしてｉＰｈｏｎｅのｉＯＳの中核となる。

若きテヴァニヤンは毎日、計算機を叩いてはため息をつくことになったという。彼は天まで昇る勢いだったマイクロソフトの誘いを断って、ネクストに来たのだった。マイクロソフトに行けばもらえるはずだったストックオプションの金額は株価の急騰で、ものすごい数字になっていた。

ネクスト社の給料は、どの社員も一律でいっしょだった。Ｍａｃ部門で給料の差異を知った社員たちがやる気を失ったのをジョブズは反省し、どの社員も平等に大切にしたかったのである。だがそれはそれでやる気の出ないものだし、他社から人材を集めにくい。ネクスト社の給料フラット制はやがて有名無実化した。

✣

一九八八年十月。三年ぶりに登壇したカリスマに世界は熱狂した。

製品発表の会場にオーケストラ・ホールを選んだのは、おそらくデスクトップ上で動くものでは世界初となるソフト・シンセサイザーを、魔術師テヴァニヤンがネクストで創りあげたからだ。

そこには「失敗したらネクストは倒産」と知らない大人から聞きつけた十歳のリサが父を励まそうと、泣きそうになりながら健気に駆けつけ、最前列で座って見守っていた。

ネクスト・キューブが、ヴァイオリニストとともにバッハの「協奏曲イ短調」を生演奏すると、初代Ｍａｃが世界初の美しいフォント表示を見せたときのようにスタンディングオベーションが起こった。

研究の世界だけでない。ネクスト・キューブに込められた技術は、音楽の世界すら変えるのかもしれない……。

「史上かつてない大騒ぎとなった」とタイム誌はイベントを評し、「近年、いちばんエキサイティングなマシン」とニューズウィーク誌は新製品を賞賛した。

彼の意図どおり過熱した報道に反して、ジョブズ入魂のワークステーション、ネクスト・キューブは全く売れなかった。

高価なマグネシウムで覆われたその漆黒の立方体には、ジョブズの完璧主義が結晶していた。Ａｐｐｌｅを辞め、取締役や株主の軛を逃れると、ジョブズの完璧主義は放埒へ向かってしまっていた。

デザインに資金を集中した。筐体には彼の理想像だったＳｏｎｙのトリニトロン・テレビとウォークマンを手がけたハルトムット・エスリンガーに依頼。化粧箱もＳｏｎｙに倣い、じっくり金

ネクスト・キューブ。ジョブズの希望でSonyのテレビを手がけたエスリンガーがデザインした。メディアの好評を得たが全く売れず、ネクスト社は倒産の危機を迎える。

Rama & Musée Bolo "File:NEXT Cube-IMG 7154.jpg." Wikimedia https://commons.wikimedia.org/wiki/File:NEXT_Cube-IMG_7154.jpg

をかけた。

ロゴも徹底的にこだわり、デザイン料だけで十万ドル、現在価値で三六〇〇万円をかけた。[★024] Ｓｏｎｙと同じくプレミアム価格を実現すれば、元手は取れると考えたのである。

工場も奢った。日本出張時、盛田の案内でＳｏｎｙの工場を見たとき、その清潔で整然として、オートメーションで生産されていくさまに、彼は感動した。

それは天啓にも似て、「工場の創造もまた作品づくりに等しい」と感じたのである。ネクストの工場は床、壁、天井、そのすべてが純白に広がり、機械はモノトーンで統一されていた。端々にデザイナーチェアがあり、博士号を持った工場員が歩いていた。それは一日に六百台をオートメーションで生産できる革新的な工場だった。

オフィスに帰れば、百万ドル、現在価値で約三億六千万円をかけて設計された、空中庭園を思わせるガラスの螺旋階段が彼を迎えた。コンピュータを芸術の域に高めようとしていたジョブズは、芸術的な職場がなければ、芸術作品は生まれないと考えたのである。それは将来マンハッタンに現れる、ガラスの神殿のごときＡｐｐｌｅストアにそっくりだった。

社内を歩きまわり、誰のどんな仕事も隈なくチェックした。芸術において、神は細部に宿ると信じたからだ。開発期間は延びに延びた。すべての仕事がジョブズを通るので、彼自身がボトルネックになったのである。会社が出来て物を売るまでに、三年の歳月と相応の開発費を費やすことになった。

当時、彼の愛車は黒いポルシェ・コンバーチブルだった。Ｍａｃが、自動車を民衆のものとしたフォードT型だとしたら、次はポルシェのようなコンピュータを創りたかった。

そうやって金に糸目をつけず、すべてにこだわって出来あがったネクスト・キューブは実に、「コンピュータのポルシェ」といってよい価格となった。

定価は七五〇〇ドル、高いと言われたＭａｃの三倍だ。それに、光磁気ディスクのＭＯが標準搭載で、（またもや）ハードディスクは付いていないという謎構成だった。外付ＨＤＤに加え、専用のプリンタなども買い合わせると計一万ドル、現在価値に引き直すと約三六〇万円にもなった。

「パーソナル・ワークステーションの時代到来」とジョブズは高らかに謳った。だが、学生や研究者がこぞってポルシェを買うことがあるだろうか。

彼らが欲しかったのは、相当速いけれど頑張れば買える、たとえていえばＲＸ－７やランサー・エヴォリューションといった日本のスポーツカーのようなワークステーションだった。そしてそうした製品を創る会社は、すでにシリコンバレーに存在していたのである。

サン・マイクロシステムズの共同創業者スコット・マクネリはジョブズと同い年である。彼は自動車メーカーを経営する父に憧れて育った。父のアタッシュケースを覗いて中身を読み漁るのが少年時代の趣味で、せがんで工場に連れて行ってもらい、実際どんなふうに自動車を創るのか、製品工程を見て、実地にモノづくりの経営を学んだ。

そんな彼の創業したサンは、初代Ｍａｃの開発が進んでいた頃に誕生した。そしてジョブズがＩＢＭやスカリーとの闘争に明け暮れていた時分には、すでに第三の市場を作りあげていた。たった四年余りでワークステーション市場を築いたのである。

大工場経営の何たるかを見て育ち、コストダウンを学び尽くしていたマクネリのマシンは、Ｍａｃよりちょっと高い三千ドル台の価格で、パソコン勢には届かぬ処理速度を実現していた。

加えてハーヴァード大学でマーケティングを学んだ彼は、ジョブズと違い、正しい顧客を選んでいた。軍や国際企業の研究施設をメインターゲットに据えたのだ。ジョブズが直感で選んだ大学の市場規模など、軍産複合体と比べれば高が知れていた。

サンを率いるマクネリはその大学をさえ、うまく活用する術を見出していた。

大学には「無料」同然で売ってしまえばいい。サンのワークステーションを使う学生はやがて卒業する。研究施設に就職すれば、大学時代に使い慣れたものを、組織の金で購入してくれるだろう。それで充分ペイする。

近年、音楽業界がスポティファイで知ったフリーミアム・モデルに似た戦略を、サン・マイクロシステムズはコンピュータ市場に仕掛けたのである。

ジョブズの誇る「コンピュータのポルシェ」が大学で、フリー(無料)の魅力に勝つことはついになかった。発売から三年後。ネクスト社のシェアは、サンの支配するワークステーション市場のわずか一%に留まった。

「Appleでの失敗からあらゆることを学んだ」

ネクスト時代、ジョブズはそう述べている。だがワークステーションの王者サンに比べ、あまりに的外れなネクストの経営は、彼が何か大切なレッスンから逃げたことを示していた。

振り返ればネクスト・キューブの発表前日、プレゼンテーションの準備を整いあげたジョブズは、祈る神父のように両手のひらを額の前に合わせて、剣呑なせりふを呟いていた。★025
「復讐の刻が来た。奴らをぶちのめしてやる」と。

奴らとは、Appleのスカリーたちだった。ネクスト社の市場に大学を選んだのは、ほとんど復讐のためという心理的側面が露呈した瞬間だった。彼を追い出したApple社が最も得意にしていたのが教育市場だったのだ。

ネクストのジョブズが対峙し、学びとる相手はマクネリ率いるサンであるべきだった。だがIBMやAppleのスカリーを敵視するあまり、伏兵のマクネリを見くびった。

ものすごいワークステーションを創って、研究の世界に革命を起こす。その志は尊い。だが人を許せぬせいで、そのヴィジョンと天稟を曇らせた。

八〇年代、シリコンバレーでは世界に先駆けて、のちのEMSに通じる、自前の工場を持たずに外注する経営が浸透しつつあった。「すべてを完璧にするために、すべてを所有し、すべてをコントロールしたい」というジョブズの美学はすでに時代遅れとなりつつあったのだ。彼の「完璧な工場」は転じて、大出血の大元に変わった。

一九九〇年の暮れ。

たった四年でジョブズの財産は一億ドルから二五〇〇万ドルに減っていた。それすら、危うかった。彼の経営するネクスト社は五七〇人、ピクサー社は八十人。合わせるとひと月で五百万ドルの運転資金を必要としていた。

そのなか、ネクスト社のワークステーションは月に二百台も売れなかった。彼が毎月、個人資金を会社に注ぎ、倒産を免れていた。放っておけば一年と経たず、財産を使い果たしてしまう。その間、スカリー率いるApple社の株価は四倍以上になっていた。

Appleを去ったジョブズは自由だった。彼を制止する「無理解な」取締役会もなければ、いらだたしい予算の制限もなかった。持てる資産の赴くままに、完璧を求めてきた。

この惨状はジョブズ自身のほか、誰に責任を帰することも不可能だった。

ジョブズとゲイツの友情──失敗作とインターネットの誕生

一九九一年の夏の午後。

結婚したばかりのジョブズの新居に、ビル・ゲイツがやってきた。茅葺(かやぶ)き屋根に、黒ずんだレンガの愛らしい家は裏門が開け放たれており、キッチンのドアを開けて入ると、身重の妻ロリーンと裸足のジョブズが彼を迎え入れた。

そこは日中、鍵がかかっていないのだ。

ハワイにいたゲイツが早めに休暇を切りあげてやってきたのは、ジョブズとの対談の誘いを受けたからだった。

ジョブズもふだん製品発表がない時期に取材を受けないが、ゲイツと話すならと引き受け、休暇先のアワニーから戻ってきた。

ゲイツとジョブズ。ふたりの関係は一言で表せない。

相手の印象を記者が尋ねれば、互いに罵倒の言葉が出た。かといって、対談のため互いに休暇先から飛んできたように、当人同士は許せぬ間柄と思っていない節があった。

パソコン産業を創ったふたりがこれからの十年を語る……。その対談の途中で、ジョブズは雑誌の切り抜きを持ってきた。ジョブズとゲイツの友情は終わったと書いてあったが、切り抜きを振り回しながら「この記事は全く事実に反するんだ」とジョブズは記者にまくし立てた。

たしかにWindows開発の経緯は、ジョブズにとって友情への裏切り行為だったかもしれない。思い出すたびに腹が立ったという。ゲイツも、ジョブズによる公然の侮辱に触れれば顔を顰めて憤った。Macの登場のはるか前に、ゼロックスの研究所でGUIを見て、未来を悟ったのはじぶんも同じだったからだ。

だがネクストをめぐってふたりは会談を重ねていた。立場は逆転し、ゲイツはジョブズを門前払いできたが、ジョブズが話をしたいと言えば、ゲイツはこれに応じ続けてきたのである。ふたりのあいだには、何か確かなものがあった。

ジョブズはゲイツの助けを期待していた。

ネクストのユーザー・メリットをひとつに絞るとすれば、簡単にプログラムを書けることだった。MacでGUIが登場し、コンピュータの操作は格段に容易になったが、プログラミングは個人の手に及ばないほど複雑化してしまっていた。そうした時代に向けて、根本的な解決策をジョブズは提案したのだ。

ネクストのわかりやすいオブジェクト指向の開発環境を使えば、大学の研究者ひとりであっても、まるでパワーポイントで書類を作るようにアプリを開発できる。人類の創造力が解放され、様々なアプリが登場するだろう。世界を変えられる。

ジョブズのその想いに反して、ネクストのためにアプリを創るところは全く出てこなかった。それはそうだ。全く売れていないプラットフォームを相手にアプリを創っても、ほとんど客がいない。それでジョブズは旧友のゲイツに頼った。

「あのときはいい思いをさせてやったじゃないか」とゲイツを口説こうとした。

たしかにマイクロソフトが世界一のソフトウェア会社になったきっかけが、Ｍａｃのために書いたエクセルだったのは先に書いたとおりだ。だがゲイツはすげなかった。

「市場を獲得したら検討しますよ」[★026]

そう応えるゲイツにジョブズは烈火のごとく怒ったが、ゲイツは全く動じない。Ｍａｃには身が震えるほど興奮した彼だったが、ネクストのどこが革新的なのか、さっぱりわからなかったという。ＵＮＩＸにＧＵＩをかぶせるなんてサンでもやってるじゃないか。

ついにある日、ゲイツはこう言った。

「スティーブ、この黒いキューブが世界を変えることはないです」

ジョブズからいつもの怒声は返ってこなかった。彼は口籠り、項垂れた。[★027]図星だったのだ。だがふたりはこのとき、大西洋を跨いだスイスで何が起きているのか知らなかった。

ＣＥＲＮ研究所では、ふたりと同い年のティム・バーナーズ＝リーがその黒いキューブを使ってＷＷＷ（ワールドワイドウェブ）を生み出していた。リーは、わずか二ヶ月で世界初のウェブ・ブラウザとウェブ・サーバーのプログラムを書きあげた。すべてネクストのオブジェクト指向の開発環境のおかげだという。

「もしネクスト・キューブがなかったら、WWWの開発にあと数年はかかったろう」

そう謝辞を述べている。[★028]たしかにネクスト・キューブは失敗作だった。だがたとえ失敗作であっても、優秀な魂たちのすべてを結晶した作品は、世界の何かを突き動かすのかもしれない。ネクスト・キューブのおかげで、インターネットの時代は数年はやく到来した。

世界は変わろうとしていた。

偉大なる経営者スティーブ・ジョブズの誕生した瞬間

一九九二年。憎きスカリーの率いるAppleがパソコン販売台数、世界一を記録した年。ジョブズのほうは、もはや資金の限界に達していた。

なにもかも諦めて、中学生のリサと、[★025]生まれたばかりの長男リードと、最愛の妻ロリーンとで静かに暮らそうか。当時、そんな相談を周囲にしていたという。人生の目標が家庭の幸せと安定だというならば、彼はもうそれを達成しつつあった。

ジョブズが経営するもうひとつの会社ピクサーでは、世界初のCGアニメ映画『トイ・ストーリー』をディズニーと創るという起死回生の企画が進行していたが、ディズニー側に脚本をいじられてしまい、制作は難航していた。

[★029]側近たちも次々と辞めた。片腕だったCTOのバド・トリブルは、「私はサンに行きますから」と言って去っていった。ハードウェアと工場へマニアのようにのめり込むボスに疲れてしまったのだ。ネクストのほんとうの強みはソフトウェアにあるというのに。

バドの妻で、CFOだったスーザン・バーンズも「まわりの忠告をいつまでも無視しているといずれ破滅しますよ」と言い残して去っていった。ジョブズは復讐心で、片づけに来たふたりをオフィスに入れなかった。Appleからネクストに付いてきた創業メンバーは全員辞めた。

翌一九九三年の二月。

ネクスト社はハードウェア事業から撤退した。工場はキヤノンに売却。五三〇人いたスタッフから三百人を解雇した。ハーマンミラーの椅子やレーザープリンター、工場に積まれたネクスト・キューブ等々、廃品回収業者は容赦なく競売にかけていった。

「ネクストは失敗したということですか?」

事業撤退をかぎつけた記者は直球をジョブズの頭にぶつけてきた。彼は「こんなインタビューは、勘弁してくれ」と力なく答えた。「こんなインタビューは耐えられない」

彼は打ちのめされていた。

「スティーブはあの経験で謙虚になったと思います」と広報マネージャーだったカレン・スティールは振り返る。[★029]

「必要なら頭を下げて詫びたいとまで言うようになりました。過去、傷つけた人たちに、申し訳ないと思える人間に変わったのです」

その年、食器を割ってしまってクローゼットに逃げ込んだ長女のリサに、ジョブズは「赤ん坊の頃、おまえを捨てて悪かった」と謝った。

どん底で、彼は変わりはじめていた。じぶんを変えてでも会社を救い、最後まで育て抜く。彼の魂はそう決意したのである。天賦の才を覆っていた闇が、ついに払われた。偉大なる「経営者スティーブ・ジョブズ」が生まれようとしていた。

だが世界は容赦のない追い打ちをかけてきた。

ディズニーが『トイ・ストーリー』の制作を停止すると言ってきたのである。ジョブズの経済を立て直す、起死回生のチャンスは断たれようとしていた。

私生活でも、痛ましい事件が訪れた。

その頃ジョブズ家では、投石で窓ガラス十六枚と愛車のフロントガラスを割られる事件が発生する。数日後、ずた袋を持った男が道の向かいに座っているのを、妻のロリーンが目撃。男の髪はぼさぼさで正気を失っていた。[★030] 警官が駆けつけると、それはかつて初代マッキントッシュのハードウェアを創りあげた天才エンジニア、バレル・スミスの変わり果てた姿だった。

彼の友だったハーツフェルドとジョブズとは、双極性躁鬱病を患ったバレル・スミスが問題を起こすたびに身元引受人として警察へ向かうことになった。

鉄柵を挟んで、初代Ｍａｃを創った三傑が揃った。「俺の身に同じことが起こったら君は……」ジョブズは言った。「バレルにしてやってるように、俺の面倒を見てくれるのだろうか？」

ハーツフェルドはぎくりとして、うまく答えられなかった。[★031]

世界を変えるふたつの原石

一九九四年。ネクスト社は約百万ドルの黒字を実現した。[★032] 地味な数字だったかもしれない。だがＡｐｐｌｅ Ⅲ、Ｌｉｓａ、初代Ｍａｃ、そしてネクスト・キューブにピクサー・ワークステーションと、その関わったすべてが赤字だったこれまでを思えば、ジョブズがディレクターから経営者へたしかに成長しつつあることの証でもあった。

愛着の激しかったハードウェア部門を切り捨てただけでない。強みに集中するため、ネクストの魂ともいえるＯＳすら切り離した。ネクストのオブジェクト指向環境を、ライバル陣営のＷｉｎｄｏｗｓやサンのＯＳでも使える開発ソフトに仕立て直したのである。

甲斐あってジョブズは、大学よりもはるかにリッチな金融業界を顧客に持つことができた。金融エンジニアには、堅牢かつ直感的なネクストの開発ソフトは最適だったのだ。しかし民衆の熱狂を愛するジョブズのこころが、それで晴れることはなかった。

「あれは俺が望む仕事ではなかった。個人に製品を売れない状況に、ほんとうに気が滅入ってしまった」★033

しかもこの時期、マイクロソフトもＷｉｎｄｏｗｓ ＮＴでオブジェクト指向の環境を実現。ネクストは差異点をふたたび失ってしまった。

一九九五年になると、彼は全く違う分野でカムバックを果たした。

ようやく上映にこぎつけた『トイ・ストーリー』は空前の大ヒット映画となり、その直後にピクサー社が上場。なくなりかけていた資産は復活し、Ａｐｐｌｅ株で得た四倍以上の富を手中にした。二年前まで「一発屋」「墜ちたカリスマ」「人格破綻者」と揶揄していたメディアは手のひらを返して彼を称賛した。

一方でＷｉｎｄｏｗｓ95の世界的ブームに傷めつけられたＡｐｐｌｅは、惨憺（さんたん）たる有様に陥っていた。ジョブズはあれほど憎んでいたはずなのに、Ａｐｐｌｅの衰退を聞くたび、家を飛び出していった放蕩（ほうとう）息子の窮状を聞く父のように胸を痛めるじぶんに気づいていた。

画期的な作品づくりというものがわかってない。派手に売ることしか興味がない。かつて、そんなスカリーに対し抱いた危惧がついに現実となってしまったのだ。

「Ｍａｃの時代は終わった。同じくらい革新的なものを生み出さなければならない」★034

彼は、スカリーに替わってＣＥＯとなったギル・アメリオにそう言った。それは何なのか、と問われるとジョブズ自身もまだ、うまく答えることができなかった。彼はネクストに帰るほかなかった。

だが、彼のこころは折れなかった。

翌一九九六年。ジョブズは、忌々しいＷｉｎｄｏｗｓ95の熱狂と連動して起こったインターネット・ブームをしぶとく捉え、新たな製品を世に送り出した。オブジェクト指向で大規模サイトを組みあげることのできる、ウェブ・オブジェクトである。

インターネット時代の到来に際し、企業はオンライン事業を急に始める必要に迫られていた。日産、ＩＢＭ、ディズニーなど錚々（そうそう）たる大企業が、ジョブズのウェブ・オブジェクトを採用した。

そして、ネクストは金融業界のニッチな市場から抜け出した。ジョブズは、金融の帝王ゴールドマン・サックス社と上場の検討を始めた。忍耐強く、投げ捨てず、ようやくネクスト社を売り物になるまでに育てあげたのである。

その頃、Ａｐｐｌｅの開発陣は暗礁に乗り上げていた。

Ｗｉｎｄｏｗｓに追いつかれただけでない。一番手を走ってきた分、Ｍａｃ ＯＳは古びたものになっていた。日本もアジアのなかで体験する、イノヴェーションのジレンマの病状だ。

Ａｐｐｌｅは新しいＯＳを創ろうとしていたが、ジョブズのようなリーダーがいなくなった同社は、かつてのようにＯＳを開発し切ることができなかった。

このチャンスをジョブズは逃さなかった。ネクストの創ったなかで本来いちばん自信のあった作品、すなわちネクストの次世代ＯＳを会社ごと売りつけ、彼自身もＡｐｐｌｅに復帰する。

直後、ジョブズは社員全員にストックオプションを配るようＡｐｐｌｅの取締役会に迫った。それもコンプライアンス違反すれすれに、バックデートして価値を上げてだ。★035

「急ぐ必要がある。優秀な社員が次々と辞めているんだ」

それこそ社員を平等に扱い、こころをひとつにする道だと考えたのである。給料だけでは平等を保ち難いことを彼は経験から学んでいた。

そのうえで製品群を削り、社員をリストラした。

倒産すれすれだったネクスト社を黒字化したのと同じ手法で、瀕死のＡｐｐｌｅを黒転したのである。Ａｐｐｌｅは体力を回復し、ようやく画期的なデザインのパソコン、ｉＭａｃのような新作を創れるようになった。

本章は、Ａｐｐｌｅフリークならほとんどが知るこうしたエピソードを語るためのみに書いたのではない。Ａｐｐｌｅに帰ったとき、ジョブズは音楽産業を永遠に変えてしまうふたつの至宝をたずさえていた。

彼を含め、世界の誰もが当時それに気づいていなかったものである。偶然か必然か。同時期、インターネット時代の到来で、彼の愛する音楽の世界は、ビジネスモデルの崩壊が始まろうとしていた。

やがて訪れるミュージシャンたちの未曾有の危機を救う、ふたつのダイヤの原石。ウェブ・オブジェクトがそのひとつめ。ネクストＯＳの中核、Ｍａｃｈカーネルがそのふたつめだ。

ウェブ・オブジェクトを使ってジョブズは、Ａｐｐｌｅのオンラインストアを創った。そしてこれを基に、ｉＴｕｎｅｓミュージックストアが誕生する。

ＭａｃｈカーネルはＯＳ Ｘの中核となった。魔術師テヴァニヤンは、これをどのような規格のＣＰＵにも対応できるものに磨きあげていた。おかげでＭａｃはモトローラのＣＰＵから、インテルのＣＰＵへ移行に成功した。

それればかりでない。

ジョブズを追放したスカリーＣＥＯは、コンピュータがノートパソコンよりももっと小さくなり、手のひらの上に乗る時代が来ることを予感していた。

だがパソコンのＣＰＵはモバイル端末を想定していない。Ａｐｐｌｅはスカリー時代に、モバイル端末専用のＣＰＵを開発する会社をジョイント・ヴェンチャーで英国に立ち上げる。のちに孫正義率いるソフトバンクが二兆円の巨額で買収するＡＲＭ(アーム)社だ。

同社の設計したＣＰＵは携帯端末のニュートンを皮切りに、ｉＰｏｄそしてスマートフォンに採用されることになる。ネクスト譲りのＯＳ Ｘ(現Ｍａｃ ＯＳ)の核、Ｍａｃｈカーネルは、このＡＲＭアーキテクチャにも対応可能だった。

それは音楽産業にとってｉＴｕｎｅｓミュージックストアにも勝る、新たなビジネスモデル誕生の大切なきっかけにさえなっていく。のみならず、世界を変えてしまうのである。

成長の章

ジョブズが生まれ変わった場所、ピクサーの誕生物語

ジョブズはどこで生まれ変わったのか

早すぎた晩年、ジョブズはこう漏らしたことがある。

「生まれ変わったらピクサーの監督になりたい」★001

率直にすぎる彼は、こうしたことで世辞を言う人間ではなかった。彼はピクサーのジョン・ラセター監督によく言っていた。Ａｐｐｌｅの製品がどんなに素晴らしくとも寿命は五年、最後は埋立地に行く運命にある。だがピクサーで君が傑作をものにすれば、その映画は百年後も生き続ける、と。

エンターテインメントが専門でないじぶんが、ピクサーの成功に関わることができて幸福だった……。死の迫った

二〇一一年の夏の終わり、最後の電話でそう語ったジョブズの声を、エド・キャットムルは忘れることができない。

ジョブズはいつ、史上最強の経営者になったのだろうか？

初代Ｍａｃの大赤字、二代目Ｍａｃの開発失敗にともなう会社追放。そしてピクサー社、ネクスト社の倒産危機に至るまで、Ａｐｐｌｅ復帰前のジョブズは「経営者失格」と揶揄されてきた。彼は生まれ変わる機会を、どこかで得たのだ。

友人として、そしてピクサーの創業者としてキャットムルは二十六年をジョブズとともにした。それほど長く、彼の近くにいた人間はキャットムルと知野禅師をおいてほかにいない。家族ですら――。

傲岸不遜。人を人とも思わぬ暴言を吐く、奇行に満ちた天才。それがメディアの描くジョブズ像だ。若い頃をともにした同僚や恋人たちはそんなエピソードを次々と繰りだす。

そんなのは全然違う、読者の好みに迎合したメディアの偏向だ、そう語る彼の右腕だったティム・クックＣＥＯや親友の天才デザイナー、ジョナサン・アイブのような少数派もいる。たとえ傲慢に見えてもそれは最高の作品づくりのためであって、ふだんの彼はナイーブで思いやり深かった、と。彼らはＡｐｐｌｅ復帰後、ジョブズと親しくなった。

ひととなりを知る者のあいだでも、ジョブズ像が分裂した理由。それをキャットムルは知っている。

若い頃のジョブズといた人びとは、二度といっしょに仕事をしなかった。恋人たちも別れていった。そして、成熟してから出来た家族や側近たちは、以前の彼を知らない。だが二十六年、いっしょにいたキャットムルは知っている。

ジョブズはほんとうに変わったのだ。

シリア人の入国を拒んだドナルド・トランプのような大統領の治世下なら、ジョブズは存在すらできなかったかもしれない。

一九五五年。シリアから来た留学生とアメリカ人女性とのあいだに男の子が生まれたが、ふたりは別れざるをえなかった。アメリカ人女性の父、すなわちスティーブ・ジョブズの外祖父が、イスラム教徒との学生結婚に猛反対したからだ。

若いふたりは赤ん坊を養子に出すほかなかったが、終生これを苦にした。赤ん坊は成人して母を許すも、じぶんを捨てた父のことは生涯、許さなかった。しかしなぜかじぶんの娘にも同じ仕打ちをすることになるのだが、生まれたばかりの赤ん坊がそれを知る由もない。

一九五六年。世界で初めてプログラミングできる汎用コンピュータが誕生。辞書には、「人工知能」が掲載された。人類は二〇一〇年頃、AIに喧（やかま）しい時代を迎えるが、学会では、人工知能に沸いた時代はその六十年近い前にあったのだった。

一九五七年。世界初の人工衛星スプートニクが、ソ連の手によって地球の軌道上を回ると時代が一気に加速。ジョブズ家に引き取られた男の子が将来、活躍する舞台が整えられていく。この人工衛星がきっかけで、莫大な国家予算が宇宙科学とコンピュータ科学に流入することとなったからだ。ソ連のスプートニク打ち上げにショックを受けたアメリカのアイゼンハワー大統領が、すぐさま巻き返しを図ったのである。

そうして生まれたのが航空宇宙局NASAと、高等研究計画局ARPA（アルパ）だ。インターネットの基、ARPAネットが誕生した場所だ。

そのＡＲＰＡネットを、二十六歳の若さで手がけたアイヴァン・サザーランド教授は本物の天才だった。彼が国家予算をたずさえて大学に下野すると、そこから次々と我々の生活する「今」が半世紀以上前に設計されていくことになった。

Ｍａｃで完成し、ｉＰｈｏｎｅで万人のものになったＧＵＩ。ピクサーで花開いたコンピュータ・グラフィックス。果てはネクスト社が実現し、今のスマホ・アプリ全盛の時代を創出したオブジェクト指向プログラミング。

ジョブズがのちに手がける全仕事の基礎は、サザーランド教授が二十五歳のとき創った伝説的なプログラム、「スケッチパッド」から始まっている。どこかｉＰａｄにも似た名だ。

二〇一六年頃、ようやく音楽業界やゲーム業界が注目しだしたＶＲ（仮想現実空間）も、その原型は若きサザーランド教授の手によるものだ。ＶＲはその五年後にメタヴァースと名を変え、人類をいっそうその空間に取り込みはじめる。が、その半世紀以上も前に、ヘッド・マウント・ディスプレイを装着し、コンピュータの描く仮想現実を体験できるようにしたのは、二十代でインターネットの礎づくりに参画したこの若き天才教授だった。

「ユタ大学の大学院生は、不可能を不可能と思わないところがいい」

それが大学で教える若きサザーランド教授の口癖だったという。[★002] 才能は才能を呼ぶ。ルネッサンスの時代、フィレンツェに偉大なる芸術家が結集したように、サザーランド教授の向かったユタ大学には、のちに大仕事をする学生たちが集結していった。

ＧＵＩを開発したアラン・ケイ。アタリを創業し、ゲーム産業の父となったノーラン・ブッシュネル。アドビの創業でＤＴＰの時代を創ったジョン・ワーノック。ネットスケープ社を創業し、人類の誰もがウェブ・ブラウザを使う時代の鐘を打ち鳴らしたジム・クラーク。

みな、共通点がある。

コンピュータとヴィジュアルを組み合わせて革新を起こした点、そして歴史の収束点であったスティーブ・ジョブズの人生に関わった点だ。

ジョブズは大学中退後、ブッシュネルのアタリ社で社員になった。ケイのＧＵＩを見てＭａｃを創り、ワーノックのアドビはＭａｃに初めてのキラーアプリをもたらした。ネットスケープ社の上場はＡｐｐｌｅ追放後、初代Ｍａｃだけの一発屋に終わろうとしていたジョブズの復活に関与している。

この錚々(そうそう)たる学生たちのあいだに、友として、そしてパートナーとしてジョブズと長年過ごすことになるピクサー創業者、エド・キャットムルもいたのである。

才能がないとわかったあと

少年時代、『ピーター・パン』のティンカーベルに初恋を患い、オタクとなったキャットムルは、部屋に線画台をしつらえて黙々とセル画描きの真似事に没頭していた。★003 だが高校生にもなると、才能がないじぶんを受け入れざるをえなかった。セル画は描けても、大切な絵心が欠けていた。それで彼は、憧れのディズニー社に就職する夢を捨てた。かわりにできることはないのか。悩んだキャットムルは、とりあえず数学ができたのでユタ大でコンピュータ科学を専攻。そのまま研究者になるつもりだった。が、キャットムルの胸にはクリエイター人生への憧憬がくすぶり続けていた。

そして彼は、サザーランド教授と出会った。

教授の研究室に来たキャットムルは、天才の発明を見ることになった。モニターにはいくつもの直線が描画され、抽象的な立体がゆるりと動いている。誕生したばかりのコンピュータ・グラフィックス、世界初のＣＧだった。

キャットムルには、生まれたてのＣＧはアートのように美しく見えた。同時に、彼の得意とする数学の塊でもあったのだ。のちにピクサーとＡｐｐｌｅの信条（クレド）となる「テクノロジーとアートの交差点」がそこにあった。

彼の胸に炎が灯されたのはこのときだ。これを進化させれば、いずれ子どもの頃からの夢だったアニメ映画だって創れるかもしれない……。若きキャットムルは研究室に寝泊まりするほど入れあげることになるのだった。

ほどなくして、この大学院生は少しだけ世界を変えた。

直線だけの武骨なポリゴンしかなかったＣＧに、質感を持たせることに成功したのである。学生だった彼の発明したテクスチャ・マッピングは、今日のゲームやＣＧアニメに欠かせない基礎技術になっている。

しかし道はふたたび閉ざされてしまった。院卒を迎えた彼をどの大学も雇ってくれなかったのである。航空会社ボーイングが、創成期だったＣＡＤソフトウェアに通じる彼を雇ったが、彼の創りたいのは飛行機やミサイルではなかった。

ＣＧでディズニーに匹敵するアニメ映画を創る。そんな途方もない彼の夢は、潰え去ろうとしていた。

エド・キャットムル。ピクサーの創業者。会社のオーナーとなったジョブズと終生の友情を築き、互いに影響を与え合った。

Web Summit "Web Summit 2015 - Dublin, Ireland," Flickr https://flic.kr/p/zNxPmz

じぶんより優秀な人間を雇う

サラリーマン生活に埋没したキャットムルの夢を救ったのは、大学院で創った、とある動画作品だった。

大学院に三ヶ月泊まり込んで、それまで幾何学的図形しかなかったCGの世界に、人間の手の動きを再現してみせたのである。世界の片隅で起こった小さな革命だった。

この作品を見て胸がときめいた謎の富豪がいた。ニューヨークのロングアイランドに住む、『グレート・ギャツビー』のごときA・シュアーは、キャットムルをこう口説いたという。

これからコンピュータの時代が来る。僕はコンピュータ時代のディズニーになりたい。僕が監督になるから、君はCGのプロを集めてくれ。金に糸目はつけない……。

その夢はまさに、キャットムルのそれと重なっていた。だから全員、とびきり優秀な人間を雇おうと思った。じぶんがいちばん劣っていることになったっていい。それでじぶんが追い落とされても構わない。だってディズニーの創業物語が教えている。最高の作品には最高の人材が必要なのだ、と。

そう決心したキャットムルは大学という大学を回り、コンピュータ科学の博士だらけの最高の技術陣を組みあげた。しかし肝心のアニメ監督がみつからなかった。いたのは「CG時代のディズニー」を気取る謎の富豪オーナーで、じぶんが監督をやると張り切っていた。

素人監督の富豪と、博士号を持つCGエンジニアたち。彼らは、ストーリーを組みあげる技能も、演出のメソッドも持ち合わせていなかった。何年も費やして、作品とも呼び難い出来損ないが生まれた。内輪の上映会では、コンテンツに素人のエンジニアたちもみんな頭を抱え、失敗を受け入れざるをえなかった。

「俺の人生を二年も無駄にしちまった!」★004

エンドロールが流れるなか、ひとりのCGアニメーターが悲痛に叫んだ。だが運命とは読めないものだ。出来は最悪だったが、キャットムルが最高の専門家集団を組んだことが彼らの身を救うことになった。『スター・ウォーズ』を世界的にヒットさせた新進気鋭の監督、ジョージ・ルーカスがその存在を聞きつけ、密かにコンタクトを取ってきたのだ。

キャットムルたちは文字どおり雀躍りした。ルーカス監督のもとに行けば、今度こそ世界初のCGアニメ映画を創れるはずだ、と。

彼らは示し合わせ、ひとり、またひとりと富豪の経営する研究所を離職。『スター・ウォーズ』の生まれた、サンフランシスコ近郊のスカイウォーカーランチで落ち合い、キャットムルのCG集団はルーカス監督のもとに集結した。

だが、そこでも失望が待っていた。

キャットムルがジョブズに出会うまで

コストダウンのための便利な道具。

ジョージ・ルーカス監督にとって、はじめCGはそれだけの存在だったのだ。フィルム一枚一枚に手書きで入れていた光の効果を、CGで代用しようと監督は考えていた。

せっかくハリウッドの入り口に来たのにこのままでは、いち技術屋で終わってしまうかもしれない……。そんな不安を押して、彼らは高価なワークステーションでミレニアム・ファルコンの噴射口やライトセーバーの色付けに励むのだった。

「そもそも最初から、彼らはディズニーになることを目指していた。口を開けばその話ばかりだったよ」

のちに〝第二のディズニー〟とも称されることになるピクサーの創業者の当時を知る者が、そう語ったことがある。★005

キャットムルが諦めなかったのには、科学者らしい数字の根拠があった。

ジョージ・ルーカスのもとに集結した頃、キャットムルは封筒の裏に、ある計算をしたためたことがある。★006 彼の夢、フルCGでアニメ映画をいま本気で創ると制作費はどれほどになるのか。計算すると十億ドル以上、当時のレートで約二千億円という天文学的な数字になってしまった。

だが時は技術に味方する。ムーアの法則に基づけば、年々コストは半分になっていくはずだった。割り算を繰り返すと、あと十二年、つまり九〇年代前半にはふつうの制作予算でフルCGアニメが出来るはずだった。これから十二年、ルーカス監督のもとで黒子に徹する。そうやってこのCG集団を維持していれば、いずれチャンスはやってくると踏んだのである。彼の予測はやがて正確に的中する。

ターニングポイントは『スター・ウォーズ』と並ぶSF映画の名作シリーズ第二作『スタートレックII：カーンの逆襲』の外注が来て、VFXを担当したときだった。キャットムルたちは宇宙船を中心に視点をぐるぐる回して、ひとつの星が生成されていく光景を描きだした。実写では不可能なカメラワークだった。

「ものすごいカメラワークだな」

制作中に部屋へやってきたルーカスは、ただひとこと褒めたのみだった。だがそれ以来、監督はCGを多用するようになってくれた。とはいえCGがルーカスの映画づくりの中心になることはなく、あくまで実写の特殊効果に留まるのみだった。

追い打ちをかけるような事態が訪れた。ボスのルーカスが離婚する関係で、慰謝料のためにキャットムルのCG部門が売却されることになったのだ。チームはふたたび解散の危機を迎えた。

そうして彼は、スティーブ・ジョブズに出会った。

ジョブズの第一印象は最悪だった

「面白い奴らがいるよ」

そう言って、ジョブズにキャットムルを紹介したのは、もうひとりの天才アラン・ケイだ。

若きジョブズやビル・ゲイツにじぶんの創ったGUIを見せて霊感を与え、MacとWindowsの誕生を促し、パーソナル・コンピュータの時代を導いたケイは、キャットムルにとって同じサザーランド教授門下の先輩だった。

「初めて会ったときから気に入っていた」ジョブズは、やがて友となるキャットムルとの出会いをそう語る。[★007]

のちにそのことを聞いて、キャットムルはさぞかし驚いたろう。なにせ初対面のジョブズはひどい態度で、正直、苦手なタイプだとキャットムルは思ったのだ。

無駄話は一切せず、常人とは別次元の熱っぽさで、マシンガンのように質問を浴びせかけ、スパーリングのように不躾な言葉を投げたあと、刺すような目でこちらをじっと見てくる。わざとじぶんを怒らせにかかっているのではないかとさえ、疑ったほどだ。

次に会ったとき、若きジョブズはAppleを辞めていた。

相変わらずじぶんの考えを話し続けるかと思ったら、途中でキャットムルのほうに向き、「君の仕事を俺に譲れ」とさらりと言いだした。はぁ？　となった。[★008] Appleを追い出されたからといって、別会社の創業者に向かって社長の椅子をよこせとよく言えたものだ。さすがに気を悪くした。

だがジョブズは全く気にしない。悪びれる様子もなく「ぜひ明日うちに来てくれ」と彼を強く誘ってきた。初対面の直感ですべてを決めがちなジョブズと逆に、第一印象を保留して相手の真価を見出そうとするのが、キャットムルという人間だった。とりあえず鬱蒼（うっそう）たる林のなかにあった、若きジョブズの住むスペイン風の古屋敷に赴いた。

アールヌーボーのランプと高級オーディオのほか、ソファも机もないだだっ広い居間に、キャットムルは招待された。美意識に適わないものは絶対にそばに置きたくないので、家具を揃えることもままならなかったのだ。遠慮なく床に座ってくれと促した変人ジョブズは「君らをどうしても手に入れたい」と言い募ってきた。

『スター・ウォーズ』に感動した彼は、ルーカス監督のスタジオに訪れたことがあった。そのときキャットムルのCGを見て、パロアルト研究所でケイのGUIを見たのと同等の衝撃を受けたとのちに語っている。

Appleに対抗するコンピュータ会社(ネクスト社)をこれから創る。君らのCGツールを、そのキラーアプリケーションにしたい。それでAppleを叩きのめしてやるんだ、と彼は戸惑うキャットムルに言った。キャットムルはその情熱に謝意を示しつつも、買収案を丁重に断った。その誘いは「倒産したくないなら、『第二のディズニーを創る』なんて夢を捨てコンピュータの会社になれ」というのと同義だったからだ。

だが、ジョブズはしつこかった。次に会うと彼は、君らさえよければルーカスからいつでも買収する用意があると繰り返した。ジョブズは、この世界初の本格的なCG集団の技術力に心底惚れ込んでいたのだ。

奇跡だと思っていた。

彼は終生、技術と芸術の交差点にこだわっていたが、その方向ではキャットムルたちのほうが、じぶんの創ったAppleのはるか先に進んでいる……。内心、そう称賛するほどまでに感激していたのだった。

それに、似た者同士の匂いをジョブズは嗅ぎつけていた。

キャットムルの職場ではピンク・フロイドやクリームの過激なロック、あるいはジョブズの最も愛するボブ・ディランが大音響で流れていた。★009 スタジオを裸足で歩きまわる博士。ヒッピーのような格好をした博士。風呂に入らない博士に、仕事中も片時も愛犬を離さない博士。キャットムルの集めた若者はジョブズに劣らぬ変人揃いだったのだ。

このコンピュータ科学のエリートたちは、金目当てではなく「第二のディズニーを創る」というヴィジョンに吸い寄せられていた。初代Macを開発した「秘密基地」のあの熱気。その思い出がジョブズを襲っていた。

のちにジョブズがこの買収をメディアに発表すると「ついに気でも狂ったか」と陰口を叩かれたが、★010 彼は使命感すら感じていたという。この奇跡のようなテクノロジー集団を霧散させるのは罪ですらある、と。なによりも、どうしてもキャットムルをじぶんのそばに置いておきたかった。
ジョブズの人生を貫く、人惚れの激しさが炸裂していた。

あまりにも激しすぎるモノづくりの情熱

相手をわざと怒らせ、人の本質を見抜く。それが若くして成功し、阿諛追従(あゆついしょう)に囲まれたジョブズの処世術だった。金持ちの若造がおべっか使いをそばに置けば身の破滅に遭う。王国追放の主因となった二代目Ｍａｃの開発で犯した数々の過ち。あのとき、彼の激しい気性に立ち向かってでもそれを諫(いさ)め、説得してくれる強い部下がいたのなら……。

だから、挑発に立ち向かってこない間抜けは大嫌いだった。そういう意味で、何があっても穏やかな面持ちを崩さないキャットムルは、初対面で「間抜け」に分類されてもおかしくはなかった。

「沈黙を弱さと勘違いするかもしれない」ジョブズはキャットムルを評する。「でも彼のそれは強さなんだ」★011

キャットムルは何を言っても怒らなかった。そのまま穏やかに話を聞き、おもむろに真を穿(うが)つ洞察を述べてくる。そんな人物には、師事していた知野禅師を除いてジョブズは会ったことがなかった。実際、長い付き合いでキャットムルが本気でジョブズに怒鳴ったのは「今月おまえらの給料は払わない」と言われたときの一度だけらしい。

キャットムルをどうしても欲しかったジョブズは折れた。ルーカスからの買収後、君らにまかせる。会社は牛耳らない。そう約束したのだ。

キャットムルのほうは当時のジョブズが正直、苦手だった。だけどもこう思い直した。その激しい性格は彼なりに持っているモノづくりの良心が吹き上がっているのかもしれない、と。根っこでは、じぶんたちと同類なのかもしれない――。

背に腹は変えられなかった。キャットムルは、ジョブズのあふれんばかりの情熱に賭けてみることにした。やがて彼の洞察は、正しかったことが証明される。

ともかく買収は成立し、ピクサー社が誕生した。

ジョブズはピクサーで、学ぶチャンスを得た

「はやく引っ越してこい」

買収早々、ジョブズはそう言って何度もせっついてきた。イノヴェーターは、既成の枠組みから物理的にも心理的にも外れたがる。初代Ｍａｃの開発時もそうだった。若きジョブズは、早くも大企業病の兆候を見せはじめたＡｐｐｌｅの本社ビルを嫌って、敷地の外れにある建物に籠って開発を続けた。

同じくルーカス監督はハリウッドの伝統に巻き込まれることを嫌い、スカイウォーカーランチをカリフォルニア州の外れに建てたのだった。その一部門だったピクサーのオフィスは、中心地サンフランシスコの近郊にあったジョブズの家から車で軽く二時間はかかった。

だがキャットムルたちはなんだかんだと理由をつけて、引っ越しをせずにいた。そうすればジョブズが会社に来て荒らしまわることは減るだろうと考えたのだ。ふだんはキャットムルが車で赴くと説得した。

実際、ジョブズが来るとたいへんなことになった。

会議に入るやメンツを見回して、こいつは出来る、こいつは間抜けだとすぐ色分けしてしまう。阿呆と決めつけた相手には容赦ない言葉を浴びせかけ、当然相手は気分を害するのだが、キャットムルによると「ときどき『なんであいつは怒っているんだ?』と訊いてくることがあった」という体で、人の気持ちがまるでわかっていないのだ。★012

キャットムルの作戦はうまくいった。すぐにネクスト社の経営で忙しくなったジョブズは、自宅から遠いピクサー

には年に一度ぐらいしか来なくなり、ときどき電話をかけてくるだけになった。

禅から学んだ「集中」がジョブズの仕事哲学だったから、ライフワークであるコンピュータの製作に直接関わりのないピクサーの扱いは、それくらいでちょうどよかったのだ。

のちに、本業のネクストよりも副業のピクサーに個人資産のほとんどを注いでいる矛盾にジョブズは悩むのだが、当時の彼が知る由もない。そうとわかれば買収などしなかったとあとでこぼしている。

ともあれ距離の関係でピクサーをほとんど野放しにしたことは、すべての仕事を細かく管理せずにはいられなかった完璧主義のジョブズに、「史上最強の経営者」へと変身する得難い学びの機会を与えることになるのだった。

ジョブズがこのクリエイター集団から学ぶ機会を得たことは、初代ｉＰｈｏｎｅの誕生、ひいては音楽産業、エンタメ産業、そして人類の生活の歴史的転換につながっていくのである。それが本章を設けた理由だ。

そして彼の教材となったピクサーは、日本から学んでいた。

ヴィジョナリーの誤算

プロデューサー気質の強かったジョブズは、まばゆい才能に出会うと顰(しか)め面から晴れやかな顔に変わったものだった。

だから一千万ドル、現在価値で三十八億円弱★013の大金をはたいて稼ぎのないＣＧ集団を手に入れたとき、「気でも触れたか」と揶揄されたわけだが、彼が気にすることはなかった。ジョブズには自信があった。彼はヴィジョンを得ていた。やがてＣＧは万人のものになる、誰もがＣＧで写真のような絵を描いて楽しむ時代が来る、と——。

そのヴィジョンは、前半は当たっていたが後半が外れていた。が、その錯誤ゆえにＡｐｐｌｅから追放された彼の流離譚(りゅうりたん)には、復活の種子が植えられることになる。

彼は考えていた。ピクサーには才能をカネに変えるマネージャーがいない。じぶんが仕切ればいいが、自主独立を重んじることが買収契約の条件だった。約束は守らねばなるまい。

ならばじぶんのかわりに、創業者のキャットムルを一流の経営者に仕立てよう。そう考えた。「一人前のビジネスマンになる手助けができると思う」と当時、ジョブズはインタビューに答えている。★014 さっそく彼は、ビジネスモデルを考えてやった。

コンテンツからハードウェアへの業転。それがジョブズの指南だった。

映画制作を手伝っているぐらいだから儲からないのだ。この最新鋭のCGワークステーションをそのまま売ればいい。値は張るが、いずれムーアの法則が味方して安くなるはずだ。そうやってじぶんは人類にコンピュータを解放したのだから。

実はキャットムルのほうも強かに考えていた。彼もまたムーアの法則を味方につけようとしていた。ただし先に説明したとおり、ハードウェアではなくコンテンツで、だ。

今は稼ごう。コンピュータ販売の専門家であるこのオーナーの言うとおりに稼いでチームを温存すれば、いつかチャンスが巡ってくる。フルCGの映画をいま創れば天文学的な予算が要るが、いずれ常識的な金額に収まるはずだ。そう思い、キャットムルはジョブズの戦略を受け入れた。

十歳年下のジョブズは、兄のように振る舞った。

ジョブズの招いたピクサーの経営危機

ジョブズの号令で、ピクサーの社員数は三倍に膨れあがった。一二〇人の営業スタッフを雇い、全国に営業所を置き、新たに創ったピクサー・イメージ・コンピュータをAppleでおこなったように大々的に売りだしたのである。

そのコンピュータは美しかった。デザインはネクスト・キューブと同じく、敬愛するＳｏｎｙのトリニトロン・テレビとウォークマンを手がけたＨ・エスリンガーの手によるものだ。会社追放の直前、Ｍａｃのデザインを依頼して縁が出来たのである。エスリンガーがＭａｃのために用意したデザイン言語、白雪姫を意味する「スノーホワイト」は、二十世紀のあいだ、ほとんどのパソコンが模倣して世界に白い筐体（きょうたい）があふれることになった。

その頃、Ａｐｐｌｅによるピクサー買収をジョブズはスカリーＣＥＯに訴えたこともある。だがスカリーはＣＧの将来性を認めず買収しなかった。そして彼を追放したのだった。

ジョブズのＡｐｐｌｅへの怨念は凄まじく、ネクストやピクサーではＭａｃを使っていなかったほどである。Ａｐｐｌｅの創業を成功に導いたやり方でネクストとピクサーを大成功させてやる。そしてＡｐｐｌｅを圧倒して目にものを見せてくれる……。そう考えていたようだ。

だが、皮肉なものだ。ピクサーに対する「そのアドバイスはことごとく間違っていた」とキャットムルは振り返る。[★015]売れなかった。

ピクサー・イメージ・コンピュータは十三万五千ドル、現在価値に引き直すと一台五千万円以上もした。そのうえ、まともに使いこなせる顧客もほとんどいないのだった。もともと極限を追求する、計算機科学の博士号を持った専門家のために設計されたものだったからだ。

過去の成功パターンに早くもしがみついた若きジョブズは、一度じぶんが確信したヴィジョンを修正してゆくリーンな経営手法を知らなかった。結果、わずか二年でピクサーは経営危機に陥った。

一九八八年。カリフォルニアに美しい春が来ていたが、その日の会議は長く、つらいものとなった。どの人間をクビにするか、決めなければならなかったからだ。

じぶんよりも優秀な人間を雇う。いまできることより、将来できる能力を買って仲間にする。その信念で、キャットムルが集めた最高に優秀な仲間たちだった。だがオーナーのジョブズは、聖域なきリストラを強く求めている——。

「これで終わりか?」

あらかたクビ切りの検討が終わり、ジョブズがそう言って席を立とうとしたときだった。ちょっと待ってください、と引き止める声がした。★016

副社長だった。

ラセター監督——アロハシャツとブレイクスルー

ピクサーの副社長は勇気を振り絞って、断固たる決意を見せるジョブズに議題をぶつけた。

半年後に控えるCGの祭典、シーグラフに出展する短編アニメ『ティン・トイ』の件だった。それはたった今、身を削る思いのリストラをもってつくろうとしているキャッシュとほとんど同じくらいの制作費がかかるのだ。

「ダメだ」と一太刀で切り捨て、席を立っていれば、ジョブズの復活はなかったろう。そうしてもおかしくない場面だった。だが彼は席を立たず、じっと副社長の情熱を推し量るように説得を聞いていた。彼のよくやる判断方法だった。

ジョブズの脳裏には昨年の夏、シーグラフで見た観客の熱狂が浮かんでいた。たしかにそれは、ブレイクスルーだった。

電気スタンドのルクソー親子が机の上でサッカーを始める。小さいスタンド、ルクソー・ジュニアがはしゃぎあまり、ボールに飛び乗ると空気が抜けてしまい、ジュニアはしょげかえる。

のちにピクサー映画のロゴを飾る、その微笑ましい電気スタンドの短編アニメが巨大スクリーンの上で終わると、観客たちはみな立ち上がり、歓声と拍手が鳴りやむことはなかった。

立方体がスピンし球体が移動する、まるでニュートン物理学のようだったCGの世界で突如、ストーリーを吹き込まれたキャラが生き生きと演技したのだ。それは歴史的な日だった。その日、CGアニメーション映画の実現は夢ではなくなったのだ。

「わかるぞ。何が起きたかわかるわかるぞ！」★015

恋人とともに沸き立つ会場にいたジョブズは目を見開いて、そばにいた笑顔がいっぱいのアロハシャツの男にそう叫んでいた——。

会議室でそこまで思い出したときジョブズは、『ティン・トイ』の制作続行をまくし立てる副社長に言った。

「絵コンテはあるのか？」

ありますというので全員で見に行くことになった。★017このときジョブズたちはこの小品がいずれ、大作『トイ・ストーリー』となって会社を上場に導くとは当然、知らない。部屋へ行くと、件の『ルクソー・ジュニア』を創った、アロハシャツの男が陽気な顔で待っていた。

名をジョン・ラセターといった。

アニメおたくがアーティストになるまで

のちに『トイ・ストーリー』を監督するジョン・ラセターは、ジョブズと年はほとんど変わらないが、ふたりはキャラクター設定でもしたかのように好対照だった。

黒のタートルネックのジョブズは菜食主義者。厳しい顔立ちで、その言葉は寸鉄人を刺し、職場に恐れをもたらす。アロハシャツのラセターはチーズバーガーが大好物。いつも冗談ばかり言って職場のみんなに愛されていた。

そんなラセターだがこの職場に来た当初、孤独を感じないではなかった。テクノロジー企業として始まったピクサーにあって、ラセターは唯ひとりのアーティストだったからだ。

ラセターの半生こそ、科学者集団のピクサーに魔法をかける最後の触媒だった。

テレビアニメの『鉄腕アトム』や、ディズニー映画が大好きだったラセターは高校時代、キャットムルと同じく隠れオタクだった。テレビは家で観ればいい。が、子どもばかりの集うディズニー映画に行くのを見られては、高校で笑いものにされてしまう。だから母に車で映画館の前にぴったりつけてもらい、人目を避けて映画館に入ったものだった。

結局、美術教師だった母に「アニメも立派なアートよ」と励まされるなか、彼はカルアーツのアニメ科に進学した。ウォルト・ディズニーが創設に大きな役割を果たした大学だ。ウォルトと仕事をした叩きあげのアニメーター陣が教鞭を執っていた。

厳しかったが充実した毎日だった。即戦力がモットーで、「まるで軍隊のようだった」と同級生で同僚だったティム・バートン監督は言う。だが学生だったラセターは、相反する気持ちのあいだで揺れ動いていたのだった。

アニメなどしょせん子どものものではないかという気恥ずかしさ。いや、大人も感動させるアニメだってありえる、という矜持(きょうじ)。プロを目指す彼のこころはそのあいだを、行きつ戻りつしていたのだ。

ジョン・ラセター。創業間もないピクサー社にあって唯一のアニメーターだったが、映画『トイ・ストーリー』の監督となり倒産危機の会社を救うことになる。

Eric Charbonneau "File:John Lasseter 2002.jpg," Wikimedia https://commons.wikimedia.org/wiki/File:John_Lasseter_2002.jpg

彼の迷いを啓(ひら)いたのは、世界のセレブとなったジョージ・ルーカスと、まだ日本でも知名度の低かった宮崎駿(はやお)だった。

『スター・ウォーズ』の起こした革新

『スター・ウォーズ』のジョージ・ルーカスが映画監督を目指すきっかけとなったのは、夢を諦めざるをえなかったからだった。

高校卒業の前日に彼は改造し倒したフィアットを、エピソードIのアナキン坊やのように駆ってレースに出場。エピソードVIのスピーダー・バイクのように接触され、木に激突。シートベルトが切れ、車外に放り出された。

一命は取り留めたが、エピソードVのルークのように入院し、その大怪我でレーサーの道を捨てた。車の次に映画が好きだったので、南カリフォルニア大学の映画科に入ったが、そこで人生を変える作品群との出会いが待っていた。

『七人の侍』『用心棒』『椿三十郎』等々。日本の巨匠、黒澤明の映画だ。

彼の心酔は、クロサワ映画の背後にある日本文化にさえ向かった。ルーカスは仏教に傾斜していった。その影響は『スター・ウォーズ』の、宇宙に満ちるフォースの設定にも顕(あらわ)れていることを認めている。[★018] 若きジョブズも大学を辞めた頃、永平寺の禅僧になろうとしていたことは先に書いた。

大学在学中にルーカスの才能は開花した。

全米学生映画祭では彼の作品が三本ともノミネート。同じく黒澤映画を敬愛するF・コッポラ監督に見出され、プロ・デビューを果たした。そして若きルーカスは、『スター・ウォーズ』の初稿シナリオを書きあげる。

『スター・ウォーズ』は当初、黒澤の『隠し砦の三悪人』をSFに焼き直したものだった。彼はリメイク権を東宝に申請しようかとすら考えたという。推敲を重ねるうちに我々の知るストーリーとなったが、初期の片鱗は映画の至るところに残っている。

ジェダイの名は時代劇の「時代」から取っている。その衣装は柔道着がモティーフだ。侍の剣劇をレーザーの剣、ライトセーバーで再現した。日本の兜が好きで、ダース・ヴェイダーのマスクはあのデザインとなった。

黒澤映画でおなじみの三船敏郎にベン・ケノービ役をオファーしたのは有名だ。三船が受けていればレイア姫も日本人にしたという。いま思えば、断られてよかったのだろう。おかげで黒澤の模倣からルーカスは脱皮できた。

『スター・ウォーズ』の公開された一九七七年は奇しくも、Appleコンピュータを上場に導いたヒット作Apple Ⅱが世に披露された年だった。その年、社会現象となった『スター・ウォーズ』を観るために人びとは何時間も映画館に並んだ。列のなかには大学を中退したばかりの若きジョブズもいたし、大学生だったジョン・ラセターも交じっていたのだった。

ラセターは『スター・ウォーズ』に衝撃を受けた。

それまで宇宙戦争のようなSFものは、アニメと似た評価を受けていた。「子ども騙し」というレッテルだ。だがルーカスは最先端のSFX、本格的なオーケストラ、そして壮大なストーリーを駆使して、大人から子どもまでを夢中にする「スペース・オペラ」を生み出していた。

アニメの感動だって万人のものにできるのではないか。『スター・ウォーズ』のように——。

ラセターはそんな勇気をもらいつつ、大学を卒業していった。ルーカスと同じく、彼も学生オスカー賞を受賞。電気ランプが主人公の、その短編アニメのおかげで目標だったディズニーのアニメーターになることができたのである。

憧れの職場には、絶望と希望とが待っていた。

天才創業者の死後——イノヴェーションのジレンマ

ハリウッドの丘の麓。

椰子の並木道、屋敷、世界の六大映画スタジオが、カリフォルニアの陽を浴びて佇んでいる。世界売上二四四四億ドル（約三十二兆円）を誇るエンターテインメントの帝王、映画産業の本拠地だ。★019

なかでも、元祖〝アニメの聖地〟ディズニー・アニメーション・スタジオは人気スポットだ。入場門から見えるスタジオはミッキーマウスの青いとんがり帽子をかぶり、魔法をかけたように観客を集めている。

今ではディズニー社はたった一社で、世界の音楽産業の全売上を軽く超える。

だが、ラセターの働いていた一九八〇年前後は、スタジオに重い空気が淀（よど）んでいた。ウォルト・ディズニーが没して十五余年。天才創業者を失ったディズニー社は停滞し株価は底を這っていた。何かを変えなければいけなかった。

だが、創業者が偉大なあまり、過去の成功モデルにしがみついていた。

天才の死後、会社は彼の残してくれた大切なファン層を、なんとしても守らなくてはいけなかった。「ウォルトによれば……」が上層部の口癖になっていた。★020「ウォルトならどんな作品を創っただろう？」

それがマンネリを招いた。ルーカスやスピルバーグ等々、勢いのある新人監督に次々と客を奪われていった。しかしディズニー色を離れたら、既存のファン層も失ってしまう。クリステンセン教授の言う、典型的なイノヴェーションのジレンマに嵌（はま）っていたのである。

選択と集中だ、という人間もいた。赤字部門に転落したアニメ・スタジオを閉鎖し、ディズニーランドだけで稼げばいい、と。が、それは「アルバムで稼げないならライヴだけやればいい」とミュージシャンに説教するような愚見だった。

ウォルトはディズニーランドを「永遠に未完の作品」と呼んでいた。新作アニメがなく「完成」してしまった先には、ディズニーランドの没落が待っているだけだったのだ。

管理職に臆病が蔓延していた。何も新しいことができない。ディズニーに憧れて入社した若手たちは押しつぶされそうになっていた。「こころが引き裂かれそうだった」とラセターは振り返る。「あれは、僕が思い描いていたディズニーじゃなかった」★021

そんな停滞の最中にあって、ディズニー社がCG映画『トロン』を手がけたのは、大きな賭けだったのだろう。主人公がコンピュータ・ゲームのなかに閉じ込められ、脱出を図る。CGを駆使した映像と大人向けのストーリーは、既存のディズニー作品とかけ離れていた。

『トロン』の監督はそのストーリーを、伝説のアーケードゲームPong（ポング）で遊んでいるときに得たという。大学を中退したジョブズはこのゲームに惚れ込んで、アタリ社に入社。「盛りだくさんよりもシンプルが受ける」という、のちのAppleに通じる哲学をこのゲームから学んだという。

『トロン』のCGシーンは、当時の技術的限界でたった十五分に限られていた。が、パイロット版の映像を観たラセターは身震いが止まらなかった。

「ウォルトが待っていたのはこれだぜ」★022

彼は振り返って同僚に言ったという。まるで亡きディズニーが後ろにいるかのように。

テクノロジーと超一流アーティストの関係

中世の西洋画をいま見ると、子どもが描いたように見える。顔が平坦で、背景も乏しく、感情表現も貧しい。ルネッサンスの絵画はこの点、技術的に進化した。ダ・ヴィンチの絵は、光と影を巧みに使うことで人物像は奥行きを持ち、こころの深淵までも表現した。万能の天才だった彼は、持ち前の科学的センスをアートに導入したのだ。遠近法と陰影法を集大成したダ・ヴィンチは、美に新たな時代をもたらすことになった。

アナログのセル画からデジタルのCGへの進化はルネッサンス時代、絵画の世界に起きた2Dから3Dへの転換に似ている。

「技術は芸術を刺激し、芸術は技術を挑発するんだ」

のちに成功したラセターは口癖のようにそう言ったが、初めてCGに触れた彼の驚きは、世の新しもの好きが新技術に驚くのとは質が異なっていた。ルネッサンス級の何かを彼の精神は直覚したのだろう。彼はむしろ技術のほうに刺激を与えるほどのアーティストへと成長していくことになる。

映画産業は音楽産業と同じ父を持つ。ふたりとも科学者エジソンの子どもといえる。この頃、音楽産業でもアナログからデジタルへの転換が起きようとしていた。

一九八〇年代初頭、音楽産業はディズニーと同じく、売上が三分の二となる深刻な不景気に喘いでいた。そんななか、音楽アーティスト出身のある日本人企業家が世界の音楽産業を変えた。

Sonyミュージックの創業者にして、のちにSony本社の社長ともなる大賀典雄のことである。彼の導いた〝CD革命〟は、世界の音楽産業に空前の黄金時代をもたらした。

大賀のCD革命は当初、レコードにこだわる世界中のメジャーレーベルから猛反対を受けたが(詳しくは拙著『音楽が未来を連れてくる』を参照)、Sonyの社内でも反対がなかったわけではない。というより創業者、井深大その人が反デジタルの筆頭だった。だが井深は、大賀たちが情熱を燃やす姿を見るうち、いつしか「頑張れ、競争相手のフィリップスに負けるな」と応援するように変わっていったという。

もしアナログ世代のウォルト・ディズニーが生きていたら、彼もはじめCGに反対したかもしれない。が、ラセターらの情熱を見るうちに応援する側に回ったのではないか。井深とディズニーからは同じ匂いがする。

ウォルト・ディズニーもまた、最先端の技術を貪欲なまでに取り入れたアーティストだった。映画と音楽の融合をもたらしたトーキー。そしてゼログラフィー、クロマキー、マルチプレーンカメラ等々。最新技術でこの芸術形式の表現を広げ、アニメ産業の礎をこの星に築きあげた。

執筆中の現在も、VRの普及などで映像技術に革新が起こりつつある。ディズニーやラセターのように、VRを大衆芸術の域に導ける映像アーティストが待望されている。かつて音楽ビデオの誕生が新たな映像の才を発掘し、それがデジタル化とともにやってきた音楽の黄金時代を助けることになった。★023

映画産業に訪れたデジタル化の話に戻ろう。映画『トロン』の発表と前後して、ディズニー社はジョージ・ルーカスのスタジオへ視察団を手向けた。その一団には、アロハシャツのジョン・ラセターが交じりこんでいたのだった。

彼は興味津々だった。なにせ『スター・ウォーズ』の続編、エピソードVはそこかしこにCGが取り入れられていた。できることなら、ルーカスフィルムのCG集団といっしょに仕事をしてみたかった。

のちにピクサーの創業者となる物静かな男、キャットムルがスタジオで待っていた。

天才をクビにしたディズニー社

彼は文字どおり、待っていた。

CGでディズニー映画を創る。それこそ学生時代に誕生したばかりのCGを見て以来、キャットムルのほんとうの目標だったからだ。ついにディズニーが私のところにやってきた……。

だが、デモンストレーションに張り切るキャットムルのこころと裏腹に、視察団の反応は冴えなかった。

その背景にはAppleの創業が火をつけたパソコンのブームもあった。コンピュータが職場に入り込めば様々な職業が消える、そんな議論を巻き起こしていたのだった。三十年後、人工知能ブームで同じ脅威論が再燃することを当時の人びとはもちろん知る由もない。

しかし、若きジョブズがコンピュータ革命に人生を賭したのは、そんな「仕事の効率化」などのためではなかった。やがてコンピュータが人間の創造性を解放する道具になる。クリエイター志向の彼はそう確信したからこそ、永平寺に出家せず、起業したのだった。

皮肉にもＡｐｐｌｅの上場成功をもたらしたＡｐｐｌｅⅡは、表計算ソフトがキラーアプリになって大ヒット。人びとの事務仕事を効率化した。その流れに乗ったのがソフトウェア産業のパイオニアだったマイクロソフトだ。

そんな時代の風潮にあって、「コンピュータに描画をまかせたら人件費を一挙に下げられるではないか」とディズニーの経営陣が考えるのは不思議なことではなかった。Ｇ・ルーカス監督のみならず、のちのジョブズですらそうだったのだから。

そんなわけで、じぶんたちの仕事を奪いかねない道具を売り込もうとするキャットムルに、ディズニーのアニメーターたちは冷淡な目を向けて説明を聞いていたのだった。

視察団を前にキャットムルの情熱は空転するばかりだったのだが、ただひとり、目をキラキラさせて質問を連発してくる男がいた。もちろん、ラセターだ。ふたりは何か通じ合うものを感じた。そして交流が始まった。

ディズニーの大ファンなんだと話すキャットムルを、ラセターは後日こっそりディズニー・アニメーション・スタジオの倉庫に招き入れた。これがウォルトの描いたスケッチだと原画を見せると、キャットムルは感激で声を失うのだった。まさかじぶんたちがこのスタジオを率いる未来が待っているとは当時、露にも気づくはずもない。

その頃、ディズニーは、ちびの電気トースターが主役の絵本を映画化しようと企画していた。この映画をいっしょに創らないか、とラセターは言った。キャラは僕らが描く。背景は君らがＣＧで描くんだ。コンピュータで、こんなクリエイティヴなことができるんだって世界中をびっくりさせようよ……。そんな構想を熱く語っていたラセターだったが、しばらくするとなぜか顔を見せなくなった。

一九八三年、秋の終わりだった。太平洋に浮かぶ、とある豪華客船の上で開かれたCGのカンファレンス(会議)で久々にふたりは出くわした。

「『ちびのトースター』はどうなったんだい?」とパーティで訊くキャットムルに、ラセターは頭を掻いて「棚上げになっちゃってね」と答えた。しばらく暇なんだ、と言葉を続けるが目が泳いでいて、何か様子がおかしい。

ラセターはディズニーをクビになっていた。彼の入れ込んだ映画『トロン』は現在価値で六十八億円超の赤字を出していた。[★024]CGはコスト削減どころか、金食い虫だったのだ。ディズニーは、CGに積極的なアニメーターをリストラした。

人生の目標だった場所から追放されたことを、ラセターは母にも言えなかった。だが事情を察したキャットムルは、すぐさま船上から電話した。チャンスだ。私たちのCGに命を吹き込める男がフリーになった! 同僚にそう伝えて電話を切ると、キャットムルは柱の影から呼びかけた。

「ジョン、ジョン! ちょっとこっち来て……」[★025]

ジョン・ラセターはそのままルーカスフィルムに入社し、すぐジョブズの買収があってピクサーの一員となった。オーナーのジョブズは当然、この新入りが天才だと気づいていない。

ジョン・ラセターと宮崎駿

二〇一四年。宮崎駿がアカデミー名誉賞を受賞した。

日本人では黒澤明以来の快挙であり、アニメ監督としては史上初だった。この賞を得るともうほかの賞は授与されなくなる、もしくはもらう意味がなくなるとすら言われている。映画界のノーベル賞といっていいかもしれない。

「アニメ史上、この芸術表現に誰よりも貢献した人物がふたりいます。ひとりめがウォルト・ディズニー。その次が宮崎駿さんです」

配給を担当したディズニー社を代表して、レッドカーペットの壇上に立ったジョン・ラセターCCO（チーフ・クリエイティヴ・オフィサー。当時）が献辞を並べるのを、宮崎駿は白い円卓で、こそばゆそうな笑顔を浮かべて聞いていた。[★026] 会場ではキャットムルも相棒のスピーチを聞いていた。キャットムルはディズニー・アニメーション・スタジオの社長となっていた。

ジョン・ラセターと宮崎駿。ふたりには言葉を超えた絆がある。

賞嫌いの宮崎がきらびやかなロサンゼルスの式場に出張ってきたのは、式中、喜びのあまりやたらとハグしてくるこの友人のためだった。かつてディズニーをクビになったラセターは二〇〇六年、古巣のクリエイティヴの長に返り咲いていた。

ラセター監督は宮崎監督を「師匠」と呼び、宮崎はラセターを「恩人であり、無二の友人」と呼ぶ。[★026]『千と千尋の神隠し』がディズニー配給となり、「世界の宮崎」が定着したのはラセターの尽力による。

授賞式のラセターは、世界が師匠を認めて嬉しくてしかたなかった。今ではすっかり恰幅のよくなったラセターだが、初めて会ったときはスリムだったと宮崎は笑う。宮崎も白髪ではなく、髭は剃っていた。

それは授賞式から三十三年をさかのぼった、一九八一年のことだった。

第二次ベビーブームも遠くなり、少子化に入った日本。まだ高齢化は始まっていなかったが当時、音楽よりも低年齢層を相手にしていたアニメ業界は音楽業界に先駆けて、やがて来る国内市場の衰退に直面していた。

外需の開拓を余儀なくされたアニメ業界は本場アメリカへ挑戦に出ることになった。日米合作の大作アニメ『ニモ』（魚が主人公のあれではない）、その監督をまかされたのがまだ髪も黒く髭も剃っていた宮崎駿だった。[★027]彼らはアメリカ視察の一環でディズニー社にやってきた。そのとき痩せていたラセターもまだディズニーをクビになっていなかった。

幼少時、アメリカでも放映された『鉄腕アトム』が好きだったラセターは、日本から来たこのアニメ監督に興味津々だった。宮崎が挨拶がわりに置いていった『ルパン三世 カリオストロの城』のビデオテープを彼はさっそく観たが、冒頭から度肝を抜かれた。

うららかな緑の丘で、パンクしたフィアットを次元がジャッキアップしている。雲が影を落とし鳶が舞うなか、ルパンが「平和だねえ」と言いタバコを吹かす……。

このシーンは、ハリウッドではありえなかった。試写会で静かなシーンがあるとプロデューサーから「客がポップコーンを買いに行っちまうぞ！」と叱られる。それがラセターのいるアメリカの常識だったのだ。

だがこの静けさが、続くクラリス姫のカーチェイスを活かしている。のみならず静けさ自体が、何かを表しているような……。時を祝福しているような感覚にラセターは襲われたのだった。[★026]

能を大成した世阿弥は「せぬ隙（ひま）がおもしろき」と言った。動きは種で、こころが花だと。動きのない間（ま）の余韻に、目に見えぬ何かが花開く。禅の「無」に通じる日本文化の基調だ。

禅や能を知らずとも、宮崎のテクニックを「間（ま）を置くというやつだ」とすぐ説明できるのは我々が日本人だからだろう。

衝撃は冒頭のみにとどまらなかった。『カリオストロ』を見終えたとき、感動と悔しさが、ないまぜになってラセターを締めつけた。彼はディズニーのスタジオ中を走って、叫んで回りたかった。

「な？　な？　俺の言ったとおりだったろう？　大人だって楽しめるアニメは創れるんだ！」と。[★026]

宮崎アニメは、ラセターの理想を先に実現していたのである。これこそディズニー社に勤めていた時代にみつけた、希望のほうだった。

作家性。

大人をも魅せるには、めくるめくエンタメの隙間に見え隠れする作家性の深さがものをいう。深い作家性があれば、子ども市場に閉じこもっていたアニメ産業は、大人をも相手にして一気に市場拡大できる。それこそ、停滞したアメリカのアニメ産業に必要なイノヴェーションだったのだ。

イノヴェーションの大家、経済学者シュンペーターの言うとおりだった。経済的動機ではない。宮崎のモノづくりの欲求が、世界に先駆けその革新を実現していた。

日本に行きたい。『カリオストロ』を観たラセターはそう思った。

ネコバスそっくりに笑った宮崎駿

一九八七年。日本の武蔵野はアカシデの森に秋風が舞う頃、ラセターは中央線に乗っていた。宮崎アニメに衝撃を受けてからもう六年が経ち、彼はディズニーからピクサー社に転職していた。

来日できたのには理由があった。

オーナーのジョブズを驚かせ、じぶんの首をつないでくれた短編『ルクソー・ジュニア』の3D映像は日本のアニメ業界にも衝撃を与え、東京のカンファレンスに招待を受けたのだ。カンファレンスで『カリオストロの城』が大好きだと話したら、じゃあジブリへ行ってみないかとある人が言ってくれた。中央線で吉祥寺へ向かっているのはそういうわけだった。

その頃、ラセターはある女性に一目惚れした。悩んだ彼は、アパートで『カリオストロの城』を見せてみた。僕の目標の作品を観てどう感じるだろうか、と思ったのだ。彼女はラセターと全く同じふうに感動した。それでプロポーズし、結婚した。すでに宮崎アニメは彼の人生に影響を与えつつあった。

吉祥寺駅を降り、三鷹に引っ越す前のジブリに着くと、宮崎監督が待っていた。『となりのトトロ』の制作で忙しいなか、御大みずからスタジオの案内を買って出てくれるというのだ。ラセターの『ルクソー・ジュニア』の出来は、頑固なCG嫌いで鳴らす宮崎をも唸らせていた。たった二分の作品に、若きストーリーテリングの才が輝いていたと宮崎は言う。

スタジオジブリを宮崎と歩くラセターは、『トトロ』の制作現場に圧倒された。壁にはずらりと、ストーリーボードが貼ってある。どれも宮崎の筆致だ。ぜんぶひとりで考えるのですかと尋ねると、さも当然のように宮崎は頷いた。天才だ、とラセターは思った。ディズニーではおとぎ話を基に、脚本家のチームが話し合ってストーリーを練りあげていくのがふつうだった。

いちばん驚いたのは、宮崎がネコバスの絵を見せたときだった。猫がバス？　バスが猫？　どうしたらこんな発想が出てくるのか⁉　目を白黒させるラセターに宮崎がにやりと笑った。その笑顔はネコバスそっくりだったという。★028

この日ふたりの友情が始まる。それが十五年後、宮崎作品のディズニー配給へ連なり、宮崎を映画界最高のレッドカーペットに導くとは当時のふたりは知る由もない。

日本では、もうひとつ大切な出会いが待っていた。

横浜元町に、アメリカ山という小高い丘がある。幕末、ペリー提督とともに来て日米和親条約を起草したポートマン書記が住んでいた場所だ。それでその名がついた。

東横線でやってきたラセターはそのアメリカ山を登った。たどり着いたのが白木の壁に緑の屋根の、おもちゃ博物館だった。海と港を愛する館長の北原照久は、ブリキのおもちゃの世界的なコレクターだった。

ラセターは昔からタカラトミーのぜんまいじかけのおもちゃを集めていた。空想好きの彼には時々おもちゃたちの会話が聞こえたが、そのうち気づいた。これで作品ができるのではないか……。

資料を集めだすと、日本のブリキのおもちゃを集めた、ある写真集に強く惹かれた。とてもレトロでいい。それが北原のコレクションだった。どうしてもこの目で見たいと思っていた。それが日本に来たかったもうひとつの理由だった。

おもちゃ博物館で、ブリキのおもちゃに囲まれたラセターはため息をついた。そして振り返り、柔和に微笑む北原館長に言った。

「おもちゃがまるで生きているみたいだ……」★029

そのときだった。『トイ・ストーリー』の原型となる短編のイメージが、彼のなかで蠢（うごめ）きだしたのである。ピクサーに帰った彼は、さっそく同僚を集めてブレストを繰り返し、ストーリーを練りあげていった。

このアイデアが天から降ってこなかったのなら、ジョブズの復活はあったか。iPhoneの登場はあったか。

だがその頃ジョブズは、ラセターを解雇しようと考えていた。

「ジャスト・メイク・イット・グレート」

その日、ピクサーの経営会議は荒れているようだった。

ジョン・ラセターは、じぶんのブースで待っていた。会議室で何が起きているか、薄々感づいてはいた。いよいよリストラが始まろうとしている。オーナー、ジョブズの戦略ミスでピクサー社は大赤字が続いていたのだ。

閉鎖すべき部門があるとしたら、まずじぶんらだろう。コンピュータ販売を生業とするこの赤字ヴェンチャー会社に、アニメ制作部門があること自体が浮いているのだ。机をおもちゃだらけにしているじぶんなどリストラ候補の筆頭のはずだった。

実際、ジョブズはキャットムル社長に何度かそう提言したという。

ラセターのほうは、同い年のこのオーナーのことが嫌いではなかった。コンピュータの科学者だらけのこの会社で唯一、鋭い文系的センスを備えていたのがジョブズだったからだ。制作中の作品を見せて、ジョブズの感想を聞いたりすることもよくあった。

ドッと音がして、会議室からずかずかと経営陣のみんながブースにやってきた。ジョブズもいる。キャットムルもいる。上気した顔で、絵コンテを見せてくれと言う。ラセターは理解した。今こそ正念場なのだ。

日本から帰って描いた絵コンテは、すでにストーリー・リールに起こしてあった。三秒に一枚の速度で、百枚の絵コンテが次々と切り替わっていく。その映像に合わせて、ラセターが迫真の演技で声をあてていった。ウォルト・ディズニーがやっていた作品プレゼンの仕方だ。

リールが終わった。ラセターは息が切れている。みながジョブズの顔を見た。彼は感動しているようだった。だが制作費は十秒あたり百万円を超えそうだ。会社に金はない。ジョブズが資産を崩すしかない。ピクサーとネクスト両社の赤字補填で、すでに彼の個人資産は危険な域に向かおうとしていた。ジョブズはラセターの目を見て、ただひとこと言った。

「とにかく、最高のものを作れよ（Just make it great）」★030

ワッと声があがり、『ティン・トイ』の制作が始まった。

オスカー像とジョブズの笑顔

そして夏が来た。

ＣＧの祭典は、ラセターの作品をスタンディングオベーションで迎えた。

ブリキのおもちゃのティニーが、人間の赤ちゃんに追いかけられる。おもちゃの仲間たちは震えている。でも赤ちゃんが転んで泣きだしてしまった。心配で、勇気を出して様子を見に行くが……。圧巻だった。ＣＧで人間を描くのは不可能だったはずなのに、ピクサーの連中は不可能を可能にしてみせたのだ。

「写真を凌駕（りょうが）するだけでない。演出は芸術の域だ」と映画芸術科学アカデミー理事は絶賛した。★031 翌八九年、『ティン・トイ』はアカデミー賞を受賞した。短編アニメ部門だった。

点と点がつながり線となる。

このアカデミー賞の受賞がディズニーの目に留まり、やがてジョブズの復活へつながっていくのだが、会場で顔をほころばせる彼がそれを知るはずもない。

授賞式場では、ピクサーの創業者キャットムルも感慨にふけっていた。学生時代、研究室で出会ったＣＧは誕生したばかりの赤ん坊だった。彼とともに研究室を飛び出たＣＧは、二十年近い旅路を経て芸術表現の一員と認められた。周囲の反対を押し切ってジョブズの買収を受け入れた、あのときの直感は間違っていなかった。紆余曲折はあったが、結局ジョブズはモノづくりが大好きで、キャットムルの夢の実現を助けてくれたのだ。

レッドカーペットに立った監督のラセターは壇上から降りる直前、輝くオスカー像を掲げ叫んだ。★032

「スティーブ・ジョブズ！　スティーブ・ジョブズ！　ありがとう！」

ほどなくしてチームは、サンフランシスコの波止場にあるジョブズとっておきのレストランに集っていた。最高級のベジタリアン料理を出す、ザ・グリーンズだ。

「とにかく最高のものを創れ――。そう言ってくれましたよね」

ラセターの言葉に、真っ白なテーブルシートの向かいでジョブズは頷いた。

「はい、どうぞ」

金色のオスカー像をジョブズの手前に置くと、彼の顔はそのトロフィーよりも輝いた。ジョブズの隣には、のちに最愛の妻となるロリーンが座っていた。

ふたりは付き合いはじめて何ヶ月も経っていない。こんな幸福そうなジョブズをラセターは初めて見た。まるで、人生のすべてがシャンパンの泡で出来ているような――。★031

だがこの年、良いニュースはこれが最後となる。

ジョブズの運営する会社は倒産の危機に向かっていた。ネクスト社が社運をかけて出したワークステーション、ネクスト・キューブは年間目標一万五千台に対し、実売はたった三六〇台の惨劇に。ピクサー社も翌年、ジョブズ肝いりのハードウェア部門を閉鎖、大リストラの運命が待っているのだった。

レストランに笑い声がさざめき、夜窓にはゴールデンゲート・ブリッジの灯が瞬いていた。

結婚

それから二年。ソ連が崩壊し、アメリカが沸き立った一九九一年という年を、ジョブズは最悪のかたちで迎えていた。ネクスト社は空中分解の危機に瀕していた。Ａｐｐｌｅから付いてきてくれた中心メンバーが全員、愛想をつかして退職していったのだ。

なかんずく右腕だったＣＴＯのバド・トリブル（のちにＡｐｐｌｅの副社長）とＣＦＯのスーザン・バーンズが結婚した途端に会社を去っていったのは、ジョブズをひどく傷つけた。ネクスト社は大富豪ロス・ペローや日本のキヤノンからの資金援助でなんとかやっていたところがあった。どれも辞めていったスーザンの尽力による。

だがネクスト社と違い、ほかの投資家に見向きもされなかったピクサー社の負債は、もはやジョブズの金銭的余裕をはるかに超えるところまで来ていた。彼はキャットムルが出張している隙に、ピクサー社を処分しようと決意。社員の三分の一をさらに解雇し、売却先を探しだした。

私生活でも、恋人ロリーンとの関係がこじれていた。ある日、ふたりはレストランで大喧嘩をしてしまう。彼女は席を立ち、帰ってしまった。翌朝、チャイムが鳴りロリーンがドアを開けると、ずぶ濡れになって、手作りの花束を抱えたジョブズが立っていた。彼は謝罪のため雨のなか、腕いっぱいに野の花を摘んできたのだ。そして結婚を申し込んだ。

だが、いざ彼女が妊娠するとジョブズは以前付き合っていたティナとやはり結婚すべきか迷いだした[★032]。激怒したロリーンは彼の家から飛び出し、帰ってこなかった。

「スティーブは、すべてのことに悲観しているように見えました[★033]」

リストラの結果ピクサーにただひとり残っていた経理担当は、当時のジョブズをそう振り返る。そう、すべてが敗北に向かうかに見えた。

この年、ジョブズを追放したスカリーがＳｏｎｙに設計・製造を依頼したＰｏｗｅｒＢｏｏｋ１００が世に出る。当時、Ｓｏｎｙの社長だった〝ＣＤの父〟大賀は、このプロジェクトのためにどの部署のどんな人材も集めていいと指示していた。

大賀の読みどおりＰｏｗｅｒＢｏｏｋ１００は今日のノートパソコンの形を決めた画期的な製品となった。Ａｐ

pleの株価はジョブズの退職を機に低迷から抜け、いまや十倍になっていた。

金儲けばかりで新しいモノづくりのことなど何もわかってないんだと揶揄したスカリーに、モノづくりの面、金儲けの面、両面でジョブズは惨敗しつつあった。

結局、ジョブズは肩の力を抜いた。[★032]

ロリーンと結婚したのである。式はヨセミテ国立公園で、敬愛する禅僧、知野弘文(ちのこうぶん)老師のもと仏教式で執りおこなわれた。娘のリサも式に来て、嬉しそうにしていた。親しい家族だけが見守るなか、老師の打つ銅鑼(どら)がセコイア杉の茂る山に鳴り響いた。

どん底が終わろうとしていた。

ジョブズの師、知野弘文禅師

禅僧、知野弘文は思い出していた。

初めて会ったとき、ジョブズは十八歳だった。ある晩、チャイムが鳴り、玄関の戸を開けるとぼさぼさの髪に穴だらけのジーパンの少年が裸足で立っていた。何の用かと聞くと、「悟りを得た」とものすごい体臭の少年は言う。

いっしょに玄関に来た妻が「あなたの信者はおかしな人ばっかり」[★034]とカンカンになってしまったので、少年と外に出て話を聞いてやった。

悟ったという根拠は何かと訊くと、まだ見せられないが今度持ってくる、とよくわからないことを言う。ほどなくして再訪した少年が

知野弘文禅師。ジョブズは十八歳のときから二十九年間、彼に師事した。その禅の哲学はジョブズの仕事哲学となっていった。

Mind meal-commonswiki "File:Kobun Chino Otagowa.jpg," Wikimedia https://commons.wikimedia.org/wiki/File:Kobun_Chino_Otagowa.jpg

「これです」と言って小さい板を見せた。当時、誕生したばかりだったパソコンのマザーボードがそこにあった……。

若き日のジョブズは孤独だった。友人を許せず、すぐ絶縁状態にしてしまうからだ。だから、どんな話でも裁かずに聞いてくれる知野のような存在はかけがえがなかった。

実の父に捨てられたトラウマがあったのだろう。父親になるのが恐くて、なかなか認知しなかったため関係のこじれた長女のリサについて相談したのも知野だった。知野は、リサのゴッドファーザー的な存在となった。

この師弟はどこか似ているところがあった。

「弘文は、人物像を描くのがとてもむずかしい人。悪いところもいっぱいあったけれど、釈迦のこころをひたむきに学び、真実に生きたことは確かです。天才、純心、卓越した洞察力……良い家庭人ではありませんでした」★035

知野を知る人たちは彼をよく「天才」と呼ぶ。ジョブズと同じ称号だ。京都大学で西洋哲学と西田幾多郎を研究し、永平寺に仏教を学んだ知野は、ジョブズと同じく西洋的知性と東洋的直感の融合を目指していたという。

「雲のような人」ともよく評された。僧でありながら彼は、ジョブズと同じく寺の規則や束縛を嫌った。それで日本の仏教界を飛び出し、何ものにもとらわれない禅の自由な精神を〝自由の国〟で追求しに渡米した。

知野は、ジョブズになかった美質も備えていた。釈迦の精神に忠実に、人を性格や行為で白黒つけなかったので、誰に対しても自然体の好意を絶やさなかったのだ。自然、聞き上手となったせいでアメリカ人女性にもてたのは、彼にとって想定外だった。そのせいで知野は、ジョブズと同じ悩みを抱えることになった。

ロリーンと知り合うまで、ジョブズはじぶんと同じタイプと付き合ってきた。スピリチュアルでクリエイティヴ。強い信念と繊細な美的センスを併せ持つが、どこか神経質で不安定。落ち着きを与えてくれるタイプではない。

知野もまた、アメリカでそういう女性を娶（めと）った。茨の道とわかっていたが「修行のつもりで結婚した」という。ふたりでどんな話をしたか、ひけらかすことの嫌いな知野は記録を残さず死んでしまった。だが不安定な女性に振り回される師弟は、同じ悩みを語り合うこともあったろう。

空を突くほどに聳(そび)えるセコイア杉のもとで目を伏せる新郎新婦を見て、知野はジョブズとの二十年近い付き合いを思った。

きっとロリーンは、不安定な彼のこころに錨を与えてくれるだろう。スピリチュアルな気質ではないが、理知的で落ち着いた女性だ。経済的にも精神的にも自立していて、リサの母クリスアンのようにジョブズの負担になるところもない。穏やかな家庭を築くはずだ。

知野は、ふたりを祝福した。

十一年後。iPodがWindowsに対応し、Appleが音楽ビジネスに本格進出した翌週のことだった。弟子に請われ、禅寺を建てにスイスへ来ていた知野弘文は、娘と湖のほとりへ出かけた。はしゃぐ娘が誤って湖に落ち、助けようとした知野はいっしょに溺死した。

「なぜ……どうして……」

ジョブズから電話を受けた兄弟子は、彼が嗚咽を漏らし、ときどきそう呟くのを受話器越しにずっと聞いていた。

ウォルト・ディズニーという天才

ニュースを追っていると、我々はいま直面している問題を前代未聞と捉えがちだ。じぶんは時代の最先端にいるのだから、と。それは驕(おご)りさえも漂わせる。

だが実際にはいつでも時代は最先端だし、千年やそこらで人間が進化することもないから、似たようなことは何度も起きている。同時代であっても、似た産業で似たようなことが起こらぬはずはない。だからほんとうに必要なのは、ニュースの表層を楽しく滑るのをいったんやめ、息を止めて深い海にダイヴする意志なのかもしれない。時の海の底にはヒントが輝きながら眠っている。

一九三〇年代初頭のことだ。アメリカでラジオの普及が始まると音楽産業は文字どおり壊滅した。ラジオで音楽が無料で聴き放題になると人びとは全くレコードを買わなくなり、同国のレコード売上は実に二十五分の一になってしまったのである。[★036]

ジョブズのｉＰｈｏｎｅは、インターネットの登場で窮地に陥った音楽産業が復活するのに決定的な役割を果たすが、無料放送がもたらした音楽産業の壊滅を救ったのは、彼の尊敬するＳｏｎｙの貢献が大きかった。その物語は拙著『音楽が未来を連れてくる』に著したが、本書はその続編にあたる。

一九五〇年代、Ｓｏｎｙの躍進とともに音楽産業はようやく破壊者だったラジオとの蜜月関係を見出しつつあったが、その頃、今度はテレビが最新のテクノロジーとして台頭しつつあった。アメリカの映画産業はテレビの台頭におののいた。隣近所ともいえる音楽産業は、フリーメディアのラジオの登場で破滅。その復活に二十年の歳月を費やさなければならなかった。その記憶は、まだ色褪せていなかったのだ。

前作から本書にかけてこの百年の流れを追ってしみじみ思ったが、音楽産業は「炭鉱のカナリア」のようなところがある。音楽の世界にふりかかった災難は、遅れてほかの産業で繰り返されている。だが、映画産業はある天才のおかげで、放送の起こした「無料」問題をわずか数年で解決した。

その天才とはウォルト・ディズニーのことだ。

アニメの神様、ウォルト・ディズニーには夢があった。

アニメの世界だけでない。この現実世界にじぶんのキャラクターたちが踊って暮らす国を創りたかった。だが、全幅の信頼を置き経営をまかせていた兄にこの件を相談したら「本気で言っているのか」と猛反対され、深刻な兄弟喧嘩になってしまった。新作に次ぐ新作の制作で会社の資金繰りは戛戛だったからだ。

ウォルトは諦め切れなかった。そこで考えたのが、テレビの活用だった。テレビ局は人気映画が欲しい。だが並み居る映画スタジオは、「音楽業界の二の舞いだけはごめんだ」とテレビでの無料公開を拒んでいた。そこでウォルト・ディズニーは業界の危機を逆手に取ってやろうと企んだのである。

彼は条件つきでテレビ局ＡＢＣに交渉を持ちかけた。その条件とは、ＡＢＣがディズニーランドの開園に出資すること だ。加えて映画を供給するのではなく、オリジナルのテレビ番組を制作する方向で交渉を重ねた。それなら制作費はテレビ局持ちだ。「テレビで観られるから映画館へ行かなくていい」ともならない。絶妙だった。

のみならず、番組中の広告枠の一分間をディズニー社の自由にしてよいという契約にこぎつけた。その自社広告をふんだんに活用して、夢の国ディズニーランドへ視聴者を誘うのである。

テレビを見て、映画館へ行き、ディズニーランドで体験する。テレビの無料視聴者は、いつの間にかディズニーの熱心なファンに変わってゆく。立ち上がってみれば兄の心配をよそにディズニーランドは、映画を超える最強の収益モデルとなったのである。

イノヴェーションの大家シュンペーターの言ったとおりだった。天才ウォルト・ディズニーの手による映画産業のイノヴェーションもまた、金が動機でなく創作欲から成ったのである。

彼の才はコンテンツに革新を起こしアニメ産業を築いただけでなく、無料をあたりまえにしたテレビ時代を逆さ十字にかけて、無料から有料へ連なる最強のフリーミアム・モデルを映画産業に築いてみせたのだった。

「ディズニーランドは永遠に未完の作品だ」

ウォルト・ディズニーはそう言っていた。彼の手によるアニメ映画の傑作が誕生するたびに、ディズニーランドは新たな光彩を加えていった。それを想えば彼の死で傑作の出なくなった八〇年代、ディズニーランドはやがて輝きを失う運命が待ち受けていた。少なくとも、このままでは……。

映画部門に火を灯さぬ限り、低迷するディズニー社の復活はありえなかった。

アメリカから日本へ――ディズニーから手塚治虫へ

「先に在りしものはまた後の世に在るべし。陽の下に新しきものは無し」

旧約聖書の賢者ソロモン王はそう語った。王は、ディズニー映画のように動物と話すことができる指輪を持っていたという。

あれは二〇一七年の秋のことだった。「漫画村」の話題が日本のネットを駆け巡っていた。違法サイトであらゆるマンガを無料で読めるようになると、歴史は繰り返された。かつてアメリカでナップスターをめぐって起きた音楽界の議論と生き写しの会話がネットやマスメディアに羅列され、筆者は複雑な思いに駆られた。

「賢者は歴史に学び、愚者は体験で学ぶ」

いま思えばネットの社会現象に対して大げさにすぎたが、伊藤博文らがロールモデルとしたドイツの政治家ビスマルクの言葉がそのとき脳裏によぎった。明治維新は世界史を学んだ志士たちが起こし、日本は隷属の不幸を免れた。

そんななか、とある英文記事が筆者の目を輝かせた。この三年、米国の出版業界で売上が最も伸びているのがコミックであり、日本のマンガがこれを牽引(けんいん)していると書いてあった。★037
アメコミは白人の少年に客層を限ってきた。が、日本のマンガはあらゆる人種、女性、そして大人を惹きつけ、アメリカに新たな市場を開拓しつつある――。

そう語る記事に筆者は「マンガの神様」手塚治虫の起こしたイノヴェーションを思わずにはいられなかった。それは半世紀以上の時を経て、彼の目指したディズニーの母国アメリカに起ころうとしているのかもしれない、と。

手塚治虫が小学生だった頃、アニメを見たことのある日本人はわずかしかいなかった。まだアメリカとの戦争が始まる前のことだ。そんな時代に、少年の人生を変えるささやかな事件が手塚家に起きた。映画好きの父がフランス製の映写機を買ってきて、子どもたちにフィルムをいくつか見せてくれたのだ。

そのなかにウォルト・ディズニーを貧困生活から救った出世作、ミッキーマウスのアニメがあった。手塚はミッキーに魅了された。目をつぶっても描けるほど模写した。

いつかじぶんの手でアニメーション映画を作ろう——。

アニメの神様に触れたうら若き手塚はそう志を立てた。が、映画を作るには一万枚以上、描かなければならないと知って少年は目を回してしまうのだった。

やがてアメリカとの戦争が始まった。

手塚には医者の曽祖父がいた。幕末、蘭学を極めた緒方洪庵の適塾からは維新の傑物が輩出されたが、福沢諭吉、橋本左内、大村益次郎たちに交じって手塚治虫の曽祖父もそこにいたのである。

縁なのだろう。徴兵で人を殺したくなかった手塚は軍医を目指し、阪大の医学部へ進んだ。が、授業中もマンガばかり描いていたせいで教授に「君が医者になったらきっと人を殺すから別の仕事につけ」と言われてしまう。戦争中、描いたマンガは五千枚に及んだが、空襲ですべて焼失した。

終戦直後の一九四七年。医大生の手塚が出した長編マンガ『新宝島』は、終戦で軍国教育から急に解放された少年たちに新たな希望を与えた。

「僕らの世代が、戦後の焼け跡のなかで『新宝島』に出会ったときの衝撃は、あとの世代には想像できないでしょう」

手塚治虫を自身の原点と呼ぶ、宮崎駿は当時をそう振り返る。

「まったく違う世界、目の前が開けるような世界だったんです。その衝撃の大きさは、ディズニーのマネだとか、アメリカ漫画の影響とかで片づけられないものだったと思います」[★038]

動きのあるキャラクター、カメラワークを模した視点移動、そして長編映画のようなストーリー展開――。手塚治虫はマンガに映画の手法を取り込み、この表現形式にイノヴェーションを起こしていたのだ。

そして一九五一年。医学部を卒業した彼は医者にならず、のちに『鉄腕アトム』となる『アトム大使』と『ジャングル大帝』の連載を始めていた。同年五月、戦争のため観られなかったディズニーの『バンビ』がようやく、空襲の焼け跡が残る東京で公開された。

「ぼくのディズニー狂いは『バンビ』で最高になった」

そう手塚は書き残している。若き手塚は有楽町の安宿に泊まり込んで、バラック建てのスバル座に通いつめた。当時は映画館へ一度入ればずっと観られたので、一日七回公演を朝から晩まで、あんパンを片手に毎日見倒した。結局『バンビ』を百回は観たという。[★039]

大自然の郷愁、動物たちの生きる苦しみと喜び、生命の循環……。そこに千のドラマも及ばない哲学を感じ、惚れ込んだ彼はじぶんもそうしたものを描いてみたいと思った。

それで一巻もので終えようと思っていた『ジャングル大帝』のプロットを大幅に変え、手塚の真骨頂ともいえる、大長編映画も顔負けの雄大な物語を描きあげるに至った。[★040]

『白雪姫』に代表されるディズニーの甘いヒューマニズム路線に手塚が馴染めなかったことも幸いした。戦争を経験して終生のテーマとなった「生命の尊厳」を厳しく深い筆致で描くようになり、『ブラック・ジャック』『ブッダ』『火の鳥』といったディズニーから離れた独自の世界を築きあげていくことになる。

かくして子どもの娯楽だったマンガは、映画や小説にも伍するストーリー性を得て、大人も楽しめる芸術形式に変貌し、日本にマンガ文化が花開いた。

手塚は「マンガの神様」と呼ばれるようになっていく。

日本からアメリカへ——手塚治虫からディズニーへ

一九六三年。売れっ子となった手塚は子ども時代の夢をついに実現した。稼ぎをつぎ込み、大根畑ばかりだった練馬の地にアニメーション・スタジオを建てたのだ。

彼はそこでアニメ番組『鉄腕アトム』を制作。日本初の本格的な国産アニメ・シリーズとなった。のみならず同年、アメリカ放映を実現したのだった。

そしてもうひとつの夢が叶うことになった。放映中、アニメの仕事で手塚は渡米し、とあるイベントで憧れのウォルト・ディズニーと会えたのだ。

手塚が挨拶すると、はじめディズニーはそっけなかった。だが、

「アストロボーイ(アトムの英名)をつくりました」と自己紹介すると、「ああ、アストロボーイ」と、ぱっとディズニーは顔を輝かせた。

「ロスで観ました。見事な作品です」と褒め、「お暇ならバーバンクのスタジオにいらっしゃい」と微笑んでくれた。★041

手塚治虫。漫画に長編映画の手法を取り込み、革新を起こした。「マンガの神様」はアメリカで「日本のウォルト・ディズニー」と呼ばれていた。

手塚は無上の喜びに震えた。彼にとってアトムは「ミッキーマウスの甥っ子」だったのだ。自身の癖っ毛を模した猫耳のようなアトムのとんがり髪は、ミッキーの耳をイメージしていた。どの角度から見ても、常にふたつ見えるのもそうだった。

だが、週刊連載を何本も掛け持ちしながらアニメ監督をやるという殺人的なスケジュールをこなしていた手塚に、バーバンクへ行くことはままならなかった。そして翌年、ウォルトはこの世を去ってしまう。アメリカでは『ジャングル大帝』が『キンバ・ザ・ホワイト・ライオン』の名でシリーズ放映されている最中の出来事だった。

五年後、ロスのコミック・フェスティバルで講演した手塚は、「『ジャングル大帝』は『バンビ』へのオマージュであり批評でもあります」と語り、人生の目標だったディズニーへの感謝と同時に、師を乗り越えていく志を表した。★042『バンビ』に出てくる人間は動物を撃つだけの脇役だ。しかし『ジャングル大帝』では、ソロモンの指輪が魔法をかけたように人間と動物が語り合う。そして種を超えた生命の尊厳を謳いあげて、手塚はオマージュを超えようとした。この姿勢こそクリエイティヴの真髄ではないだろうか。

早すぎる晩年、手塚はウォルトの没後に過去作の模倣に陥ったディズニー・アニメを憂いていた。そんななか、本国のディズニーランドに招待されたときの感想をエッセイに残している。八一年、東京ディズニーランドが出来あがる前のことだ。

手塚治虫が最も驚いたのは、ディズニーランドの裏側だった。

蜘蛛の巣状の地下通路、巨大なコンピュータ制御室、人形に組み込まれた精緻なメカトロニクス——。表面はファンタジーの楽園でありながら、その裏はＳＦのようなテクノロジー空間だったのだ。インスピレーションを感じた手塚は、予言めいた言葉を書き残した。

「ディズニーはあと数十年たてば、むしろコンピュータ文明のソフトウエアの歴史に名を残すべき人なのかもしれない」[043]

一九八九年二月九日、病を押してアニメ『聖書物語』を手がけていた手塚治虫は、六十歳で世を去った。その翌月、やがてディズニー・アニメ・スタジオの救い主となるジョン・ラセターが、世界初のフルCG短編アニメ『ティン・トイ』でアカデミー賞を受賞したのは偶然だろうか。

それから三十年近い歳月が流れた。

手塚の起こしたマンガの革新は、半世紀ばかりの時を経てミッキーマウスの母国にも花開こうとしている。世界的テレビネットワークに比する影響力を持った動画サブスクの雄、ネットフリックスが日本アニメの火をふたたび世界に解き放った。結果、好調なコミック売上ランキングを日本のマンガが席巻し、ディズニー傘下の〝アメコミの王様〟マーヴェル出版の地位をさえ脅かしつつあるのだった。[037]

手塚治虫の名は「アニメの神様」の母国で「日本のウォルト・ディズニー」と紹介されることが多い。だが近い将来、アメリカでも「マンガの神様」と呼ばれるようになるとしたら?

彼にはどちらのほうが嬉しいのだろうか。

経営と独創性

人間の組織というのは悲しいもので、瀕死に至って初めて改革のメスを受け入れるものらしい。のちにピクサーとディズニーを代表する監督となる若きジョン・ラセターがディズニー社をクビになって間もない頃、彼の古巣は大混乱に陥っていた。

ウォルト・ディズニーが世を去って十余年。ヒット作の出なくなったこの会社は往年のオーラを失い、株価は地を這っていた。ジョブズを追放したＡｐｐｌｅも十年後に体験する苦しみだ。

墜ちたカリスマ。禿鷹ファンドにとってそれは格好の餌食だった。

映画の権利、テーマパーク、所有する放送局から不動産等々。金の力で会社を乗っ取ったあと、こうした資産をバラ売りしてしまえば労せずたんまり儲かるのだ。二〇一三年、平井改革の始まったばかりのSonyにも起きそうになった話である。

ディズニー社が幸運だったのは、創業ファミリーに「アホの甥」という身も蓋もない仇名の、出来た男がいたことだ。

ロイ・E・ディズニーは天才だった叔父の死後、その模倣しか考えなくなったディズニー社に愛想がつきて、会社を辞めていた。だが買収と分割でクリエイター陣が離散する未来から、彼は目を逸らすことができなかった。

決意を固めた「アホの甥」は豹変した。委任状闘争に打って出て、意見の割れた取締役を調略し、奮闘のすえ禿鷹を追い返すことに成功した。

だが、このままでは第二、第三の禿鷹襲来があるのは目に見えていた。ロイが取締役会に出した抜本的な改革案、それは叔父の劣化版コピーから脱却し、独創性を回復することだった。そのために社内の論理に囚われのない外部からトップを引き抜こうと提案した。

通常、アメリカの上場企業が外部からCEOを雇う場合、MBAの資格を持った「経営のプロ」を呼ぶものだ。ロイの連れてきたCEO候補、マイケル・アイズナーはMBAの資格もないどころか文学部の出身で、演劇熱が災いして大学卒業後、職にあぶれていたことすらある男だった。

そんな男にエンタメ産業の巨人、ディズニー社を操る手腕はあるのだろうか。危惧する取締役も少なくなかった。

アイデアこそすべて

アイデアこそすべて。その流儀でアイズナーは駆け上がってきた。

三十四歳で映画メジャーの一角パラマウントの社長になった当日、スピード違反で捕まり黒人警官に絞られたとき、アイデアが閃いた。

「きさくで庶民的な黒人刑事が、ビバリーヒルズのセレブが起こす事件の解決に大活躍する」

『ビバリーヒルズ・コップ』のハイ・コンセプトだ。すぐに脚本家、監督、若手の俳優を集め、映画化した。学生時代、脚本を書きまくっていたアイズナーに、ストーリーのアイデアを出すことなど造作もなかった。

核のアイデアさえよければ、良いストーリーが出来る。高い金を払って原作を買う必要はないし、良いストーリーがあれば、若手俳優でも大ヒットする。スターを雇う大金はいらない。

金のない会社がエンタメ界で成り上がる戦法だ。

この手法でアイズナーは二十代のとき、一億人が最終回を観た連続ドラマ『ルーツ』(渋い大河小説で原作料が安かった)や、幼いマイケル・ジャクソンのいたジャクソン5のテレビアニメで社会現象を次々と起こし、ぼろぼろだったテレビ局ABCを視聴率トップに立て直した。日本の不調な放送局にも参考となるかもしれない。

パラマウントの社長になってからは先の『ビバリーヒルズ・コップ』のみならず、『インディ・ジョーンズ』『スター・トレック』と日本でもお馴染みのヒット映画を次々と手がけた。

音楽ものも得意で、『サタデー・ナイト・フィーバー』で世界中にディスコ・ブームを起こしたのみならず、『フラッシュダンス』でブレイクダンスを世界に広め、音楽ビデオの手法を映画に定着させた。彼の起用した若手はみな売れっ子に飛躍していった。

二行にまとめた映画・ドラマのアイデアに魅力があるかどうか。これを「ハイ・コンセプト」というが、アイズナーはこの二行のために、徹底的に会議を重ねる経営者だった。世界広しといえど、みずから売れる脚本のアイデアを次々と出すクリエイター型の経営者はめったにいなかった。

天才的な創業者を失ってのち、全く冴えなくなったディズニー社に必要なのは彼のような男だと、ウォルト・ディズニーの甥は考えたのである。

クリエイティヴな企業にはクリエイティヴな経営者

「創業者は大抵、独創的ですが、いずれ病気や追放で会社から去っていきます。そしてMBAを持った『プロ経営者』が会社を引き継ぐことになる」

次期CEOの候補戦に立ったアイズナーは、ディズニー社の取締役たちに語りかけた。

「数字に強い人たちです。だが独創性はない」

もうひとりのCEO候補はオックスフォード大学出身の弁護士で、ライバル・スタジオ、ワーナーの副社長を務めていた。温厚で人望もあり、実務に長けたビジネスマンだ。実績もあった。

「はじめは問題ありません。会社を成長させた独創的なヴィジョンをしっかり守り、独創力のある人たちを支配してコスト削減に専念すればいい。が、それが硬直化を招く。会社は活力を失い、傾き、危機を迎えます」

AppleとSonyの一時期を思わせる話だ。アイズナーは息を吸い、勝負に出た。

「独創性のようなわけのわからないもので経営はできない、数字を睨んで経営するほうが安心だという気持ちは理解できます。だがそう思うなら、ディズニーのような会社の経営には関わらないほうがいい」

話を聞いた大株主は、君に投票しようと言った。★043

ロイは喜んだ。アイズナーを連れてきたのも、もうひとりのCEO候補フランク・ウェルズを連れてきたのも実は彼だった。ふたりを事前に引き合わせると意気投合し、ウェルズのほうが「君とコンビを組めるなら二番手でいい」とアイズナーに言ってきたのだ。

ディズニー社の創業は、独創的でどこか突拍子もない天才クリエイターの弟ウォルトと、バランス感覚とビジネス交渉に長けた兄ロイ・O・ディズニーの名コンビの上に成った。

独創的で溌剌としたアイズナーがCEOで、温厚でバランス感覚に長けたウェルズが社長。その組み合わせは、かつての名コンビの復活を彷彿させた。

ロイは、亡き父と叔父を思い、目頭が熱くなった。

天才創業者の亡きあと、停滞した会社は輝きを取り戻せるのか

クリエイティヴな創業者世代の去ったのち、大企業病を患った組織がふたたび創造的な集団に復活することは可能なのか。本書のテーマのひとつである。

ジョブズ亡きあと数十年後も、Appleは偉大であり続けることができるのか。あるいは戦後、Sonyやホンダのような世界的なヴェンチャーを次々輩出した日本が、ふたたび輝きを取り戻すことはできるのか、その縁を筆者は手繰ろうとしている。

「復活」こそ本書の本題であり、ジョブズの復活、ディズニーの復活、そして音楽産業の復活はその題材である。

ディズニーの再建にかかったアイズナーは忙しかった。創業者の編みだした雄大なフリーミアム・モデルは随所に錆を吹いていて、磨き直すのみならず、大胆に組み直さなければならなかったのだ。

地上波番組への再進出。有料チャンネルの梃入れ。ディズニーランドのリゾート化に海外進出——。アイズナーCEOは会社全体の立て直しを相棒のウェルズ社長と進めることになった。

全身の治療だけでない。会社は心臓をも患っていた。

「この会社の心臓は映画事業だ。ディズニーランドの新しいアトラクション、新しいプロモーション。すべては新

しい映画が生み出している」[045]

ロイ・E・ディズニーはそう言って、映画事業の担当役員に就いた。天才亡きあとであっても、どれほどむずかしくともクリエイティヴな映画を創らなければならなかった。

当然、ロイには叔父のような映画プロデューサーの才はない。そこで会長就任当日、アイズナーの打った手は彼の最善手となった。

ジョブズと似た男

これほど似た人間も少ないかもしれない。スティーブ・ジョブズとディズニー社のジェフリー・カッツェンバーグのことだ。

頭が良すぎるゆえの傲慢さ。名門高を出るもすぐ大学を中退、実業に飛び込み、若くして業界のカリスマとなった経歴。部下の仕事を隅々まで管理したがるマイクロマネージャーで、作品の出来に徹底的にこだわる完璧主義者。率直で、人を怒らせても気にならない面の皮の厚さ。嫌われ者と言われる一方で、一流の人物に少なからぬ友人を持つこころの深み。仕事中毒かと思えば、家族の予定を最優先する愛妻家——。

ただしスポーツ嫌いのジョブズと違い、希代の映画プロデューサー、カッツェンバーグのほうは早起きしてジムに精を出す。そのまま部下を集めて朝食ミーティングを開き(ランチ・ミーティングではない)、コーラでカフェインを摂るのを好む。

これがディズニーのアニメーターたちには苦痛だった。平日・週末を問わず早朝に開催するので、担当役員のロイは「次からみんなパジャマで来てやれ」と怒鳴ったことがある。[046]

ディズニー社に転職する前から、カッツェンバーグはアイズナーの右腕だった。その師弟関係は深く、「アイズナーのゴールデン・レトリバー」と仇名がつくほど彼は尽くし、働いた。

二十代でプロデューサーとなり、映画『スター・トレック』を『スター・ウォーズ』に対峙するＩＰ（知的財産）に育てあげ、その返し刀でライバルのジョージ・ルーカスと『レイダース 失われたアーク《聖櫃》』を制作。『インディ・ジョーンズ』を世界的なブームに仕立ててあげてみせた。

アイズナーとディズニー社に転職した初日のことだった。ＣＥＯ室に身を構えた大柄で豪放磊落な師は、精悍で小柄な愛弟子に向かい、窓の外を指差して切り出した。

「あのビルを知っているか」

「よく知りません」とカッツェンバーグが答えると、アイズナーは言った。

「アニメーション映画を作っている。今日から君が取り組む大問題の場所だ[★047]」

そこには『白雪姫』『バンビ』『ファンタジア』と、かつてウォルト・ディズニーが数々の傑作を生み出してきたアニメーション・スタジオが巨大な青のとんがり帽子をかぶり佇んでいた。カッツェンバーグはスタジオに乗り込むと言い放った。

「今から眠れる美女を起こさなければならない」

何だあいつは？　起きてるに決まっているだろうと陰口を叩いたアニメ・プロデューサーはほどなくクビになった。

カッツェンバーグの荒療治

カッツェンバーグの荒療治は強烈だった。

彼はアニメーターたちを伝統あるスタジオから追い出し、外れの倉庫に放り込んだ。じぶんたちがどんな状況にあるのか、身をもってわからせようとしたらしい。

「このままではいずれ、みんなお払い箱だ」

僻地に追いやられたアニメーターたちは新経営陣に悲観し、モデルガンと水鉄砲でハルマゲドンごっこに興じた。

だがその裏でカッツェンバーグは、アイズナーとこんな会話をしていた。

「とにかくあの一七五人を養っていかなければなりません。あいつらが映画を作ろうが作るまいが、とにかく映画で稼がなきゃいけない」

ディズニー・アニメーション・スタジオには、かわりにハリウッドの若手俳優、新進気鋭の脚本家たちが出入りするようになった。カッツェンバーグひとりでも、実写なら売れる映画をプロデュースできた。それで養っていくことにしたのだ。

彼の腕は確かだった。『いまを生きる』『プリティ・ウーマン』『グッドモーニング、ベトナム』と実写映画でヒットを連発。買収したインディーズのスタジオからも、若手タランティーノ監督の『パルプ・フィクション』が登場した。

師アイズナーから学んだ安あがりの若手監督と売り出し中の俳優の活用で、カッツェンバーグの映画部門は稼ぎ頭へ返り咲いた。こうして軍資金を得ると、彼はいよいよ本題に取りかかった。

ウォルト・ディズニーの遺志を受け継ぐにふさわしい、革新的なアニメ映画の復活だ。

復活――ディズニー・ルネッサンスの始まり

「とにかく古い体質のディズニープロじゃあ、とてもこの作品はできなかっただろうね」

『バック・トゥ・ザ・フューチャー』でお馴染みのゼメキス監督は振り返る。

「その点、カッツェンバーグさんはよく話もわかるし決断力もあり、どんなことでもじぶんの責任のうえでやらせてくれたよ」[★043]

アメリカの黄金時代のアニメキャラクターが版権の垣根を超えて大集合し、実写の世界でドタバタのコメディを繰り広げる――。のちに『ロジャー・ラビット』となるこの企画は随分、前からあった。

ゼメキス監督はディズニーから依頼を受けたが、「今のディズニーにこんな冒険ができるものか」と断っていた。だが新たに長に就いたカッツェンバーグが、共通の友人のスピルバーグ監督を通じて説得してきた。

『ロジャー・ラビット』の日本語プログラムは、手塚治虫が解説を寄せているのだが、ディズニーの停滞を憂いていた彼は、はじめこの企画を聞いたとき「またもやお家芸の合成か。妥当なところさ」と見くびったそうだ。

だがゼメキスが監督を引き受けたと知ると、これはいけるかもしれないとワクワクした。蓋を開けてみれば期待のはるか上だったという。★043

黄金時代のアメリカ・アニメ映画を愛する者なら爆笑するオマージュにあふれていただけでない。大真面目な実写の探偵が、軽薄でお下劣なアニメキャラのロジャー・ラビットに引き摺り回されるこの相棒ものは、とても現代的ですらあったからだ。

『ロジャー・ラビット』はアカデミー賞四部門を総嘗めする快挙を成し遂げたが、ディズニー・アニメーション・スタジオで内製したものではなかった。だが改革の素地は整った。

いよいよディズニー・アニメの復活劇が始まろうとしていた。

『アナ雪』に連なるディズニー必勝の方程式

八〇年代末から始まったディズニー・アニメの復活は、「ディズニー・ルネッサンス」と呼ばれている。その嚆矢となった記念碑的作品が『リトル・マーメイド』だったが、カッツェンバーグは当初この企画に危惧を抱いていた。

脚本を見るのが得意なアイズナーCEOの肝いりもあり、アンデルセンの原作をハッピーエンドに変えた『リトル・マーメイド』のプロットは、ウォルト・ディズニー時代に伍するメリハリのある起承転結を取り戻していた。だがハイ・コンセプトが女の子に向かいすぎており、ディズニーの真骨頂たる「家族みんなで楽しめる」作品にならない気がしたのだ。

そこでカッツェンバーグは、親友だったゲフィン・レコードの創業者デイヴィッド・ゲフィンに相談。ブロードウェイで活躍する新進気鋭の作曲家アラン・メンケンを起用し、アニメを現代的なミュージカルに仕立てる戦略に出た。

二十一世紀の『アナと雪の女王』に至るまで、ディズニー流、必勝の方程式が成立した瞬間である。

『リトル・マーメイド』はウォルト・ディズニーがこの世を去って以来、初めてナンバーワンとなる興行成績をアニメ・スタジオにもたらした。かくしてディズニー・ルネッサンスが始まった。

『美女と野獣』『アラジン』で売上は倍加。『ライオン・キング』に至って約十億ドル(一三〇〇億円)となり、その年ディズニー作品は映画売上で世界一の称号を奪還したのだった。『ライオン・キング』の物語をなぞるように、ディズニーはエンタメ産業の王座に返り咲いた。

ディズニーランドを持ちながら十億ドル(約一三〇〇億円)を切っていたディズニー社の時価総額は、『ライオン・キング』の年には一七三億ドル(二兆二五〇〇億円)を超えるに至った。

そして手塚治虫の復活

『ライオン・キング』の成功は、五年前に没した手塚治虫の名声を思わぬかたちで世界に復活させることとなった。映画を見た観客たちが『キンバ・ザ・ホワイト・ライオン』(『ジャングル大帝』の英題)とそっくりだと騒ぎはじめたのだ。

放浪の末、死んだ父からジャングルの王座を引き継ぐという共通のハイ・コンセプト。どちらの主人公も草食獣を食べずに虫を食べる優しい獅子で、王子の目付役はおしゃべりなオウム。仇敵の名は『ジャングル大帝』が「ひっかき傷（Claw）」で『キンバ』が「爪痕（Scar）」、ともに片目に傷を持っていた。

かつて『アトム』『ジャングル大帝』のアメリカ放映をプロデュースし、「アニメの国　日本」の布告役を担ったフレッド・ラッドも、妻と『ライオン・キング』を観に行った。彼はジャングル大帝レオの名をキンバと変えて世界で放映したが、ディズニーの主人公はシンバなのだった。

「強烈に似ている箇所が五、六個出てきたあと、画面が空にパンしたんだ。『まさかお父さんライオンが雲に出てくるんじゃないだろうな』と私は隣の妻に囁いたが、そのまさかだったよ！　もう信じられなかった！」★048

口さがない観客には「パクり」と騒ぐ者もあったが、それは言いすぎだったかもしれない。物語の展開も違うし、テーマも違うからだ。

『ライオン・キング』に人間は出てこず、父殺しを責める叔父と、過去の罪を乗り越えようとする主人公シンバの家族物語に終始する。『ジャングル大帝』は、ニューヨークとジャングルを股にかけて人間と動物たちが語り合い、主人公レオの自己犠牲を結末にして、種を超えた生命の尊厳を描いていた。

おそらくカッツェンバーグらは、手塚プロダクションとの訴訟沙汰を恐れたのだろう。ディズニー社のスタッフは方々で公式見解を繰り返した。

『バンビ』に『ハムレット』を掛け合わせるというのがこの企画の始まりで、手塚作品との類似は全くの偶然。スタッフの誰も手塚の『キンバ』は観たことがない、と。

すると「次の夏、公開される私たちのキンバ(レオ)の母を観てもらえば……」というロイ・E・ディズニーの投稿、「キンバ(レオ)のリメイクと思って引き受けた」と話す主人公の声優、打ち上げパーティでキンバ(レオ)の白い着ぐるみを着たスタッフの写真等々が列挙されてしまう。

アメリカではちょっとしたお祭り騒ぎとなり、人気風刺アニメ『ザ・シンプソンズ』は、殺された父親が雲に浮き出て、「キンバよ、復讐を果たせ。違った、シンバよ」と息子の名前を言い間違えるパロディで笑いをとった。カッツェンバーグらの防御線は杞憂だった。父のディズニー狂いを知る長男、手塚眞監督がディズニーを訴えることなどありえなかったからだ。

かつて手塚治虫は、中国で出まわっているパクリ漫画をどうしましょうとスタッフが持ってくると、「画の質が低い」と斜め上の方向に激怒して、ぜんぶ描き直して海賊版の出版社に無償で渡すという逸話を残した。そういう人だ。

このキンバ騒動を知ったらむしろ怒るどころか父は嬉々として自慢しただろうと、手塚ファミリーが判断するのは自然だった。[★049] ともかく人間と話す白いライオンは登場しなかったのだ。

のちにディズニー社も、手塚を敬愛する日本のマンガ家たちへ手紙を送った。「じぶんたちは決して真似をしたつもりではないが、手塚治虫さんの業績についてはよく知っているし敬意を表している」と。

手塚の目標だったディズニー・アニメーション、その復活を決定づけた『ライオン・キング』と『ジャングル大帝』の関係。マンガの神様は空の彼方できっと真実を知っているのだろう。

『ライオン・キング』は、『バンビ』と『ハムレット』の掛け算というより、『バンビ』を機に生まれた『ジャングル大帝』と『ハムレット』の掛け算だったのではないか。戦後、日本とアメリカはそうやって学び合いながらモノづくりをやってきた。復活と並ぶ、本書のもうひとつのテーマである。

本節は猛暑の夏に、アトムの生まれた高田馬場の外れで書いた。執筆に疲れて窓から入道雲を見ていると、子どものように得意げに腕を組む、手塚治虫の笑顔が浮かんでくる気がした。

ジョブズとスタッフの友情

カリフォルニア・ワインの名産地、ソノマ。ぶどう畑が広がり、遠くにはセコイア杉の森が雲と溶け合うその街は、Appleやピクサーのある中心地から車で一時間ほどの場所にある。

初代iPodが静かなブームを迎えた二〇〇二年、ラセターはソノマのワイナリーを買って、ぶどう畑のなかに広大な邸宅を建てた。

苦労をかけた五人の子どもたちのために作った、遊園地のような巨大ウォータースライダーも目を見張るが、圧巻なのは本物のSL機関車が蒸気をたてて敷地を走っていることだ。ディズニーの大先輩から譲り受けた宝物である。ときどきラセターは観光客を乗せ、じぶんで運転してぶどう畑を案内している。

ガレージにはぴかぴかに磨かれたクラシックカーが並んでいて、遊びに来た宮崎駿も大喜びでいっしょに乗った車もある。が、そんなラセターも豪邸建築の七年前までは、塗装が日焼けたぼろぼろのホンダ・シビックに乗って、小さな家から通勤していた。

世界にインターネット・ブームをもたらすWindows 95の発売が近づく一九九五年の春、とある週末のことだった。

ジープのチェロキーに乗ったスティーブ・ジョブズは悪路を通り、ラセターが当時住んでいた庶民的な家に乗りつけた。年末に迫った『トイ・ストーリー』の公開に合わせて株式上場を目論んだ彼は、それが映画制作にどう影響するのか、ラセターに説明に来たのだった。

思春期の長女リサを元パートナーから引き取り、子育てのむずかしい時期が重なったこともあり、ふたりのあいだにはオーナーとスタッフの関係を超えた友情が育っていた。革新的なモノづくりを目指したことで会社を追放された苦い経験も、ふたりに共通していた。

ふたりは互いに恩義すら感じていた。

あのとき、制作中止を命じるカッツェンバーグに対し、ジョブズの炎の交渉がなかったなら映画は失敗に終わっていた、とラセターは感じていた。

あのとき、ラセターがカッツェンバーグの引き抜きに応じ、ディズニー社に復職していたらピクサーは絶体絶命だった、とジョブズは感じていた。

会話は夜通し続いた。ジョブズは語った。

このＩＰＯは金儲けのためではない。上場で資金をつくればどこかで興行が失敗してもなんとかなる。倒産が恐くて絶対に失敗できない映画づくりをしていると、創造性が失われてしまうだろう。なによりも十分な資金があれば、ディズニー社に対し映画づくりで、君の主導権を確保できる。俺は上場後にディズニーと交渉し、対等な契約関係に直すつもりだ……。

アーティストのラセターには、ジョブズが渡すと言っているストックオプションの仕組みはいまいちピンとこなかった。とにかくこれまでと同じく、僕の創作活動のために同い年のこのオーナーは闘ってくれているということはよくわかったのだった。

夜明けが訪れ、帰るときがやってきた。ジープに乗ろうとしたジョブズは、来たときから気になっていた傷だらけのシビックを指差して言った。

「まさか、このボログルマに乗って通勤してるんじゃあるまいな」

そのまさかだよ、とラセターは答えた。長年、大赤字が続くピクサーにあって彼の給料は芳しくなかった。それでもやりくりして子どもを育て、ささやかな家を買ったのだ。車にまで気を回す余裕はないんだよと彼は説明した。

ジョブズはシビックのなかを覗き込んだ。走行距離は三十キロを優に超し、運転席に敷いてあったTシャツをめくると、シートの裂け目からスポンジが飛び出した。

そのときジョブズの頭に、トラックか何かにふっとばされて、上場の要となる男がおんぼろシビックとともに昇天してしまう光景が浮かんだのではないか、とラセターは振り返る。

ほどなくネクスト社の立て直しに多忙で、金曜日にしかピクサーに顔を出さないジョブズが会社にやってきて、小切手をラセターに渡して言った。

「これで新しい車を買え。頑丈なやつだ。俺が認めるやつじゃないとダメだ」

ラセターはじぶんの趣味と少し違うボルボを買った。★050

『トイ・ストーリー』――ジョブズとウッディの流離譚

学生時代のジョブズは内気でおとなしかった、とダン・コトケは言う。

「とても優しかったのです。ナイスガイで、その後の彼の人物像とはかなり異なります」★051

高校時代の同級生たちも、「のんきで、何かに向かって突き進むようなタイプの少年ではなかった」と言う。★026 彼が変わったのは、コンピュータ革命を起こすという使命に取り憑かれてからだった。

コトケはリード大学でジョブズと出会い、いっしょに住むほど親しくなった。文学や音楽、そしてインド哲学に興味のあるふたりは、感受性の高い気質も共有していた。インドを放浪したのもこのふたりでだった。

Ａｐｐｌｅの創業時には、コトケもジョブズの実家のガレージでＡｐｐｌｅ Ｉを組み立てた。そして会社が軌道に乗るにつれ、親友の性格が変わっていくのを見ることになった。

「そうなってしまったのには、いろいろ理由があったのだと私は思っています」とコトケは言う。「彼は、闘い続けなければいけなかったのですから」

父になるのが恐くてジョブズが娘のリサを頑なに認知しなかった件で、ふたりの友情は壊れてしまった。秘密にしたかったのに、心配するコトケの話をメディアが載せてしまったからだ。コトケはその後、荒れてしまったジョブズの性格が変容する時期をともにできなかった。

✣

屈託のない好人物だった男が成功をきっかけに自信過剰となり、みずからの傲慢と嫉妬で過ちを犯し、落ちぶれてしまう。だが苦難のなか優しさを取り戻し、彼は変容する。そして相棒たちとともに危機を乗り越え、ひときわ輝く存在となってヒーローに復活する——。

ジョン・ラセターが『トイ・ストーリー』のために練りあげたプロットは、まるでスティーブ・ジョブズの人生だ。もちろんこれを書いたとき、ジョブズの将来をラセターが知る由もない。神話学者ジョーゼフ・キャンベルが説いた「英雄流離譚」と軌を一にするこの基本プロットは、やがて数々のピクサー映画で再現されることになる。

Ａｐｐｌｅの父は子を捨てるように会社を辞め、復讐の炎に身を焦がすことになった。だが私生活で変化が起きた。捨てたリサを引き取り、身ごもったロリーンとの結婚を受け入れた。そのあたりから彼のどん底だった仕事人生も、もうひとつの運命を選んだかのように上向いてゆく。

「ジョブズ氏に経営者の資格なし」

フォーブス誌がそう銘打って、ピクサーとネクスト両社のリストラを報道する最中の出来事だった。突如、ディズニー社から映画制作の依頼が飛び込んできた。

ディズニー・ルネッサンスを成功に導きつつあったカッツェンバーグは、「次」を考えはじめていた。ジョン・ラセターの短編『ティン・トイ』を観た彼は、フルCGアニメ映画の実現がいよいよ迫ったと悟った。世界初の長編CGアニメ映画はディズニーであるべきだった。果敢な技術革新こそ、ウォルト・ディズニーのDNAだったはずだ。

「戻ってこないか」

カッツェンバーグはそう言って、ジョン・ラセターを何度も引き抜こうとした。欲しかったのは技術ではない。すでにピクサーのソフトウェアは会社に導入済みだった。彼が欲しいのは、テクノロジーに生命（いのち）を吹き込むストーリーテリングの才だった。それこそが民衆の熱狂を生み出すのだから。

その意味でラセターはジョブズと同じ才を持つ貴種だった。

ラセターは首を縦に振らなかった。たしかにディズニーに戻れば、倒産すれすれのピクサーにいるより生活はずっと楽になる。だがここにはじぶんの表現欲求を聞いて、表現手段となるソフトウェアを開発してくれる最高のCGエンジニアたちがいるのだ。

「戻りません。ここなら歴史が創れますから」とラセターは答えた。「僕に映画を作らせたいなら、ピクサーに制作を依頼してください」★026

カッツェンバーグは折れ、ジョブズとの交渉が始まった。

ディズニーとの交渉――ダークサイドに打ち克ったジョブズ

「ひとつ言っておくが」とカッツェンバーグは口火を切った。「我々と話をつけたいなら、我々とだけ話をすることだ」

会議室の長大なテーブルに尻を載せた彼が、苦々しくしているのにはわけがあった。ジョブズがこれみよがしにライバル・スタジオと打ち合わせを持ちはじめたので、カッツェンバーグは引き抜きを諦め、急遽この場を設けざるをえなかったのだ。聖域のアニメ制作まで外注しようとする彼に現場は全員、反対していた。

ジョブズは目尻で、カッツェンバーグの威圧を押し返した。

「俺はこの会社に五千万ドルを注ぎ込んだ。だから、簡単に手放すわけにはいかないね」

ついこのあいだ、キャットムルにも内緒で会社を売ろうとしていたことなど、おくびにも出さない。そしてジョブズは、起死回生の契約を上から目線で持ち出した。

「我々の技術は一切譲り渡せないが、三本の映画を作るという取引なら応じることができる」[★052]

かくしてハイテク業界と、エンタメ業界きっての交渉の名手ふたりによる、向こう三年にわたる壮絶なラリーが始まった。まるでウィンブルドンの観客になったような気分だったと同席者は言う。[★053]

とはいえ、映画はカッツェンバーグのホームグラウンド、そしてディズニーは映画産業の帝王だ。ジョブズは圧倒的に不利だった。

第一セットはカッツェンバーグの勝利で決着した。興行収入の取り分はディズニーとピクサーで七対一。残りはＤＶＤもグッズ販売も、キャラクターの著作権さえもディズニーのもの。ほとんど不平等条約のようだった。

だが、これはジョブズの成長だった。プライドの強い彼は交渉で少しでも負けるのが大嫌いだった。そのせいで昨年、ネクスト社を危機に陥れたばかりだったのだ。

仇敵ＩＢＭとジョブズは、画期的な契約を結んだはずだった。のちに美しいＯＳ Ｘ(現Ｍａｃ ＯＳ)の基となるネクストＯＳがＭＳ－ＤＯＳに代わってパソコンの標準となるチャンスを得たのだ。

この契約が実行されていれば、ちゃちなＷｉｎｄｏｗｓ ３・０はひとたまりもなかったろう。Ａｐｐｌｅへの復帰を待たずにビル・ゲイツの立場を奪い、ジョブズは復活していたはずだった。

だが、ジョブズは交渉で勝ちすぎた。足元を見て、あまりにも有利な条件で契約してしまった。かつてＭＳ－ＤＯ

Sで王位を奪われた苦い記憶を呼び起こしたＩＢＭは、たった一年で契約を反故にしてしまった。「この件が教訓になった」と彼はのちにキャットムルに語っている。[★054]

負けて勝つ。この智慧をカッツェンバーグと交渉する前に学んでいたジョブズは、強かにピクサーを救った。やがてピクサー映画の人気は、ディズニー映画にすら打ち克つようになる。

ＩＢＭの契約破棄は思い出すだけでも怒りが収まらなかった。だが、その前半生を蝕んだプライドの暗黒面に飲み込まれない術を、ジョブズは身につけつつあった。

ふたたびアメリカから日本へ――デミング式とモノづくりの系譜

話はふたたび終戦直後の日本にさかのぼる。

一九四七年のことだ。ＧＨＱのマッカーサー総帥は空襲で家を失った日本人が何百万人いるのか、統計学者のＷ・エドワーズ・デミングに国勢調査を計画するよう命じた。

デミングは仕事が出来た。戦前、統計学的工程管理を駆使し、米政府のある事務作業を六倍も効率化した実績があった。

同僚の多くが快適なホテルに籠って仕事をしていたのに対し、現場主義のデミングは、日本の荒んだ都市という都市を歩きまわった。かつて世界第六位の工業力を持ち、[★055]有色人種初の先進国となったこの国は、どの工業都市も焼け野原と化していた。

働き場を失った日本人の悲惨な生活がどれほどのものなのか、初めて痛感したのはトヨタの本拠地、名古屋を訪れたときだという。東京に戻っても、駅には浮浪者となった多くの市民が火鉢を囲い合っていた。

「私は襤褸をまとったひとりの男と、少年と少女を横目で見た。少年は父親の膝の上で啜り泣いていた。少女はただ座っていて、大きな黒い瞳を私に向けた……」

デミングは過去を思い出した。開拓地の貧しい養鶏場に生まれた彼も、幼少時は厳しい生活をしていたのだった。彼は急いで基地に戻り、バーでドーナツを手一杯買い、その一家のもとに渡しに行った。

デミングは街の路地裏まで歩いたが、物乞いしてきたのは二組しか見なかった。人びとはバラックを建て、働こうとしていた。誇り高く、逆境のさなか復興を目指す日本人に敬意すら抱いて、彼は帰国した。だが帰国後も、あの少女の黒い瞳の問いかける何かを忘れることができなかった。

一九五〇年、デミングはふたたび日本の地を踏んだ。戦前、彼は「統計学的観点から見た品質管理」について本を編纂したことがあったが、その演題で集中講義をやってほしいと依頼されたのである。

完璧なモノづくりを目指す品質管理。

それは敗戦による失地で、資源のない国に転落した日本にとって死活問題なのだった。工業国の日本は資源を輸入し、品質の良い製品に加工して売るほか生きる道を失ったが、『バック・トゥ・ザ・フューチャー』で一九五五年のドクが腐したように、〝メイド・イン・ジャパン〟は劣悪な製品の代名詞になっていた。

東京大学の講堂に入ったデミングは圧倒された。

学生だけでなかった。講堂には教授、高級官僚、経営者など、実に六百人が集まっていた。日本の復活に燃えるエリートたちはデミングの講義を聞き入った。その八割が彼の英語を聞き取っていたという。彼の講義は冷たい統計学に、熱い魂を注ぎ込んでいた。

少数の管理層が品質をチェックして、作り手の工員を歯車のように使っても高品質な製品は出来ない。経営陣から現場の末端まで一丸となって、すべての工程で創意工夫を凝らして生産性を向上すべきだ。それこそ敗戦の貧苦から日本を救う道である——。

マックス・ヴェーバーの名著を彷彿させる、プロテスタント的な救世の使命感に燃えたデミングの集中講義は、異教徒の日本人のこころをも打った。その講義内容は、あの少女の黒い瞳が訴えた何かへの、彼なりの答えなのだった。

尊大なアメリカ人が多かったなか、デミングはおみやげを持って日本の友人宅に上がるような謙虚な人柄で、小さなヴェンチャーの起業家たちも彼を慕って話を聞きに来た。そのなかにはＳｏｎｙを興したばかりの若き盛田昭夫もいたという。[★057]

そして品質追求のモノづくりは、日本復興のための国策となった。

モノづくりの系譜、ふたたび日本からアメリカへ

「日本の経営哲学は、デミング博士の考え方によって変えられたのです[★058]」

トヨタのゼネラル・マネージャーだった片山善三郎はそう語る。日本の財界はデミング賞を設け毎年、完璧なモノづくりを競い合った。そしてメイド・イン・ジャパンは世界で「最高品質」の代名詞に変わったのである。

一方で、デミングが母国アメリカで受け入れられることはなかった。日本製品はアメリカの模倣にすぎず、売れるのは安い賃金で作っているからにすぎない。そう見くびっていたのだった。長らく、日本人が中国をそう思っていたように。

「何かがおかしい」とアメリカ企業が気づいたのは、二度のオイルショックを経てからだった。世界は資源価格の高騰で不況に苦しんでいた。そのなかで唯一、高度成長を続ける日本は先進国に復活し、賃金は決して安くなかった。

日本は高賃金化を克服するため、いちはやく工場のオートメーション化を進めていたのだった。それだけでなかった。トヨタの大野耐一が発明した「トヨタ生産方式」は、アメリカ工業を世界一に導いたフォード式大量生産を旧式に引き摺り下ろすほど、革新的なものだった。

日本から学ばねばいけないのではないか――。アメリカ人は薄々わかっていたがプライドが邪魔し、なかなかその気になれなかった。だが、一九八〇年、ある番組がきっかけで米財界に日本ブームが起こった。[★058]

ＮＢＣの番組『日本にできて、なぜアメリカにできないか』は冒頭で、アメリカ製の半導体の故障率は日本の百倍という事実を突きつけた。そしてアメリカでは無名だったデミング博士が登場し、なぜアメリカが日本に勝てなくなったかを解説したのである。

日本が最強の工業国になったのは、このアメリカ人の話を聞いたからだ……。彼らは気づいた。愛国心をくすぐられたアメリカの経営者たちはようやくプライドを克服し、日本を研究する気になった。彼らは番組のビデオをこぞって買い、デミングは様々な企業に招聘された。

「なぜアメリカに競争力がないのか？」とデミングは言い、フォードの経営陣を睨めつけた。そして、「その答えはマネジメントだ！」と怒鳴った。[★059]日本では謙虚で親しまれたデミングだが、アメリカの経営者には辛辣だった。

彼の怒りも、もっともなところがあった。こんな逸話が残っている。トヨタが貿易摩擦解消のため、ＧＭの閉鎖寸前の工場を運営することになったときのことだ。

「この工場の従業員どもは最悪ですよ。全米で最低の質だ」とＧＭの経営陣はトヨタのマネージャーに愚痴をこぼした。

仕事中に酒を飲む、職場へ来ない、製品に空き缶を仕込むようないたずらをする。「真面目にやっているのはマネージャーだけだ」と彼らは言ったが、トヨタは逆に従業員を再雇用し、マネージャーのクビを切った。[★060]

そして従業員の一部を日本へ研修に送り、大野耐一のトヨタ生産方式を学んでもらいマネージャーにすると、工場は生まれ変わった。全従業員がやる気を出し、どのラインも創意工夫を凝らすようになり、日本に匹敵する高品質なモノづくりを実現したのだった。

「仕事をする喜びは、すべての人間が生まれながらに持っている権利である」というのがデミングの信念だった。「それゆえに、人はその仕事を楽しむに如くはないのである」と、敬虔な彼は旧約聖書を引用するのだった。[★061]

日本は明治と戦後の二度にわたり、国家そのものがヴェンチャー精神にあふれた。働くことに生きがいを見出す日本国民の精神性は、デミングにとって自身の宗教的信念にすら合致していたのだろう。

資本主義というのは不思議なもので、行きすぎると社会主義と同じ弊害を顕すようになる。自由競争に勝ち残った企業は大組織化して、上層部は官僚化し、少数の高給取りのテクノクラートが立てた計画のもと、大多数の従業員が歯車になって低賃金で働くようになる。

歯車に創意工夫は求められず、どんなふうに働いても高給取りに昇格できない。歯車がアイデアを出しても五人の上司を通過するうちに消え去ってしまう。結果、旧ソ連の工場のようにやる気のない労働人口が資本主義社会にあふれ返るようになり、国家の生産性が低下する。

まるで派遣社員とアルバイトのあふれた昨今の日本のようだが、八〇年代に停滞したアメリカを蝕んだ病巣は、怒れるデミングにとってそういったものだった。

一九九三年、デミングは、バブル崩壊を機に日本が長患いし、アメリカの劣化版のようになっていくのを見届けることなく、世を去った。

今では中国が日本から工作機械を買い入れ、品質管理の専門家を招聘して工場を運営している。優位性を失った日本は中国の低賃金に対し、歯車のような従業員を増やす旧来のアメリカ式経営を導入して立ち向かおうとした。

それは内需を切り捨てるかわりに中国への工場移転を食い止める国策だったが、切る相手を間違えたのだろう。不況の長期化を招いたのみだった。

一方、アメリカはシリコンバレーの隆盛で復活したあとも、日本研究を怠らなかった。

九〇年代、MITで人工知能を研究していたアレン・ウォード博士は、AIを活用して最適な開発設計を見出すアイデアを構想する過程で「これまでアメリカ企業がやってきた製品開発は、根本的に間違っているのではないか」と気づいた。

そこで博士のアイデアと合致する開発を実際にやっている企業を研究対象に探してみたが、たったひとつの企業だけがその先進的な開発をおこなっていることがわかった。それがトヨタだった。

トヨタ方式の真骨頂はあらゆる無駄を省き、得た余力でイノヴェーションや顧客価値の創造に集中することだが、売れないものを大量生産するほど無駄なことはない。無駄なコストの七〇%が開発設計の段階で決定することを見抜いたトヨタは、★062 ジャスト・イン・タイムやカンバン式の生産が有名となった裏で、製品開発でも独創的な手法を密かに確立していたのだ。

MITはこれを理論化し二〇〇七年、『リーン製品開発方式』が上梓されると、アメリカのIT企業やスタートアップ企業でふたたびトヨタ・ブームが巻き起こった。日本に逆輸入されたのは、二〇一〇年代の半ばであり、デミング再発見のブームがアメリカで起きてから実に三十年の歳月が過ぎていたのだった。

かくして日本式のモノづくりは、業界の垣根を超えて広がっていったのだが、MITの研究成果が発表される以前にこのやり方を導入して、復活したアメリカ企業があった。

それがピクサーとディズニー、そしてAppleである。どれもジョブズが深く関わっていることが、デミングの節を設けた理由だ。

キャットムルの覚醒――エンタメ界の名経営者へ

「一人前の経営者になることに貢献できると思う」

かつてジョブズはピクサーを買収したとき、十歳年上のキャットムルを育てるつもりでそう言った。実際はキャットムルが述懐したように、当時のジョブズのアドバイスはことごとく間違っていた。そしてコンピュータ製造業へ業態転換したことで、ピクサーは窮地に陥ったのだった。

だが運命というのはほんとうにわからない。その結果、ジョブズの言うとおりになったからだ。

CGが専門のキャットムルにとって、ジョブズの決めたハードウェア製造への業転は全く未知の世界だった。それで必要に迫られ、彼は当時流行を見せていた大野耐一のトヨタ生産方式を研究した。

彼は感動した。これまで「効率追求のつまらない世界だ」と思っていた製造の現場を、モノづくりの閃きと創造性が生まれる場に日本人は変えていたのである。

「創造的な環境をつくるうえで、日本人からはほんとうに多くのことを学んだ」とキャットムルは振り返る。[★057]

それまで「何があっても許可なく組み立てラインを止めるな」がフォード以来の常識だった。歯車たる作業員が勝手にベルトコンベアを止め、意見を出すなどもってのほかだった。

だが大野耐一が編みだした手法はこの常識を覆していた。

トヨタ式では従業員がどのような階層にあろうとも、問題を発見したら製造ラインを止める義務があり、現場からカイゼン(改善)のアイデアを出す権利をも有し、管理職はそれを聞く義務があった。

階層を持つ組織でありながら、アイデアと創造性においては民主的であること。そこにキャットムルは、創造的な企業をつくるヒントを感じとった。

それでもピクサーがワークステーションを製造しているあいだ、キャットムルは経営に苦戦しつづけた。ジョブズが「こうだ」と確信したひとつの答えを製品化し、売ってみて初めて過ちに気づくという失敗を二代目Ｍａｃの開発でも、ネクスト・コンピュータの開発でも、そしてピクサー・ワークステーションの開発でも繰り返していたからだ。

のちにMITのウォード博士が気づく、従来型の製品開発の根本的な間違いを若きジョブズも犯していたのだ。開発設計の段階で間違えた売れないプロダクトの製造販売をまかされても、キャットムルにはどうしようもなかった。

だが、『トイ・ストーリー』で長年の夢だった映画づくりができるようになると、キャットムルのなかに眠っていた経営者の素質が花開くこととなった。

彼は、トヨタ式をピクサーの映画づくりに導入した。

トヨタ式で生み出された『トイ・ストーリー』

『トイ・ストーリー』の制作が始まると、ジョブズはピクサーに来る頻度を年一回から週一回に増やしていた。といっても、「映画づくりは素人だから」と自制していた彼は、オフィスで何をするわけでもなかった。映画づくりで活気づくピクサーは彼にとってオアシスだったのだろう。当時、ネクストのほうは大量離脱が続き、あのジョブズが「なにもかも諦めて引退しようか」と何度も迷うほど荒れていたからだ。

ここで引退していれば、iPhoneは生まれなかったかわりに、健康で幸福な余生を家族と過ごしたのかもしれない。だが、彼はネクストを立て直す道を選び、ピクサーでじぶんとは全く違う経営の仕方を目撃することになった。

「ピクサー社の文化は、スティーブの理解を超えていた」と、『スティーブ・ジョブズの再臨』の著者アラン・デウッチマンは記している。

「組織図を見せてくれ」というのが彼の口癖だったが、ピクサー社にそんなものはあってないようなものだった。★063

ジョブズは『トイ・ストーリー』の制作を見るのが楽しくてしかたなかったらしい。映画づくりは未知の世界だったのもあるが、キャットムルとラセターはじぶんとは全く違うやり方で制作陣を盛り立てていたからだ。

「物語こそ王様」というのがピクサー・アニメーション・スタジオの第一原則だ。

物語のプロットは、ラセターを中心に四人のブレインが「ストーリー・チーム」となってアイデアを出し合い、プロットの様々なパターンを検証する。そして三秒に一枚のスケッチに音声を付けた「ストーリー・リール」に落とし込んで試写会を開き、クリエイター陣からも感想を集め、最適な物語の進行を選んでいく。

ストーリー・リールは製造業における開発設計にあたるが、映像の制作に入る前にリールの段階で複数のアイデアを試し、失敗と修正を繰り返せば、失敗作のリスクは大幅に減る。

このやり方は二十一世紀に『リーン製品開発方式』で世に知られることになったトヨタ式の開発設計と軌を一にしている。ジョブズがこれまでやっていた、「これだ」と初めからひとつの答えを決めて頑として譲らない製品企画とは全く違うやり方だった。

CGアニメ映画の制作は、実に工場運営と似た部分が多かった。

背景、小道具、キャラクター等々、様々なCGのパーツを作りあげ、それにアニメーターが演技を付け、カメラ・アーティストが臨場感を付け、照明アーティストの手によって現実感が生まれる。まるでベルトコンベアだ。アーティストの求める表現を実現すべく、エンジニアがソフトウェア開発を同時並行で進めなければならない。

たった三分の短編『ティン・トイ』ですら一年かかったのだ。それを一週間に三分のペースで映像を作っていかなければならなかった。キャットムルは、百人のクリエイターの混乱を最小限にして、無駄なCG制作が発生せぬよう、ジャスト・イン・タイム方式を参考に、作業の流れを整えていった。

映像制作は平均して一週間に三分を目標に進んでいくが、毎週、映像が出来あがると全員が集まって、改善点を話し合って制作のリズムをつくってゆく。トヨタでいう「カイゼン」である。

もちろん、『トイ・ストーリー』の制作当初からこれだけの仕組みが完成したわけではない。何本もの映画制作を乗り越え、キャットムルとラセターが試行錯誤を重ねて磨きあげたが、その原型は『トイ・ストーリー』の制作段階ですでにあった。

「ピクサーほどすごい連中の集まった会社を見たことがない」とジョブズは語っていた。★064

たしかに、『トイ・ストーリー』のストーリー・チームはその後、人気監督を次々と輩出したし、ピクサーのCGソフトウェアは映画産業のデファクト・スタンダードになった。

だが、おそらくジョブズが感心していたのは、ピクサーに集った全員が生き生きと創造性を発揮していたことなのだろう。その背景には、トヨタ式をCG映画づくりに応用した経営者キャットムルの覚醒があった。なによりもキャットムルこそ天才ラセターを発掘した張本人だった——。

苦難のあとの好転、そしてゴールが見えたあたりで最大の障害を置く。これがストーリーづくりの常道だが、目に見えぬ何者かが図ったかのようだった。『トイ・ストーリー』の制作中、ピクサーに創業以来、最悪の危機がふりかかった。

主導権を握るディズニー社が、制作中止を命じてきたのである。『トイ・ストーリー』がなくなれば、ピクサーは今度こそ終わりだった。

そして、ジョブズの出番が回ってきた。

暗黒の金曜日、あるいは独裁者から卒業したジョブズ

「このカウボーイ、ほんとうに嫌な野郎だ」★065

俳優のトム・ハンクスは言った。彼が声をあてた主人公ウッディは全く共感の呼べないキャラクターになってしまっていた。

『トイ・ストーリー』の主人公は初め、プロジェクトの元となった『ティン・トイ』の主人公そのままの、無垢で愛く

るしいブリキのおもちゃの兵隊だった。

「古臭い」とディズニーのカッツェンバーグは顔を顰めた。「もっと棘のある溌剌としたキャラにしろ。そうでなければ生き生きとした相棒ものはできない」

それが彼の助言だった。『ロジャー・ラビット』の成功を踏襲したかったのだろう。同じように最新技術を駆使し、同じようにディズニーの社外で作って伝統を打破する——。ディズニーと変わらない古風な主人公では、いくらCGを駆使しても、部下全員の反対を押して社外制作にした意味がなかった。

ラセターは納得した。「今どきの子が、かわいいブリキのおもちゃをプレゼントにもらっても喜ばないよな」と思ったからだ。★066

主人公のブリキの兵隊はGIジョー風に変わり、さらに宇宙飛行士に変わった。その相棒に、棘のあるカウボーイ風の腹話術人形を充てがったが、「腹話術人形なんてホラー映画でも作る気か」とディズニー側に怒られた。

やがて主人公と相棒は入れ替わり、我々の知るカウボーイ人形のウッディが主役になった。

ラセターは『天空の城ラピュタ』の上映会を開いて、何度も相棒ものを研究したがどうにもしっくりこない。『ロジャー・ラビット』の成功イメージがあるカッツェンバーグは「もっと棘がないと現代っ子はついてこないし、なにより大人が楽しめない」と言い続けた。制作が進んだが、違和感は強くなるばかりだった。

一年半が過ぎ、出来あがったストーリー・リールの上映会は悲惨だった。ジョブズの公式伝記も取り上げたとおり、映画は「卑劣で不幸なキャラクター」のオンパレードだったのだ。上映中、ラセター監督は恥ずかしさで顔を覆った。

「どうしてこんな酷いものになったんだ」とカッツェンバーグすら訊いたほどだった。

「彼らの映画ではなくなったからでしょう」と部下のシューマッハは答え、暗に彼を批判した。★067

ドリームワークスの映画『シュレック』もそうなのだが、カッツェンバーグは「子どものなかの大人」を刺激して、大人のほうも取り込むのが得意だ。一方、ラセター監督は「大人のなかの子ども」を呼び起こすタイプである。だがプロデューサーの個性が強烈なあまり、知らず知らずに、監督の個性を否定するような映画づくりになっていたのだった。

カッツェンバーグはジョブズとそっくりだと書いた。作品のどんな些細な欠点も見逃さず、強烈な一撃を食らわせ、じぶんの意見を押し通してしまう。一方でジョブズはこの頃になると、自制を身につけていた。我を押し通して数々の失敗を繰り返した過去を受け入れつつあったのだろう。

いや、実際には若い時分からカッツェンバーグと違う面があった。

たしかにジョブズは「クソだな」が口癖で、部下の仕事を貶(けな)して「やり直せ」とよく命じた。寝ずに働いているエンジニアは当然、頭に来る。「細かいよ。他人(ひと)の苦労も知らないで」と腹が立つが、ジョブズから細かな指示はない。とにかくやり直してみると、たしかにとてもよくなるのだ。そして、あの「クソだな」はもっと頑張れよという激励で言っていたのだとエンジニアは気づく。そんなエピソードが初代Ｍａｃの開発時代からあふれている。★068

ピクサーでもそうだった。のちの話になるが、『Mr.インクレディブル』の制作会議でも「クソだな」が出た。週末のテレビでやっている安っぽいアニメみたいだ、と言われたブラッド・バード監督は腸(はらわた)が煮えくり返った。

そして古参の同僚に「さっきスティーブにものすごくカチンと来ることを言われたんだけど」と憤ったら、同僚は「ひとつだけ?」と聞き返してきた。たしかに細かな批判はジョブズからなかった。頭を冷やすと、ジョブズは僕らの庇護者としてああ言ったのだなと気づいたという。★069

「おまえらなら、もっとすごいものが出来るだろう。それだとひどく手間と金がかかるというのなら、俺がなんとかしてやるから頑張ってみろよ」というのが、クリエイターの守護神ジョブズの「クソだな」なのだった。そういうとところが誤解にまみれたジョブズ像の出来た原因ではある。

『トイ・ストーリー』制作中止をめぐるカッツェンバーグとのバトルは、独裁者タイプから庇護者タイプの経営者に脱皮しつつあったジョブズの面目躍如たる場面となった。

カッツェンバーグとの対決は、過去のじぶんとの対決でもあったのかもしれない。カッツェンバーグがのちに称賛したように、「スティーブにしかできないほど苛烈に」制作予算の増額を要求し、ディズニーに認めさせた。

ただ、この場面でもカッツェンバーグは強かだった。

カッツェンバーグは、かつて最新技術を駆使した『スター・トレック』や『ロジャー・ラビット』の制作費と制作期間が大幅超過し、アイズナーにこっぴどく叱られた苦い経験があった。

それでジョブズが「Ｍａｃが出版業界のコストダウンを起こしたように、コンピュータを導入すればアニメ制作に革新が起きて制作費は大幅に落ちる」と主張するのを全く信用せず、こっそり見積もりにバッファー（余裕）を持たせていた[★065]。

ジョブズが映画の素人なのをいいことに、元々ディズニーの通常の制作費より四割も低めでピクサーと契約していたのだ[★065]。カッツェンバーグは渋々のふりをして、バッファーから作り直しの予算を出した。

しかしこの再交渉で最も大きかったのは、ジョブズが炎の交渉でラセター監督の主導権をカッツェンバーグから奪い取ったことだ。

「あいつが『トイ・ストーリー』をめちゃくちゃにしたんだよ」とジョブズは当時のことを公式伝記の著者アイザックソンに語った。「奴が『制作中止だ』と言ってきたとき、[★070]逆に叩き出してやった。『こんなのが作りたかったわけじゃない』と言って、俺たちがやりたいようにやれるようにした」

物語の作り直しは、三ヶ月かかった。その間、ジョブズは倒産すれすれの二社を抱えながら、待機中だったクリエイター百人の生活費づくりに奔走した。やがてラセター監督が絶妙な解決策を発見した。それはカッツェンバーグの指示で作った部分をある意味、否定しないというやり方だった。

映画の冒頭に、共感の持てる気のいいウッディを描いてやればいい。そうすれば観客は「ああ、不幸で性格の闇が浮かび出たんだ」と、嫌味なウッディを許せるようになる。この心理的なプロセスを踏めば、いがみ合った仲間と危機を乗り越えるうちにウッディは成長し、ヒーローが誕生することになる。

これで観客は感動できる、とラセターは確信した。偶然なのか運命なのか。こうしてジョブズの人生をなぞるような『トイ・ストーリー』の物語が出来あがった。舌を巻いたカッツェンバーグは制作再開の許可を出した。

その矢先だった。今度はディズニー社に悲劇が襲いかかった。

師弟の決裂——ディズニー・ルネッサンスの終焉

エンタメの産業史に残る、最高の三人組だった。

アイデアあふれるマイケル・アイズナーCEOが会社に創造力を与え、実務家のフランク・ウェルズ社長が組織と外交をまとめ、そのもとで凄腕のジェフリー・カッツェンバーグが次々とヒットを飛ばしてきた。

三人は創業者を失ったディズニーを、ふたたびクリエイティヴな企業に復活させたのである。

その日は一九九五年のイースターで、アイズナーCEOは家族とゴルフクラブで復活祭のごちそうを取り囲んでいた。和やかな空気を切り裂くように電話が鳴ったとき、彼は妙な予感がした。電話を取ると秘書はすぐ切り出した。

「マイケル。フランクが亡くなりました。ヘリコプター事故です」★071

全身が痺れ、あとでかけ直すと言うのが精一杯だった。アイズナーは「どうしたの？」と聞く妻に、思わず「フランク・ウェルズが死んだ」とそのまま言ってしまった。妻は悲鳴をあげ、泣きだした。妻は知っていたのだ。夫にとってウェルズは仕事仲間という以上に、かけがえのない相棒であったということを。

それでもアイズナーは、悲しむのはあとにしようと思った。『ライオン・キング』の公開を控え、会社は大切な時期を迎えていた。翌日、ランチ・ミーティングを通常どおり開いて幹部を鼓舞したが、昼食会は暗く、ぎこちなく終わったのだった。夕食はカッツェンバーグとふたりでとり、故人を偲んだ。

翌日、ジェフリー・カッツェンバーグは混乱していた。昨日の夕食で、アイズナーは彼をウェルズの後継者に据えるつもりはなく、後任の社長をほかに探すらしいことに感づいてしまったのだ。

十八年間、昼夜を惜しんで尽くしてきたのに、アイズナーにはじぶんを相棒と認める気持ちはない……。その事実は彼をひどく傷つけた。

「信頼してください。私もフランクと同等の仕事が出来ます」

CEO室に来たカッツェンバーグはアイズナーに訴えたが逆に、

「とても君をパートナーと考えることはできない」と突き放されてしまった。

ヒット・メーカーとしては抜群に優秀だが、周囲と衝突を繰り返すこの愛弟子（まなでし）が世界的企業の社長になるには、もっと人格の成熟が必要だとアイズナーは考えていた。

「君が社長になれる可能性はまだあると思う。見極めるには時間が必要だ」とアイズナーは慰めたが、これがカッツェンバーグを激昂させた。

「十八年もお付き合いしてきて、今更オーディションを受ける気はありません！」

「私がうんと言えば済む問題じゃないんだ！　君はロイ・ディズニーやほかの取締役と深刻な問題を起こしている」[★072]

口論が始まり、収まらなくなった。親友が死んだというのに空気の読めぬこの弟子に、アイズナーも怒りが収まらなくなってしまった。CEO室の外には、ふたりが初めてこの部屋に来た日と同じように、巨大な青とんがり帽子をかぶったディズニー・アニメーション・スタジオが佇んでいた。

そしてディズニー・ルネッサンスの終焉が始まった。

『ライオン・キング』が公開された翌月、カッツェンバーグは契約書が認めていた一三〇億円相当の退職金をすべて拒否されたままディズニーを去った。彼は何千億円もディズニーに稼がせたはずだった。カッツェンバーグは友人のスピルバーグ監督とドリームワークスを創業し、反逆の狼煙を上げる。

アイズナーがスカウトしたウェルズの後任社長は、会社に損害を出してすぐに解任となった。カッツェンバーグの後任も冴えず、アイズナーは直接、映画事業を見ることにしたが、腕に覚えのある彼もアニメは実写やテーマパークのようにはいかなかった。

『ライオン・キング』を最後にディズニー映画は興行一位を一度も取れない停滞が十年、続くことになる。映画が停滞すれば、アイズナーとウェルズの盛り立てた新生ディズニーランドも停滞した。

ディズニー・ルネッサンスを実現した同じ監督陣、同じクリエイター陣のままなのに、何かがおかしくなってしまった。事態を危惧したロイ・ディズニーともアイズナーは険悪になり、やがてこの恩人を追放するに至る。

ジョブズとは逆だった。アイズナーは独裁者に堕ちていった。

ピクサー――最愛の継子（ままこ）

ふたたび停滞の闇に包まれようとするディズニー。そのそばで、やがてディズニーを救う新たな希望が育ちつつあった。

『トイ・ストーリー』の制作は完成へ向けて勢いを増していた。

スポーツの世界では、ひとつの目標に集中した一流チームが「ゾーンに入る」経験をするという。それはほかの仕事でも起こりうることで、カッツェンバーグとの葛藤の末に物語の完成形を見出したピクサーのクリエイター陣は、集団でこの状態に突入していた。

最高の設計図ともいえるストーリー・リールを作りあげ、一丸となったピクサーだったが、史上初のフルCGアニメ映画は前人未到の世界であり、ノウハウのないモノづくりは困難を極めた。

イノヴェーションの度合いが高いほど、未知の難題が次々と噴出するものだ。そこで「なぜできないのだ」とまくし立てるカッツェンバーグのようなタイプが経営者なら、従業員はイノヴェーションを完遂する気力を削がれていたことだろう。

ジョブズは困難が発生するたびに、激励しつづけたとピクサーの従業員は言う。

七年前のピクサー買収は「気でも狂ったか」と言われるほどビジネス的には理性に反する、直感的な決断だった。ジョブズ自身も「これほどお金が出ていくとわかっていたら買わなかった」とのちに吐露した。だが『トイ・ストーリー』の制作中、「直感は正しかった」とジョブズは確信したに違いない。

この時期のジョブズのはしゃぎぶりは、微笑ましい。

Ａｐｐｌｅ復帰後は極度の秘密主義で鳴らすことになる彼だったが、『トイ・ストーリー』が完成に近づくたびに家に持ち帰って、友人の家族や近所の子どもを呼んで、息子といっしょに見せていた。情報漏洩につながりかねないオーナーのこの「市場調査」を、ラセター監督はあとで知って肝を潰したという。

日本趣味の先輩で、菜食主義のジョブズに寿司の味を教えたオラクルの創業者ラリー・エリソンも、この親友の家庭内上映会に十一回も付き合わされた。毎回、ちょっとした改善点を延々と嬉しそうに解説するジョブズの横で「内心、これは何の罰ゲームかと思っていた」とのちにこぼしている。

少しあとの話となるのだが、ジョブズ家の上映会での出来事で、彼のお気に入りのエピソードがある。

ある休日、友人のジャーナリストにジョブズから電話がかかってきた。すぐ君の娘たちを連れてウチに遊びに来いという。行ってみると、三歳になったジョブズの長男リードが走って出迎えてくれ、色を付けたばかりの『トイ・ストーリー』の上映会が始まった。

「どうだった？　『ポカホンタス』と同じぐらいよかったかい？」とジョブズは友人の娘らに訊くと、ふたりは頷いた。

「じゃあ、『ライオン・キング』と比べると？」と訊くと女の子は、あと五回は観ないと決められないと答えた。ジョブズはにんまり顔だった。[★073]

そんな平和な家にあってジョブズは内心、悩んでいた。マイクロソフトからピクサー社を買いたいという話が来ていたのだ。

理性的に考えるのならば、本業のネクスト社を立て直すためピクサーを売って資金を確保すべきだった。実際、キャットムルは今回に限らず何度も売却の相談をジョブズから受けていた。結局いつも売却しないので、謎すぎて神経を消耗したという。

歴史的に見れば、ジョブズの実子はＡｐｐｌｅやネクストであり、ピクサーにとって彼は養父であったろう。だがジョブズはこの自慢の継子を愛するあまり、どうしても手放せないらしかった。振り返れば、彼自身もジョブズ家の最愛の継子として育ったのだった。

そうしたなか、ある日、彼の運命を分ける一本の電話がかかってきた。

「今すぐ飛行機に乗って来てください！　とにかくすごいことになっています」

ニューヨークに出張中のラセター監督たちからだった。

クレイジーなアイデア、あるいは日米の再逆転

ＪＦＫ空港からタクシーを飛ばしたジョブズはニューヨークの大公園、セントラルパークに到着した。曇り空に渡り鳥が飛ぶもと、中央広場へ足早に向かうとサーカスを思わせる豪華なテントが広大な芝生を占拠していた。

足を踏み入れると、きらびやかなセレブが集っていた。夏の公開が迫った『ポカホンタス』の特別予告会に招待されたのだ。上映スクリーンを囲む殿堂仕立ての巨大パネルには、誰もが知るディズニーのキャラクターが並んでいた。ミッキーマウス、ドナルドダック、白雪姫と七人のこびとたち。

そしてそこに、笑顔のバズとウッディもいたのを見て「信じられん！」と、ピクサーのプロデューサーはジョブズの横で叫んでいた。

ニューヨーク市長、監督、著名アーティストたちの挨拶。目も眩むフラッシュが飛び交うなか、ディズニーのアイズナーＣＥＯは報道陣へ次のように発表した。

『ポカホンタス』の夏公開へ向け、ディズニーは一億ドル（約一三〇億円）の宣伝費を投入する。そして、クリスマス・シーズンには満を持して『トイ・ストーリー』を公開する――。

「スティーブは狂ったように興奮していました」とそばにいたプロデューサー、グッゲンハイムは思い出す。「スティーブは、ディズニーとの取引が、彼の想像を超えた大きなものになっていくことを理解したのです[★074]」

ジョブズにクレイジーなアイデアが閃いたのはそのときだった。

『トイ・ストーリー』の公開に合わせて、ニューヨークの株式市場にピクサーを上場する。そうすれば積年のジレンマが一気に解決すると気づいたのだ。

ＩＰＯなら、ジョブズは愛するピクサーのオーナーのままでいられるうえ、すり減った個人資産も回復して、窮状

にあるネクスト社も立て直せる。

のみならず、ピクサーは自己資金で映画制作できるようになり、ディズニーとの不平等条約改正の道が開かれる。ラセターたちを苦しめた映画制作の主導権も確保できるはずだ。すべての悩みを解決する、一発逆転のアイデアだった。

とはいえ、まともな人が聞けば「空論だ」と退けるほど無謀だった。

なにせピクサーは、たった一本の映画を制作中であるほか、何の実績もない会社なのだ。上場の段階では映画売上もなく、あるのはわずかなソフトウェア売上と莫大な借金のみ。マッキントッシュを生んだジョブズの名声も廃れ、一発屋として忘れられつつあった。

彼が幸運だったのは、一九九五年が時代の端境期だったことだ。

八月、キャットムルの大学院時代のクラスメートが、前代未聞のＩＰＯを成し遂げた。ジム・クラークの創業したネットスケープ社は、ベータ版のアプリを一本創っただけで上場した。

だがそのアプリは初の世界標準のウェブ・ブラウザとなり、始まったインターネット・ブームの中核となったのだった。ほとんど売上のないネットスケープ社は上場当日、時価総額で二十九億ドル（約三七七〇億円）の巨額をつけた。

同月、マイクロソフトからＷｉｎｄｏｗｓ95がリリースされると、世界的なインターネット・ブームが起こり、ビル・ゲイツは三十九歳で世界一の富豪となった。そして、ドットコム・バブルが始まった。

それはエレクトロニクス産業で隆盛した日本経済が衰退し、変わってＩＴ産業の隆盛でアメリカ経済が主役の座を取り戻した瞬間でもあった。

一九七九年、停滞するアメリカ社会に警鐘を鳴らした『ジャパン・アズ・ナンバーワン』が描いたように、通産省が成長産業と決めた企業群に、大蔵省の指示で銀行団が不動産を担保に融資し、ケイレツ会社が新規事業を興すという「日本株式会社」の経営はその頃になると、バブル崩壊とともに瓦解しつつあった。

不動産の大暴落でバランスシートの改善に追われた日本企業は短期的利益に集中し、八〇年代、アメリカに羨望された日本の長期的経営は終身雇用を道連れに倒壊した。一方で、アメリカでは新たな経済システムが国の根幹になろうとしていた。

国家機関や軍需産業の莫大な予算が生んだ、新テクノロジーが大学で共有される。それを学んだ学生たちがヴェンチャー・キャピタルを助けに起業し、赤字のままIPOする。今度は巨額の年金運用を背景とした市場投資家が、目先の利益を気にせず長期的成長を助ける——。

アマゾンはその典型で、上場後も二十年近く大赤字のまま超巨大企業にのし上がった。

ヴェンチャー・キャピタルという言葉がまだ新聞に載ることもなかった時代から、ジョブズはその恩恵を受けてAppleを創業した。彼を世に出したシリコンバレーの生んだ地方的システムが、国の根幹に変わろうとする時期に、ふたたびその潮流に乗ったのである。

かつて盛田昭夫は、八〇年代半ば世界的ベストセラーとなった『MADE IN JAPAN』で語った。日本式とは異なる新規事業の育て方として、銀行と比べればまだ格段に小さかったヴェンチャー・キャピタルの将来に注目しなければならない、と。実際に二十年後、アメリカは直接金融が主流となって経済を一新させた。

売上のほとんどないネットスケープの上場成功に続いて、翌九月にはジョブズの尊敬するSonyから、CGの時代到来を庶民に告げる製品がアメリカに上陸した。初代プレイステーションである。

ジョブズは、「近い将来、ふつうの人びとが写真撮影のように、3Dモデリングで絵を描く時代が来る」と考え、ピクサー・ワークステーションを製造したが、その予測は不正解だった。

一方、Ｓｏｎｙの久夛良木健（くたらぎけん）は同じくワークステーションを創っていたが、３Ｄモデリングをゲームで遊ぶ〝プレイ〟ステーションに変えたことで、商業上の正解にたどり着いたのだった。

ゲーム会社の就職から社会人のスタートを切ったジョブズも、このゲーム機のイノヴェーションに相当、感じ入っていた。★075

とはいえ、ジョブズの不正解は転じて正解になった。

彼の創ったピクサー・ワークステーションを手に取ったクリエイター陣は、ラセターというマエストロの指揮を得て、世界中の親子を感動させるアニメ作品を紡ぎだすようになったのだった。

ピクサーのＣＧソフトウェアは業界標準となり、成功したピクサー映画のあとを追って、ほかのスタジオからも次々とＣＧアニメ映画が誕生するようになる。

当時、まだハイテク産業の王座にあったＳｏｎｙが革新的なＣＧゲーム機で旋風を起こしたことも、ピクサー上場の追い風になっていただろう。

十一月十九日、世界初のフルＣＧ映画『トイ・ストーリー』は二四〇〇の劇場で公開され、その年の興行売上で世界一に輝いた。ヒット作に手厳しい評論家たちもその出来をこぞって絶賛した。映画公開の十日後にピクサーは最高のかたちでＩＰＯを迎えることになった。

上場を祝う鐘が取引所に響き渡ったあと、ジョブズは親友のラリー・エリソンＣＥＯに電話し、「ラリーかい？　やったよ」と告げた。★076　その日、時価総額は十五億ドル（約二千億円）をつけた。その八〇％はジョブズの所有なのだ。

わずか三年前には「落ちたカリスマ」「一発屋」「ダメ経営者」「人格改造の真最中」と罵倒したおし、その後は取り上げることすらなかったマスメディアは手のひらをくるりと返し、四十歳になったジョブズの復活を讃えたのだった。

『トイ・ストーリー』の公開翌日。ジョブズはシリコンバレーの大物たちを集めて、サンフランシスコで特別試写会を開いていた。

古風な装飾にシャンデリアの映えるサー・リージェンシー劇場に集った人びとは、上映後のパーティを「Appleはまぐれじゃなかったぜパーティ」と呼んだ。[★077] この成功を機に、彼がホームグラウンドのコンピュータ業界で返り咲く野望を燃やしていたのは間違いない。

Appleへ帰る日が近づいていた。

iTunesミュージックストア誕生へ連なる交渉力

ジョブズの狙いどおりだった。

上場からまもなくアイズナーCEOのほうから、契約を見直そうと言ってきた。この頃には映画産業の勉強も進み、ジョブズの交渉は百戦錬磨のアイズナーを相手に見事なものとなった。

ジョブズは、カッツェンバーグがスピルバーグ監督とライバル・スタジオ、ドリームワークスを立ち上げた状況をも活用した。

あと二本、ディズニーのもとで映画を作れば、ピクサーはドリームワークスやユニバーサルとも契約できる。興行成績で世界一というラセター監督の予想外の実力を知ったアイズナーは、ピクサーをライバルに渡すわけにはいかなかった。

そこを突いて、ジョブズは提案した。ピクサーは制作費の半分を出し、あと五本の映画をディズニーのために創る。かわりにグッズ、DVD、映画上映などすべての売上を折半する。そして映画の頭にはピクサーのロゴを出し、ディズニーと並ぶブランドと認めさせる。帝王ディズニーと新興ピクサーの対等契約だ。

アイズナーは呑まざるをえなかったが、人質は渡さなかった。『トイ・ストーリー』以降すべてのキャラクターはディズニーの所有物のままだった。ディズニーがピクサーを切って、続編をじぶんでいつでも作れる権利を渡さなかったのだ。

実際、アイズナーの退任直前まで『トイ・ストーリー3』の制作がピクサーではなくディズニーの社内で進み、『ファインディング・ニモ』や『Mr.インクレディブル』の続編も奪おうとアイズナーは画策していた。★078

この状況をスタッフに説明するラセターは、我が子を獲られた父のように泣いた。★079 人質奪還をめぐって、ジョブズはアイズナーと熾烈を極める交渉を繰り返すことになるのだった。

ディズニーとのタフな交渉経験は、のちにｉＴｕｎｅｓミュージックストアを立ち上げる際、大きく役立った。音楽業界のトップたちとも渡り合う術を、ジョブズはエンタメ産業の帝王と交渉するなかで身につけていったのだった。

ジョブズ、涙の抱擁

ボブ・アイガーが初めてジョブズに電話をかける前、恋を告白する少年のように何日も悩みあぐねたのには理由があった。

ディズニーの社長になった彼を、ジョブズは「アイズナーＣＥＯの腰巾着だ」と馬鹿にしている――。そんな噂を聞いていたからである。ラセターの最愛のキャラクターたちを人質に取るアイズナーを、ジョブズは蛇蝎（だかつ）のように嫌っていた。来年にはディズニーと契約を打ち切ると、ジョブズは公言すらしていたのだった。

電話に出たジョブズに彼は、「取締役会が私を次のＣＥＯに選びました」と伝えた。二〇〇五年、アイズナーは失脚し、ロイ・Ｅ・ディズニーの肝いりでアイガーが後任に就いたのだった。「私は御社とディズニーの関係を修復したいのですが」

気不味い、長い無言があった。しばらくして『「じぶんは違う」』といえるチャンスを差し上げなければいけないでしょうね」とジョブズは言った。「一度いらしてください[★080]」

電話が切れたあと、ほっと安堵のため息をアイガーはついた。彼はまだ知らなかったのだ。噂と違い、ジョブズが第一印象の好悪を保留し、人物の真価を見極めようと少なくとも努力するようになったことを。

それがジョブズの早すぎる晩年、かけがえのない親友となるふたりの付き合いの始まりだった。ジョブズの気を引くため、アイガーはプレゼントを考えた。二回めの電話で彼は、「ｉＴｕｎｅｓは今のところ音楽だけ売っていますが、うちの番組を売って動画配信に進出するのはどうでしょう」と提案した。

「冗談は休み休み言っていただきたいですな」とジョブズの返事はつれなかったが、アイガーは熱弁した。「いえ本気です、きっとＡｐｐｌｅは音楽だけでなく、映画やテレビの世界でも革命を起こせるのではないでしょうか[★081]」

ジョブズはいつも否定から入り、反論する相手の熱量でアイデアの良し悪しを推し量る。「ｉＴｕｎｅｓを公然と新聞で非難したアイズナーと違って、こいつはテクノロジーに前向きだ」と彼は内心、評価した。それこそアイガーの狙いだったのだ。

次のＭａｃワールドには、アイガーと登壇するジョブズの姿があった。そしてｉＴｕｎｅｓで動画配信が始まった。その数日後だった。アイズナーはずっと考えていたことを、ようやく電話で言うことができた。

「クレイジーなことを思いついたんです。ディズニーがピクサーを買ってしまえばいいんじゃないかって」

電話の先でジョブズはふと笑い、私はクレイジーな考えが好物ですよと答えた。そこから頻繁に話すようになり、気づけば友人になっていた。

✣

「ピクサーを売ろうかと思っているんだ」とジョブズが言ったとき、キャットムルとラセターは「Ｗｈａｔ⁉」と声を揃えて叫んだ。ふたりはジョブズの自宅に招かれ、夫妻の手作り料理を囲んでいたところだった。

「君たちがノーと言うならこの話はなしだ。だが判断する前に、ボブ・アイガーのことを知ってほしい。いい奴だよ」[082]

キャットムルとラセターは顔を見合わせた。驚愕のあまり、せっかくの手料理が喉を通らない。とにかくアイガーに会うよと約束するので精一杯だった。とはいえ、そんな予感がしていた。一年前の秋、がん手術から退院して歩くのも厳しかったジョブズにこう言われたことがあった。

俺がいなくなってもきちんとピクサーが回るようにしたい、と。[083]

キャットムルは体力が著しく落ちたジョブズの姿を見て、「Ａｐｐｌｅに専念したいのだな」と感じた。そのとき、彼は知らなかった。ジョブズのがんは三ヶ所に転移していた。そして初代ｉＰｈｏｎｅの開発に残りの生命を賭すと、密かに決めたばかりだったのだ。

不安だった。ジョブズが抜ければ、ピクサーに出来た絶妙なバランスが壊れてしまうかもしれない。ディズニー・ルネッサンスは、ひとりの死がすべてを壊してしまった。アイズナーを嫌ったジョブズすら、彼の成し遂げた偉業には敬意を抱いていた。[084]フランク・ウェルズの死が彼をおかしくするまでは——。

キャットムルと差しで夕食を囲んだアイガーは、熱烈に説得してくる感じではなかった。むしろ何度も簡潔に質問し、ずっと聞き込んでいた。ディズニーやスピルバーグと並ぶ世界的なブランドを創りあげた秘密は何か、知りたがっていた。

キャットムルは困難のたびに、ピクサーの新しい仕組みと文化が出来ていった過程を話し込んだ。アイガーは強い感銘を受けているようだった。その姿にキャットムルも感銘を受けた。

ラセターのほうはアイガーの人柄を知るため、ぶどう畑に囲まれたあの邸宅へ招待して朝まで語り合った。

彼は、ディズニーに勤めていた時代に良い思い出がなかった。あのとき経験した大企業病、停滞、官僚主義にピクサーが飲み込まれるのではないか。不安を感じるラセターにアイガーは、これだけははっきりさせておきたいのですが、と切り出した。

「私はピクサーに変わってほしくないと思っています。私はABC社で二回の買収を経験しました」★085

そう言って、テレビ放送ABCの社長だった自身の経験を率直に語った。一度めの買収はよかった。新しいCEOから多くを学ぶことができたが、アイズナーのディズニーがABCを買収したときは最悪だった。アイズナーのすべてを細かく見たがる性格が災いして、ABCの文化は壊れてしまった。結果、視聴率一位から四位に転落した、と。

そうならないように、じぶんはジョブズのとある提案に賛成したいと、あらためてラセターに伝えた。

ディズニー・アニメーション・スタジオの長にキャットムルとラセターが就く——。

それがジョブズの買収条件だった。

さらに株式交換でディズニーの筆頭個人株主はジョブズになり、取締役として同社の経営に参加する。買収されるに見えて、内実はピクサーが大会社ディズニーを買収したようなかたちという、彼らしいクレイジーな提案だ。が、キャットムルやラセターと差しで話し込むうちに、それこそがディズニーを停滞から救う道だとアイガーは確信していった。

二〇〇六年一月。初代iPhone発表のちょうど一年前に、ディズニーはピクサーの買収を発表した。翌日、ピクサーの社内シアターには八百人の緊張した顔が並んでいた。ラセター、ジョブズ、キャットムル、そしてアイガーと次々に銀幕の前に立ち、動揺する社員たちに語りかけていった。

劇場を出る頃には、これじゃあどっちが買収したかわからないな、と冗談を言い合えるほど社員はほっとして、がやがやと仕事場に戻っていった。とにかく『トイ・ストーリー3』はピクサーで創れるようになったのだ。

アイガーを送り出したあと、ピクサーの三人組はキャットムルの部屋に向かった。ジョブズは言葉少なげだった。そして部屋のドアを閉めると、無言でラセターとキャットムルを両腕に抱きしめた。ジョブズは泣いていた。耳元で嗚咽を聞きながら、ふたりは強烈な愛情をジョブズの体温から感じた。★086 この世を去りゆくじぶんのかわりに、最愛の継子をまかせられる新しい父を、彼は探しだしたのだ。

暖かな夕日が差し込むなか、三人の大人はしばらくそうしていた。

苦悩と内省の果て——変わり続けたジョブズ

買収発表の二ヶ月前、サンフランシスコにあるジョブズお気に入りの和食屋に三人は集まっていた。厳格な菜食主義者の彼だったが、大好物のトロ、ハマチ、穴子は例外だった。★087

三人は合併後の課題を話し合っていた。はじめジョブズはラセターらに、ディズニーの3Dアニメーション部門をピクサーのチームに吸収合併することを勧めた。★088

ディズニーとピクサー、ふたつの制作現場を兼務するのは負担がかかりすぎると心配したのだ。合併でラセターの創作力が落ちるなら本末転倒だった。実際、ラセターはアイガーと初めて朝まで語り合ったとき、その不安を吐露した。

だが覚悟を決めたラセターはこう主張した。絶対にディズニーのチームを存続すべきだ、と。

彼は、かつての同僚たちの才能を信じていた。キャットムルがピクサーでおこなったように、チームの創造性を最大限に解放する経営をすれば、必ずディズニーのクリエイター陣は復活する。そう訴えたのである。

キャットムルも同意見だった。ラセターの話をじっと聞いていたジョブズは「わかった」と言った。そして、聞いてほしい話があると、若い頃の失敗を語りはじめた。

俺は初代Ｍａｃを開発したあと、大所帯だったＬｉｓａ（リサ）の開発部隊もまかされた。そのとき、新しい部下たちを鼓舞するどころか「敗北者がいくら頑張っても報われることはない。君らはＭａｃチームに敗北した格下だ」と言って全員を降格し、チームの精神を挫いた……。

「俺は間違っていた」とジョブズは目を上げた。「ディズニー・アニメーションの人たちに『負けた』と感じさせちゃいけない。自信を持たせなきゃいけない」[★089]

ふたりは胸を打たれた。苦悩と内省の果てに成長した経営者がそこにいた。「きっとそうするよ」とキャットムルは約束した。

「ジョブズが内省的であることはあまり知られていない」とキャットムルは語る。

かつてキャットムルは、シリコンバレーで華々しいデビューから倒産へ転落した企業群を研究したことがある。カリスマ的な起業家と優秀な社員が集まりながら、なぜそんな結末ばかりなのか……。じぶんの会社をそうはしたくなかった。

発見したのは、転落した経営者が全員、内省的とは対極の性格だったことだ。

自信家で勢いがあり、それが成功を呼び寄せるのだが、会社の立場や環境が変化したとき、傲慢さが災いしてじぶんのやり方を変えられず、自滅していくのだ。[★090]

ジョブズは違った。知野禅師をネクスト社のアドバイザーに置くまでして、彼は内省を怠らなかった。そして変わり続けた。

同時に、「スティーブはじぶんの内面を語るのが下手だった」とキャットムルは言う。ふだん、そういう話題を振っても「俺は俺さ」で終わりなのだった。ジョブズが誤解を撒き散らしたのは、そういうところが原因だったのではないか。

だからこそ、めずらしく過去の悔いを語ったジョブズの姿は、ふたりに消えぬ印象を残したのだった。

買収後、初めてディズニー・アニメーション・スタジオを訪れたキャットムルとラセターは、歓迎でもみくちゃにされた。五百人をかき分けてふたりが登壇すると拍手と口笛が響き渡った。「悪い魔法使い」は去り、停滞で解雇の続くこのスタジオにヒーローがやってきたのだ。

「みなさんにわかっていただきたい。ディズニー・アニメーション・スタジオは、ピクサーのクローンになってはいけません」[★091]

キャットムルの言葉に、わっと歓声があがった。アイズナーの命令下、『トイ・ストーリー3』を嫌々作っていたディズニーのスタッフは、ようやくじぶんたちの作品を創れるようになったと喜び合った。

ふたりは感無量だった。キャットムルはディズニーに入社するのが子どもの頃の夢だった。まさかディズニー・アニメーション・スタジオの社長として入社するとは夢にも思わなかった。ラセターの夢もディズニーで働くことだった。夢は叶ったが若きジョブズと同じく追放の憂き目に遭い、二十年余りの時を経て現場のトップとして凱旋したのだった。

ウォルト・ディズニー時代の活気を取り戻すべく、ふたりはスタジオを蝕む大企業病の治療に取りかかった。

まずおこなったのは、最上階にあった役員室を取り払って、ストーリー・ルームに変えたことだ。会社でいちばん偉いのは重役陣ではなく、ストーリーづくりそのものだということをかたちで示したかった。

「主役は君たちだ。経営者が映画を作るのではない。クリエイターが作るんだ」[★092]

ラセターはそう話し、現場の中心だった二階の真ん中に、ふたりの役員室をそれぞれガラス張りで作った。まわりをカフェ・ブースで囲み、いつでもトップのふたりに相談できるようにした。

さらにふたりは、ピクサー流経営の真骨頂とも呼べるブレイン・トラスト、ノート・セッションをディズニーのスタッフだけで運営できるように、彼らを飛行機に乗せピクサーへ研修に向かわせた。まるでGMのダメ工場を復活させたトヨタのように——。ディズニーのクリエイター陣は、映画界では見たことも聞いたこともない、全く新しい映画づくりの進め方を目撃することになった。それもそのはずだった。

ピクサー流経営は、トヨタの自動車づくりを参考に出来あがっていたからである。

トヨタ式の導入で第二の黄金時代に入ったディズニー

二〇一四年、あれから八年が経っていた。

東京をヒントにした架空都市が舞台となった『ベイマックス』の制作現場を密着取材するため、ディズニー・アニメーション・スタジオにNHK取材班のカメラが入った。これまでもアニメーターやCG制作の現場取材はあったが、NHKの番組が画期的だったのはスタジオの中核、「ストーリー・ルーム」にカメラが入ったことだ。

ストーリー・ルームは監督やプロデューサー、脚本家、リール担当アーティストが構成するストーリー・チームのほか誰も入ることのできない聖域だ。ここで映画の設計図（デザイン）、魂ともいえる「ストーリー・リール」が練りあげられていく。

部屋の壁には、巨大な進行表が貼りだされている。緑のセルは、脚本が固まりCGが制作中のシーン。黄色のセルは脚本が固まりきっていない場面であり、問題を起こしているシーンには赤い付箋が貼り付けられている。トヨタの工場に掲げられている〝アンドン〟と同じ働きをするものだ。のみならず、開発と生産を同時進行で進める、コンカレント・エンジニアリングの手法を映画制作で実現するための工夫でもある。

トヨタ式では開発設計にあえて時間をかけ、様々なアイデアを同時進行で複数のプロトタイプに落として検証し、ひとつの設計に収斂させていく。収斂が進めば、生産、流通、マーケティングも同時進行で進めていく。

　このやり方はかつてのディズニーと違った。

なるべく早めに設計を片づけ、次に開発、次に生産、次にマーケティングと急いで進めるも、途中で設計時の問題が発覚。最初からやり直しで予算オーバーか、失敗作とわかったまま販売……。そんな大企業特有のウォーターフォール式開発をディズニーもやっていた。

　MITのウォード博士はトヨタの革命的手法を「セットベース・コンカレント・エンジニアリング」と名付け、二〇〇七年の『リーン製品開発方式』出版以降、アメリカの様々なIT企業が導入している。だが、キャットムルたちが映画づくりにこの考えを導入したのは二十一世紀になる前からだ。

　物語がある程度固まりストーリー・リールが出来あがってくると、最大の秘訣、秘伝のレシピともいえる〝ノート・セッション〟が開かれる。ストーリー・ルームにはいつもの中核メンバーだけでなく、ミュージシャンやほかの作品に従事する監督、脚本家の一陣が参加し、作品の長所から改善点まで自由闊達（かったつ）に語り合う。

　ラセターが総指揮を務めた前作の『アナと雪の女王』もノート・セッションの威力が発揮された作品だった。

　元々は、温かいヒロインと冷たい雪の女王を対とした古典的プロットだった。が、ノート・セッションで女性ソングライターと女性監督からふと漏れた意見がきっかけで、ヒロインと王子様のキスの瞬間という、女の子がうっとりするクライマックスにどんでん返しを置くアイデアにたどり着く。

　映画は古典的なおとぎ話から、過酷な運命に対峙する姉妹愛の劇的な物語に生まれ変わり、強力な音楽と相まって世界中で社会現象を起こした[★093]。

　ラセターを中心とした監督陣と脚本家のこのグループは「ブレイン・トラスト」と呼ばれ、制作中の監督にアドバイスを与える頭脳集団だ。しかし、監督は必ずしも意見に従う必要はない。その意見がたとえトップのラセターのものであってもだ。

「ジョンは常に私たちに寄り添ってくれます。決して上から押し付けることがありません」と『ベイマックス』のプロデューサーは、ラセターを評した。★094

このブレイン・トラストの仕組みは、有名なトヨタの〝主査制度〟をキャットムルが改良したものだ。トヨタではひとりの主査がその車のすべての事業を統括するが、主査には細かな命令を出す権限はない。かわりに起業家的な熱意でヴィジョンを示し、企画から開発、生産、マーケティングまで通暁したその実績で全員を説得する権限がある。権力ではなく権威でまとめる経営手法だ。

様々なリーン方式（トヨタ式）の著書が、主査の理想としてｉＰｈｏｎｅ開発時のスティーブ・ジョブズを挙げるが、そこにこの制度の欠点があった。そんな人材はめったにいないという問題だ。

キャットムルはトヨタの主査制度を〝カイゼン〟（改善）した。

一本の映画の最終権限は監督ひとりにある。だが、監督は必ずラセターを中心としたブレイン・トラストの意見に耳を傾ける義務を持つ。監督も制作が終わればブレイン・トラストに入り、ブレイン・トラストから新作の監督が出る。集団体制と個の力の両立を図ったのだ。

ラセターのような天才は稀だが、この頭脳集団が徒弟制度となって次のリーダー候補が育つ仕組みでもある。

『トイ・ストーリー』の劇場公開で、キャットムルは体中から力が抜けてしまった。生涯の目標を実現したゆえの喪失感だった。次にみつけた目標が、永続的にクリエイティヴな組織づくりであり、その実現がブレイン・トラストを中心としたピクサー流の制作プロセスの完成だったのである。

初めてディズニーでストーリー・トラスト会議が開かれたとき、ラセターはいつもどおり、まず作品の良いところをいくつか指摘した。ジョブズと対照的に、肯定から会話に入るのが彼の流儀だったからだ。

するとディズニーのスタッフからそれ以上の意見が出なくなってしまった。上司が良いと言っているのだから、じぶんたちも頷かなければならないと思ったのだ。これこそ、クリエイティヴの対極にある官僚主義の病巣だった。

会議が終わるとラセターは全員を食事に誘った。そしてその席で、そういうことを続けていたらこのスタジオは終わると諭したのだった。

アイデアと人格を切り離す。誰かがアイデアに異論を挟んだとしても、根に持ってはいけない。

そうした精神的な成熟が参加者になければ、役職を離れて闊達にアイデアを出し合うことは不可能になると、彼は語った。『リーン製品開発方式』を読んだ方ならピンときただろう。

「アイデアは誰が出してもいい」というピクサー流を理解してもらうために、キャットムルはトヨタの工場運営についてディズニーのスタッフに話したことがある。

トヨタでは組み立てラインで問題が発生したとき、工場員にラインを止める権限すら与えられている。そして彼がどんなに低い役職であっても解決策を出すのに上司から許可をもらう必要はない。そうでなければ、優秀な人材を選んで雇った意味がどこにあるのか。君たち全員にその力があることはわかっている、と。[★095]

のちに社内で「トヨタ・スピーチ」と呼ばれるこの社長スピーチがきっかけだった。解決に六ヶ月かかるはずだった制作上の大問題も、全員が自律的に解決にあたったことで、たった一週間で解決した。

官僚主義で停滞したディズニーのクリエイティヴ陣は、全員に活力のある、生産性の高い集団に生まれ変わったのである。カッツェンバーグの退社後、長らく低迷を続けていたディズニー・アニメーション・スタジオはふたたび復活し、興行売上一位を出すようになった。

そしてピクサーの作品と相まって、アイズナーとカッツェンバーグのディズニー・ルネッサンス時代を上回る、ウォルト・ディズニー存命時以来の第二の黄金時代を迎えることになった。

アイガー、キャットムル、ラセター。

この新たなトリオの仕事が最後となった二〇一七年、ディズニー社の時価総額は、世界三六位のトヨタを追い抜き三四位になった。創業者の没後、禿鷹ファンドが群がるほど落ちぶれていたディズニーの株価は当時の百倍を超え、史上最強のエンタメ企業に生まれ変わった。★096

クリエイティヴな創業者世代の去ったのち、大企業病を患った組織がふたたびクリエイティヴな集団に復活することは、可能だったのだ。

明治維新や戦後の復興時、クリエイティヴな国家だった日本もあるいはまた――。

iPhone誕生につながった、ジョブズがピクサーで学んだこと

「生まれ変わったらピクサーの監督になりたい」と漏らしたスティーブ・ジョブズだったが、ピクサー社の敷地には「スティーブの映画」と愛称のついた作品が残っている。

ピクサーのロゴを掲げた正門をくぐり抜け、芝生のスポーツ広場を通り抜けると、「スティーブの映画」は青空のもとに姿を現す。

「スティーブの映画」の正面玄関を入ると、空中庭園を思わせる階段に囲まれた巨大な空間が広がっている。ジョブズがデザインに関わったアトリウムだ。

ガラス天井から日光が降り注ぐなか、パリのサンジェルマン通りのカフェのように、あちこちでクリエイターたちがジョブズ肝いりの窯焼きピザとコーヒーを楽しみ、玄関を出入りする人びとと声をかけあっている。

玄関をくぐり抜けた訪問客を、いきなり社員食堂に憩うクリエイターたちが迎えるという、企業の本社ビルとしては相当変わったこの設計は、ジョブズの強い要望でそうなった。アトリウムに限らず、本社スタジオの設計には至る

ところに彼の愛情が込められている。

それでこの本社ビルは「スティーブの映画」と名付けられた。

はじめ、ジョブズのアイデアはトイレだった。ビートルズに憧れ、偶然集ったチームの起こす化学変化を信じていたジョブズは、一日に一回、必ず同じ場所に社員が集うよう、本社ビルのトイレを一箇所だけにしようと言いだした。

さすがにそれはやりすぎだ、とキャットムルたちは反対したが、ピクサーでは、反対は否定を意味しなかった。議論とリサーチを重ねるうちにトイレのアイデアは、燦々（さんさん）と陽の降り注ぐアトリウムとカフェに姿を変え、「スティーブの映画」は出来あがった。

どんな優れたアイデアも初めは醜く、そして脆い。それがピクサーの信条（クレド）である。

『トイ・ストーリー』の原案も欠陥だらけだった。儚い卵を守り、孵化し、みんなで忍耐強く育てるうちに、みずぼらしく見えた雛は、白鳥となって羽ばたく日を迎える。それはジョブズの追悼式で語った天才デザイナー、ジョナサン・アイブの演説となんと通じていることだろうか。

だから大切なのはアイデアよりも人間だ、というのがピクサーのもうひとつの信条（クレド）だった。

凡庸なチームにアイデアを渡せば、実現したときには台無しになっている。だが優秀なチームにアイデアをあずければ、次々と洗練されてゆき、実現する頃には想像以上のかたちになっている。

だから最も大切なのは、優秀な人材を集め、チームを守り、激励し、育てることだと、スティーブ・ジョブズとの付き合いでキャットムルは学んだ。

ジョブズもキャットムルたちから学んだ。

ピクサーを創業した頃は傍若無人で、人のこころを踏みにじる辛辣な言葉でスタッフを扱う姿に、キャットムルは彼を会社から遠ざけた。だがいつしか彼は変わり、キャットムルはジョブズを制作会議に呼ぶようにすらなっていた。

ブレイン・トラストの出す以上のアイデアをジョブズが言うことはなかったが、「じぶんは素人だから全く無視してもらって構わないが……」と枕詞を置いて発するそのコメントはずしりと重く、監督たちも息を呑むほど核心を突いていた。

厳しい指摘になる、と思ったときは監督を散歩に誘い、穏やかに言葉のキャッチボールをすることをジョブズは好んだ。

たしかに家庭では不器用な父のままだった。結果、長女のリサと深刻な問題を抱えていた。だが、彼はクリエイターたちとこころの交流を築けるほどに、仕事生活では繊細なコミュニケーションがうまくなっていた。

「ピクサー以外で知る者はいなかったが、スティーブとピクサーの監督たちは永遠の絆を築いていた」とキャットムルは振り返る。[★097]

ジョブズがピクサーで学んだのは、アーティストとの付き合い方だった。

Ａｐｐｌｅへの復帰後、ジョブズの導入した新しい経営スタイルを象徴するふたりの人物がいる。ジョナサン・アイブとティム・クックだ。

ジョナサン・アイブなくしてジョブズにｉＰｈｏｎｅの着想が生まれなかった経緯は前著でも描いたが、[★098]彼はアイブ率いるデザイン・グループを会社組織の中核に置いた。

エンジニア主導でも営業主導でもない。ましてや財務畑主導でもない、デザイナー主導で開発の始まる大企業経営はＭＢＡで教わるのとは全く違う、前代未聞のイノヴェーションだった。それを次の第二部で描く。

天才デザイナーのアイブは繊細な感性を操るアーティストだ。強い言葉に奮起するエンジニアとは付き合い方が違う。ジョブズがピクサーでアーティストたちと付き合い、励まし、活かす術を身につけていなければｉＭａｃも、ｉＰｈｏｎｅも、ｉＰａｄも誕生しなかったろう。どれもデザインから着想した製品だからだ。

創業者の権力に物を言わせて、すべてを徹底的に管理したがる。若きジョブズのそんなやり方では、アーティストは潰される。権力から一段上にあがった権威でモノづくりを導くトヨタの主査制度に通じる経営を、彼はピクサーで知ったのだった。

ジョブズがピクサーで学んだもうひとつが、トヨタ式のモノづくりだ。

あまり言及されないが、ジョブズの片腕となり、彼の跡を継ぐことになったティム・クックはリーン・サプライチェーン管理の専門家である。リーンとは、トヨタ式の英名だ。

アメリカ、日本、中国と太平洋を跨ぐサプライチェーンを築きあげ、そこから徹底的に無駄を省き抜くクックの存在がなければ、iPhoneは「出来は最高だが、値段が馬鹿みたいに高い」という、初代Macやネクストと同じ失敗を繰り返したかもしれなかった。

元々ジョブズには、禅で学んだ徹底的に「なぜ」を繰り返す姿勢や、一意専心に品質を追求する姿勢など、トヨタ式と相通じる精神を持っていた。だが、ネクスト時代までの彼は、トヨタ式とは対極に在庫の山を築く旧式の工場経営をしていた。

Macを創った若き日に、ジョブズは日本をまわり、カンバン方式で運営された工場を見てはいた。だが、盛田昭夫の案内でSonyの工場を見たとき、その流麗なオートメーションにこころを奪われ、カンバン方式の本質を見失ってしまった。

彼がほんとうの意味でその創造性に気づいたのは、キャットムルがトヨタ方式でピクサーをクリエイティヴに運営しているのを目の当たりにしたときだった。

ジョブズは、スタンフォード大学の卒業式で学生を前にこう語った。

「当時はわからなかったのですが、Appleをクビになったことは、人生最良の出来事だったのです」

人生最大の苦痛のなか、彼は結婚し、赤ん坊のころ捨てた娘のリサとも向き合うようになり、闘いと勝利の渦中で失った人間らしさを取り戻していった。同時に、経営者としても飛躍的に成長した。

マッキントッシュの開発時代、若きジョブズはのちに史上最強の経営者となる片鱗をすでに見せていた。その片鱗を苦難のなかで磨きあげたのがネクスト社だったのなら、じぶんになかったものを身につけたのがピクサー社だったのだ。

ジョブズがAppleに復帰したばかりの頃、友人のジャーナリストが尋ねたことがある。

「これで三度めのチャレンジだ。そろそろ会社づくりも楽しくなってきたんじゃないかい?」

「いや、全然」とジョブズは答え、馬鹿かおまえはという目で友人を見た。驚く友人に、全く楽しくないのになぜやるのか、それは創りたいものがあるからだと彼は丁寧に説明しだした。

「俺が会社をやる理由はただひとつ、会社があればモノづくりができるからだ。最高のモノづくりを続けるには、最強の会社が必要だ。そのためには人間と社内文化をしっかり基盤にすることだ。ようやくわかってきたよ……。ほんとうに面白い奴ら、頭が良くてクリエイティヴな人間を集めていっしょに働くにはそれが大事なんだ。単なる『次の大物』狙いじゃない、それ以上の何かを創る人間を集めるのが、俺にとっての会社づくりだ★099」

若き日に敬愛するSonyの盛田昭夫と語り合ったことは、ピクサーを通じてトヨタと出会うことで彼の生涯、最高傑作へと結実しようとしていた。

「船出する前に……」

二〇〇五年の晩秋、ジョブズはラセターとキャットムルをAppleに呼んだ。自由闊達な大学を模したキャンパスに広がる芝生を見ながら、三人は白いパラソルのもとランチを囲んだ。芝生は秋枯れが始まっていたが、まだ緑が強かった。

その頃、ピクサーは映画『ウォーリー』を制作中だった。「はるか未来のマッキントッシュ」とファンに噂されるロボットが主役の物語で、ヒロイン役のアンドロイドのほうは、ジョナサン・アイブがデザインに関わっている。

食事を済ませると、「見せたいものがある」とジョブズは言って、ふたりをビルの奥へ導いた。厳戒態勢で迷路のようになった廊下を歩き、セキュリティ・ルームの重々しい扉を開くと、そこには手のひらサイズの美しい漆黒の筐体が机に収まっていた。

「ｉＰｈｏｎｅと名前をつけた」

彼はそう言ってプロトタイプを手に取り、すべてをタッチスクリーンで操作する、画期的な仕組みを説明しだした。話を聞きながらキャットムルは、これで来年、世界中の携帯電話が古代の遺物になるな、と思った。ジョブズは嬉しそうに話を続けた。

「ほんとうに興奮してるんだ。みんなが使うだけじゃなくて、みんなに愛される製品が出来た。便利なだけじゃなく、美意識という面でも人類の生活を向上できるものを目指したが、Ａｐｐｌｅはやり遂げたよ」

セキュリティ・ルームを出て、三人でインフィニット・ループの廊下を歩いている最中だった。ジョブズが突然、立ち止まり、振り返って言った。

「船出する前にね……」

「え？」

「俺が船出する前に、やり遂げたいことがみっつあった」

死出の旅のことだと、ラセターとキャットムルは気づいた。あと何年も生きられないと医者に言われたと、ふたりは聞いていた。

「ひとつめは今見せた製品だ。発売されればＡｐｐｌｅの将来は確たるものになるだろう。ふたつめはピクサーのこと。俺がいなくなっても、ピクサーがずっと発展できるように手を打っておきたかった。みっつめの願いがいちばん大事なんだが、中学生のリードが高校を卒業するのを見届けたい」★100

キャットムルは胸が張り裂けそうになった。

ラセターもそうだったろう。ふたつの願いはほとんど成就し、残るはみっつめだけになりつつあったのだから。だがジョブズの表情は自然で、この世界からじぶんがいなくなることに折り合いをつけているようだった。

キャットムルの眼前に、ジョブズと過ごした二十余年が駆け抜けた。知野禅師とキャットムルのほか、それほど長く彼のそばにいた者はいないはずだった。家族すら——。

初めて会ったとき、苦手な奴だと正直思った。人の話を聞かずまくし立て、ひと目で気に入らない人間を決め、容赦なく罵倒して恥をかかせる傲慢な男だった。人のこころがわからないのではないかとすら疑ったほどだ。

だがいつしか、ジョブズは忍耐強さを身につけ、人の話をじっと聞き、シビアな問題があれば散歩に誘い、その人物と静かに語り合うようになっていた。

のみならず、いつの間にか気遣いの男になっていた。

クリエイターたちの誕生日を忘れず、彼らの妻や子どもの名前も覚えて、子どもは元気かと声をかけた。社員の家族が病気だと聞けば、「困ったことがあればいつでも電話してこい」と電話番号を渡した。★101

はじめの頃は尊大な兄のように振る舞ったジョブズだったが、いつしかキャットムルに、弟のように相談するようにすらなっていた。そんなジョブズに彼も自然と敬意を抱かずにいられなかった。ふたりは仕事を超えて、長年の友となった。

「君は心底変わったよ」とキャットムルはこころのなかで言った。「そして本物の賢者になったのだな」★102

かつてジョブズはインドを放浪し、本物の賢者を探して歩いた。会いたかった賢者は庵を留守にしていて、かわりに『あるヨギの自叙伝』をベッドの横にみつけた。禅を嗜（たしな）むかたわら、毎年その本を読み返した。

インドから帰った若きジョブズは、ウォズニアックと起業するか、永平寺に出家するか迷いに迷った。そのとき知野禅師にこう諭された。僧になることだけが仏道修行ではない。禅ではいつどこにあっても修行なのだから、君はじぶんの仕事をしなさい、と。

選択は正しかったのだろう。私生活では不器用な父のままだったかもしれない。だが、父を最後に許したリサもその自叙伝に吐露したように、スティーブ・ジョブズという魂の光の側面は、彼と仕事をともにした人間が最も味わった。

その年、ジョブズはスタンフォードの学生に語った。

「私がここまで進んでこられたのは、この仕事を愛していたからです。みなさんも愛する仕事をみつけてください」

不器用な性格に生まれた。だが愛する仕事の世界で、ジョブズは賢者の英知を身につけた。そして史上最強の経営者という称号を得る死が近づきつつあった。

木々の鳥たちが囀（さえず）るなか、キャットムル、ラセター、ジョブズの三人はＡｐｐｌｅキャンパスで別れた。

ジョブズは少し眩しそうに、太陽へ羽ばたく空の鳥を見た。そして芝生を離れ、インフィニット・ループの正面玄関に入り、ジョナサン・アイブとｉＰｈｏｎｅの待つデザイン・スタジオへ帰っていった。

［第二部］

復活

円環の章

iPhoneの完成と音楽産業の復活

Next Big Thing、あるいは〝次のスティーブ・ジョブズ〟

「次の大物(Next Big Thing)は何か、どうしたらわかるでしょう?」

パリのとある昼下がりだった。カフェにいた二十六歳のジョブズは、初めて勤めた会社の社長にそう尋ねた。

「そうだな、君の業界なら……」

のちに〝ゲーム産業の父〟と呼ばれるアタリ社の創業者ノーラン・ブッシュネルは、ラテをひと口飲んでアドバイスを練った。

「コンピュータ科学の最先端は、巨大な研究開発費が投入されて進歩している。金に糸目をつけぬその世界で何が起きているのか、まず把握することだ」

ブッシュネルは姿勢を崩し、続けた。

「それから考えるんだよ。最先端の世界を誰の手にも届く値段にできるか、誰でも使えるようにできるか」

若者が世を去る頃、人工知能のディープ・ラーニングがその時期に入った。パソコンの安価なGPUを活用する手法で、数百億円かかったコストが数百万円まで落ちた。いつかは、量子コンピュータにそれが起こるのだろう。

「まあ、だいたい僕が今やっていることですね」と答え、紅茶派のジョブズはティーカップを口に運んだ。

時は一九八〇年。

AppleⅡの登場で、十年前のメインフレーム・コンピュータをも凌駕(りょうが)するコンピューティング・パワーが、一般人にも届く値段となったのだ。パーソナル・コンピュータの時代を切り拓いた若者の会社は、上場へ向かおうとしていた。

だが、コマンド・ラインをキー入力しなければ操作できなかったAppleⅡが誰でも使えるものか、といえばどうだろう。その点では師がまだ上だった。ブッシュネルはコンピュータを何でもできるものに、あえてしなかった。

引き算の発想だった。まだ非力なマイクロプロセッサを使って豊かなものを表現するには、シンプル化して機能を絞ったほうがよかったのだ。ジョブズがiPhoneの前に、iPodで使った手法である。[★001] 汎用の前に、専用の時代がある。そして汎用のあとに、専用の時代がやってくる。それが技術革新の民生化における歴史的法則のようだ。

Appleキャンパス（旧Apple本社）の入り口。サンノゼ空港から高速ですぐだ。ジョブズはここでiPod、iPhone、iPadを生み出した。

Simon "S Apple Campus," Flickr https://www.flickr.com/photos/schoeters/3980921224/

結果、テレビゲームの時代を切り拓いたブッシュネルのアタリは当時、Ａｐｐｌｅの二十倍は売上があった。ジョブズが起業したのは彼の影響もあった。

かつてウォズニアックがＡｐｐｌｅ Ｉの元となる基盤を発明したとき、無料でハッカー仲間に配ろうとしたが、ブッシュネルに憧れたジョブズは、起業しようとウォズを説得したのだった。[★002]

とはいえ、と師は思った。ジョブズが目論むように、いずれマイクロプロセッサは何でもこなせるようになるだろう……。ふたりのテーブルにはパリのやわらかな日差しが射し込んでいた。

ジョブズは休暇に訪れたこの街を気に入っていた。

亜麻色のレンガと、緑のひさしと、八階建てほどのちょうどよい高さと。パリでは建物のすべてがある規則のもとシンプルに調和し、クリエイティヴな気韻を醸しだすなか、あちこちのカフェで様々な芸術家が活躍した。ピカソ、ヘミングウェイ、ヴェルレーヌ、マラルメ、サルトル、オスカー・ワイルド――。偉大なクリエイターの数々がこの街で思い思いに創作し、ちゃんと生活できていたんです、と若きジョブズは熱く語りだした。

「でもコンピュータが普及すれば、もっとたくさんの人がクリエイティヴに生きていけるはずです」

みずからに課した歴史的使命を、彼はそう吐露した。人類すべての手にコンピュータのある生活。その未来に至る道はまだ先に霞んでわからない。

ブッシュネルは言った。

「未来にじぶんを置く方法を考えるんだ。それから自問する。今は不可能だがそのとき、何が可能になっているか」

すると我が意を得たようにジョブズは頷き、打ち明けた。努力しているがむずかしいです。会社にそこまでの思考ができる人間はなかなかいなくて……。

「アイデアを出すのはいつも俺で、みんなそれが当然だと思ってます。そんなんじゃ強い会社は出来あがらないのに」

もっとクリエイティヴな集団にしなければ。敵にいつか真似され、追いつかれて終わりだ……。独りごちるジョブズを見つめながら、ブッシュネルは思った。彼は〝次のスティーブ・ジョブズ〟たちを見出さなければならない。そういう時期に来たのだ、と。★003

ブッシュネルは、十九歳のジョブズを雇ったときのことを思い出した。

ぼさぼさの長髪とジーンズで面接に現れ、「ここで雇ってくれるまで帰らない」と居座る大学中退者に、人事部長が困じ果てて相談に来たのだった。配属した部署からは「何の嫌がらせですか」と悲鳴があがった。

ものすごい体臭で職場に来て、僕はフルーツしか食べないから風呂に入る必要はないと言い張る。じぶんがいちばん頭がいいと信じ込んでいて、言うことを聞かない。猛烈に働くが夜にしか出社してこない。かと思えば、賢者に会いにインドへ行きたいから旅費と休暇をくれと言いだす。

それでも、ブッシュネルがジョブズをかわいがったのは、とびきり頭が切れて、哲学的だったから(ただの新しもの好きよりも、本質を見つめる人間が彼は好きだった)だけではない。その目に抑えきれぬ暗い情熱が宿っていたからだ。

革新への情熱こそすべてに勝る才能だ、とブッシュネルは考えていた。

若者が会社を飛び出したときも、彼は物心両面で応援してやった。革命を起こしたＡｐｐｌｅⅡも、アタリが技術提供だけでなく、部品を仕入れ値で提供して仕上がった。

しかし組織が大きくなるにつれ、会社の人事部はジョブズのような人材を拒むようになる。だからこそ、次はジョブズ自身が若き異才を見出し、彼らの守護者となっていかなければならない。

だがその将来を摑むためには、通らなければならない苦難の道程――会社追放と放浪の道のりが待っていることを、昼下がりのカフェで語らうふたりは知る由もなかった。

外ではサンジェルマン通りに並ぶマロニエの樹々が、陽の光を受けながら風にそよいでいる。

〝ミニ・スティーブ〟スコット・フォーストール

サンフランシスコ湾を旋回し、旅客機が降下する。

サンノゼ国際空港に着陸すると、隣はもうシリコンバレーの中心街だ。タクシーに乗り、「Ａｐｐｌｅへ」と告げると、車はフリーウェイに乗り二、三の観光スポットを過ぎてゆく。

薔薇(ばら)が咲き誇り、結婚式に花めくローズガーデン。棕櫚(しゅろ)の樹々に囲まれ、観光客でにぎわう幽霊屋敷、ウィンチェスター・ミステリー・ハウス。幽霊を恐れた資産家の未亡人が部屋を増設しつづけ、ほとんど迷路のようなアトラクションになっている豪邸だ。

それから十分足らずで高速を降りるとＡｐｐｌｅキャンパスに着く。

二〇〇六年、Ａｐｐｌｅの社屋〝インフィニット・ループ〟に入ると、さながら幽霊屋敷ウィンチェスター・ミステリー・ハウスのごとく、オフィスに迷路が出来あがっていた。

なにせ毎週、ドリルとハンマーが鳴り響き、曇りガラスと厳しいセキュリティ装置のついた部屋がフロアに増殖していく。ガラスドアの次にまたガラスドアがあり、セキュリティ装置が都度働く。どこをどう動いていいかわからず、笑えてきたと当時のスタッフは言う。

極秘任務に就く社員たちが口を閉ざし、次々と曇りガラスの部屋に吸い込まれていく。ときには何日も出てこず、ふらふらになって家に帰っていく。

フィリピンで日本軍に追い立てられたアメリカ兵に擬(なぞら)えて「死の行軍」と自嘲する者もあった。だが彼らが、捕虜のように目が死んでいることはなく、むしろ青い炎のごとき情熱をその目に湛(たた)えていた。

通常業務に就く健やかな社員たちもおのずと気づいた。かつてない総力戦が始まっている……。

だが、ふらふらの社員たちのほうも、じぶんたちが何を創っているのか知る者はほとんどいなかった。上層部のほか、じぶんに割り当てられたミッションしかわからない。ジョブズが参考にしていた、原爆を生んだマンハッタン計画と同じく、Ａｐｐｌｅのロードマップは幹部のほかには極秘である。

そんななか、迷路のようになったフロアのドアを、フルパスのＩＤカードをかざして自在に開けていく男がいた。

スコット・フォーストール。三十七歳。

少年時代にジョブズに憧れてコンピュータの道を目指した。スタンフォード大学でＵＩと人工知能を学び、ネクスト社の新入社員となった。そのままＡｐｐｌｅに来たが、ジョブズの目にかかることはなかった。

「スティーブは生命（いのち）の恩人だ」と、フォーストールは告白したことがある。★004

ジョブズは病人にめっぽう愛情深い。若い頃から社員やその家族が病に苦しんでいると知れば、陰になり日向になり助けてきた。

フォーストールが胃に深刻な病を抱えたと聞きつけたとき、がんを内外に伏せていた彼は思うところがあったのだろう。入院中、この社員のもとに欠かさず見舞いに来るようになった。

昼夜問わず五分おきに襲う嘔吐が続くフォーストールは、チューブを通され、瀕死の姿でベッドに横たわっていた。がんの疑いも強かったが、抗がん剤は全く効果を出さないまま、二ヶ月が過ぎた。ある日、ジョブズは、世界最高の代替治療を用意できると、フォーストールに言った。

「病院が許してくれませんよ」と弱々しく微笑むフォーストールに、

「大丈夫だ。なんとかしてやる」とジョブズは請け合った。

そして「病棟を拡張する資金を寄付する」と大きく掛け合い、病院側の許可をもぎ取った。代替治療は万能ではない。ジョブズの膵臓がんを治さなかったが、仕事ができるよう体調を保ってくれていた。フォーストールの難病には抜群に効いた。

退院後、ふたりは親しくなっていた。幹部たちも不思議がるなか、この無役の青年がジョブズの会議に同席するようになり、ほどなく無類の活躍を見せるようになった。

「ミニ・スティーブ」がフォーストールの仇名(あだな)だ。

つんつんヘアに、黒の長袖、ジーンズ、そしてスニーカーでファッションをまとめ、車も奮発してメルセデスSL55AMGのシルバーに乗って出社してくる。ジョブズの愛車と同じだ。

格好だけでない。完璧主義者で、時計職人のルーペを持ち歩いてアイコンをピクセル単位でチェックする。演劇部出身でプレゼンテーションもうまい。その気になればどこまでも人当たりよく振る舞えるが、同時に完璧な仕事のためなら、部下にも同僚にもいくらでも過酷になれた。

そんな彼にジョブズはじぶんを見出したのかもしれない。

かつて初のMac OSを開発する際、若きジョブズは会社の手順を踏み越えて、あらゆる部署からエース級エンジニアを強奪した。フォーストールに極秘任務を与えたジョブズは、そのためなら社内のどこからどんな人材を引き抜いてもよいという許可さえ与えた。

その極秘任務とは何だったのか。

iOSが拓いた時代の扉

すでにiPhoneのプロトタイプは出来ていたはずだった。

iPodは第五世代に至り、初めて動画再生のできる大画面を備えたが、これに電話機能を加えて磨きあげたものだ。モトローラ製の失敗作(通称iTunesケータイ)ではなく、正真正銘の美しいiPodフォンである。

だが試作品完成の直後、ジョブズはジョナサン・アイブのデザイン・スタジオで見てしまった。

それは魔法だった。指でスクリーンを直接触り、マルチタッチでMacを自在に操る「ジャンボトロン」は、若き日にパロアルト研究所で初めてGUIを見たときに等しい天啓を彼に与えたのだった。

アイブが大がかりなジャンボトロンを見せたのは、ジョブズにタブレット計画の再開を促すためだった。[★005] キーボードとトラックパッドの存在から解放されたMacブックを、彼はデザインしてみたかったのである。

一九七二年。稀代のヴィジョナリー、アラン・ケイが宣言して以来、タブレット・コンピュータは「人類すべてがコンピュータを持つ時代」の完成形としてコンピュータ産業の目標となってきたし、ジョブズがそれを忘れるはずもなかった。だからiPodを発売して間もない頃、彼はマイクロソフトに続きタブレット計画を始動したのだった。

「要素技術が水準にまだ達していない」と判断したジョブズはタブレット計画を中止にした。が、アイブたちは「今こそ再開すべきです」とデモを見せて主張してきたのだった。

「これは未来だな……」

そう言って感銘を受けるCEOにアイブは期待したが、ジョブズはおもむろに言った。

「タブレット計画は廃止する」

「なぜです」と驚くアイブに彼は答えた。

「タブレットという製品カテゴリーの価値を人類にわかってもらうのは、むずかしそうだ。だが『すごい電話が欲しいでしょう?』という説得なら俺はできる」[★006]

アイブは胸を打たれた。勘のいい彼は、たちどころにジョブズの意図を理解した。

タブレット・コンピュータを手のひらサイズにして、電話もできるようにする。そうすれば人びとはそれがコンピュータと知らぬまま欲するようになるはずだ。だからタブレット計画を廃止して、スマートフォン計画に変える。

それがジョブズの判断だった。

誰もがコンピュータを持つ時代――。

起業以来、実現する術（すべ）をジョブズはずっと探してきた。がんの転移で死の差し迫るなか、みずから起こしたコンピュータ革命を成就に導く光明を、彼はついに見出したのだ。

だがそれはもはや携帯電話でも、タブレット型Ｍａｃでもなかった。電話もできる革命的な携帯コンピュータを創ることを意味していた。そのためにパーソナル・コンピュータのＯＳ、すなわちＯＳ Ｘ（現ＭａｃＯＳ）を、スマートフォン上で走らせる必要がある。

それが至難の業だった。

ARM（アーム）とiPodとiPhoneと

ＡＲＭ社。

二〇一六年、孫正義率いるソフトバンクが三兆三千億円という巨額の資金でこの会社を買収し、世界を驚かせた。

そして、英ＩＴ界の誇りだったＡＲＭの名は、日本でも人口に膾炙（かいしゃ）するところとなった。

ＡＲＭ社はスカリーＣＥＯ時代、Ａｐｐｌｅがジョイント・ヴェンチャーでイギリスに立ち上げた会社だ。パソコンのＣＰＵは消費電力が大きすぎ、来る（きた）携帯コンピュータの時代に対応できない。ジョブズを追放したスカリーはそう考え、ＡＲＭ社を設立したのだった。

スカリーの肝いりだったＡｐｐｌｅのＮｅｗｔｏｎ（ニュートン）は、タッチスクリーン式の携帯ガジェットの先駆けだった。

Ｎｅｗｔｏｎは、ＡＲＭの設計したマイクロプロセッサを心臓に持っていた。

以来、ARMは携帯デバイス向けのCPU設計に特化している。Newtonのあとは、携帯ゲーム機のニンテンドーDS。そして携帯電話、携帯音楽プレーヤーのiPod。これらは当時、ARM設計のマイクロプロセッサを心臓に持っていたデバイスである。どれもひとつの用途に特化している。当時のARMチップは、まだ専用デバイスを動かすので精一杯だったのだ。

一方マッキントッシュのCPUを作るインテルには、携帯向けのCPUはないままだった。iPhoneを創るには、OS Xをインテル用からARM用に書き換える大作業が必要になった。

Appleにはその頃、モトローラ製のCPUからインテル製のCPUへ、OSを全面的に切り換えた実績があった。OS XのベースとなったネクストOSのカーネルを、どんなCPUにも載せ替えられるように創ったネクスト社時代の天才、アニー・テヴァニヤンの功績だった。だが、それはライバルのビル・ゲイツをして「ジョブズの仕事で最も驚愕した」と言わしめるほどの離れ業だったのだ。

加えてiPodを動かしていたARMのチップは、OS Xを動かすには非力にすぎた。ムーアの法則に沿ってARMチップの処理速度も上がりつつあった。が、iPhone計画発動の段階では、何でもできる汎用コンピュータを支えられるほどのパワーは備わっていなかった。

売るために「電話(フォン)」の名前を付けていても、iPhoneの本質はやはり汎用コンピュータなのだ。CPUの進化速度。若き日のジョブズはこれを読み誤った。結果、ゴリ押しの開発計画は総崩れとなり、披露すべき製品が何もないまま二十九歳のジョブズは製品発表会でプレゼンし、恥をかいた。これに我慢ならなかったスカリーたちは、彼を会社から追放したのである。

初代iPhoneに、四十四歳となったジョブズは再び会社を賭けていた。ほかに何の新製品も用意していないほどだった。失敗すれば、あのときの惨劇を繰り返しかねなかった。

だから、保険が必要だった。

初期の計画どおり、iPodをベースとした電話の開発も継続する。同時に、OS XがARMで動くように極秘プロジェクトを走らせる。開発の段階で複数案を走らせる、トヨタ式のいわゆる〝セットベース開発〟である。それが年をとり、知恵を身にまとったジョブズの戦術だった。

iPodベースの案を、iPodで名をあげたトニー・ファデルにまかせる一方、極秘でOS Xベースのものを〝ミニ・スティーブ〟スコット・フォーストールにまかせたのである。

命を受けたフォーストールは、秘密裏にAppleのスター・プレイヤーたちをひとりひとりじぶんの部屋に呼んで言った。

「君はAppleのスーパースターだ。今の仕事がなんであれ、将来も成功が約束されているだろう」

フォーストールは話を止め、じっと相手の目を見つめた。

「だけど、君に考えてほしい新プロジェクトがある。内容は明かせない。ただ、夜も週末もなく生涯でいちばん働くことになる。そんな仕事になるだろう」★007

フォーストールの言葉は、一年足らずでOS Xをほぼ全面書き換えする不可能なミッションへの招待であった。

ARMプロセッサのほかにも大問題があった。バッテリーだ。携帯電話の電波はWi-Fiに比べはるかに電力を消費するうえ、バッテリーの容量は小さかった。持たせるには演算を最小限にしなければならない。

だからOS Xを携帯電話に載せるには、機能を追加する通常の開発とは真逆に、Appleの真骨頂であるシンプル化が求められた。機能をこそぎ落とし、極限までスリム化しなければならなかったのである。

のみならず、マウスではなく指で操れるようユーザー・インターフェースも一新する必要があった。

フォーストールの、いや背後にいるはずのジョブズの心意気に、各部署のエースたちは応じた。これこそがApp

leの社内文化だった。

そしてスター・プレイヤーたちの、全身全霊の「死の行軍」は、不可能を可能にした。のちにiOSという名になるiPhone OSの誕生はやがて、iTunesミュージックストアをはるかに凌ぐ影響を音楽産業のビジネスモデルに与えるだけでなく、人類の生活そのものを変えることになる。

少壮幹部、トニー・ファデルの苦悩

トニー・ファデルは追い込まれていた。

iPodを成功に導いた彼はエース中のエースであり、三十代半ばに最年少でAppleの上級副社長となった。〝iPodの父〟と呼ばれている。iTunesミュージックストアの創設を言いだしたのも彼だ。なぜならそれこそ、彼が起業してやりたかったことだったからだ。

ファデルは、フォーストールと違い古参の社員ではない。音楽ハードと音楽配信で起業しようとしていた彼は、iPod誕生の際、専門コンサルタントとして雇われたが、ジョブズが素質を見抜き強引に入社させた。

ある日、会議室に閉じ込められた。

そして「社員にならないならこの仕事は終わりだ」と、ハードウェアの長ルビンシュタインに宣告されたのだ。もちろん、ジョブズの意を受けてのことだった。ファデルは折れ、起業仲間を捨て入社したが、そのこころの傷は、入社後もルビンシュタインとのあいだに溝を残したのだった。

優秀すぎる人材にありがちな一匹狼の性格だが、自身が昔そうだったジョブズは、そういう人間の扱いに長けていた。

ジョブズはファデルにお墨付きを与えるだけでなく、社内調整に強い古参社員とコンビを組ませた。狙いどおり

ファデルは大車輪の活躍を見せ、初代ｉＰｏｄの開発リーダーをやりおおせた。[★008]
のみならずファデルは、初代ｉＰｈｏｎｅの開発責任者にもなった。

隙のないファデルはｉＰｏｄが絶好調の時期に、日本の携帯電話市場をつぶさに研究していた。日本ではｉＰｏｄもｉＴｕｎｅｓも全く冴えなかった。理由は着うたのブームだった。

日本はＳｏｎｙの主導で、音楽配信を携帯電話で実現していたのだ。結果、日本の音楽市場は、ｉＴｕｎｅｓミュージックストアが惨敗するなか、デジタル売上で米国に次ぐ第二位の急成長を実現していた。

Ｓｏｎｙ流のモバイル音楽配信と音楽ケータイが世界に広がれば、ｉＰｏｄはやがて死ぬ——。そう予見した彼は、すぐさまＡｐｐｌｅ製のスマートフォンを創ることを、渋るジョブズに繰り返し進言していた。[★009]

ついに、その進言が認められたのだ。

「Ａｐｐｌｅにイノヴェーションのジレンマは存在しない」[★010]

そうＯＢは語る。ｉＰｈｏｎｅが売れれば当時、会社売上の半分を稼ぎだしていたｉＰｏｄが落ちぶれるのは自明の理だった。通常、稼ぎ頭の事業を喰うような新規事業は社内外から邪魔が入る。特にファデルのような立場の人間こそ潰しにかかるはずだった。そうなれば空いているＢ級の人材を充て、実験的な予算で進めるほかない。その結果、完成度の低いものが出来あがり、ほとんど広告も打たれず、不評に終わる。

そして二流の人間は言うのだ、「ダメだったね。見込みがないね」と。

ちょっと試してみる——。Ａｐｐｌｅにとって、ほかの企業のそんな及び腰こそ最高のチャンスだった。主力部隊を既存事業から切り離して、新規事業に当たらせる。会社を賭ける勢いで予算と人材を投入し、初めから完璧なプロダクトを目指す。そうすれば、ガラクタのような他社の実験的製品を引き立て役にして、Ａｐｐｌｅの栄光は燦然（さんぜん）と輝くのである。

これこそAppleの勝ちパターンであり、そうやってジョブズは時代をじぶんのものにしてきた。ブラックベリーや日本のiモード・ケータイ等々、世界の初期スマートフォンをすべてガラクタにしてしまうのが次の目標になった。

iPodを超えるスマートフォンを、若き〝iPodの父〟ファデルが社内の誰よりも先に創りたがったのは、Appleの企業文化を象徴していた。「喰われる前に喰え」がジョブズのモットーなのだ。

ジョブズの認める次代のリーダー候補。iPodに次ぎiPhoneの開発責任者となったファデルを、そう見てもおかしくはなかろう。その後、上長のルビンシュタインがジョブズの愛する天才デザイナー、ジョナサン・アイブと衝突したのを機に退社すると、ファデルは三十七歳の若さでAppleのハードウェア部門を統括するスーパースターとなっていく。

さすがだった。彼はiPodのOSを劇的に改良し、難なくiPhoneのプロトタイプを仕上げた。先に言及した第五世代iPodをベースにしたものだ。スクロールホイールを廃し、大画面を指一本で操作するスマートフォンである。[★011]

事態が急変したのは、「見せたいものがある」とジョブズに呼ばれたときだった。

Appleのあまりにも激しいハードとソフトの融合

アイブの根城、デザイン・スタジオでジョブズは待っていた。

部屋にはデスクトップのMacと、パーツとケーブルの集合体が机にごちゃりと広がっていた。[★012]「ジャンボトロンです」とアイブは説明した。

モニターに触るとマウスなしで直接、デスクトップを操れる。つまるところタブレット用スクリーンのデモらしい。そう理解したファデルに、ジョブズは言った。

「おまえは、音楽と電話の融合を、すでに創ってみせた。次は、マルチタッチのインターフェースを電話と融合しろ。クソかっこよくて、クソ薄い電話を創るんだ[★013]」

「うわああ！」

ファデルは頭を抱え、思わず叫んだ[★014]。

部屋いっぱいに広がるこの機械の山を、手のひらサイズにまとめあげなければならないのか!? 前代未聞のデバイスだ。量産するには、工場のラインから設計し直さなければならない。そもそも静電容量式のマルチタッチスクリーンなどこの世に存在しない。電池もダメだ。CPUも特注になる。無理難題だらけだ。死の行軍が始まるぞ……。

しかし、若くしてApple社内のスーパースターになるほどの男だ。「無理です」と口に出すわけがなかった。

ジョブズの前でそう返事するのは、物理法則的に不可能な場合だけ許される。あらん限りの資金を投入して、社内外の優秀な人材を集め、全員が死ぬ気で働けばできるかもしれない。その場合は「できる」と答えるのが、Appleの幹部でいる資格だった。大企業によくいる、失点を避けるためリスクを取らない管理職は、簡単に降格の憂き目に遭う場所なのだ。

プロジェクトが始まるとトニー・ファデルは案の定、追い込まれた。だが、それは仕事の難度とは別の理由だっ

初代iPhoneのプロトタイプ。これを手のひらサイズにする難題を、“ipod の父”ファデルはやってのけた。写真は、当時開発に携わったケン・コシエンダのツイッターより。
https://twitter.com/kocienda/status/1108035856315539457

た。麾下（きか）のiPod部隊を主力に「死の行軍」を開始したが、そのさなかに頼りの部下たちが次々とフォーストールのOS部隊に奪われていくのだ。どういうことなのか？

ファデルはフォーストールに食ってかかったが、「スティーブの許可は取ってある」と突っぱねられるのみだった。

そしてある日、全く聞いていない話が彼を襲った。

「OS Xの縮小版が出来たので、iPhoneにはそれを載せる」とジョブズは言うのだ。

ハードの設計はさらに難度を上げた。それはもはや電話ではない。電話もできる手のひらサイズのコンピュータという規格で、iPhoneを創り直せという話だった。もはやiPodのノウハウは役に立たない。

ここから最年少の上級副社長、トニー・ファデルはさらに追い込まれていく。

OS Xの縮小版、初代iOSを開発したスコット・フォーストールは、ファデルにむき出しの敵意を見せて主導権を獲りにきた。彼は元々、ポッと会社に入ってきたファデルが、ジョブズにかわいがられて闊歩するのを快く思っていなかったらしい。

ファデルも調整型の性格ではない。「コンピュータに出会ってなかったら刑務所に行っていた」と話すほどの男だ。ネクスト社以来、ソフトを統括していたテヴァニヤンが燃え尽きて辞め、実質的にフォーストールがその地位に就くにつれ、ふたりの争いは激化した。

が、ジョブズはふたりの争いを止めない。

止めるはずもなかった。かつて、稼ぎ頭のApple Ⅱのチームと、新規事業のマッキントッシュ・チームの不仲をあえて煽ったのは、若き日のジョブズだ。敵愾心（てきがいしん）で初代Macの開発陣を勢いづけ、成功に導いた。これをiPhoneの開発で再現しようとしていたらしかった。

「スティーブがなんと言うかな？」

ジョブズのお墨付きを得たフォーストールは、その言葉を殺し文句にして、ｉＰｈｏｎｅ開発の主導権を徐々に奪っていく。フォーストールのソフト部隊と、ファデルのハード部隊の争いは熾烈を極めていった。

「ハードとソフトの融合」という。Ａｐｐｌｅの魔法は、このふたつの融合が緊密になされて生まれている。

前世代のハードとソフトのリーダー、ルビンシュタインとテヴァニヤンは個人的にも仲が良く、ふたりは手を取り合ってＯＳ Ｘの成功、Ｍａｃの復活を演出した。だがポストPC世代では、ハードとソフトの若きリーダーふたりに、ジョブズは熾烈なライバル争いを求めた。

それでも、ｉＰｏｄ到来時のＳｏｎｙのようにハードとソフトが邪魔しあう心配はなかった。[★015] ジョブズが頂点にいて、ファデルとフォーストールが互いに足を引っ張り合うことは許さなかったからだ。

「優秀なチームが攻撃しあうべきだと思っている」と、幹部たちと親しい人物は語る。「それぞれがじぶんの立場を押し通して、激しくやり合わなければ正しい妥協点はみつからない、と考えている」[★016]

Ａｐｐｌｅのこの社内文化は、ピクサーの章で扱ったトヨタ式製品開発の「秘伝のレシピ」を彷彿させる。

トヨタの研究に来たＭＩＴのウォード博士に、トヨタ社員たちは喜んで手法を説明したが、ただ一点、口を開きたがらない秘訣があった。開発の段階で様々なアイデアやファクターの組み合わせを検討して、その最善のコンビネーションを見出し、統合する〝トレードオフ曲線〟の活用がそれだ。

ソフト部隊の目指す最高と、ハード部隊の目指す最高が激突する。あるいはハードの要求とデザインの要求がぶち当たる。激しい議論の末、ぎりぎりの妥協点を見出すのが、Ａｐｐｌｅ流の過激なトレードオフ・ポイントだった。

「イノヴェーションは再統合だ」とジョブズは言っていたが、そこには最高を目指す激しいぶつかりあいが生む熱い均衡がなければならなかった。ジョブズ流の経営は、人工知能の焼きなまし法ともどこか似ている。

加えて、彼はこうやって次世代のリーダー候補を刀鍛冶のように炎と槌で鍛えあげようとしていたのだろう。だがこの内部競争は両魔下の部隊にとって、強烈な消耗を促す副作用を伴っていた。ある社員は言った。「二年間、感謝祭もクリスマスも年末年始も犠牲にして、狂ったように長い時間働いた。そのうえ馬鹿げた政治闘争にも付き合うんだから、どれほどたいへんだったか」★017

別の社員は、家で映画『グラディエーター』を見たとき、「こういうの、間近に見たことがあるわ」と隣の夫に言わずにいられなかった。★018

皇帝お気に入りの剣闘士ふたりが闘技場に放り込まれ、命を賭けて死闘を繰り広げる。ファデルとフォーストールは、そうした関係になった。

ヴェンチャー企業のように大企業を経営する

煙突に鈍色(にびいろ)の切妻屋根。煉瓦の壁に小さな十字窓。巻きつく蔓(つる)。その家は映画『ロード・オブ・ザ・リング』に出てきても違和感のない古風な造りだ。

その温かくも侘びた住まいはジョブズの趣味だった。訪れたビル・ゲイツが「ほんとうにこの家で暮らしているのか」と驚いたほど、シリコンバレーの成功者にしては小ぶりなサイズだった。独身時、ジョブズはスペイン貴族風の広大な古屋敷に住んでいたが、「ふつうの環境で子どもを育てたい」という妻のたっての希望でこの家に越した。

週末、ジョブズは台所に立つ。得意料理はパスタで、香りの濃いエクストラ・ヴァージン・オイルをたっぷりかけるのがジョブズ流だ。それに豆とアボカドなどのブリトー、フレッシュなにんじんサラダを添えて、子どもたちと団欒(だんらん)を持つ。

ランチを終えるとボウルから「最高のマンゴー」を取り、階段を上がり、書斎に入る。週明けの会議へ向けて、消費者目線で試作品をチェックする貴重な時間だ。ジェネレックの卓上スピーカーからはディランやストーンズ、ジョン・メイヤー等が終日、鳴り続ける。

おとぎ話のような家のもと、かつてスーパーコンピュータが持っていた演算力を人びとの手のひらに載せるもくろみが、メモを取る彼の脳中で収斂していく。彼が触り倒していたのは、ｉＰｈｏｎｅのプロトタイプだった。

月曜日の早朝は、メルセデスのクーペで高速道路を疾走する。

スピードとともに、彼の意識は研ぎ澄まされてゆく。車をキャンパスに滑り込ませると、黒のタートルネックとジーンズの彼は、星条旗と林檎の社旗がはためくもと、インフィニット・ループ1のガラス張りのアトリウムをくぐり、会議室に向かった。

月曜九時の経営会議は、ジョブズの生み出した経営的革新が結晶した空間だ。その会議には海外出張中の幹部も必ず戻って参加しなければならない。Ａｐｐｌｅの重要プロダクトを徹底的にレビューする重要な場だ。

週末に書きあげたチェックリストを片手に、ジョブズは次々と質問を浴びせかける。完璧な製品を創るため、もっと良いアイデアはないか?

ジョブズは次々とアイデアを繰り出すタイプの経営者だ。「そうでなければ、じぶんが会議室にいる資格がない」とまで言っていた。

当然、会議室にいる幹部たちもアイデア出しが求められる。議論を掻き回すジョブズに冷汗三斗で対応するだけでは幹部でいられない。そうやって経営会議は、レビューする新製品に集中していく。

「集中は力の源だ。新興企業ははっきりとなにかに集中している」とジョブズは言う。[★019]

プレゼンは、パワーポイントはおろかＫｅｙｎｏｔｅを使うのも禁止だった。彼にとってそんなものは、人びとをわかった気にさせる幻でしかなかった。Ａｐｐｌｅの幹部は製品そのものに意識を集中しなくてはならない。テンポを上げるため、部屋を飛び出して、幹部たちとキャンパスを散歩しながら会議を続けることもよくやった。

ジョブズはＣＥＯに返り咲いた直後、マーケティング主導の経営を廃し、市場の面取り合戦の末に増えすぎた製品群をリストラした。

「Ａｐｐｌｅでは、会議机の上にすべての製品を載せることができる」とティム・クックは言う。[★020] これにより、週頭の経営会議を二回通すだけですべての製品をジョブズたちが細かくチェックし、幹部が直接、現場スタッフへ指針を出すことができるようになった。

「若いエンジニアたちも、じぶんの仕事が報告されることを知っている」と元幹部は語る。「じぶんの仕事は大事だとわかっているんだ[★021]」

ジョブズは「集中」のため、さらに重要製品を最大みっつまでに限定した。そして、重要製品に関しては中小企業の社長のように、みずから末端の担当と細かくコミュニケーションを取れるようにしたのだ。

かつてピクサーで「組織図を見せてくれ」が口癖だった彼は、こうやってこの大企業から組織図を隠した。

その背景には、反マネジメント主義とでもいうべき過激な信念がある。通常、大企業は数万人の社員を管理するため千人単位の総合管理職を置く。だがＭＢＡの常識をいつも破るジョブズは、四千人いた管理職のクビを切った。管理職は腕の立つ現場のリーダーがやれば済む。だからＡｐｐｌｅでは、マーケティング担当もエンジニア出身だ。最先端技術の果実を、誰でもわかるように説明するのがこの会社の宣伝部隊の役目だった。

二〇〇六年に入るとジョブズはさらに先鋭化し、たったひとつの製品すなわち初代ｉＰｈｏｎｅの開発に会社を集中させていた。

「たいていの企業はひとつのことに集中したくない。失敗するかもしれないからだ」と別の元幹部は語る。

巨人も一本足を掬われたら倒れる。日本のシャープも液晶ディスプレイに集中したのが災いし、ばったりと倒れたところを、Ａｐｐｌｅとの仕事で力をつけた台湾の鴻海（フォックスコン）に買収された。

「絞るのはほんとうに恐いことだよ」★020

特に初代iPhoneのような前代未聞の製品ほど、失敗の確率は高くなる。失敗に次ぐ失敗でゼロからノウハウを習得していかなければならないが、出荷までに学習が終わっている保証はない。

だがジョブズは製品群を絞ることで、若き日から目指していた「ヴェンチャー企業のような大企業経営」を実現していった。のみならず彼は、社員たちにまるでヴェンチャー企業で働いているかのような錯覚を与えるべく、ヴェンチャーの常識ではありえないやり方を導入していた。

ジョブズは新しい流儀で、縦割り組織を活用した。

Apple社員の強烈な日常

当時のAppleキャンパスが、携帯電話を発明したモトローラ社から買った敷地だったのは不思議な縁を感じさせる。ここでiPhone開発時、数々のドラマが繰り広げられた。

ジョブズの根城、インフィニット・ループ1の一階ではフォーストールのソフトウェア部隊がフロアを占拠し、「ファイト・クラブ」と看板を掲げ、死闘を繰り広げていた。

その一隅で、オタク少年の面影を残したトルマスキーが黙々とコーディングに打ち込んでいた。部屋はサイロのように隔絶され、ハード部隊とソフト部隊の政争が、長髪を結ったメガネの彼の集中を妨げることはなかった。この新卒の新入社員の部屋に、週に二度、CEOが訪れた。

「ダメだ。魔法が足りない」訪れるたびにジョブズは言うのだった。「やり直せ。魔法のようでなければならないんだ」

電話ができて、iPodにもなって、ウェブも自在に見られる――。

ジョブズは初代iPhoneのセールスポイントを、このみっつに絞ってプレゼンするつもりだったが、その一角を担うブラウザ、モバイル版Safari（サファリ）を二十歳のトルマスキーがひとりで創っていたのだ。

在学中、ブラウザの中核となるウェブキットの開発者コミュニティで名をあげていた彼はAppleからスカウトを受け、飛び級で大学を卒業すると入社早々、会社を賭けた製品の中核をまかされたのだった。

トルマスキーだけでない。iPhoneのキーボード・ソフトもジョブズが社内ハッカソンを開き、勝ち残ったひとりが創った。ジョブズが特に気に入ったグーグルマップのiPhoneアプリも、ひとりが三ヶ月で創った。

チームのスタッフは、ひたすらアプリの開発に集中していた。繰り返される「クソだな」に耐え、どうすれば「魔法」になるのか途方に暮れ、ジョブズの求める高い要求に応えようと昼夜も週末もなく必死だった。[★022]

じぶんの仕事のほか、ほかの部署が何をやっているのかすら知らない。ジョブズは組織を縦割りにして、互いの情報を秘密にすることで、スタッフがまるで小さなヴェンチャーで猛烈に集中しているような環境を創りだしたのだ。

「人が超一流の仕事をしないのは、ほんとうの意味で期待されず、誰も挑戦を求めてこない状態だからだ」とジョブズは二十八歳のとき語った。「場を与えてやりさえすれば、誰しもじぶんの限界を突破できるものだ[★023]」

その頃、かつてハイテク産業の頂点にいたSonyは混乱状態に陥っていた。創業者世代が去ると、アメリオCEO時代のAppleのように会社がバラバラになってしまったのだ。

当時のSonyのストリンガーCEOはSonyを官僚主義から救うため、縦割り組織によるサイロ化を排除しようと躍起になっていたが、井深・盛田・岩間・大賀時代の一体感がSonyに戻ることはなかった。大切な何かが欠けていたのだ。

一方で、ジョブズは経営陣が重要製品の開発に集中することで求心力を創り、さらに縦割りとサイロを逆に活用して、社員がじぶんのいちばん得意なことに集中できるようにしていた。

統合と縦割りの両活用は、ジョブズの生み出した経営的イノヴェーションのひとつだろう。ほかの部署と闘い合うのは上層部に限られ、その上層部をジョブズがまとめあげて会社を統合していた。

とはいえ、「攻撃しあう文化」は末端のチームまで浸透していた。

Ａｐｐｌｅに転職してきた人間は、会議の異質な風景に戸惑うと言う。調子はどうか、週末に何をしていた、といった場をほぐす挨拶もない。まず話し合うのは、話し合う必要のないトピックスを選び出すことだ。

「ほかの会社の人たちとやりとりすると、相手には集中力が足りないと感じるよ」とＡｐｐｌｅのエンジニアは語る。★024

話題を絞ると、アクションリストの検討にすぐ入っていく。アクションリストの各項目には直接責任者の名前が必ず添えられ、責任逃れは不可能になっている。そして喧々諤々(けんけんがくがく)のバトルが始まる。

「社員同士の闘いは熾烈で個人攻撃にもなりうる」と関係者は言う。「最高の製品をつくるためなら、誰かをこてんぱんにしてもいいというメンタリティなんだ★025」

ストレス度の高い職場だ。機嫌よく、ぬるいことをしていると簡単に降格される。穏やかな人当たりで「いっしょにビールを飲みたくなるようないい奴は、この会社に向いていない」という。★026

バトルの判定基準はユーザー体験(ＵＸ)だ。アイデアの反駁(はんばく)に部署の都合を持ち出す人間は罵倒され、「間抜け」の烙印が押される。その場をなあなあで済ませても、あとで天からチーム全体に雷槌(いかづち)が落ちる。

完璧なモノづくりで、最高のユーザー体験に奉仕するのがＡｐｐｌｅ社員の責務だった。顧客のユーザー体験向上よりも社内の和を取り繕うほうを選ぶのは、「いい人に思われたいだけ」なエゴイストにすぎない。そのジョブズの人間観が、そのまま組織に反映されていた。

「Ａｐｐｌｅの議論はいつも『それが製品にとっていいことだ』で終わる」と元エンジニアは語る。「それを証明できるデータを持ってきた人間が勝ちだ[026]」

たとえ争い合っても、すべては最高の製品を生み出すためだった。それゆえほかの部署との連携が現場で発生しても、Ａｐｐｌｅの社員は概して協力的だったという。そうでなければ「スティーブに首をへし折られる」からだ。

それだけでなかった。「金儲け自体には全く興味がない」と公言して憚(はばか)らなかったジョブズは、社員にもそれを求めた。大企業ではあたりまえの、部署や事業部ごとの予算管理を撤廃し、収支管理はＣＦＯひとりに集約したのだ。

「記憶にある限り、社内の議論で収入や費用が出てきたことは一度もない」

マーケティング担当の元幹部はそう語った[027]。そんなことは資金力のないヴェンチャー企業には不可能なことだ。ジョブズはそうやってヴェンチャー企業にない大企業の強みをも活かしていた。

Ａｐｐｌｅの社内文化をカルト的だと評する者は少なくない。「帰宅してもＡｐｐｌｅのことは忘れない。Ａｐｐｌｅでやっている仕事が宗教なんだ」とエンジニアは語った[028]。

すべては幾千万のユーザーに最高の体験をもたらすために――。加熱する職場はジョブズの生き様そのままに、ユーザー体験教とでもいうべき宗教的情熱に満ち、週末もＡｐｐｌｅのことを忘れない社員であふれていた。

ジョブズは採用基準に「Ａクラスであること」を求めたが、もうひとつの条件が、完璧なモノづくりへの情熱だった。彼は、じぶんと志をともにする同志が欲しかったのだろう。だから会社に宗教とも呼べる社内文化を創った。

縦割りで、秘密主義で、労働時間が長く、昇格より降格が多い。職場はギスギスして、ストレスの種も離職も多い。世間の「よい会社」とは真逆を行くＡｐｐｌｅで働いて、何が楽しいかと人は問う。おそらくそれは心理学者マズローが語ったような、生活的欲求、社会的欲求、あるいは承認欲求を超えた、人生の最高目標としての自己発揮なのだろう。

一流の人材に囲まれ、雑事に邪魔されず、金のことも気にせず、じぶんの最も得意な仕事に集中する情熱の日々。

バーの片隅で、じぶんの貢献した最高にクールな製品が人びとの手にあるのをふと見たときに「やり遂げたぞ」と拳を握りしめる充足感。辞めても消えない戦友たちとの絆。

その黄金の精神はＡｐｐｌｅという会社が始まったときから何も変わっていなかったのではないか。共同創業者のウォズニアックは振り返る。

「素晴らしいことを成し遂げたいという情熱……イノヴェーションの規範が金ではなく、内面的な充足感によって導かれていたあの日々。何か素晴らしいものを創り出すという個人的な充足感のために働くのだ★029」

初代Ｍａｃを開発したハーツフェルドはこう思い出す。

「それはスティーブ・ジョブズによって吹き込まれた救世主的な情熱だった。僕らが感じていた胸のときめきは製品からも伝わってくる。競合との勝敗がどうのという話はなかった。むしろ芸術的な価値観が原動力で、その最終目標は超越的に光り輝き、ずば抜けて偉大なものになることだった★030」

若き日のジョブズはその情熱を麾下百人のエンジニアに注ぎ込むのが限界だった。だが中年以降、彼自身が限界を突破した。ジョブズは経営学の教科書に反するクレイジーな経営革新をいくつも導入した。そして、エンジニア以外のあらゆる部署、二万人の社員(二〇〇六年当時)にも黄金の精神を浸透させることに成功したのである。

その象徴ともいえる存在が、ジョナサン・アイブのデザイン・グループだった。

ジョブズとアイブ――ふたりの天才の出会い

「辞めよう」

そう思いながら、ジョナサン・アイブは話を聞いていた。

一九九七年、Ａｐｐｌｅは倒産の危機にあった。インフィニット・ループ4の講堂に集った幹部社員に、アメリオ

ＣＥＯが「お別れのときが来た」と挨拶せざるをえなくなったとき、三十歳でデザイン・グループを束ねることになった彼はうんざりしていた。

「デザインのＡｐｐｌｅ」は崩壊しつつあった。

市場の細かい面取り合戦に明け暮れた結果、社員の誰も覚え切れないほど製品ラインが氾濫していた。結果、エンジニアがのべつ幕なしに持ちこむ代わり映えのしない製品に、皮（ガワ）をかぶせるだけの日々にデザイナーは追われていた。もう、うんざりだった。

アイブの上司だったロバート・ブルーナーはなんとかエンジニアの先回りをしようと、「未来のＡｐｐｌｅ製品」をデザインする特別プロジェクトを走らせていた。そのために工業デザインの母国、イギリスから三顧の礼で招聘したのが若きアイブだ。

インターネットもまだ普及しない九〇年代前半にあって、タブレット、ポータブル・オーディオ・プレーヤー、スケルトンのラップトップ等々、二十一世紀を予感させる秀逸なコンセプト・デザインをアイブたちは生み続けた。

そしてついにエンジニアを出し抜き、デザイン主導の製品が販売されることになった。

それが二十周年記念Ｍａｃだった。ブラウン管が主流の時代にあって、現在のｉＭａｃに通じる、液晶画面を使ったスタイリッシュな一体

ジョナサン・アイブ。iMac、MacBook Air、iPod、iPhone、iPadのデザインを主導し、その巨大な才能でジョブズとともに世界を変えた。

Marcus Dawes “File:Jonathan Ive (OTRS).jpg,” Wikimedia https://commons.wikimedia.org/wiki/File:Jonathan_Ive_(OTRS).jpg

型の薄型筐体だった。だが、マーケティング部門が「ブランディング」と称して軽自動車ほどの値段をつけたため、大失敗に終わりつつあった。上司のブルーナーはこれにキレて、辞めていった。

妻もイギリスを恋しがっている。またロンドンで働くか――。そう思いながらアイブは、続いて短パン姿で登壇した、復帰早々のジョブズをぼんやり見ていた。

「Ａｐｐｌｅのどこが悪いか教えてくれないか？」

壇上のジョブズは、そう言って社員を睨み回した。誰も答えない。

「プロダクトだ！　セクシーさのかけらもない！」

怒号が講堂に響き渡った。

次期ＣＥＯの怒号が響くにつれ、アイブの失望は希望に変わっていった。

「もう少しで倒産という危機に立たされたら、少しはお金を儲けようと考えるのがふつうでしょう？　でもスティーブは違ったんです。製品が良くなかった、だからもっと良い製品を作るんだと言ったのです[★031]」

講堂を出る頃には、「もう少しがんばってみるか」と思い直していた。だがジョブズは、アイブのスタジオに全く姿を見せなかった。

アイブは悪い予感がした。実際、ジョブズはアイブたちデザイナーがガラクタ製品の主因だと考えていた。お払い箱にして、Ｓｏｎｙやネクスト社のデザインを手がけたエスリンガーを招聘しようと考えていたのである。

アイブはエンジニア陣が「できない」と言ってことごとくボツにしていった自信作を、急いで美しい写真集にまとめた。そして、「クソな製品」であふれかえってイラつくＣＥＯの部屋に届けた。

するとジョブズがやってきた。

その頃、アイブは会社の辺境で働いていた。大企業病を恐れた元上司のブルーナーは、自由闊達なデザイン事務所の雰囲気をつくるべく、デザイン・スタジオをあえて敷地の外れに陣取ったのである。クリエイティヴな人材を、大企業文化から隔離して辞めないようにするためだった。

スタジオの扉を開いたジョブズは息を呑んだ。エスプレッソの香りが漂い、プログレッシブ・ハウスが心地よく流れるなか、木製の展示机には、Ａｐｐｌｅのあるべき姿を示唆する、美しい模型が並んでいた。

アイブの模型は未来のテクノロジーのあり方を示すのみならず、緻密で、製品化時の製造工程まで計算し尽くされていた。かっこよさや独創性ばかりに気の行くような、凡庸な魂のデザイナーでないことは明白だった。

「ジョナサン・アイブ。君はデザイン・ルームのリーダーとして無能だな[★032]」

ジョブズは嬉しそうに言った。これほど美しいモノを日々、創っていてもＡｐｐｌｅの製品に全く反映されてないではないか、と言っているのである。彼は、アイブに一目惚れしたのだった。アイブも同じだった。

「波長が合ったのです。じぶんがなぜＡｐｐｌｅに惹かれたのか、そのときはっと気づきました」

彼は思い出していた。少年時代、初代Ｍａｃが発売され触ったとき、創り手の想いが即座に伝わったあの衝撃。どこか苦手に思っていたコンピュータが突然、人間らしさを持っていた。それはジョブズのデザイン哲学が起こした革命だった。

「クリエイティヴなんて気にも留めない業界のなかで、我が道を行っていました。信念を感じたのです。金儲けが目的じゃないんだなと感動しました[★033]」

今、あのときの感動を生んだ張本人を目の前にして失望は消え、希望は確信に変わった。

だが、アイブはどこかで怯えていた。ジョブズの人材評価は「最高とクズのジェットコースター」で、蜜月はやがて破局する。そんな例を散々、同僚から聞いていたからである。

アイブが「このボスとほんとうに気が合うのだ」とわかったのは、いっしょにピクサーを訪れたときだった。ふたりの前に集った映像アーティストたちにジョブズがじぶんを紹介してくれたとき、そのこころのこもった言葉に「この人は僕以上に僕のことを理解してくれているのかもしれない」と感じたのだった。

そしてＡｐｐｌｅ史上最も実り豊かな、ふたりのコラボレーションが始まった。

ジョブズはほとんど毎日、アイブとランチをとり、そのあとスタジオに来るようになった。そしてＡｐｐｌｅ再生のためのクレイジーな経営革新を断行した。テクノロジー会社のＡｐｐｌｅを、デザイン主導の組織に変えたのである。

ピクサーで、ジョブズの庇護を得たラセター監督が映画界の中心に躍り出たように、ジョナサン・アイブは静かにＡｐｐｌｅの中核となった。

そして天才アーティストは、世界を変えはじめた。

デザイン主導型経営——ジョブズ流イノヴェーションの中核

「ジョニーはＡｐｐｌｅだけでなく世界を変えたんだ」

ジョブズはアイザックソンにこう語った。

「ほとんどの製品はジョニーと俺がふたりで考えたあと、ほかの人を連れてきて、『どうだい？　どう思う？』と聞いたんだ。どの製品も彼は、ごくごく小さな部分から全体まで把握している。単なるデザイナーじゃないんだ」★034

このせりふには、「Ａｐｐｌｅの魔法」の種が隠されている。

ピクサー時代、ジョブズはディズニーから魔法を学んだという。テクノロジー会社の中核に、アイブのようなアーティストを置く。ピクサーもそうやって生まれ変わったのはすでに書いた。

このジョブズの魔法には、確固たる裏打ちがあった。

そのひとつが製造工程の革新に基づいた〝デザインとエンジニアリングの融合〟だ。アイブがただのデザイナーでないのは、デザインを極めるために、これまでエンジニアの領域だった製造工程に異様にこだわっていたことだ。

「Appleのデザイナーが、いわゆるデザインに使う時間は全体の一割ほどにすぎない」と元上司のブルーナーは解説する。「残りの九割は、デザインのアイデアをどう実現するかに使う。製造部門とともに模索するのだ」[035]

そのためにアイブたちは、ピクサーで使われていた高度な3Dモデリング・ソフトをデザイン作業に導入。これを航空宇宙産業や自動車産業で利用されていた高精度なCADと同期して、部品レベルまで落とし込めるようにした。このデザイン工程のイノヴェーションで、Appleでは、デザイン・チームとエンジニアリング部門が協業できるようになった。設計情報を共有し、デザイナーとエンジニアが同時進行で仕事を進められるようにしたのだ。

「私たちほど野心的になると、従来の開発方法ではダメなのです。みんなが協力し一体となって製品を開発しなければ、複雑な問題を解決できません」とアイブは語る。[036]

そこまでしなければ、エンジニアの言う「不可能なデザイン」を、可能なデザインへと限界突破できないのである。アイブたちの導入した、3DCADを基とした全社的な協業開発は〝コンカレント・エンジニアリング〟として知られているが、この開発手法は日本に淵源を持つ。

八〇年代初頭、インターネットの基を創った米国機関DARPA(ダーパ)は、アメリカ産業の脅威となった日本の製造業を分析するうち、「アメリカ式の開発手法には根本的な問題があるのではないか」と気づいた。

そしてトヨタをはじめとする日本の自動車産業を研究し、その独特な開発体制をシステム化したのがコンカレント・エンジニアリングだ。DARPAに続き、NASAや欧州宇宙機関がコンカレント・エンジニアリングを導入した。

このトヨタ式の協業開発をピクサーのキャットムルが、民業ではいちはやく3D映画の制作に採用したのは前章で描いた。実は、ジョブズもネクスト社にこの方式を導入した。

そしてＡｐｐｌｅへ復帰後、日本発祥のコンカレント・エンジニアリングをジョブズ流に発展させたのがＡｐｐｌｅ秘伝のレシピ、〝ＡＮＰＰ〟(Apple New Product Process)である。全社的な協業は、会社を大きな家族と見る日本の文化から出たものだったが、アメリカは情報テクノロジーでこれをシステム化したのだった。

ＡＮＰＰは開発・生産にとどまらず、マーケティングから流通・販売に至るまで同時進行で一丸となって事業を進められるシステムだ。デザイン・コンサルタント出身のアイブは、マーケティングにも通暁していた。ジョブズはアイブをこう評した。

「嫌になるほど頭がいい男でね。事業やマーケティングのコンセプトまですぐ理解してしまう。何でもさっとわかってしまうんだ[★034]」

実際、高校時代のアイブは英国一の名門オックスフォード大学を受験できるだけの学力を備えていたが、デザイナーの道を選んだ。インターン時代も、学生の彼にコンサルの仕事が集中した。

アイブはジョブズの創りだしたＡＮＰＰを使って、マーケティング部門の仕事も把握。エンジニア部門だけでなくマーケティング部門に対しても先回りして、主導権を握ったのだった。

「Ａｐｐｌｅを支配しているのはデザイン・グループだ[★037]」

オペレーション部門の重役は語る。アイブのデザイン・グループから製造開発、マーケティング、オペレーションに至るまで指示が降りてくるのだ。そこにはジョブズの経営哲学が明確に反映していた。

ジョブズにとって、会社は最高のモノづくりのためにある。そしてデザインは彼にとって製品の魂そのものだった。

「ふつうの人にとってデザインはベニヤ板さ。でも俺にとってはデザインの意義を超えるものなんて考えられない。デザインというのは人工物の基礎となる魂のようなものなんだ[★038]」

だからジョブズは、アイブのデザイン・グループを組織の中核に置き、魂に会社という肉体を支配させたのである。

アイブもまた、魂にこだわった。

初代ｉＭａｃの、射出成形の限界を追求したプラスチックの曲線的フォルム。初代ｉＰｏｄに後光を与えたアクリルの透明度と、新潟県燕市の職人が磨き込んだステンレスの輝き。そして初代ＭａｃＢｏｏｋＡｉｒのユニボディ・プロセスが実現した、削り出しアルミの純粋なまでに無垢な金属の息遣い。

「製品の構築は、素材を真に理解することから始まります」

アイブはプラスチックの魂を、ステンレスの魂を、アルミの魂を浮き上がらせる製造工程にこだわった。「作品はすでに大理石のなかにある。私は削り出すだけだ」と語った彫刻家ロダンに通じるものがある。

「たとえば日本の東北に滞在して、匠(たくみ)から金属の成形法について教えてもらいます。それがデザインに活用する情報となります。デザインとは、こちらが形を選ぶというより、素材に注釈を付けるものなのです★039」

初代ｉＰｈｏｎｅを開発中だった二〇〇六年、アイブはデザインの秘訣をこう語った。この年、Ａｐｐｌｅのデザイン工程は前人未到の領域に入ろうとしていた。

これまで大量生産品は、射出成形やプレス加工など安価な製造工程を使うのが常識だった。

アイブはスイスの高級腕時計メーカーへ視察に赴いた。ｉＰｈｏｎｅやＭａｃを、高級腕時計に匹敵する完成度に高める術を探っていたのだ。そして、これまで数百万円する腕時計や、アイブの愛車アストンマーチンのような数千万円のカスタム自動車といった高級品にしか使用されてこなかった精密機械加工を、Ａｐｐｌｅ製品の大量生産に導入したのである。

これこそ、Ａｐｐｌｅが世界最強のブランドになった技術的根拠だ。

少量生産の高級腕時計やカスタム自動車の手法で大量生産するには、莫大な設備投資がかかる。だがデザイン主導の経営に、財務部門も従ったのだった。

ジョブズの没した翌年、二〇一二年にはＡｐｐｌｅの設備投資額は九十五億ドルを超えた。その約一兆二千億円のほとんどがアイブの追求する美を実現するために費やされたのだ。

結果、日本の家電メーカーがいくらＡｐｐｌｅのデザインに憧れようとも、完全に模倣することは財務的に不可能となった。こうして日本製のスマートフォンは二流品に落ち、さらに価格競争で中国に負けた。Ａｐｐｌｅの買った精密加工機械のほとんどが日本製だったことを思えば、この結末はなんとも皮肉だ。

アイブは言った。

「見た目で差別化しようとしたのではありません。デザイン工程を進化させると、おのずと外見が変わるのです」[★040]

十八世紀、アイブの母国イギリスの産業革命から始まった規格大量生産は、かくして高級品相当の品質を一般人の手に届ける段階に到達した。こうして、アイブは世界を変えたのだ。それを支えたのが、「テクノロジー企業をデザイン主導で経営する」というジョブズの発明した経営イノヴェーションだった。

アイブのデザイン・スタジオには、魔法の種明かしが潜んでいた。

デザインが未来を連れてくる

ジョブズの根城のすぐ隣、インフィニット・ループ2に入ると、いきなり銀行の金庫室のような分厚い鉄の扉と監視カメラが訪問者を迎える。ｉＰｈｏｎｅ開発をリードする〝ミニ・スティーブ〟フォーストールのＩＤカードすら受けつけない、社内で最も厳重な扉だ。

昼休みが終わると、ジョブズとアイブはＩＤカードをかざし、鉄の扉の向こうのトップ・シークレットへ吸い込まれていく。スタジオには、アイブの好きなジョン・ディグウィードやサーシャのプレイする、シンプルだが深遠な音楽が心地よくリズムを刻んでいた。

デザイン主導の経営体制が確立し、デザイン・スタジオは会社の僻地から中心へ引っ越した。それはラセターたちがディズニー復興のために、スタジオの役員室を映画づくりの核たるストーリー・ルームに変えたのを彷彿させた。

ジョブズはほとんど毎日やってきた。

スタジオにいるときの彼は「別人だった」という。厳しい眉間の縦じわが取れ、ふだん家庭でしか見せない穏やかな顔でアイブと話し込むのだった。

ときにはジョブズのそばで、子どもたちが遊んでいることもある。まるでジョブズ家に近所の子どもたちが、制作中のピクサー映画を観に来ていたように――。部外者厳禁。社員も、幹部すらほぼ全員立入禁止なのだが、デザイナーの子どもたちだけは例外なのだった。

アイブのスタジオでは当時、たった十六人がＡｐｐｌｅの全仕事をこなし、幸福なる多忙を極めていた。そんななかでジョブズは無論、だべっていたわけではない。

ヴィジョナリーの彼は、ここでクリエイターたちの熱気を浴びながら、リラックスして将来のヴィジョンを練るのが好きだったのだ。いつも彼は、香高く広がる木製の展示机のところへ行った。机にはＡｐｐｌｅの三年後の製品候補が、美しい精密模型となって並んでいた。

「ここのテーブルにモデルを並べて一覧することで、スティーブは三年先の未来を見るのです」とアイブは言った。★041

その展示机にやがてジョブズの棺を載せることになるとは、そのとき誰も知る由もない。

「エンジニアはだいたい今可能なことしか考えないけど、工業デザイナーは、明日や未来になにができるかを思い描くのよ」とデザイン・グループで働く女性は語った。★042

「エンジニアに持っていくと、できない理由ばかりを並べ立てる」とジョブズも言う。「そこで俺は『いや、ダメと言われてもやる』と言うんだ[★043]」

Appleで、エンジニアが蔑ろにされているということでは決してない。天才エンジニア、ウォズニアックと創業して以来、ジョブズは凄腕エンジニアを「一人で百人分の仕事をしてくれる」と重用してきた。会社の転機となったiPodも、エンジニアのトニー・ファデルが主導し、生まれた製品だ。

ただし新生Appleでは、エンジニアはデザイナーの次に偉いのだ。もちろん、エンジニアだって最先端技術の実用化で未来を描く。ジョブズ自身も語っている。

「すごいアーティストとすごいエンジニアはすごく似ている。どちらもじぶんを表現したいという強烈な想いがある。初代Macを創った奴らにも、詩人やミュージシャンだった人間が混ざっていた[★044]」

だがAppleは彼の尊敬するSonyのように「史上初の製品」を目指す場所ではなかった。パーソナル・コンピュータも、GUIも、デジタル・オーディオ・プレーヤーも、音楽配信も、タブレットも、スマートフォンでさえもAppleが史上初ではなかった。

Appleの哲学をまとめた〝クック・ドクトリン〟が語っている。ジョブズが目指したのは、史上初の「素晴らしい製品」を創る会社だった。Appleの目標は「偉大な製品」であり、最先端技術と人間の触れ合いが、最も正しく美しい形で生まれる作品を創ることにあった。

その意味で技術の可能性を追求するエンジニアよりも、技術と人の触れ合いを新しくデザインできる、アイブのような未来志向のデザイナーのほうが、ジョブズの経営哲学にはふさわしかったのだろう。

アイブの未来志向は学生時代から始まっていた。それは不思議な縁をも感じさせる。まだ携帯電話がレンガほどの大きさだった時代の話だ。

「高校生の頃からすでに今の形に近い、薄くて精密な携帯電話をデザインしていたんです」と高校時代の恩師は語

る。★045

それは少年の空想ではなく、生産を想定した緻密な考察を伴っていた。少年はデザイン・コンテストを総なめにしていく。インターン時代も彼に仕事が集中し、結局、デザインに次ぐデザインの日々で学生らしい生活は全く送れなかったという。アイブもジョブズと同じくらい、仕事中毒の気質だった。

なかでも大学時代、評価を受けたのがＳｏｎｙの開いたコンテストで優勝した「未来の電話」だ。このデザインはＳｏｎｙだけでなく教授陣からも絶賛を受け、主席で卒業することになった。

このＳｏｎｙのロゴの入った「未来の電話」に感銘を受けた先のブルーナーは「卒業したらいっしょに働かないか」とスカウトしたが、アイブは奨学金を出した事務所のほうに義理立てしてそちらに就職したのだった。

だがブルーナーは諦めなかった。彼自身が引き抜きを受け、Ａｐｐｌｅの社内にデザイン・スタジオを立ち上げると、再アタックをかけた。そしてウェブが画像を扱えるようになった一九九二年、アイブはＡｐｐｌｅに入社した。

最初に手がけた仕事が、タブレット型Ｍａｃのコンセプト・デザインだった。若き日のジョブズも「Ｍａｃの次」として、タブレット型Ｍａｃと、タッチパネルを搭載した固定電話、Ｍａｃフォンについて語っていた。

そんな古くて新しい夢が、強烈な情熱をジョブズとアイブに与えたきっかけがあった。

二〇〇三年、アイブのチームに所属していたＭＩＴ出身のエンジニアが二本指のジェスチャーでＭａｃ ＯＳを操作するデモ機、ジャンボトロンを作ったことだ。ジョブズがファデルに見せた、あれだ。

画面を直接、指で触ってコンピュータを自在に操作する。それはアイブにとっても、デザイナー魂を強烈に揺さぶる神秘体験だった。

最先端のクールさを第一に置くのは、アイブの流儀ではない。彼にとって工業デザインとは、テクノロジーに人間味を与えるためのものであり、人間とテクノロジーが触れ合うストーリーを描くのが彼のデザインだ。

ユーザー・インターフェースとはコンピュータと人間の相互作用、触れ合いをもともと意味する。[★046] その意味で、アイブにとってＡｐｐｌｅ製品のデザインは、ユーザー・インターフェースそのものだった。

マウスやスタイラスを介さず、直接、人間の指がコンピュータと触れ合う――。これ以上にアイブのデザイン哲学と合致するテクノロジーがあろうか。

ジョブズがタブレットを小型化し、電話の名を付けて売ると決めたとき、アイブの生涯最高傑作となるデザイン・セッションの幕が切って落とされた。

未来をデザインしたiPhone

ジョブズにとってアイブのスタジオは、Ａｐｐｌｅのなかでみつけたピクサーだったのかもしれない。

ネクスト時代、ジョブズはピクサーのスタジオを憩いの場にしていた。アーティストの生産性を上げたいならエンジニアと同じ扱いは禁物だと、彼はラセターたちの仕事ぶりを見て学んでいた。

「ジョニーにああしろこうしろと干渉できる人間はいない。俺がそうしたからね」とジョブズは言う。[★034]

Ａｐｐｌｅの十六人のアーティスト陣を率いるアイブのために、自由、リラックス、情熱が混ざり合う神殿を、彼は会社の中心に築きあげたのだった。ラセターのストーリー・ルームがそうであるように、アイブのスタジオは侵さざるべき聖域となった。

デザイン・セッションは、Ａｐｐｌｅに未来のインスピレーションを降ろす神事だった。始めるにあたり毎回、ちょっとした儀式を伴った。一、二名のデザイナーがバリスタとなり、プロ仕様のマシンで滑らかなクレマが浮いたエスプレッソを淹れる。ふくよかなアロマが香のように漂うなか、アイブは毎週、セッションを取り仕切った。

セッションはデザイナーの十六人が全員、参加した。当時、サムスンが千人以上のデザイナーを抱えていたのに対

し、ロックバンドのような、シンプルなチームワークの生む創造力をＡｐｐｌｅは重視していた。★047

ほかの部署の会議と同じく、セッションでも話題の集中が始まりとなる。新しいプロジェクトに取りかかるとき、アイブは新しい技術が人びとの生活のなかでどんな物語をつくっていくか、デザイン・ストーリーに集中するように取り計らった。

「デザイナーの役割は、存在しないものを想像し、それに生命を与えることです」★048部下のストリンガーは言う。ストーリーづくりがピクサー映画の魂であるように、Ａｐｐｌｅでも製品の魂となるストーリーを描くのがデザイナーの究極の役割だった。

「デザインの初めに、製品のストーリー、つまりユーザーが製品とどんな感情を交わし合うかを話し合います」とアイブは語る。「ユーザーが私たちの製品に触れて感じる『体験』を創造するのです★048」

〝ユーザー体験教〟とも称しうるこの会社の中心にデザイン・グループを置いたのは、ジョブズにとって自明の理なのだった。ゆったりとしたブリティッシュ・アクセントにときどきユーモアを交えた語り口でアイブはセッションを進め、メンバーとともにアイデアをスケッチに起こしていく。

英国紳士を型どったような謙虚な彼は聞き上手で、チームからアイデアを引き出すことがうまかった。同じ天才肌ながらそんな点でも、ジョブズよりもピクサーのラセター監督に近い。

魔法と驚き――。それがアイブの選んだ、ｉＰｈｏｎｅ物語のテーマだった。それに合わせ、ｉＰｈｏｎｅの主役はディスプレイとすぐ決まった。主役の魅力を引き立てるストーリーを探していく。

そして、海辺の高級リゾートで見るプール、水面を海面と水平に取って海から浮き出るようにした「インフィニティ・プール」がｉＰｈｏｎｅの物語となった。十周年を記念したｉＰｈｏｎｅＸに至るまでその物語はずっと続き、知ってか知らずか、ライバルのメーカーもほとんど同じ物語を追求していった。

Ａｐｐｌｅの製品開発はトヨタのセットベース開発と同じで、複数のプロトタイプを走らせる。デザイン主導で製品開発を進めるのがトヨタと異なる点だが、このデザイン・プロセスでも複数の案が走る「パラレル・デザイン」でアイブたちは進んでいく。

世間のイメージと違い、アイブは何でもデザインを担当するわけではなかった。ラセター監督と同じく製作総指揮を取ることが多く、ｉＰｈｏｎｅのときもそうだった。アイブの部下、ストリンガーはかつてカラフルなｉＭａｃやクラムシェルのｉＢｏｏｋを担当して名をあげた。

携帯電話事業に反対していたジョブズを説得した口説き文句は、「アイブのデザインした最高にクールなｉＰｏｄの未発表デザインで電話を創りましょう」というものだった。ストリンガーがリード・デザイナーを務めた通称「エクスクルード」は、ｉＰｏｄをベースとしたこの初期デザインの流れを汲むものだった。ｉＰｏｄ ｍｉｎｉのように、陽極酸化でアルミを梨地にした筐体で液晶を囲うデザインだ。

もうひとつの最終候補案となったのが、漆黒のパネルを表裏に挟んで、ステンレスの枠で囲った通称「サンドイッチ」だ。のちのｉＰｈｏｎｅ ４を分厚く、横長にするとこれに近い。やがてｉＰａｄも担当することになるリチャード・ホワースがリード・デザイナーとなった。

デザインがふたつに絞られると、開発部門と同期を取りながら詰めていく〝反復デザイン〟のプロセスに入る。時代に先駆けて導入した３Ｄプリンタで射出し、プロモデラーにペイントしてもらったものを触りながらミリ単位で微調整を繰り返していく。

この段階でもデザイン・セッションは続き、みんなが描いたスケッチがリード・デザイナーに渡されるのは、ラセターたちのストーリー・セッションと同じだ。

「複数案を走らせることで、早めに失敗をたくさん体験して学習し、案を絞り込む」のが、Ａｐｐｌｅも取り入れたトヨタ式セットベース開発の要領である。だが、困ったことにエクスクルード、サンドイッチの両方とも暗礁に乗り上げてしまった。

エクスクルードは、アルミ筐体の存在感が主役のディスプレイを食ってしまった。そのうえ、十分に電波を受信できるようプラスチックの部分をぼっこり出すと、エクスクルードのデザインは破綻した。

サンドイッチのデザインのほうは技術上の問題で、将来出るｉＰｈｏｎｅ ４のようにスリムにできなかった。厚ぼったくもっさりとして、どう調整しても「古臭い」印象を免れなかったとアイブは言う。

作業は煮詰まった。どんよりとした雰囲気を変えなければならなかった。

アイブは、ちょっとした遊びで気分転換を図ることにした。パナソニック出身の日本人デザイナー、西堀晋に「Ｓｏｎｙ風のデザインを試してくれ」と頼んだのである。

西堀は「サンドイッチ」を薄く、かつ横幅を狭くしてみた。そして右サイドにＳｏｎｙのＰＤＡ、クリエ風のボタンを付け、冗談でＳｏｎｙならぬＪｏｎｙのロゴを裏地に付けた。これが、デザイナーたちがどよめくほどスタイリッシュだった。

クリエ風のボタンを取れば、西堀のデザインはのちのｉＰｈｏｎｅ ４と酷似している。しかし当時の技術では、ｉＰｈｏｎｅ ４の薄さを実現するのは物理的に不可能だった。つまり現段階では、ステンレスの枠で囲むサンドイッチは格好よくできないということだった。

西堀のデザインでひとつの完成を垣間見てしまったアイブは、もうエクスクルードとサンドイッチに戻る気持ちになれなかった。完全なやり直しである。

アイブは原点に立ち返った。

海辺から魔法のように浮き上がるプール。まるで縁がないかのようにプールから水が流れ落ちるさまを、銀色の丸みを帯びた縁で表現し、無垢な水面を大きな液晶パネルで表したデザインに立ち返ったのである。

電源を入れると闇からふわりと画面が浮き上がる。それはアイブの描いた「魔法と驚き」という、デザイン・ストーリーどおりの体験になっていた。エクスクルードとサンドイッチに絞る段階で破棄したデザインだったのだが、「一度寝かせてみると、絶対にこれしかないといえる確信が持てた」とストリンガーは言う。

「見事に美しく独創的なデザインなら、何もいらない。iPodのときも体験したことだ。存在自体がものを言うんだ。それが文化のアイコンとなる」★049

ジョブズの最終目標は、人類の美意識を変えることだった

『トイ・ストーリー』の完成が間近となった一九九五年、ジョブズはテレビ対談に出たことがある。そして「最高の場所、最高のタイミングでコンピュータ文明の始まりに居合わせた幸運に感謝している」と彼は語った。「ロケットを打ち上げるとき、初めに方向をほんのわずか変えるだけで軌道は劇的に変わる。我々は今、その初期段階にいる。正しい方向に微調整してやれば、時代が進むにつれてどんどんよくなっていくはずだ」

マッキントッシュはコマンド・ラインを知らないふつうの人びとにコンピュータの力を開放した嚆矢だった。が、自身がAppleを追放されていたあいだに醜いWindowsが席巻したことで、コンピュータ文明の軌道がずれてしまったと彼は感じていた。

「しかし、どちらが正しい方向か、どうやって判断するんですか?」

ロケット発射の軌道修正について問う司会者に、ジョブズはこう答えた。

「究極的には美意識に行き着く。美意識だよ。人類が生み出してきた最も優れたものに触れ、その美意識をじぶんの仕事に取り込めるかどうかだ」★050

アイブと出会う前の言葉である。

執筆現在、ｉＰｈｏｎｅが発売されて十五年の歳月が流れたが、今だからわかることがある。スマートフォンはｉＰｈｏｎｅ以前からあったし、マルチタッチのスマートフォンも、アンドロイドのアンディ・ルービンがジョブズたちよりもはやく開発に取り組んでいた。ジョブズがいなくとも、いずれｉＰｈｏｎｅと似た形のスマートフォンは登場しただろう。

だが、人びとの手のひらにコンピュータのある時代をｉＰｈｏｎｅが切り拓いたことで、スマートフォンの時代が進むにつれて確実によくなっていったものがある。それは人類の美意識だ。

削ぎ落とし、磨きあげ、存在自体がものを言うアイブたちのデザインは、人びとの手のひらにずっと寄り添った。ｉＰｈｏｎｅのシンプルな美しさを、あらゆる企業が目標にするようになった。スマートフォンに載ったアプリも、シンプルな美しさを備えないものは嫌気されるようになった。

そして人類は、かつてなくデザインを意識する時代を迎えた。それがスマートフォン時代の発射にジョブズが関わった、軌道修正の最大の恩恵だと筆者は思う。

ジョブズの目指した革命の真意、それは人類の培ってきた最も優れた美意識をコンピュータ文明に映し込むことだったが、アイブの生い立ちはジョブズの渇望にぴったりと合致していた。

少年時代、アイブは美術教師の父とヴィクトリア&アルバート博物館に通いつめた。そこには世界最大級のデザイン・コレクションが並び、なかでも二十世紀の家具デザイナー、アイリーン・グレイの作品に彼は惚れ込んだ。本の虫だったアイブは、十九世紀の文学からも貪欲にデザインのヒントを漁っていた。

アイブが少年時代を過ごした一九八〇年代も工業デザインが花開いた。だがそれは、デザイン過剰の時代だった。八〇年代、射出成形の普及で、カラフルなプラスチックを自由に整形できるようになると、ＭＴＶが生んだ音楽ビデオ文化の隆盛も相まって、カルチャー・クラブやカジャグーグーのような派手で毳々しいデザインが席巻していた。だが学生だったアイブには、八〇年代のデザイン過剰は、デザイナーによる「エゴの垂れ流し」にしか感じられなかった。

同時期、ドイツのバウハウス哲学に影響を受けた大賀典雄が「デザインのＳｏｎｙ」を創りあげ、世界のハイテク企業はその漆黒のデザインをこぞって真似ていったが、同じくバウハウスを尊敬しつつも、アイブ少年の感性は黒家電の流行も受けつけなかった。

最先端のデザインを「クールだ、クールだ」と追いかける学友たちのなかにあって、学生のアイブは流行にノーを突きつけた。そして若くして、独自のデザイン哲学を組みあげつつあった。ここに一流となる若者と、加齢とともに凡庸となる若者の判別基準を見出せないだろうか。

彼のＡｐｐｌｅ製品はニューヨーク近代美術館の常連となった。ジョブズとともに、人類の偉大なアートの精神を組んだアイブは、流行とは一線を画した美的変革を物質文明にもたらしたのだった。

「スティーブはジョニーを解き放ったんだ」★051

Ａｐｐｌｅに入社する前、同僚だったグリナーはそう語る。デザインの革新を描いたドキュメンタリー映画『オブジェクティファイド』でアイブは言った。

「世界をどう見るか。それがどんなデザイナーになるかを決めるのです」

かくしてｉＰｈｏｎｅのデザインが定まった。

後継者ティム・クックの入社理由

「何のために？」

ティム・クックの生活は集中している。朝は四時に起床し、五時まで七百通ほどメールに目を通す。そしてジムで汗を流したあと、六時には出社する。食事の時間も惜しみ、エナジーバーを齧り(かじ)りながら働き、夜は九時に帰る。週末はひとりで自転車に乗り、時間があればヨセミテ公園へロック・クライミングに行く。エグゼクティブでありながら、「原点を思い出せる」という理由だけでエアコンもない質素な部屋に住んでいたこともある。

生活に無駄のないクックは、金にほとんど興味がない。にもかかわらず、彼は九〇年代のパソコン・ブームで、IBMやコンパックに莫大な金をもたらした。製造・流通から無駄を徹底的に省く、トヨタ式のサプライチェーン管理を大学で身につけていたからである。

だが、いったい何のために? 出世街道を邁進しても、焦燥は消えなかった。

「道に迷った時期でした。ずっと人生の目的を探していました」

クックは講演で、シカゴの高校生たちに告白した。

「それこそ椅子という椅子の下、ドアというドアの後ろを探しましたが、みつかりませんでした。そしてこう思ったのです。神よ、どこかで間違えたようです。全然みつかりません、と」★052

クックが答えを得たのは、ジョブズに出会ったときだった。

ジョブズの面接依頼に応じたのは、単に好奇心からだった。じぶんのいるパソコン業界を創った伝説の男と話してみたかったのだ。理性的には、Appleへの転職はありえなかった。時は一九九八年の初頭。ジョブズが復帰したばかりのAppleが倒産寸前だっ

ティム・クック。のちにジョブズの跡を継いでAppleのCEOとなり、十年で売上を三倍にした。トヨタ式サプライチェーン管理の専門家ということは、あまり知られていない。

Valery Marchive "Tim Cook, after Macworld Expo 2009 keynote," Flickr https://flic.kr/p/agvazs

た一方で、三十七歳のクックが上級副社長を務めるコンパックはパソコン売上世界一を謳歌していたからである。

だがクックは、ジョブズと会って五分が過ぎた頃には転職を決意していたという。彼は、その非凡なヴィジョンにこころを打たれた。

面接でジョブズが開陳したのは、初代iMacにまつわるヴィジョンだった。デザインとエンジニアリングの融合で革命を起こし、仕事場に縛られたパソコンを家庭に解放するというのだ。当時、業界の革命児はデル・コンピュータだった。トヨタのカンバン方式をBTOという名でパソコン業界に持ち込み、業界三位にのし上がったマイケル・デルは、ジョブズの復帰を聞いてこう嘲笑った。

「私だったら、Appleを解散して株主に資産を分配するがね」

友人の言葉にジョブズは怒り狂ったが、強か(したたか)だった。業界一位のコンパックはデルと同じBTOを採用し、王座を防衛していた。そのコンパックにBTOを導入した張本人のティム・クックを引き抜き、美しいiMacをカンバン方式で製造して、ファミリー層へ安価に提供しようと目論んだのだ。

iMacの発売後、「あなたはコンピュータ業界のSonyを目指しているそうだが」という問いに、ジョブズは「そのとおりだ」と答えたことがある。★053

彼は考えていた。アイブが、Sonyのデザインを超える。クックが、トヨタ式で製造する。アイブの芸術とクックの合理性。芸術と科学の融合でどん底のAppleを救い出すのが、ジョブズのヴィジョンだったのだ。その嚆矢が初代iMacだった。

「ティム・クックは調達畑の出身だ。それがよかったんだと思う」とジョブズはアイザックソンに語った。「ティムは俺と全く同じ見方をしていた。俺は日本でカンバン方式の工場をたくさん見学した。そしてティムに出会ったが、同じことを望んでいた★054」

入社面接でジョブズと話すあいだ、クックはこう感じていた。

「私の直感は語っていました。このクリエイティヴな天才のために尽くし、このアメリカの偉大な会社を復活させる経営陣の一員となる。これは人生で一度きりのチャンスだぞ、と」[★055]

合理性の鬼、クックは直感に従った。馬鹿なことはやめろ、と友人たちは諫めたが、彼はＡｐｐｌｅへやってきた。トヨタ式の真骨頂はあらゆる無駄を省いた余力で、より高次な目的に奉仕することにある。それは顧客価値の向上だったり、イノヴェーションだったりする。コンピュータ業界におけるトヨタ式のエキスパートだったクックの魂は、奉仕すべき目標を探していたのだ。

「求めよ、さらば与えられん」と聖書は言う。彼はジョブズの理想に、人生の目的を見出した。

「倉庫をなくせ」

大企業のパワーと、ヴェンチャー企業の俊敏性。

それがジョブズの目指した企業経営だ。そのためには大企業という大男の体をいじめ抜いて、徹底的に贅肉を絞りとり、俊敏な筋肉質に仕上げなければならない。それが、穏やかだが恐ろしい鬼コーチ、クックが授かった使命だった。

クックの入社当時、Ａｐｐｌｅの製造・オペレーションは混乱の極みにあった。自社工場はアメリカ、アイルランド、シンガポールに分かれていた。非効率なサプライチェーンは在庫の山をつくり、Ａｐｐｌｅのなけなしの現金を食い潰していた。

クックはまず、自社工場をすべて売却。重要部品を日本や韓国から仕入れ、中国で組み立てるかたちに切り替えた。サプライチェーンを極東アジアに集中し、工場を持たないファブレス企業にＡｐｐｌｅを変えたのだ。

自社工場を持たぬまま効率的に生産するには、情報の集約が鍵となる。

クックは部品メーカーのみならず、Ａｐｐｌｅストアや家電量販店の売り場にもＡｐｐｌｅの情報システムを導入させた。店と工場を結び、部品と販売の状況が分単位で把握できるようにして、カンバン方式を可能にしたのだ。

そしてこの情報システムを、先にも紹介した秘伝のレシピ、「ＡＮＰＰ」と呼ばれるＡｐｐｌｅの協業システムと統合。Ａｐｐｌｅ社内のみならず、世界中の工場と販売ブースまでもが一体となって協業する、一大統合システムを生み出した。

ファブレス化、サプライチェーンを含めたＥＲＰ（企業資源計画）、トヨタを範とした無駄のないリーンな在庫管理。ここまでなら、トヨタ式やその応用のデル方式を学んだ者にはふつうの話かもしれない。だが、クックはさらに先を行った。

その頃、Ａｐｐｌｅジャパンのオペレーション担当に、ジョブズから不可解なメールが届いた。

「倉庫をなくせ」

禅語のような一行メールに日本のスタッフは困惑した。「この人は結局、工場経営の素人なのではないか」とジョブズの過去を疑ったほどだった。だがその裏には〝在庫のアッティラ王〟を自認するクックがいたのだ。

「在庫は、生鮮食品のように扱わなければならない」

それがクックの決まり文句だった。彼は、世界中の家電売り場とＡｐｐｌｅを情報システムで結び、組み立て工場を鴻海（フォックスコン）に集約したのち、航空便を製品輸送に導入した。

飛行機輸送による在庫の撲滅は、若き日にジョブズが初代Ｍａｃのエンジニア、バレル・スミスとともに夢見たアイデアだった。「飛行機で家電を運ぶなんて非常識だ」と当時スカリーら経営陣に退けられ、実現しなかったが、ジョブズの得た右腕、クックは非常識に挑戦する男だった。

かつてトヨタの大野耐一は、アメリカで生まれたばかりだったスーパーマーケットの生鮮売り場を見て、世界が範とするカンバン方式を編みだした。Ａｐｐｌｅが家電製品を、ほんとうに生鮮食品と同じようにして何が悪い？

ジョブズがＣＥＯに就いたとき、Ａｐｐｌｅの在庫は二ヶ月分もあった。が、クックは一年半あまりで在庫の回転率を一日以下に。在庫をほんとうにスーパーの生鮮食品並みにしてしまった。

まるで、飛行機で世界中の高級レストランへ届く、フランス産のチーズや鴨肉のようだった。たった一、二日で工場からＡｐｐｌｅ製品を、世界中の売り場に届けられるように変革したのだ。

そしてジョブズの命じたとおり、Ａｐｐｌｅから倉庫がなくなった。

トヨタを超えろ――クックの起こしたイノヴェーション

雑用担当た。ちっともクリエイティヴじゃない――。

クックがやってくるまで、製造・オペレーション部門はそう自嘲してきた。だが、復帰後のジョブズは、どの部門にもクリエイティヴであることを求めていた。

「俺のいる業界では、最高の人材と最悪の人材の差は百対一か、それ以上だ。だからソフトウェアだけでなく、あらゆる業務で世界最高の人材を探すのは十分、元のとれる仕事だとわかったよ」★056

これはジョブズの成長でもあった。若い頃、百倍の働きをする人材とは彼にとって、一流のエンジニアやプログラマーに限られていたからだ。

ティム・クックは、ジョブズとともにファブレス企業の概念を進化させた。ただ単に工場を所有しないというかたちではない。

ジャパンディスプレイの能美工場のように、世界屈指の部品を創る工場があれば出資して、Ａｐｐｌｅ専用の工場に変え、競合を退けた。最高のデザインを求めるアイブのために、日本から高級品用の精密加工機械を何千億円もかけて買いあげ、それを中国の工場に置いて使わせた。工場にはクックの部下が十人張りつき、深夜まで監視して、情報をリアルタイムでＡｐｐｌｅとつないだ。

部品メーカーを監視するだけでなく、そこから人材を引き抜いてＡｐｐｌｅの社員にした。そうすることで、原価を一円単位で見抜き、徹底的にコストダウンさせたのだ。ときには部品メーカーの仕入れ元を割りだして、重要技術を持つ日本の町工場を買収までした。

コストカットだけでない。

Ａｐｐｌｅ製品の裏には「デザイン・バイ・アップル・イン・カリフォルニア　メイド・イン・チャイナ」と刻まれている。人びとは「ああ、頭脳労働はＡｐｐｌｅ本社でやって、製造は給料の安い中国人にやらせているんだ」と考えていたが、それは誤解だとクックは言う。

「こちらで設計して向こうに丸投げということではないのです。我々はプロセス工学、プロセス開発を採用しています。生産の現場は、常にイノヴェーションが求められるのです[★057]」

それこそＡｐｐｌｅの社員や役員が、サプライチェーンの工場にずっと張りついている最大の理由なのだった。エグゼクティブが異国にある下請け工場の寮に住んでいる会社が、Ａｐｐｌｅのほかにあるだろうか。

Ａｐｐｌｅは部品ひとつひとつ、加工ひとつひとつにこれまでにない最高の品質を求める。Ｍａｃの中身まで完璧なデザイン加工を要求したアイブに、フォックスコンの社員は「クレイジーすぎる」と頭を抱えた。

アイブの理想を実現するために、現場で小さなイノヴェーションを積み重ねなければ、クックの部下は仕事を完遂できないのである。だから深夜三時まで会議を開くこともある。

「Ａｐｐｌｅの社員と働いていると、まるで昔の日本人と働いているような錯覚に陥る」とある日本人サプライヤーはこぼした[★058]。

Ａｐｐｌｅは工場を持たない。だがクックはサプライチェーンを完璧に支配している。

かつてジョブズは、完璧な製品を創るためにすべてをコントロールしようと、工場ほか何から何まで所有しようとした。それがネクスト社で経験した倒産危機の最大の要因だった。

経営の世界でも、すべてを所有する統合モデルは非効率で「時代遅れ」の烙印が押された。それは、系列ですべてを所有しようとした日本のメーカーが衰退した一因でもあった。だが、クックはジョブズとともに、新たな統合モデルを創出したのだった。

すべてを所有せずに、すべてを支配する——。

偶然か必然か、Ａｐｐｌｅの工場経営は、インターネット企業の勝ちパターンとなったプラットフォーム戦略と軌を一にしたのだった。

ジョブズを解き放ったクック

オペレーション的には、社内の全部署とサプライチェーンおよび店舗の情報を、すべてＡｐｐｌｅの業務システムであるＡＮＰＰに集約することでこの統合モデルを実現している。

だが、ＡＮＰＰは言ってみれば、膨大なチェックリストの記録簿だ。関係者の仕事がすべて記録されている、その膨大な情報を把握するひとりがいなければ、「統合、協業、一体感」と唱えても絵に描いた餅にすぎない。その一体感を裏で支えたのがクックの頭脳だ。

「クックも一種の天才だ」と関係者は言う。

それは、ジョブズに代わって膨大なＡＮＰＰの情報を把握できる、驚異的な記憶力と処理能力を彼の頭脳が備えているからだ。

「D列514行の食い違いはどういうことだね」

表計算シートのおかしなセルはどんなに些末でも見逃さない。わずかなほつれから、大問題をみつけだしてしまう。「なぜだ？」「どういう意味だ？」「理解できない。もっとはっきり説明しろ」とさながらトヨタの会議のように、なぜを繰り返していく。そして最後にこう言うのだ。「なぜそこに座っているのだね？」

そのせりふを聞いた部下は、即座に空港へ向かわなければならない。問題を解決するまで、中国の工場から帰れない。その徹底的な現場主義も我々日本人には、トヨタ流を彷彿させる。

「高度四万フィートから目と鼻の先までカバーするあの能力はすごいよ」と元部下は言う。「ほかのCEOやCOOなら『それについては担当者に説明させます』と言うけど、ティムは違う。わかってるんだ。社内を歩いて回って、細かく把握している」[059]

部下に完全なフォローアップを求めるだけでなかった。彼自身も部下に仕えた。『リーン開発方式』のウォード教授が推奨する、部下のフォローを怠らない〝サーヴァント型リーダー〟だという。[060] そこがマネージャーとして、ジョブズと違う点でもある。厳しいが、概して部下からの評判はよい。

六〇年代のロックが好きで菜食を好むというほか、クックとジョブズの人格には共通点があまりない。が、細かく管理したがるマイクロマネージャーという点では似通っていた。

マイクロマネージャーであることは、ジョブズの長所でもあり、欠点でもあった。どんな業務も完璧を求め、こだわるあまり、彼の強みであるはずの集中力が拡散してしまうのだ。初代Ｍａｃの時代も、ネクスト時代もそれで会社に損害を出したのは先に描いた。

だが、クックという最高の舞台監督を得て、ジョブズは会社の創造性を担うという主役の仕事に集中できるようになった。ジョブズは語る。

「いっしょに仕事をしていて、ティムなら間違いなく事を進めてくれると信用できた。ティムが相談に来ない限り大丈夫だと、たくさんのことを意識から追い出すことができたんだ[★054]」

のちにジョブズの跡を継ぐクックだが、初めてAppleの陣頭指揮を執ったのは二〇〇四年の夏、ジョブズが膵臓がんを摘出したときだった。

それは鳩尾から背中まで六十センチ余りを切り開く大手術だった。自宅に戻ってからも身を起こすたびに、開腹部から全身に痛みが電流のように走り、彼の顔からほとんど生気を奪ってしまった。だがそばにいたクックは、かつてなくジョブズの集中力が高まっていくのを感じとっていた。

「手術から戻った彼はクロックアップしていました」とクックは語る。「カムバックのあとは、緊迫感に満ちていました。すぐにわかりましたよ[★061]」

ジョブズがスマートフォンを創ると決断したのは手術から三ヶ月後で、まだ足もふらついていた頃だった。決断後、彼がまずしたことはファデルやアイブといった中核メンバーを集めたこと。そして電話づくりの主導権を奪うべく、Appleよりもはるかに巨大だった通信キャリアとの交渉に集中することだった。

それは彼の没後、Appleを時価総額世界一へ導く最強のビジネスモデルを創ることにつながっていくのだった。

「交渉人ジョブズ」の後継者、エディ・キュー

「ボス、調子はどうです?」

iTunes(現Apple Music)の責任者、エディ・キューはアイブ、クックと並んでジョブズの自宅へ来る数少ない社員のひとりだった。ジョブズを「ボス」と呼ぶのは幹部のなかで彼だけだったという[★062]。

スペイン人の父とキューバ人の母を持つキューは、「ボス」の九歳年下だが、二重の意味でボスに恩を感じていた。仕事と、妻の命についてだ。

プログラマとしてキューは、決して日の当たる道を歩いてこなかった。Ａｐｐｌｅに入社以来ずっと、カスタマーサポート部門に配属されていた。その後、人事部門にＩＴを導入する業務に挙手したことで、彼はチャンスを得た。

ＣＥＯに返り咲いたばかりのジョブズが、デルと同じネットでの直販方式をやりたいと言いだしたのだが、営業部門はオンラインストアのアイデアを本気にしていなかった。それで、とりあえずネットに詳しいらしい若手のキューを探しだし、話を振ってきた。

「入れ込まなくていいよ。たぶん実現しないから」と幹部は言ったが、キューは事前にジョブズの仕事ぶりを下調べし、一計を練った。

プレゼン当日、日本で言えばいいち係長にすぎなかったキューは幹部に交ざって、オンラインストアの仮サイトを披露した。ジョブズは第一案を切り捨てる癖があったが、予想どおり一瞥して「クソだな」と言い放った。

すぐさまキューは「これはダンのデザインなのですが」と返した。するとジョブズは黙り、仮サイトをいじりはじめた。キューはこの事態を予測し、ジョブズのお気に入りデザイナーにＡｐｐｌｅの仮オンラインストアをデザインしてもらっていたのだ。

そんなジョブズを見て、営業を束ねる幹部は焦って「経営が厳しい今、Ｍａｃを売る家電量販店が気を悪くすることなどできません」と主張した。量販店の中抜きコストを事前に調べておいたキューはすかさず数字をあげて、オンラインストアがいかに合理的か説明した。

様子をじっと見ていたジョブズはキューを指差し、「おまえが正しい」と言った。そしてキューをオンラインストアの責任者に抜擢したのだった。★063

iTunesミュージックストアが始まるとき、ジョブズは音楽業界のトップと鏘々戟々（しょうしょうげきげき）たる交渉を繰り広げたが★064、その際、常に引き連れていたのが若きキューだった。交渉前に相手の性格を調べ、数字を摑んで戦術を組みあげるキューに、交渉人の素質を見出したのである。

そうしてキューは、「交渉人ジョブズ」の後継者となった。子どもの頃からプログラマになりたかったキューにとってそれは、全く想像していなかったキャリア・パスだったという。

iTunesミュージックストアの開始から半年後、ジョブズのがんがみつかったが、ほどなくしてキューの妻にもがんが発覚した。

落ち込むキューから理由を聞きだしたジョブズは診断の際、じぶんのことに加え、あらゆる医師にキューの妻のことも相談した。そしてジョブズの援助を得て、キューの愛妻はスタンフォード大学で最先端の治療を受け、一命を取り留めたのだった。

そんなわけで、キューはジョブズのことを、恩と親しみを込めて「ボス」と呼ぶようになった。

iPhoneのプロジェクトが立ち上がったとき、ジョブズとともに、キューはふたたびクリティカルな交渉に当たることになった。

iTunesミュージックストアは、楽曲の権利を握る音楽業界の重鎮たちから同意を勝ち取らなければ、存在しえなかった。同じようにiPhoneは、通信業界を牛耳るキャリアからある同意を得なければ、開発に取りかかることすら不可能だった。

どんなスマートフォンを創るか、Appleが決められる権利だ。

Appleを世界一にした最強のビジネスモデル

「はぁ？　電話のユーザー・インターフェースをお宅の自由にしたい？[★065]」

アメリカ最大の携帯電話会社だったベライゾンの幹部は呆れ顔だった。携帯電話の世界はじぶんたちの縄張りだ。Appleのようなメーカーは、じぶんたちの仕様書どおり作っていればいいんだという態度が透けて見えた。その男が特別に傲慢なわけではなく、当時、それが通信業界の常識だったのだ。

ボスが通信キャリアを毛嫌いするのも無理はない、とキューは思った。しかしベライゾンの言うとおりに創ったら、iPhoneはiPhoneでなくなってしまう。

ジョブズとキューは作戦を変え、ベライゾンから通信回線を借りる交渉に切り替えた。十年後、日本でも格安SIMで有名になった、いわゆるMVNO（仮想移動体通信事業者）である。

当時、ジョブズが取締役を務めるディズニー社も、ディズニー・モバイルという携帯電話の会社をMVNOで立ち上げようと検討していた。同じ手で回線を借りてApple自身が通信キャリアになってしまえば、じぶんたちでどんな電話を創るか決められるようになると踏んだのだ。

これに慌てたのが、ベライゾンに次いで業界二番手だったシンギュラーだ。アメリカで日本のauと同じ立ち位置にあったシンギュラーはちょうど、Appleとの交渉をしくじったばかりだった。

iPhoneの前身となった通称「iTunesフォン」ことRokr（ロッカー）の独占販売権を得たシンギュラーは、iPodの人気にあやかり、大ヒット間違いなしだとほくほくだった。が、蓋を開けてみれば、シンギュラー自身の出した分厚い仕様書に縛られた「iTunesフォン」は、ジョブズが関わったとは信じられないほど不出来で、売れなかった。

恥をかかされたと思ったジョブズは、シンギュラーと二度と仕事をするつもりはなかったが、シンギュラーのＣＥＯはここでヒットメーカーのＡｐｐｌｅを宿敵に取られてはかなわないと恐れた。

「考え直してください。ＭＶＮＯを始めたらたいへんですよ。『電話のつながりが悪い』とか、そういうクレームはぜんぶＡｐｐｌｅのせいになります。うちにまかせていただければ、悪いことはぜんぶシンギュラーのせい。いいことはぜんぶＡｐｐｌｅのおかげ、と消費者は考えてくれるようになりますから」[★066]

シンギュラーのＣＥＯはそう説得してきたが、完璧主義のジョブズが欲しいのはクレーム対策ではなく、Ａｐｐｌｅがすべての仕様を決められる権利だった。ＭＶＮＯという手はクレーム対応を差し引いても、魅力的だった。

ジョブズにとって、そしてシンギュラーにとって幸運だったのは業界三番手のキャリア、ＡＴ＆Ｔワイヤレスが遅れを取り戻そうとがむしゃらだったことだ。

キューが打診すると、日本でいえばソフトバンクの立ち位置にあったＡＴ＆Ｔワイヤレスは、ずいぶんと態度が柔軟だった。フォーシーズンズ・ホテルのスイートルームで、ジョブズたちは彼らと四時間、話し込んだ。

「ＡＴ＆Ｔワイヤレスはハングリーでした。だからあの日、即決で付き合うことに決めたのです」とキューは振り返る。[★065]

要は売れさえすればいいのだ。シンギュラーの轍（てつ）を踏まないためにも、ＡＴ＆Ｔは業界の常識を破ってでも、Ａｐｐｌｅに開発の主導権を渡すつもりになった。だがジョブズはこれにとどまらず、さらにひとつ、ふたつねじ込もうとした。

——我々の自由に創らせてくれれば、ｉＰｏｄ以上の熱狂が起こるでしょう。ｉＰｈｏｎｅの独占販売権をお譲りする見返りとして、一台あたり毎月、十ドルの権利料を払っていただいても十分に利益が出るはずです。

そう話したあと、さらにジョブズは「このサイトはご存知ですか」と、その年誕生したばかりのユーチューブをＡＴ

&Tの幹部に見せた。

――iPhoneでオンラインの動画が見られるようにします。これからは電話料金だけでなく、データ通信で稼ぐ時代になる。Appleの裁量でiPhoneを創らせてくれれば、御社は世界に先駆けて、動画時代の到来でうなぎのぼりとなるデータ通信で稼ぐ会社になります。

だから、iPhoneの生むデータ通信料金の一〇%をAppleに収めてもらいたい、とジョブズはさらにねじ込んだ。★067

粘り強い交渉が必要だった。まとめるまで実に一年半に及んだが、その間に、Appleにラブコールを送っていたもうひとつの通信キャリア、シンギュラーとAT&Tは合併し、業界一位に躍り出た。そしてベライゾンを突き放すべく、ジョブズの条件を呑んでiPhoneの独占販売権を得たのだった。

データ通信料金の一〇%をAppleに収める契約は、のちに手間暇がかかりすぎると判明し、かわりにAT&Tモバイルはiphoneを卸値ではなく、定価で買い取ることにした。

こうして定価でキャリアが買い取ることになったiPhoneは、ハードウェア販売では考えられぬほどの圧倒的な利益率が約束された。さらにiPhoneが一台売れるたびに、毎月十ドルの権利料が二年間、Appleに入るのだ。

思えば、若き日のジョブズは会社から追放される前、〝Macの次〟としてタッチパネルを備えた「Macフォン」を創ろうと、電話を発明したベルを祖に持つAT&Tへもちかけたことがあった。そのときはけんもほろろに終わった。

それから幾多の苦難をくぐり抜け、「電話を再発明する」と宣言するジョブズと、AT&Tのほうが前のめりとなって契約を結ぶところまで来たのだった。iPhone発売後、この最強の契約を今度はクックが世界中の通信キャリアと結んでいった。

二〇一一年にはｉＰｈｏｎｅの台数シェアはアンドロイドに押されて世界で一三％程度になった。にもかかわらず、スマートフォン市場の生む利益の七五％をＡｐｐｌｅが占有した。★068

それはｉＰｈｏｎｅが誕生した時点から、ハードの単価だけでなく携帯電話の新規顧客獲得費や月額利用料の一部をも、Ａｐｐｌｅに流入するようにジョブズとキューが組みあげたことによる。かくしてこの師弟コンビは、音楽業界に続いて通信業界からも主導権を勝ち取った。

Ａｐｐｌｅを時価総額世界一へ導く土台を密かに築きあげたのである。

死の行軍——iPhone発表まで三ヶ月

二〇〇六年十月の朝だった。いよいよｉＰｈｏｎｅの発表まで三ヶ月を切っていたが、ジョブズを前に会議室のエンジニアたちは青ざめていた。ｉＰｈｏｎｅの心臓部である、特注のＣＰＵがようやくサムスンから届いたが、全くまともに動かないのである。

エンジニアたちは恐る恐るデモ機をジョブズに見せたが、電源を何度入れ直しても、電話をかければすぐに通話が切れた。アプリはことごとく落ち、ＯＳは突然フリーズした。

ふだんのジョブズなら顔を真赤にして怒鳴りつけるところだが、このときばかりは顔面蒼白になり、黙り込んだ。唇がかすかに震えていた。

「まだ、何もできていないということだな？」★069

ジョブズが一言そういったとき、全員の背筋が凍りついた。それはホラー映画の一場面のようだったという。恐ろしい沈黙が会議室を支配した。ジョブズは初代ｉＰｈｏｎｅに会社の全勢力を投じていたので、何のバックアップ・プランも走っていなかったのだ。

誰かのクビが飛ぶという程度の話ではなく、会社の危機だった。

すでにiPhoneの開発に、Appleは一億五千万ドル（約二百億円）を投じていた。発売が遅延し、何の新製品もない状態を迎えれば大赤字になりかねないのだった。AT&Tが怒って、契約を破棄してくる可能性もあった。

このままでは三ヶ月後、ジョブズはマイナーチェンジしたApple TVだけを持って登壇しなければならなくなる。「なんだこれは」とマスコミは呆れ、ジョブズのカリスマは剝げ落ちてしまうだろう。

それは悪夢の再来だった。

二十年前のことだった。CPUの開発速度を読み誤ったせいで開発を失敗した若きジョブズは、新製品を何も持たずに登壇し、恥をかいた。その日、Appleは上場以来、初となる赤字を発表した。鳴り物入りで投入した初代Macの売上不振が原因だった。

若きジョブズは恥に耐え切れず、会社を去ったのだった。

サムスンを責め立てることはできなかった。ジョブズの秘密主義が嵩（こう）じて、じぶんたちが何を創っているのかすら知らないまま、サムスンはCPUを開発していたのである。おそらく新型iPodのCPUと思って開発していたのではないか。通話を司る無線チップはアメリカのメーカーが創っていたが、彼らのほうもどんなCPUで動くか知らされておらず、ふたつのチップの相性は最悪の状態に陥っていた。それで電話としても、まともに動かない結果となった。

「それからの三ヶ月間は、これまでの仕事人生で最悪のストレスが毎日続きました[★069]」

iPhoneのプロジェクト・マネージャーだったアンディ・グリニョンは語る。通常、ひとつのCPUを仕上げるには早くて半年以上かかる。だが、それでは間に合わない。奇跡を起こさなければならなかった。

急遽、ハードウェア部隊を率いるトニー・ファデルたちは部下を引き連れ、韓国へ飛んだ。そして二十四時間、張りつきでサムスンのエンジニアと働くことになった。

のちにギャラクシーを引っさげ、市場と法廷でＡｐｐｌｅと死闘を繰り広げるサムスンの献身的な協力がなければ、初代ｉＰｈｏｎｅの発表はどうなっていたのだろう。

「サムスンはやり遂げたよ」とファデルの部下は言う。「何ヶ月もかかるところを、たった六週間でなんとかしてくれた。クレイジーだったね[★070]」

ＣＰＵがなんとかなると、次に追い込まれたのはスコット・フォーストール率いるソフトウェア部隊だった。わずかひと月かそこらで、新しくなったＣＰＵに合わせて、全く新しいＯＳのデバッグを片付けていかなければならないという絶望的な状況に追い込まれた。

ハードウェアのしわ寄せを食ったと感じたフォーストールは、ファデルを詰った。ふたりの部隊の関係はいっそうこじれ、職場は戦場のようだった。

プログラマたちは全員、家に帰れず、机の下で上着を被って寝て、朝になるとごそごそと起きて作業を続けた。フロアはピザの食べ残しと体臭で、すえた匂いが充満した。もはや週末はおろか、昼も夜もなかった。

ジョブズの発表プレゼンまで一ヶ月を切った二〇〇六年のクリスマスは、家族持ちの社員にとって地獄となった。そこここで、帰ってこない夫に怒る妻から電話がかかり、受話器越しにここぞと口論するのだった。状況は女性社員も同じだった。

十二月の土曜日のことだった。プログラマのジョン・ライトは、ずっと寝泊まりしていた職場からこっそり抜け出そうと廊下に出た。すると、チームのマネージャーだったキム・ボラスが飛んできた。

「ここから抜け出すつもり？　午後の会議はどうするの？」

「頼む。すぐ戻る。息子の誕生日なんだ」

「みんなここにいたいと思ってるの？　私にも子どもがいるのよ！」[★071]

ふたりは口論となり、激怒したキムはドアを思いきり叩きつけて、部屋に入った。ジョンが頭を抱え立ち去ろうとしたとき、部屋からドンドンドンとドアを叩く音が聞こえてきた。近づくと「開けて」と叫ぶ声がする。力の限り閉めたせいでドアノブがひしゃげて、キムは閉じ込められてしまったのだ。ジョンは助けを呼んだ。仲間がやってきた。フォーストールが金属バットを持って現れた。そのまま一時間近く、こじ開けようとバットでドアを殴るのを、無言のままみんなで見ていた。

状況がシュールすぎて、笑えてきたという。

ライヴにこだわるジョブズ——歴史の収束点

年が明けた。年始も当然、休暇はない。

ｉＰｈｏｎｅ発表の会場となるサンフランシスコのモスコーニ・センターは、その近未来的なガラス張りのホールに鈍色の冬空を映していた。そのなかでは厳戒態勢のもと、鬼気迫る顔のジョブズと部下たちがプレゼンのリハーサルを繰り返していた。

ジョブズが声も高らかにプレゼンを進めると、必ずｉＰｈｏｎｅの不具合がスクリーン上に映しだされた。エンストしまくる新車を披露しているようなものだった。

「俺の会社を潰す気か！」と、堪りかねたジョブズは壇上から叫んだ。「失敗したらおまえらのせいだからな！」とがなりたてた。

「スティーブがカッとなって我を忘れることは、実はめったにないのです」とプロジェクト・マネージャーのグリニョンは言う。「だがそれが起きた。それはもう狂ったようになってね。怒鳴り声がやむと、みんなほっとして背が

何センチか伸びる気がしましたよ」[★072]

こうなればふつうの会社なら、ビデオのデモでやり過ごすところだが、ライヴにこだわるジョブズは、絶対にそうするつもりはなかった。

製品の発表まで完全に秘密を守り抜き、壇上で初めてジョブズが生で実演して見せる。Ａｐｐｌｅの製品発表は事件となり、世界中のニュースが取り上げる――。

それがジョブズ流マーケティングの「魔法の秘密」であり、ジョブズのライヴ実演は金額では表せない広告価値があった。逆にいえば、世界の衆目を集めてまともに動かぬ製品を披露すれば取り返しのつかないダメージを負い、命を賭してきたｉＰｈｏｎｅが死産になりかねなかった。

結局、何日もかけてジョブズとエンジニアたちは「黄金の道」をみつけた。

ウェブを見たあとにメールすると固まるが、逆の順番で紹介すれば、何の問題もないように見せられる。そうしたパターンを組み合わせ、やり過ごす道をみつけたのだ。それでもメモリ管理が依然、不安定でアプリがいつ落ちるかわからなかった。そこで壇上のジョブズがすばやくデモ機を変えられるようにした。

だがリハーサルの最終日ですら、「黄金の道」を守っても通話が突然切れたり、ウェブが落ちたり、強制再起動が起こった。グリニョンは胃がしくしく痛んだが、あとは祈るほか手立ては残されていなかった。

冬の太陽がホールに差し込むなか、歴史が収束点に向かっていた。

一九三九年、第二次世界大戦が勃発したこの年に、サンフランシスコ湾は変わりはじめた。ヒューレット・パッカード社が創業し、シリコンバレーの歴史が始まったのだ。戦後、同社の隣町で育ったエレクトロニクス好きの高校生は毎週火曜日の夜、会社の開く「探求クラブ」に通っていた。

少年はある日、研究室で世界初のデスクトップ・コンピュータを見せてもらった。そして、創業者ビル・パッカードの自宅に電話して掛け合い、アルバイトに雇ってもらった。

やがて高校生は、ＩＱ二〇〇とも噂される天才的な大学生と親友になった。その親友が世界初の家庭で使えるパーソナル・コンピュータを発明すると、人類すべてがコンピュータを持つ時代を切り拓く使命感に高校生は取り憑かれた。そして、ふたりで会社を創業した。性格の未熟が祟って、彼は会社から追放されたが、みずからに課した使命を捨てることはなかった。

数々の辛苦を舐めて成長した彼は、中年になってカムバックしたが、がんに侵された。そして余命を宣告された彼は、人生の集大成をｉＰｈｏｎｅの開発に見出した。

手のひらに乗るコンピュータにｉＰｈｏｎｅと名付け、人類すべての手にコンピュータのある時代を高らかに告げる——。それこそ、生涯の使命を達成すべき瞬間であり、人類の新たな時代が始まる瞬間だった。

「あれほど実り多き晩年に至ったのは、がんに突き動かされていただけではなかったと思います」

晩年、無二の親友となったジョナサン・アイブはそう振り返る。

「スティーブの集中力があれほど極まったのは、ひとつは病気でしょう。しかし、もうひとつの理由があります。我々の事業が、かつて感じたことがないほど勢いづいていたことです。その勢いが、彼の創造性をぐいぐい後押ししていました[★073]」

歴史の勢いを背負い、ジョブズの集中力は超人の域にまで高まっていた。彼の指揮するＡｐｐｌｅは激しいスケルツォを演じ、その轟音(ごうおん)は数々の難局を粉砕していった。

そしてジョブズの率いるＡｐｐｌｅは、約束の地に到達した。

発表——すべてを変えたｉＰｈｏｎｅ

「今日という日を、二年半のあいだずっと待っていた」

漆黒の林檎がオーラを放つ巨大スクリーンを背後に、黒のタートルネックとジーンズをまとったジョブズは話しはじめた。それに応え、観客の拍手がさざめく。

「時折、革命的な製品が登場し、すべてを変えてしまう」

ジョブズはすでにふたつの産業に革命を起こした。一九八四年に初代Ｍａｃでコンピュータ産業を、二〇〇一年にｉＰｏｄで音楽産業を変えた。

「今日は、一度にみっつの革命的な製品を発表する。ひとつめは、ワイド画面でタッチ操作のｉＰｏｄ」歓声があがる。「ふたつめは、革命的な携帯電話」待望の発表にいっそう歓声は大きくなる。「みっつめは、画期的なインターネット・コミュニケーター……」ジョブズの繰り返しとともに、みっつのアイコンがくるくる入れ替わると、笑いが起こった。

「ｉＰｏｄ、電話……もうわかったかい？」口笛が鳴り響く。「みっつ別々じゃない。ひとつの製品なんだ！」会場は歓喜に包まれた。「名前はｉＰｈｏｎｅ。今日、Ａｐｐｌｅは電話を再発明する」

「これだよ」そう言って、初代ｉＰｏｄのスクロールホイールがダイヤル式の電話機になったものを映しだすと、会場は爆笑した。「冗談だよ。これは忘れていいから」

会場には共同創業者のウォズニアックのほか、アンディ・ハーツフェルドはじめ、初代Ｍａｃの開発チームも招待されていた。二十三年前のあの歓喜を思い出し、彼らの笑顔はすごいことをやり遂げた後輩たちを祝福していた。

そのそばで、イベントの準備にあたった渋っ面のグリニョンたちが胃をきりきりさせながら、デモの開始を待っていた。なにせリハは一度たりとも無事終わっていないのだ。

いよいよ正真正銘のｉＰｈｏｎｅが登場し、ジョブズがデモに移った。人びとは生まれて初めて見るピンチ、スワイプの流麗な動作に感動している。ジョブズは壇上で、ジョナサン・アイブに電話をかけた。

「ハイ、ジョニー。元気かい？」

「元気だよ。君はどう？」

「ここまで来るのに二年半かかった。みんなの前で初めてiＰｈｏｎｅで電話している。言葉にできないくらいワクワクしてるよ」

会場で電話を受けるアイブがスクリーンに映しだされると、祝福の拍手が鳴り響いた。グリニョンはスコッチを入れたフラスクを出し、ぐいっとやって、同僚に渡した。ｉＰｏｄのデモ、メールのデモ、Ｓａｆａｒｉ（サファリ）のデモにマップのデモ……。無事終わるたびにほっとして、グリニョンたちはウィスキーを回し飲みし、次のハラハラに耐えた。

だが結局、本番だけはぜんぶばっちり動いてくれた。

デモのパートがすべて片付き、長いため息を吐いていると、ｉＰｈｏｎｅとは関係のないところでトラブルが起こった。

市場規模を説明するさなか、プレゼン用のリモコンが反応しなくなったのだ。不意打ちにグリニョンは声なき悲鳴をあげた。トラブルシューティングの時間稼ぎに、ジョブズは小咄をとっさに始めた。

「高校生の頃、ウォズニアックとふたりで、まあほとんどウォズが作ったんだけど、テレビをジャミングするいたずら道具を作った。ポケットに忍ばせてバークリー校の寮に行ったら、みんなが『スター・トレック』を観てたので画面を乱してやったんだ。テレビを直しに行った奴が動くたびに、ジャミングしたりしなかったりしてたら、五分後、そいつはこんな格好になってたよ」

そう言ってジョブズが身を丸め、両手をクロスさせて片足立ちすると、ドカンと笑いが起こった。その姿は没後「クレイジーな革命家、ジョブズ」をよく表した傑作な写真となった。

最後にジョブズは、社名をＡｐｐｌｅコンピュータからＡｐｐｌｅに変更すると発表してから言った。

「昨日は全く眠れなかった。ほんとうにこの日を楽しみにしていたんだ。僕らはＡｐｐｌｅにいられてほんとうにラッキーだったと思う。いくつもの革命的な製品を出せたんだから」

iPhone発売──「電話の再発明」よりも大きなこと

「ありがとう」の言葉を最後にジョブズが壇上から去ると、記者たちは大騒ぎだった。小走りする者もあちこちにいた。

同日、ラスベガスでは世界最大の家電展示祭であるＣＥＳが開かれ、例年どおりビル・ゲイツが講演していた。トップ記事はこちらの予定だったが、ｉＰｈｏｎｅに差し替えなければならない。

それどころか、世界中のテレビ・クルーもどたばたと動いていた。もはや事件だった。これまでポストＰＣの時代は、マイクロソフトやＳｏｎｙのいう「家電とＩＴの融合」だとみんな信じていた。だが今日、ジョブズが全く新しい答えを示したのだ。

その日から五年余り、家電のＣＥＳではなく、Ａｐｐｌｅのイベントがハイテク界の祭典となったのは象徴的だった。家電とパソコンの時代、Ｓｏｎｙとマイクロソフトの時代は終わり、Ａｐｐｌｅの時代、スマートフォンの時代がやってきたのだ。

その頃、ラスベガスの外れの道路脇では、グーグルでアンドロイドを開発中だったアンディ・ルービンが呆然と突っ立っていた。

ルービンはＣＥＳの帰り道、タクシーのなかでパソコンを開き、古巣Ａｐｐｌｅのインターネット中継を見ていた。ｉＰｈｏｎｅの姿が映ると「車を止めてくれ」と運転手に叫び、目を皿にしてジョブズのプレゼンに見入った。ジョブズが「ありがとう」と言って壇上を去ったとき、「負けた」という悔しさでルービンはいっぱいになった。

Ａｐｐｌｅがスマートフォンを開発中だということは知っていた。Ｓａｆａｒｉの検索や、地図アプリ、ユーチューブ・アプリのために、グーグルは技術情報をＡｐｐｌｅに提供していたからだ。

だが、どんなスマホになるかまでは知らされていなかった。蓋を開いてみれば、ルービンが「今の技術では無理だ」と思い、初代アンドロイド・フォンの次に出そうと思っていたマルチタッチ式大画面の「ドリーム」とそっくりだったのだ。

頭を冷やそうと、ルービンはいったん外に出た。脇をほかの車が走り抜いていく。「舐めていた」とルービンは思った。

Ａｐｐｌｅよりも一年、いや二年は先にアンドロイドの開発を始めたはずだった。だが、出来損ないの〝ｉＴｕｎｅｓフォン〟、Ｒｏｋｒ（ロッカー）を見たルービンは、パソコン・メーカーのＡｐｐｌｅなど、この程度だろうと高をくくってしまったのだ。

それをＡｐｐｌｅは追いつくどころか、あっという間にルービンを追い越した。彼が誕生を待っていた静電式マルチタッチ・ディスプレイやスマートフォン用のＣＰＵを、ジョブズは台湾や韓国のメーカーに無理やり創らせたのだ。ラスベガスの外れの道端で、かつてＡｐｐｌｅの社員だったルービンは、古巣のあるサンフランシスコのほうの空を見つめた。そして寒空の向こうに、スティーブ・ジョブズという企業家のすごみを感じた。

「ふん。もうあの製品は出せないな★074」

ルービンは独りごちた。これから発表するつもりだった初代アンドロイド・フォンを中止する。かわりに、二代目に用意していたマルチタッチ式の開発を急遽進めなければならない。そうルービンは覚悟を固めた。

だが、気持ちは重かった。世界に先駆けて初期スマートフォンの傑作「サイドキック」を作りながらも認められなかったルービンが、次こそ欲しかった先駆者の誉れはすでにジョブズのものになってしまった。

空の向こうのサンフランシスコでは、二年半の不眠不休から解放されたｉＰｈｏｎｅのチームがようやく歓喜を爆発させていた。イベント中、気付けにこっそりスコッチを舐めていたグリニョンたちは緊張も相まって、すでにそこそこ酔っていたが、そのままバーへ繰り出した。

今日が終わればまた修羅場が始まることはわかっていた。半年後の販売に向けて、今度はｉＰｈｏｎｅを完璧に動くようにして大量生産しなければならないのだ。

実際、発売後に燃え尽きて会社を辞めることになる仲間も、そこには大量にいた。家にほとんど帰れなかったせいで離婚を経験することになる人間もいた。

しかしその日ばかりは、バカ騒ぎせずにはいられなかった。いみじくもファデルが語ったように、ｉＰｈｏｎｅ開発は「月面着陸のよう」な歴史級の難易度だったのだから。だが、じぶんたちは成し遂げた。

「お祭りでした。真夜中までみんなでずっと飲みました。ひどい騒ぎだったけど、もう天にも昇る気分でしたね★075」

インタビュワーに答えるグリニョンは、その夜を思い出してにっこりと笑った。

夜が明けてから、Ａｐｐｌｅの総力戦は再開した。

ハードウェア担当のファデルと、オペレーション担当のクックは設備投資に四億八千万ドル(約六二〇億円)もの大金をかけて初代ｉＰｈｏｎｅの生産体制を構築した。

半年経った。二〇〇七年七月二十九日、初代ｉＰｈｏｎｅはついに発売された。テロで荒れるイラク情勢と並んで、ｉＰｈｏｎｅの発売をめぐるお祭り騒ぎがアメリカのニュース番組を占拠した。

ニューヨーク五番街に輝くガラスの神殿のごときＡｐｐｌｅストアは、Ａｐｐｌｅファンの大巡礼でごったがえした。そのさまをＦＯＸニュースが中継していたが、興奮した若い男がレポーターのマイクを奪う有様だった。

インフィニット・ループの近所にあるＡｐｐｌｅストアには、熊のようにでっぷり太った共同創業者のウォズニアックが、スタッフＩＤを首に下げ、ｉＰｈｏｎｅをプリントしたＴシャツを着て、店に溶け込んでいた。

「興奮して全然、眠れなかったよ。今日はお手伝いに来たんだ」★077

童話に出てくる熊のように愛くるしい笑顔でウォズニアックはインタビューに答えると、ｉＰｈｏｎｅを心待ちにする客の列を眺めた。

彼の脳裏には、すべてが始まった三十二年前のあの瞬間が蘇っていた。その日、二十五歳だったウォズニアックの脳髄にインスピレーションが降りてきた。

彼は、インターネットの前身となるＡＲＰＡ（アルパ）ネットに自宅から接続してテレビに表示する端末を作っていたが、この端末に、個人でも買えるようになったＣＰＵを載せてみたらどうか、と閃いたのだ。

設計図が出来あがると、「みんなにこれを配布しようと思うんだ」と年下の親友ジョブズに話した。すると顔つきが変わり、絶対配布すべきでないと言いだした。なんでだいと問うウォズニアックに、ジョブズは「いっしょに起業しよう」と言ったのだった。

ウォズの「個人端末にＣＰＵを載せる」という着想から、Ａｐｐｌｅ社は始まった。★077 それはこの星のすべての人に、手のひらサイズのコンピュータを行き渡らせる革命の始まりだった。そして三十二年を経て、革命は成就の段階に入ろうとしていた。

ジョブズの自宅からすぐのパロアルトにあるＡｐｐｌｅストアでは、初代マッキントッシュの開発スタッフも長蛇の列に並び、夏の太陽に照らされながら、立ち話で同窓会を開いていた。みんなジョブズに言えば、一台くらいは

iPhoneを送ってもらえる立場にいたが、この記念すべき日をどうしてもいっしょに祝いたかったのだ。

そこへ白のキャップと黒のTシャツをまとったジョブズが、家族を連れて現れた。「みんなありがとう」と客に声をかけるジョブズは、店にいるハーツフェルドをみつけた。

Mac OSを生んだハーツフェルドは、今ではグーグルで働いていた。ネクストからAppleに戻ったとき、ジョブズはハーツフェルドも誘ったが、実現しなかった。ハーツフェルドが結婚する際に「その女は君と釣り合ってない」とジョブズが言ったのを知った妻が激怒して、Apple復帰に猛反対を受けてしまったのだ。

いろいろあった。ジョブズの長女リサがハーヴァード大学をこっそり受験し、合格したときだった。親元から離れボストンへ行く長女に、失恋のような喪失感を覚えたのか、ひどく傷ついたジョブズが生活費を渡さなかったことがあった。[★078] 心配したハーツフェルドはこっそりリサの生活費を出した。

つい最近も、リサのことでジョブズと大喧嘩になった。ハーツフェルドは、新たに美術学修士の資格を取りたいと言うリサに、ベニントン・カレッジの学費を貸したのだが、それを知ったジョブズが激怒したのだ。結局ジョブズは金を払い、ハーツフェルドに礼を言った。[★078]

今ではすべてが過ぎ去り、ふたりは公私を超えた友だった。店に入ってiPhone発売を祝福するハーツフェルドの肩にジョブズは手を置いて、「ありがとうな」と言った。それから足早に別の集団へ向かっていった。

開発メンバーたちも集結し、iPhoneを手に入れてはしゃぐ人

スティーブ・ウォズニアック。ネットにつながった端末にCPUを載せるという彼のアイデアからすべては始まった。そしてジョブズとともに彼はAppleを創業した。
Alessandro Viapiano “File:SteveWozniak2014 viappy.jpg,” Wikimedia https://commons.wikimedia.org/wiki/File:SteveWozniak2014_viappy.jpg

びとの笑顔を堪能していた。そこには犬猿の仲だったスコット・フォーストールとトニー・ファデルもいたが、今日ばかりは和やかな雰囲気を醸しだしていた。

そこへふたりをみつけたジョブズがやってきて、フォーストールを一瞥して無視すると、そのままファデルに労いの言葉をかけ、話しだした。

この半年間、大量生産に向けて、初代ｉＰｈｏｎｅのしつこいハードウェア問題を潰す日々に、Ａｐｐｌｅは振り回されてきた。それはハードウェア担当のトニー・ファデルをいっそう窮地に陥れ、ソフトウェア担当だったフォーストールの地位を上げた。

半年前のプレゼンテーションでの出来事だった。

「トニーを僕の電話帳から消してみよう。ブーン！　消えたね」

壇上のジョブズがそう言って、電話アプリのデモを披露したとき、ふたりのバトルを知るＡｐｐｌｅのスタッフたちはぞっとしたものである。

だが、発売を迎えてみると、初めてｉＰｈｏｎｅを触った人びとは、その神々しいまでに完成したハードウェアを称賛し、ソフトウェアの不具合に初日から文句を並べだした。ジョブズは、フォーストールに怒っていた。

「思い知れ」とばかりに、ジョブズは一時間、フォーストールに背を向けてファデルと話し込んだ。徐々にフォーストールが「父親に見捨てられた息子のように」絶望的な顔になっていくのを、ファデルはジョブズを挟んで観察することになった。[★079]

ファデルと長話が済んだジョブズは、フォーストールに言葉もかけず去っていった。苦難の末、成長しても、ジョブズはやはりジョブズなのだった。

街の別の場所では、Ａｐｐｌｅ社員時代、アキバ通いのロボット好きが嵩じて「アンドロイド」と仇名（あだな）をつけられた男が、かつての仲間たちとは分かち合えない喜びを見出していた。

「勝てる……」

手に入れたばかりの初代iPhoneをいじりながら、アンドロイドの開発指揮者、アンディ・ルービンの渋っ面は明るくなっていった。★080

初代iPhoneはコピー・アンド・ペーストができなかった。一度にひとつのアプリしか立ち上がらなかった。クラウド機能を備えておらず、パソコンがないとバックアップも同期もできなかった。なによりも、アプリ・ストアを用意していない——。

どれも今、開発中のアンドロイドには備わっているのだ。ルービンは、じぶんのアンドロイドが尊敬するジョブズを打ち破るさまを想像した。身震いし、iPhoneを力いっぱい握りしめた。

テレビでは、ビル・ゲイツの跡を継いだマイクロソフトのスティーブ・バルマーCEOが怜悧な目線をカメラに向け、口を真横に結んでいた。

「iPhoneの第一印象はどうでしたか?」

キャスターの問いにバルマーは突然、禿頭のピエロのように表情を崩した。

「おほほほっ。五百ドル(五万五千円)もして、毎月の電話代もあるって? 世界一高い携帯電話だ! ビジネスマンなら、キーボードなしの携帯電話を選ぶわけがないですよ」★081

当時、アメリカではたった三%の人しかスマートフォンを使っておらず、★082 モバイル先進国だった日本を除けば世界中の人びとが、電話とショートメッセージしかできない、二万円ほどの安い携帯電話を使っていた。

そのうえ、ニッチだったスマートフォン市場は、キーボードで手ばやくメールを打ちたいビジネスマンの好むブラックベリーの独擅場だった。

バルマーだけでなく、Ａｐｐｌｅの熱烈なファン以外は、この妙な携帯電話がそれほど売れるとは思っていなかった。だが初代ｉＰｈｏｎｅは、はじめアメリカ限定発売だったにもかかわらず、一年で約六百万台売れた。十年後には累計販売数、約十二億台という天文学的記録を打ち立てることになる。★082

ほとんどの人がｉＰｈｏｎｅという名前に騙されて気づいていなかった。ジョブズが愛読した『イノベーションのジレンマ』を書いたクリステンセン教授すら見誤っていた。

「ｉＰｈｏｎｅはほんとうに破壊力のある技術とはいえない。大成功する余地は限定的だ」

発売一ヶ月前に、教授はそう書いてしまった。

「ローエンド(価格破壊)からの破壊的イノヴェーションを重視する教授の目には、ｉＰｈｏｎｅは高額でしゃれた携帯電話にしか見えなかったのだろう」とニューヨーカー誌は評している。★083 ｉＰｈｏｎｅはもはや電話でなかった。それは、電話もできる携帯コンピュータのメジャーデビューだったのだ。

人類はジョブズの策に嵌(はま)り、すべての人の手のひらにコンピュータのある時代がいよいよ始まろうとしていた。

孫正義という男

「私は三人の天才に邂逅した。その三人とは、スティーブ・ジョブズ、ビル・ゲイツ、そして孫正義である」★084

ウィリアム・ジフはそう語った。インターネットの誕生前だった一九九〇年、彼の主宰する「ＰＣ Ｗｅｅｋ」はコンピュータ産業の最先端を扱う代表的な雑誌だった。

孫正義は、盟友のビル・ゲイツから「あの雑誌は欠かさず読んだほうがいい」と勧められると、ジフにすぐさま会いに来たのだった。

そして帰りしなに孫は「ジフの会社を買いたいな」と部下に漏らした。★084 部下は冗談と思い、笑って流したが、孫は本気だった。五年後、ほんとうに「ＰＣ Ｗｅｅｋ」の会社を手に入れたのにはわけがあった。

情報こそ戦を制す。それが孫の経営哲学だった。織田信長が、桶狭間を今川義元が通ると調べて勝利したように――。

孫はコンピュータ文明のメッカ、アメリカで最先端の情報網を持つジフの人脈を手に入れたかった。そして始まったばかりの情報革命で、世界に飛翔するチャンスを日本の誰よりもうまく摑みたかったのだ。孫はジフから最高のインテリジェンスを得た。創業まもないヤフーのずば抜けた将来性を見抜き、出資に成功したのである。

情報は力だった。一九九九年には、まだ日本の経済規模の二五％にも満たなかった中国でＥコマースを始めた高校教師ジャック・マーの小さな会社に出資した。のちに、中国最大のＩＴ財閥となるアリババである。

孫正義はこうして日本で唯一（当時）の世界的なＩＴインフラ財閥、ソフトバンクの礎を築いていった。

ＩＴ産業の第一世代であるジョブズ、ゲイツ、孫には不思議な縁がある。孫は北九州からアメリカに渡り、大学生活を送ったが、彼が大学一年のとき、ゲイツもジョブズも同じく大学一年生だった。

「豊作の年」と孫は自慢する。[★085]実際、グーグルの初代ＣＥＯとなるエリック・シュミットも、サン・マイクロシステムズのスコット・マクネリも大学は違えど、孫たちと同期だ。

理由がある。彼らが大学に入りなんとする頃、革命の種子がカリフォルニアの地に蒔いて落とされた。インテルの小さなマイクロプロセッサ、ｉ８０８０の発売だ。

これまで大学や大企業の大型コンピュータしか備えていなかった、８ビットの本格的なＣＰＵが個人の手に届くようになった。日本からインテルに転職した嶋正利が産み落とした巨大なイノヴェーションだった。

ゲイツはこれを見て、いよいよパーソナル・コンピュータの時代が来ると直覚。ハーヴァード大学の授業もそっちのけでプログラミングにふけるようになり、大学を辞めてマイクロソフトを創業した。

ジョブズのほうは、彼らしかった。

ぼさぼさの臭い髪で知野弘文（ちのこうぶん）禅師のもとを訪れ、初対面の知野に向かって「悟りを得ました」と自己紹介した。そして「これが証拠です」と、嶋の発明したマイクロプロセッサが載ったマザーボードを禅師に見せたのだった。

孫の体験は、ゲイツよりジョブズに近かったかもしれない。

それは秋だった。車から降りると、道端で落ち葉がかさかさと音を立てた。孫は、手に持っていた雑誌をなにげなくめくった。

衝撃が走った。そこには美しい幾何学模様を描く、マイクロプロセッサを載せたマザーボードの写真が載っていたのだ。手足の指がぜんぶ痺れ、涙が孫の頬を伝った。ついに、みつけたと思った。

涙にはわけがあった。それは孫の生い立ちだった。

脱落――アメリカへ

孫の家はかつて李氏朝鮮の貴族だった。

先祖は中国の将軍だったが戦に破れ、朝鮮に渡って両班となった。やがて零落し、大邸にわずかな土地を持つのみとなったが、それも戦争で大邸に基地を作った日本軍に接収された。生きる術を失った祖父母は北九州の地に渡った。

孫は幼い頃、祖母の引くリヤカーに乗って遊んだ日々を覚えている。養豚業の餌となる残飯を載せたリヤカーは脂で泥濘（ぬかるみ）臭かった。だが、祖母が大好きな孫はリヤカーに乗るのをいつも楽しみにしていた。

祖母を嫌いになったのは、幼稚園で石を投げられたのが始まりだった。

「やーい、この朝鮮!」

頭から血を流す孫を、園児たちは嘲笑った。★086 おばあちゃんが朝鮮人だから僕はこんな目に遭うんだ。幼き孫のこころは傷つき、そう思った。

小学校に上がった頃、起業した父のおかげで家は豊かになり、引っ越した。勉強もスポーツもできた孫はもういじめられることはなかったが、ある日、じぶんをよくしてくれる先生に憧れた彼は父に言った。

「大きくなったら先生になりたい」

すると父から信じられない言葉が返ってきた。

「正義、おまえは先生になれない。おまえは天才だと思う。とても勉強ができる。だが日本人でないおまえは公務員になれないんだ。別の道を目指せ」

ショックだった。なぜなんだ、なぜなんだと泣き叫びながら鬼の形相で父を追いかけ回した。それ以来、じぶんの体に流れる血を憎み、大好きだった祖母を憎むようになった。[★087]

中学に上がると、安本を通名にする孫は、仲間のリーダー格になっていた。だが「実は日本人でない」という秘密が、どうしようもなく彼を苦しめていた。そんな孫のこころを救ったのは、司馬遼太郎の小説『竜馬がゆく』だった。

土佐という国では、竜馬の属する郷士階級は主（あるじ）の山内家からひどい差別を受け、貧苦と辛酸を舐めていた。武士ながら竜馬の家は商売に励み、貧困から抜け出した。

やがてアメリカから黒船が来ると竜馬は脱藩して江戸に行き、殺すつもりだった勝海舟から「アメリカには身分の差別がない」と聞き衝撃を受ける。竜馬は誰もが自由で平等な日本を創って、おおいに商売をやってやろうと決意した。そして天下を駆け、日本の夜明け前に斃（たお）れた。

じぶんはなんてちっぽけなことで悩んでたんだ……。竜馬の生き様を知った正義少年は思った。もっと大きく生きなければ、と蒙が開かれた想いだった。

そんな彼が事業家になると決意したきっかけは、父が吐血して倒れたことだった。父に替わり、家計を支えなければならないと思ったのである。だが兄のように大学に行かず、父のパチンコ業やサラ金業を手伝う気にどうしてもなれなかった。

そんなときに思い出したのが竜馬の姿だった。そうだ、脱藩だ……。

「アメリカの大学へ行く」

正義少年の言葉に、母と祖母は泣いて反対した。父さんがこんなことになってるのにおまえはなんて我儘なんだ。情けない。家族のそばにいて、今までどおり東大を目指してくれと泣くふたりに彼は言った。

「違う。アメリカへ行くのは家を支えるためだ。必ずやりたい事業をみつけて帰ってくる。日本で会社を起こすから待っていてくれ[★087]」

病院で話を聞いた父は何も言わなかった。言いだしたら絶対に聞かない子だったたし、こいつはじぶんの跡継ぎというより、天下のために生きる子なのではないかと密かに思っていたからだ。

渡米が決まると、孫は祖母に「今までほんとうにごめん」と謝った。そして、アメリカに行く前におばあちゃんの故郷、韓国へいっしょに行きたいと言った。祖母は喜び、正義少年を抱きしめたのだった。

アメリカに渡って二年め、雑誌で見たマイクロプロセッサの写真に彼が感動の涙を流したのには、こうした経緯があったのだった。

これだ……。

若き孫正義は思った。これこそ有史以来、人類最高の発明だ。マイクロプロセッサは人間の頭脳をも超え、人類の生活を革命的に変えるだろう。じぶんは、この世界始まって以来の革命のために生きるのだ[★088]。

脱藩は間違っていなかった。

勝海舟に出会い、日本の将来図を見出した竜馬のように、孫は事業家として取り組むべき、来る新世界のヴィジョンを見出したのである。

孫はカリフォルニア大バークレー校に在学中、起業に成功した。だが祖母との約束を守り、卒業すると会社を売って日本に帰ってきた。そして自動翻訳機の発明とゲーム会社の売却で得た三億円を元手に、ソフトバンク社を興した。福岡の外れの一室でみかん箱に乗り、「我が社は将来、一兆、二兆と豆腐のように稼ぎを語る会社になる」とたったふたりのスタッフを相手に演説を打ったら、狂っていると思われ逃げられたという逸話を残している。[★089]

それでも経営を軌道に乗せ意気軒高だった彼は突如、絶望の底に叩き落とされてしまう。肝炎で医者に「余命五年」と宣告されてしまったのだ。二年半の入院生活中、救いを求め読んだ本は三千冊を超えたが、やはり『竜馬がゆく』を何度も読み返した。

カムバックしたら天下のために事業をやると、あらためてこころに期した。死を目の前にして、金や名誉のために会社をやる気持ちは完全に消えてしまった(少なくともそのときは、と孫は言う)。その後、たまたま父が新聞で新療法をおこなう医師をみつけたおかげで、九死に一生を得た。退院すると彼は、安本という通名を捨てた。

「韓国系とわかれば、銀行や取引相手から差別を受けるぞ。それに、おまえのせいで俺たちが朝鮮人だとバレるのは迷惑だ」

親族は猛反対だった。父は何も言わず、黙っていた。孫は言い放った。

「おじさん、おばさん。俺のことはもう忘れてくれ[★090]」

そして祖先から受け継いだ孫の姓で日本国籍を取り、日本人となった。それが彼なりの、血の誇りと生まれ故郷の日本を同時に想う決意の表し方だった。

信長とジョブズ

明智光秀の三日天下ではないが、孫は三日だけ、世界一の金持ちになったことがある。

一九九四年、上場すると、ヤフー・ジャパンを持つソフトバンクの株価はＩＴバブルの上昇気流に乗り、竜のように翔け上がった。孫の資産は一週間に一兆円ずつ増え、一瞬だが盟友ビル・ゲイツの資産をも超えてしまったのだ。

だがソニー・ショック[★091]を機に、日本のＩＴバブルは崩壊。

ソフトバンクの時価総額は二十兆円から百分の一、たった二千億円に転落した。しかも一千億円の通年赤字を抱えている。このままだと二、三年で倒産だった。

絶体絶命のピンチに陥った孫の下した決断は凄絶だった。

「日本のインターネットは先進国で最低レベルだ。我々が世界最速のブロードバンド大国にする」

そう孫は言いだした。ブロードバンドとはインターネットの高速通信のことだ。部下[★092]たちは慌てふためいた。たしかに二十一世紀初頭、日本は携帯電話では質量ともに世界一の誉れを受けていた一方、インターネットの通信環境は動画や音楽をまともに再生できないほど立ち遅れていた。これを倒産危機のソフトバンクが変えるというのである。

通信事業に参入するということは、満身創痍の弱兵ソフトバンクが、親方日の丸のＮＴＴへ攻め込むことを意味していた。猛反対する部下[★093]たちに向かって、孫は叫んだ。

「これは桶狭間だ！」

孫は愛読する司馬遼太郎の『国盗り物語』を思い出していた。その戦術の独創性、時代を切り拓くヴィジョナリーという共通点で、竜馬と並んで好きなのが織田信長だった。

それは桶狭間の信長のごとく、あまりにも危うい乾坤一擲（けんこんいってき）の戦術だった。

孫は借金を資金に、格安のブロードバンド「ヤフー!BB」を宣伝するパラソル隊を全国の街々に展開。一気呵成に五十万人もの申し込み希望者を獲得すると、そのリストを片手に総務省に飛び込み、「NTTがちゃんと基幹回線を貸すように説得してください」とぶち上げた。

呆れた官僚たちは動かなかった。ある意味予想どおりだったが、「このまま日本をインターネット後進国にしていいのですか」と孫が国益を毎日、何週間も説いても話を聞かない。頭に来た孫が、「ライターとガソリン持ってきてください。これ以上、お客さんたちを待たせるぐらいならここで焼身自殺する」★094と居座ると、官僚たちは折れた。牛歩作戦を決め込んでいたNTTはソフトバンクに協力せざるをえなくなり、孫はブロードバンド回線をまんまと確保してしまったのである。

ここまで来れば戦は勝ちだった。「ヤフー!BB」の大宣伝に押され、NTTやKDDIもソフトバンクに追従せざるをえなくなった。

こんな愛読者を得た司馬遼太郎は、作家冥利に尽きるといえるだろう。孫の奮戦で、日本のネット環境は一転して世界でトップクラスの高速通信となり、会社も四年で黒転。ソフトバンクは復活した。

だが、部下たちがほっとしたのも束の間だった。

「ボーダフォン・ジャパンを買う」と決めた。パソコンとブロードバンドの時代は終わる。これからは携帯電話の時代だ」と孫が言いだしたのだ。★095

狂っているのではないか、と正直思った部下もいたらしい。

NTTドコモの時価総額とボーダフォン・ジャパンの加入者数から割りだせば、たとえ不人気で不調といえど買収額は二兆円近いだろう。会社の口座には二千億円しか残っていないし、現金のかわりに株式交換を使おうにも、ソフトバンクの時価総額は六千億円。買収相手のほうが三倍も巨大だ。

「一兆ぐらい借金でどうにでもなる。ボーダフォンの売上一兆を担保にすればいい。問題は、加入者を増やすとびきりの武器が手に入るかどうかだ」

孫は大真面目だった。いっちょう、にちょうと豆腐のように気軽に言うものだ、と部下たちは苦笑した。たしかに加入者を増やす勝算があるのなら、借金は返せるだろう。

実際、業界二番手のａｕは音楽を武器に、一気にドコモへ詰め寄せた。Ｓｏｎｙミュージックとともに仕掛けた「着うた」の大ブームだ。ドコモだって、ベイビー・インターネット（簡易インターネット）といえる「ｉモード」を発明し、その武器で日本を当時、世界一のモバイル先進国に変えたのだ。★092 だがそんな新兵器をどう開発するのか。

「俺に秘策がある。元発明家だぞ。まかせとけ」と孫はさらりと言った。なんですそれは、と尋ねる部下に、孫はこう答えた。

「スティーブ・ジョブズに会ってくる★096」

ジョブズと孫正義、男の約束

孫がジョブズと友人になったのは一九九六年、Ａｐｐｌｅに彼が復帰したばかりの頃だった。以前から親しかったオラクルの創業者ラリー・エリソンの家に招かれると、そこにはジョブズがいた。

親日家エリソンの家は、皇室の桂離宮を模した純和風の大邸宅だ。それは春のことで、カリフォルニアにある日本式庭園は満開の桜が池を彩っていた。錦鯉の泳ぐ上に花びらが舞い落ちるなか、三人はどうやって瀕死のＡｐｐｌｅを救うか、話し込んだ。

その頃のジョブズは「まだこころの傷は癒えていない状態で、目はらんらんと燃えていたが、こころは満身創痍みたいな感じだった」と孫は振り返る。★097

以来、孫がアメリカに来ればジョブズの家に、ジョブズが日本に来れば麻布永坂にある孫の豪邸に来る仲となった。そんなわけで、「大事な話がある」と孫が連絡してきたとき、ジョブズが拒むはずがなかった。

「スティーブ、これを見てくれ！」

Ａｐｐｌｅ本社に来た孫は、紙をジョブズに渡した。そこにはｉＰｏｄの小さな画面を大きくして、さらに電話機能をつけた「ｉＰｏｄフォン」のスケッチが描かれていた。

「これにＭａｃのＯＳを載せたら革命が起こせる。わかるだろ？　俺はそれを売りたいんだ。創ってくれ。あんたにしかできないんだ！」

孫のスケッチを見たジョブズは「こいつ、やりやがる」と思った。

それは二〇〇五年の夏のことで、まだｉＰｈｏｎｅの開発に取りかかって間もない頃だったのだ。[★098] 部外の誰にもその話をしたことはないはずだが、孫はｉＰｈｏｎｅのコンセプトを完全に把握して、提案してきたわけである。

孫正義はたしかにすごいが、商売ばかりがうまくてクリエイティヴでない、という批判を時折見る。だがそれは少々、違うかもしれない。

学生時代、孫は一日にひとつ発明することをみずからに課していた。「組み合わせ」で大量にアイデアを生むのが彼はうまかった。そうやって自動翻訳機を発明してソフトバンク起業の資金を手に入れたが、若き孫は発明家になるつもりはなかった。

発明家はたしかにクリエイティヴだが、じぶんひとりの頭脳に拘束される。それよりも何万ものクリエイティヴな頭脳が開花するインフラを創るほうがいいと、孫は考えたのだった。それでソフトバンクは、ＩＴインフラを事業にした。

孫のスケッチから視線を外し、ジョブズは口を開いた。

「そんな汚らしいものはしまえ。マサ、おまえのところにはデザイナーがいないのか？」

「スティーブ、今ニヤッとしたろ？　ということは、こういうのをこっそり創ってるんだろう。違うか？」

孫は鋭かった。その問いにジョブズは黙ったまま、ニヤニヤしていたという。

ＡＲＭだ……。この男はインテルではなく、ＡＲＭのプロセッサで、パソコンのようなスマートフォンを創ろうとしている、と孫は直覚した。[★099]ＡＲＭはすごいことになる。ＡＲＭ社を今すぐ買いたいと思ったが、ジョブズの前だ。すぐ頭の端に追いやった。

「わかった。話さなくていいよ。そのかわり、そいつが出来たら俺をパートナーに選んでくれ。日本で売る権利は、俺の独占でやらせてくれ」

「マサ。そういうことなら俺の家へ行って話そうか」

孫はジョブズのメルセデス・クーペに乗り、大富豪にしては質素な彼の家に向かった。家ではいつものように、妻のロリーンと子どもたちが孫正義を迎えてくれた。

挨拶を済ませ、ジョブズの書斎に入ると孫は「これから大勝負に出る。携帯会社を始める。Ａｐｐｌｅの電話についても、ものすごい売り方を秘策に持ってる」と明かした。情熱的に話す孫の目をじっと見ていたジョブズは、決断した。

「わかった。おまえに日本の独占販売権をやる」

「ほんとうか!?　じゃあさっそく、一筆書いてくれ」

前のめりの孫にジョブズは吹きだし、高笑いした。

「マサ。携帯会社を始めるというが、おまえは日本の事業免許もまだ取ってないじゃないか。そんなでは一筆は書けない。まず携帯会社の事業免許を取ってこい。そうしたら話の続きをしよう」

「あんたの言うことは理にかなってる。よしわかった。絶対、携帯会社を始めるから約束は守れよ。男の約束だぞ」
「大丈夫だ。俺を信じろ」★100
孫は日本に帰ると、ジョブズの口約束ひとつを密かに頼って総務省に乗り込み、携帯電話会社の新規事業免許を取得。そして翌年春には、自社の時価総額と比べて三倍もあるボーダフォン・ジャパンを、電光石火で買収してしまった。

このときの孫の買収戦術は独創的だった。

不動産の世界では、買いたいビルの家賃収入を担保に、購入資金を銀行から借りるノンリコース・ローンという手法がある。孫は「ボーダフォン・ジャパンというのは、一五〇〇万人(当時)が家賃を払う超巨大なビルと同じです」と説得して、七つの銀行から融資を得た。そしてソフトバンクはわずか現金二千億円の元手で、一兆七五〇〇億円のボーダフォン・ジャパンを買収してしまった。

それは当時、世界史上、二番めの巨大買収であり、不動産ファンドの手法で事業会社を買収したのは世界初だった。「危うい」という批評が世間をにぎわせた。たしかに目のまわるような金額だが、「安全な借金」だった。この手法だと、たとえボーダフォン・ジャパンが倒産しても担保は同社の営業キャッシュフローのみになっている。ソフトバンクは、出資した二千億円しか失わないことになっていた。

もし志どおり将来、ITインフラの世界帝国が実現するならば孫は、借金でローマ帝国を築いたカエサルに喩えられる男となるのではないか。彼はこのとき、得意の「組み合わせ」で金融テクノロジーをひとつ発明したのだ。

だが、そんな大勝負をジョブズの口約束ひとつで実行したとは、世界の誰も気づいていなかった。社内にもその話を知る者は三人しかいなかったという。

危うさがあるとすれば、そこだった。ノンリコース・ローンという手法はいわば、ジョブズが口約束を覆した場合の保険だったのだろう。買収の契約に調印すると、孫はさっそくアメリカに飛んだ。
「スティーブ、覚えているかい？　男の約束を守れるかい？」
孫が前のめりに言い寄ると、ジョブズはまたニヤリと笑った。
「覚えているよ。俺は男の約束を守る」[★100]
その言葉に孫は体中から力が抜けるほど、ほっとしたという。
それは初代ｉＰｈｏｎｅ発表の半年前の出来事だった。その月、ウォークマン・ケータイが登場。ケータイと着うたは、日本でｉＰｏｄとｉＴｕｎｅｓミュージックストアに圧勝したが、いよいよこの勝利を世界に広めて王座を取り返そうと、Ｓｏｎｙの盛田ジュニアが狙っていた頃のことだった。[★101]
初めて孫がｉＰｈｏｎｅに触ったとき、文字どおり鳥肌が立ったという。
「めちゃめちゃすごいのが出来たぞ。パンツにおもらしするなよ」[★097]
初代ｉＰｈｏｎｅの開発を終えたばかりの頃、ジョブズは孫にそう言ってきたが、その神々しいまでに美しく革命的なスマートフォンの手触りは、孫正義が一世一代の賭けに勝ったことをすでに証明していた。
「マサ、少しだけ待ってくれ。ｉＰｈｏｎｅはまずアメリカで天下を取る。それから次の機種で３Ｇに対応して、世界を獲りに行く。その時はマサ、日本をまかせたぞ」[★102]
興奮するジョブズは、興奮する孫にそう言った。
時代を見通すヴィジョナリーのふたりだが、次の機種ｉＰｈｏｎｅ ３Ｇが世界の携帯電話のみならずＡｐｐｌｅを押し上げたｉＴｕｎｅｓミュージックストアへも歴史的使命の終焉を告げるとは、気づいていなかった。だが同時にそれは、ネットで崩壊した音楽産業を根本から刷新し、あらゆる産業にサブスク・ビジネスが広まる契機をつくってゆくことになるのである。

裏切りのアンドロイド

「馬鹿な。そんなはずはない……」ユーチューブの動画を見るジョブズの脳裏にそんな想いが何度も木霊した。「これはパクリじゃないか！」

初代ｉＰｈｏｎｅ発売を迎えた歓喜の夏が終わり、秋が訪れていた。二〇〇七年十一月、グーグルはアンドロイドＯＳのデモをわずか六分余りの動画で初公開した。

「グーグルが〝Ｇフォン〟を出すという噂が報道されていますが、いわゆる〝Ｇフォン〟は存在しません。今日は、みなさんが〝Ｇフォン〟をじぶんの会社で創れるプラットフォーム、アンドロイドを披露いたします」

動画の始まりに、グーグルのエンジニアがそう話しだしたときには、ジョブズは特に驚かなかった。それは盟友であり、Ａｐｐｌｅの取締役も務めるグーグルのシュミットＣＥＯ（当時）から、よく散歩がてらに聞いていたことだったからだ。

ｉＰｈｏｎｅの発表後、「どうやらグーグルもＧフォンを創っているらしい」とマスメディアが書き立てたが、ジョブズは高をくくっていた。ＯＳを創ったこともないグーグルだ。どこかと組んでスマートフォンを創ってきたとしても、ボタンだらけで画面の小さいブラックベリーに似たものしか創れないだろう、と思い込んでいた。まさかそこに、Ａｐｐｌｅの元社員が関わっているとは思ってもみなかったのだ。

だが、デモ映像が中盤に差しかかるとジョブズの顔色がさっと変わった。そこにはｉＰｈｏｎｅと同じタッチスクリーン主体のスマートフォン、「ドリーム」のプロトタイプが映しだされていた。

そして夏にジョブズが披露したように、動画の人物はグーグル・マップを指先でちょいちょいと触って地図をズームしてみせた。

「ホーム画面はどうなってる？　ピンチは？　スワイプはできるのか？」

ジョブズは画面に釘付けになったが、デモはアンドロイドの全貌を見せず、わずか数分で終わってしまった。

そしてジョブズが弟子のようにかわいがってきた★103、グーグルの若き共同創業者セルゲイ・ブリンが動画に登場した。

「お楽しみいただけたでしょうか」と画面のブリンは話をまとめだした。

「最高のアプリはまだ未完成です。それはご覧になっている開発者のみなさんが創ったものになるはずですからね。これから参入するアンドロイド・アプリの開発者のために、僕らは賞金一千万ドル（約十三億円）を用意しました。今までに見たこともない革新的なアプリが誕生するのを楽しみにしています……★104」

ジョブズは怒りを爆発させた。信じられなかった。友だちだと思っていたのに、裏切りを受けたのだ。

彼はｉＰｈｏｎｅ発表の舞台を思い出していた。あのとき、ジョブズの手招きを受けて登壇したグーグルのシュミットＣＥＯは、こんなジョークを飛ばしてすらいたのだ。

「おめでとうスティーブ！　私はＡｐｐｌｅの取締役である光栄に服しているが、考えてみれば両社の取締役はほとんど同じメンバーだ。それで会議中、こっそり思っているんだけど、このままだと合併して社名がアップルグー（ＡｐｐｌｅＧｏｏ）になってしまうってね」

シュミットのうまい冗談に、脇で見ていたジョブズも観客といっしょに笑ったはずだった。

シリコンバレーの帝王だったマイクロソフトに対抗して、Ａｐｐｌｅとグーグルは同盟を結んでいたが、もはや盟友以上のつもりだった。ジョブズはシュミットＣＥＯか、若き共同創業者のラリー・ペイジとセルゲイ・ブリンの誰かをしょっちゅう大好きな散歩に誘うほど三人が好きだった。なのにビル・ゲイツと同じことをやりやがって！

動画を見終えると、ジョブズはすぐさまタクシーに飛び乗ったが、怒りが収まらず、車中からあちこちに電話をしてがなりたてた。

「おい動画を見たか⁉　なにもかもが、うちのクソパクリじゃないか！」★105
いわんこっちゃない、と電話を受けたジョブズの部下たちは思った。グーグルが不穏な動きをしているということは、何度もボスには忠告していたのだ。だが、そのたびにジョブズは「まあ友だちだからな。いっしょに散歩してどういうことか聞いてくるよ」と言った。そして「あれは大したものじゃないと言ってるよ。まあ様子見しよう」とすっかり丸め込まれて帰ってきたのだった。

　グーグルにまともなＯＳが創れるわけがない――。そう舐めていたのもあったが、結局ジョブズは友人を信じたかったのだ。そんな〝らしくない〟姿に、部下たちは陰で頭を振っていたが、ついに悪い予感は的中してしまった。

　対策会議が開かれた。前世紀から始まるマルチタッチの技術史を知っていれば、アンドロイドはｉＰｈｏｎｅを別にパクってもいないのだが、グーグルがマイクロソフトの戦略をパクっているのは明らかだった。ゲイツがＷｉｎｄｏｗｓでやったように、後発だがグーグルはＯＳをほかの会社に開放して徹底的にシェアを取ろうとしていた。ｉＰｈｏｎｅをＭａｃと同じ運命に陥れようとしているのだ。

　いや、ある意味Ｗｉｎｄｏｗｓ以上の脅威だった。

　ｉＰｈｏｎｅの予想外の成功を見た通信キャリアと携帯電話を作る家電メーカーは、目の色を変えて追いかけようとしていた。とはいえ、彼らに肝心の優れたＯＳを創る能力はない。そこにグーグルがアンドロイドＯＳを無償提供すると言いだしたわけだ。このままでは、無償に釣られた世界中の通信キャリアと家電メーカーが飛びついて、一気にアンドロイド陣営が出来あがってしまう。

　ソフトウェア担当の若きトップ、フォーストールたちが会議で指摘した最大の問題はアプリだった。

　Ｍａｃの敗北が決定的になったのは、アプリ開発者がＷｉｎｄｏｗｓ陣営に集まり、Ｍａｃから去ってしまったタイミングだった。だが、ｉＰｈｏｎｅではそもそもジョブズは、アプリ開発者を呼び込むことすらしたがらなかった。

iPhoneのアプリはぜんぶ、Appleが創ればいいじゃないか……。そう思っていた節(ふし)がある。ほかの会社には、Safariのなかで動くウェブ・アプリでiPhoneを使ってもらえばいいじゃないか。

そこには「じぶんの作品を完璧にコントロールしたい」というジョブズの美学も反映していたが、ほかにもまっとうな理由があった。まだCPUが非力だったiPhoneで変なアプリが走れば、電話をまともに受け付けなくなる可能性すらあった。

なによりも、Windowsの世界のように、マルウェアまがいのおかしなアプリが氾濫して(当時。現在はAppleに倣い改善された)、これから育つスマートフォンの世界がめちゃくちゃにされるのを恐れたのだ。

すでにソフトウェア責任者のフォーストールのもとには、「いつからアプリ開発は解禁になりますか」とソフトウェア会社からの問い合わせが殺到していた。大手ヴェンチャー・ファンドからも何度もコンタクトがあった。これから何十億人もの人びとがiPhoneのようなスマートフォンを持つ時代が来る。iPhoneの誕生はそう教えてくれていたからだ。

二〇〇七年のパソコン売上は世界で二億七千万台。[★106] それだけでも、マイクロソフトを筆頭とするこれだけのソフトウェア産業が生まれたのだ。やがて人類の誰もが持つようになるスマートフォンの世界でアプリを配布すれば、パソコン時代とは桁の違うゴールドラッシュがソフトウェア産業に訪れるはずだった。

背に腹は変えられなかった。生涯の総決算のつもりで創ったiPhoneに、Macと同じ運命をたどらせるわけにはいかなかった。

「アプリ・ストアをうちも始めましょう」というフォーストールたちの意見を、ジョブズはもはや受け入れるしかなかった。

そして瀕死だった音楽産業の運命を変える、最後の歯車がついに回りだした。

がんの再発、App Storeの誕生

ジョブズが強い痛みに苦しみだしたのは、アンドロイドの発表から二ヶ月ほど経った二〇〇八年一月のことだった。膵臓がんの摘出時に、すでに肝臓への転移はみつかっていたが、抗がん剤療法で押さえつけていた。だが三年半が経ち、いよいよがん細胞が暴れだしたのだ。連日、疼痛に呻く夫の姿に、妻のロリーンは悲痛な想いを抱きつつ彼を励ましていた。

三月。アプリのストア、Ａｐｐ Ｓｔｏｒｅを発表するため、かつて初代ｉＰｏｄを披露した社内の講堂にジョブズは登壇した。

「ウェルカム！　来てくれてありがとう。とても嬉しいよ。実はｉＰｈｏｎｅのソフトウェア、その将来像を創るためにずっと頑張ってたんだ。今日はそれを発表する」

前日、狙いすましたように、フォーチュン誌がジョブズのがん再発を疑う記事を掲載していた。掲載前、ジョブズは編集長をＡｐｐｌｅに呼びだし、顔をぎりぎりまで近づけて「俺がクソったれだって話を、また嗅ぎつけたわけだ。で、それのどこがニュースなんだ？」とすごんだ。★107 編集長は、あなたのようなカリスマ経営者ががんを隠すことは株主に不利益を与える可能性がある、と堂々と反論して掲載に踏み切った。

だが、壇上のジョブズはとても上機嫌で、リラックスしているように見えた。

今日の発表は、ほとんど部下やゲストが喋ることになっていたこともあったろう。就中、演劇部出身のフォーストールはジョブズに次いでプレゼンがうまいと評判だった。フォーストールは、これから発表するｉＰｈｏｎｅアプリの開発ツール・キット（ＳＤＫ）はＭａｃ並みに高度な機能が使えて、かつＭａｃ以上に開発が簡単だと説明した。

会場が盛りあがったのは、日本のゲーム・メーカーがさっそく創ったゲームを披露したときだった。セガの開発者

は言った。

「私自身がコア・ゲーマーなので、コントローラーもないｉＰｈｏｎｅで面白いゲームが出来るか、不安でした。しかし、たった二週間でゲーム機に負けないものが出来たのです。しかも私がＭａｃを使ったのは今回が初めてですよ？」

世界初のサードパーティによるｉＰｈｏｎｅアプリがいくつか披露されたあと、ジョブズが登壇し、満を持して夏にＡｐｐＳｔｏｒｅを開始すると宣言した。

有料アプリの売上は、三割がＡｐｐｌｅのもの。かわりにカード手数料やホスティング代、マーケティング代はすべてＡｐｐｌｅが持つ。そして無料アプリに関しては、Ａｐｐｌｅの手数料はゼロだと発表すると会場に拍手が起こった。それはいわば、無料と有料を組み合わせた、Ａｐｐｌｅ流のフリーミアム・モデルの誕生だった。

「さて、若干の制限を設ける」とジョブズは言った。「そりゃ、ポルノはダメだよね。ユーザーのプライバシーを覗く悪質なアプリもダメだ」

これが、「クソのようなアプリに美しいｉＰｈｏｎｅを蹂躙されたくない」と渋っていたジョブズを説得するためにフォーストールたちが用意した妥協点だった。それはアプリの審査員をやがて大量に雇用するリスクを抱えていたが、日本に成功事例があった。ｉモードだ。

情報誌の編集長だった松永真理が、ドコモで「携帯電話用にインターネットを〝編集〟して、雑誌のように月額定額制（サブスク）で提供しましょう」と提案したとき、「時代錯誤ではないか。それに、内容を審査する大量のスタッフはどうするのか」と轟々たる非難が社内で巻き起こった。

だがドコモの大星社長はゴーサインを出し、親会社ＮＴＴから固定電話の衰退で出来た余剰人材を引っ張ってきた。ｉモードは成功し、日本を当時、世界一のモバイル先進国へと導くことになった。

日本のケータイに脅威を覚えてiPhoneのプロジェクトが始まった経緯を鑑みれば、[108] AppleがiモードのAppleがiモードの事例を参考に、AppStoreを事業設計したという噂は事実だったのだろう。

「それと、もうひとつあるんだ」

壇上のジョブズはちょっとはにかみながら言った。お楽しみの、One More Thing(ワン・モア・シング)の時間だった。

いつもと違い、ジョブズが観客席に戻り、代わってヴェンチャー・ファンドの老舗、KPCPのジョン・ドゥアーが登壇した。かつて、グーグルの若き共同創業者ふたりをジョブズに紹介し、三人が親しくなったきっかけをつくった張本人だ。[103]

「アラン・ケイはかつて言いました。未来予測のいちばん確実な方法は未来を発明することだ、と。二番めに確実な方法は、それに投資することです」

会場は笑いに包まれた。ドゥアーにはその冗談を言う資格が誰よりもあった。草創期のアマゾンとグーグルに起業資金を提供したのが、ほかならぬドゥアーのKPCPだったからだ。

そしてドゥアーは、iPhoneのアプリ開発で起業したい人びとのために、iFund(アイファンド)を設立すると発表した。出資金は一億ドル(約一三〇億円)、アンドロイドが発表した賞金の十倍だった。

「今日、我々は歴史の証人となったのです」

ドゥアーのその言葉は誇張ではなかった。この日、iPhoneは「美しい電話」から、真の意味で人類の生活を変える革命的な発明に変わったからである。ジョブズがいつにも増して上機嫌だったのは、それが理由だろう。

その日から開発ツール・キットの無料配布が始まった。

そのニュースはiPhone発表のときのように人びとに熱狂を与えることはなかったが、世の開発者たちに火をつけることになった。

そのなかには〝ラジオの再発明〟であるパンドラを開発したトム・コンラッドや、〝音楽配信の再発明〟を自負するスポティファイのダニエル・エクもいたのである。

ふたりが色めきだったのは、金の話ではない。iPhoneに乗って、じぶんたちの発明がパソコンのある部屋から飛び出す将来に気づいたからなのだった。

かつてSonyのウォークマンが音楽を部屋の外に解放したように――。★109

iPhone 3G、激やせしたジョブズ

サンフランシスコの初夏は肌寒い。その時期にTシャツ姿で両手を抱えている人間を見れば、「よそから来たな」と一発でばれる街だ。

二〇〇八年六月。

ふたたびモスコーニ・センターの壇上に立ったジョブズが、タートルネックを着ていたのは決して季節外れではなかった。が、服から鎖骨が透けて見えるほどガリガリに痩せた彼の姿を見た観客は、大歓声を送る裏で一抹の不安を覚えずにいられなかった。

ジョブズのがんは再発したのではないか？

祭典に集ったAppleフリークに、彼のがん手術を知らない者はいなかった。実際、手術でがんの転移が発覚したとき、医者は五年の余命宣告を出していた。今年が、その五年めだった。

「さあ始めようか。ご存知のように、Appleは三本の柱で成り立っている。一本めがMac。二本めが音楽……」

ジョブズの後ろに、三本足の座椅子が映しだされている。Appleはマイナーないちパソコン会社から、音楽で

抜け出した。iPodとiTunesのことだ。[★110]

「そして三本めがiPhoneだ。今日はiPhoneについて話そう」

そう言って彼は、来月オープン予定のAppStoreで発売されるゲームをいくつか紹介したあと、iPhone 3Gを発表。いよいよ本格的に世界展開する気概を吐いた。

すでに発売済みのアメリカでの発表だ。五千人の観客はそれほど盛り上がらなかった。だがサプライズを用意するのがジョブズ流だ。

「もっと手頃な値段にしたい。だから次は誰でも買えるよう、一九九ドル(日本では二万三〇四〇円)で売るよ。しかも全世界でだ」

安価な携帯電話並みの値段となった新型iPhoneに、アメリカの観客たちは沸いた。それから十年後、十万円を超えたのを機に販売台数が世界的に失速することを想うと、ジョブズの言葉に隔世の感を覚える。

そして七月の発売当日。

世界で熱狂的なiPhoneブームが始まった。安価な携帯電話と同じ値段なら、iPodのように音楽も聴けて、ネットもゲームもできる美しいiPhoneを人びとが選ぶのは当然だった。

「予想外だったのは、AppleがビジネスモデルでもイノヴェーションをBR発明したことだった」

初代iPhoneの登場時、こんな高い電話が売れるわけがない、と嘲ったマイクロソフトのバルマーCEO(当時)は釈明の弁を述べなければならなかった。

「Appleは携帯電話会社の協力を得て、iPhone代を毎月の利用料金に織り込んでしまったのだ[★111]」

バルマーには情報が上がっていなかったのだろう。実は、そのイノヴェーションは日本のガラケーで生まれたものだった。

世界中が、通話とショートメッセージしかできない二万円の携帯電話を使っていた時代。写真も撮れて、音楽も聴けて、ゲームもできるが定価六万円もする高機能な携帯電話を、日本では「無料」で入手できた。

そのからくりは、バルマーが説明したビジネスモデルを日本が開発したからだ。孫正義と話し込んだジョブズだ。日本流のフリーミアム・モデルを彼が知らぬはずはなかった。

発売当日の早朝。東京では、原宿駅から渋谷駅のほうまで、iPhone発売を待つ長蛇の列ができ、報道陣のカメラが群がっていた。Apple表参道店は午前七時に、日本のどこよりもはやく販売開始することになっていた。

「世界的ですもんね。乗るしかない、このビッグウェーブに」

表参道に並んだ、太った髭のモヒカン男性が答える姿は、世界中のテレビに映しだされた。黒いTシャツを着た孫正義も店頭に来て、女優の上戸彩と並んでいた。

「カウントダウンを始めます。二十、十九、十八、十七……」

店頭のデジタル時計がゼロを示すとスモークが焚かれ、前日から寝袋持参で並んでいた客たちが、Appleストアに吸い込まれていった。モバイル文化でトップを走っていた、新しもの好きの日本人だ。世界のどの国よりもiPhoneに飛びつくのは自明の理だった。

iPhoneをさっそく触る満面の笑顔という笑顔を眺めながら、孫正義は、人生でいちばんつらかった時期を思い起こしていた。

余命五年の宣告を受け、病院のベッドに臥していた彼は、「どんなかたちでもいい。ここから出られることがあれば、きっとたくさんの人を笑顔にする事業をやろう」と誓った。道半ばだが、その誓いは今日、〝少し〟果たされたのだ。

本国アメリカでは、iPhone 3Gと並べて、ジョブズの激やせした姿が報道されていた。就中、経済誌は

CEOの病状を十分に伝えないAppleに手厳しかった。

七月のある日、ニューヨーク・タイムズ紙のデスクで電話が鳴った。

ジョー・ノセラ記者が電話を取ると、相手は「スティーブ・ジョブズだ」と名乗った。ノセラは驚いた。彼はジョブズの病状についてAppleの広報に問い合わせたが、まさか本人から電話がくるとは思っていなかった。

オフレコを約束にふたりは会ったが、ジョブズはひたすら喧嘩腰で「とにかく痩せたのはがんとは関係ないんだ」と繰り返した。

では、なぜAppleから情報を出さないのですか、と核心を突くと、「プライバシーだろ！　俺は大統領じゃない！」とジョブズは激昂した。

「言いたいことはわかってる。演説はぶつなよ？　いいか。そのうちAppleのCEOが俺じゃない日は来るだろう。新しい血を入れる日が来る。それが今だと思えばいいじゃないか。それが嫌な奴は株を売ってしまえばいいんだ」

ジョブズが吐き出す感情の奔流にノセラ記者は圧倒されてしまった。いったいなぜ、そこまで感情的になるのだ？

「君が何を信じようと俺は構わないが、俺には信じるものがある。君は俺が特別なCEOだと思っているが、俺自身はそう思っていないんだ」

ジョブズはがん再発をあくまで伏せたが、それでも本心を語ろうとしていた。

「Appleには俺以外に素晴らしいリーダー候補がいる。最近のイベントで脚光を浴びるようにしてきたろう？あいつらをちゃんと見てくれよ」★112

ジョブズの言葉にノセラは先月のイベントを思い出した。iPhone 3Gの発表を締めくくるにあたり、たしかにジョブズはこう言ったのだった。

「最後に、トニーと彼のチーム、そしてスコットと彼のチームがここに来ている。立ってくれ。みなさん拍手を！最高の仕事だったぞ」

トニー・ファデル率いるハードウェア部隊と、スコット・フォーストール率いるソフトウェア部隊が、会場の盛大な拍手を受けた。ファデルとフォーストールのふたりはたしかに、次世代のＡｐｐｌｅを引っ張る若きリーダーといってよかった。

ジョブズは、じぶんの死後もイノヴェーションを生み、輝き続けるＡｐｐｌｅを、命を賭して創ってきたつもりだった。だからファデルやフォーストールのような若きリーダーをちゃんと育てた。

天才のじぶんががんで死んだらＡｐｐｌｅは衰退するという決めつけは、ジョブズにとって称賛ではなく、侮辱だったのだ。

だがノセラも、あるいはひょっとしたらジョブズも気づいていなかった。

あのとき、五千人の拍手喝采を浴びるなか、トニー・ファデルは疲れ切っていた。生まれたばかりの子どもの顔もろくに見ずに、フォーストールやアイブと争い続けるような人生に疑問を持つようになっていた。

このイベントが、Ａｐｐｌｅでの最後の思い出になるかもしれない……。

節目を感じ、寂しげな笑顔を浮かべるファデルに、五千人の拍手は降り続けたのだった。

秋、Ａｐｐｌｅはファデルの退任を発表した。

パンドラ、アプリで全米首位に立つ

ＡｐｐＳｔｏｒｅの初めて発表したアプリ・ランキングを開いた、元Ａｐｐｌｅ社員のトム・コンラッドは、パンドラ創業者のティム・ウェスターグレンとともに目を見張った。

自信はあった。だが、フェイスブックや人気ゲームを飛び越えて、まさかじぶんたちのアプリが首位を勝ち取ったのは予想外だった。

インターネットが普及して以来、「ラジオなんて衰退する」とほとんどの人が信じたが、車で通勤・通学するアメリカでラジオが廃れることはなかった。音楽配信のブームにメディアが沸き立つ一方で、人びとは依然として、音楽を聴く時間の八割をラジオで費やしていた。

その盲点を衝いたのがパンドラだった。★113

人工知能を駆使した、あまりにも先駆的なパンドラだったが、その本領を発揮するのはパソコンのなかではなく、車のなかのはずだった。車に持ち込めるｉＰｈｏｎｅの登場で、〝ラジオの再発明〟はいよいよ飛翔の刻を迎えたのである。

アイコンをタッチすれば、あとは何も操作がいらない。そこからは人工知能がリスナーの趣味に合わせて、様々な音楽を紹介してくれる。コンラッドがＡｐｐｌｅで学んだ「シンプル」の哲学を反映したパンドラは、運転中の音楽に最適だった。

のみならずそれは、パソコン音痴の老人や子どもたちをも取り込む、圧倒的な「簡単さ」を備えていた。

パンドラがキャズムを超えるのは自明の理だった。パソコン時代、二百万人で頭打ちとなっていたパンドラのリスナー数は、ｉＰｈｏｎｅから始まったスマートフォン・アプリのブームとともに、爆発的に伸びていった。

パンドラはアメリカで、アプリの首位を独走しつづけた。

そして三年後には、アメリカのリスナー数は三千万人を突破。いちミュージシャンだったウェスターグレンの創業したパンドラは、ニューヨークの証券取引所に上場するに至ったのだった。執筆現在、アメリカにおける音楽配信の月間ユーザー数はスポティファイが八三〇〇万人、二位のパンドラが五四〇〇万人、ＡｐｐｌｅＭｕｓｉｃが三七

〇〇万人となっている。★114

「あなたはミュージシャンだった。起業したとき、音楽産業のあり方を破壊しようと考えていたのですか？」

対談者の問いに、ウェスターグレンはこう答えた。

「いや、破壊するとかそういうことは考えてなかったです。もっとシンプルな動機でした」

そして彼は、アメリカの音楽界を覆う問題を描いた。★115

「この国では、たくさんの才能あるミュージシャンが無名のまま、高速道路とクラブを彷徨っています。一方でチャート番組では聴けない、新しい音楽に出会いたいという人もあふれている……」

世の中には埋もれた素晴らしい音楽がたくさんある。人気に左右されずに、純粋にリスナーの趣味に合わせて音楽をかければ、良い曲ならきっと喜ばれる……。それが音楽を救う道と期して、ウェスターグレンは起業した。

「私がパンドラでやろうとしていることはシンプルで、才能あるアーティストとオーディエンスを結びつけることなのです」

上場から一年後には、パンドラの楽曲使用料だけで年五万ドル(約六五〇万円)以上の支払いを受けるミュージシャンが、アメリカで八百人を超えた。そのほとんどがテレビやラジオで宣伝できなかったインディーズのミュージシャンたちである。★116

「ミュージシャンと人工知能の融合で、音楽の民主主義を実現する」

巷に人工知能のブームが起こるはるか前に、ウェスターグレンが立てた志だ。その創業の苦闘は前著で書いたとおりだが、彼の志は音楽の世界で実現しつつある。★117 それは金融資本主義の起こした非効率な格差社会に対する、テクノロジー的解決のヒントすら仄めかしている。

パンドラの上場から四年間、アメリカは音楽売上が増え続け、スポティファイの誕生したスウェーデンと並び、四年連続で増収した稀な国となった。が、その四年間、アメリカで最も増えたデジタル売上は、ｉＴｕｎｅｓでもユーチューブでもなかった。パンドラの広告売上が大半を占めるサウンド・エクスチェンジの売上なのだった。[★118]

ラジオ大国アメリカ。だが地上波ラジオは音楽を使って音楽産業の四倍も売上を立てているにもかかわらず、「ＣＤの宣伝になるから」という論理を盾に、売上の三％弱しかミュージシャンたちに還元してこなかった。

一方で、パンドラは売上の半分以上を音楽界に支払っていた。アメリカのミュージシャンは、パンドラを通して事実上、広告モデルを手に入れつつあった。もはや音楽会社の「三六〇度ビジネス」は楽曲販売やライヴに限ったことではなくなったのだ。

パンドラは「ラジオの再発明」だった。ｉＰｈｏｎｅは「電話の再発明」だった。

一九七三年、携帯電話が発明されたとき、その技術的なアイデアは「双方向のラジオ」であった。[★119]それから三十五年が経ち、ＣＰＵを駆使した電話の再発明が、人工知能を駆使したラジオの再発明を助けたことに、時代のうねりを感じないだろうか。

パンドラを公開するまで、ウェスターグレンは雇用したミュージシャンたちとともに苦闘を重ねてきた。借金取りと揉み合ったことさえある。だが、パンドラに集った幾千万もの音楽ファンは、ウェスターグレンの志が絵空事でなかったことを証明してくれた。

ミュージシャンと人工知能の融合で、音楽の中産階級を創る――。

パンドラの志す音楽の民主主義革命を助けたのが、革命家スティーブ・ジョブズのｉＰｈｏｎｅだったのだ。

“ｉＴｕｎｅｓキラー”スポティファイは救世主なのか

点と点が結ばれ、やがて未来が姿を顕す。

ジョブズはスタンフォード大学でじぶんの人生をそう描いたが、それは個人の人生に限ったことではないのだろう。ＡｐｐＳｔｏｒｅの誕生で〝ラジオの再発明〟パンドラがアメリカを席巻しはじめた頃、大西洋を跨いだヨーロッパでは、別の革命が起ころうとしていた。二〇〇八年十月。ｉＰｈｏｎｅ３Ｇ発売から三ヶ月後だった。スウェーデンで〝音楽配信の再発明〟スポティファイが二年の準備期間を経て、いよいよ公開された。

革命というのは、時代が煮詰まった国で起こるものらしい。

インターネットの母国であり、かつファイル共有が生まれたアメリカでは、世界に先駆けて音楽産業に危機が訪れた。[120]その結果、ジョブズのｉＴｕｎｅｓミュージックストアが誕生した。[110]スウェーデンには〝違法ダウンロードのグーグル〟と呼ばれたパイレート・ベイが誕生し、ＣＤはおろかｉＴｕｎｅｓミュージックストアすら壊滅した。結果、どの国よりもはやく、〝ｉＴｕｎｅｓミュージックストアの次〟に向かわざるをえなくなったのだった。

ファイル共有の基礎技術であるピア・ツー・ピアを応用し、ダウンロードが不要なほど超高速の音楽ストリーミングを実現する。のみならず、メジャーレーベルが全面協力して、すべての音楽を「基本無料」で提供。これで違法ダウンロード愛用者を囲い込んで定額制配信へと誘導し、二〇〇一年に誕生しつつも「需要なし。時代遅れ」の烙印を押されていたサブスクを音楽産業もろとも復活させる――。

それはアメリカのパンドラと並ぶ、スウェーデンの壮大な社会実験であった。[121]招待制でサーバーのパンクを防いだ初期フェイスブックの例に倣い、ダニエル・エクは母国でスポティファイを招待制で始めた。

招待チケットはフェイスブックなどで配布されるも数は限られ、招待にあぶれた者は有料会員に登録するしかなかったが、瞬く間に国中の若者たちに熱狂をもたらした。オークション・サイトでスポティファイの招待制チケットは高値で取引された。

半年後、スポティファイはヨーロッパ音楽界の中心地ロンドンに本社を移し、満を持して音楽の国イギリスでサービスインした。

「iTunesキラーがやってきた」とイギリスはそのニュースに沸いた。

CDの誕生を扶けたクラシック界の帝王カラヤン。MTVの立ち上げを後押ししたミック・ジャガー。iTunesミュージックストアの成功を扶けたU2——。

音楽産業の革新が成功するとき、必ずそこには大物アーティストがいたが、[★122] スポティファイのときも欧州メジャーデビューを扶けたのがU2のボノだった。U2は新作アルバムをスポティファイで独占先行配信した。これがニュースとなり、基本無料のスポティファイには即座に百万人のイギリス人ユーザーが出来あがった。

さらにレディ・ガガがイギリス上陸にスポティファイを活用し、スポティファイのイギリス・チャートで連続首位を記録。かつて音楽テレビのMTVがブリティッシュ・ロックのメガトレンドを捉えて八〇年代にブレイクしたように、スポティファイはEDMの世界的トレンドを摑み、一気に欧州へ広がることになった。

スポティファイは政治をも動かした。当時、パイレート・ベイの猛威に苦しむ欧州各国で、違法ダウンロードの刑罰化が取り沙汰されていた。それはファイル共有に慣れた若者有権者たちから猛反発を受けていたのだが、そこに違法ダウンロード対策の決定版スポティファイが脚光を浴びて登場したのだ。

違法ダウンロード刑罰化の反対派は言った。

「政府は、違法ダウンロードの取り締まりといった後ろ向きなことばかりやるのではなく、スポティファイのような合法の音楽配信を後押しすべきじゃないか」

賛成派は言った。

「違法ダウンロードを取り締まっても、スポティファイのような基本無料の音楽配信が登場したのだからきっと大丈夫だ」

両者の意見は、ここに合致したのだった。実際、スポティファイが先行したスウェーデンでは、違法ダウンロードが急激に減りだしていた。

政治家たちは強かだった。総選挙を睨んで英保守党はさっそく、インフルエンサーの若者有権者が集ったスポティファイに広告を出稿。時代の変化に向き合う前向きな政党を演出したのだった。

「後の者が先になり、先の者が後になる」とマタイ福音書は言う。偶然なのだろうが、それは経済の世界で起こる、リープ・フロッグの法則をうまく表した言葉にもなっている。

欧州が沸く一方で、デジタル音楽売上でトップ2を走っていたアメリカと日本はスポティファイ現象の重要性に気づくことがないままだった。

アメリカはiTunesミュージックストアが依然快調で、日本は携帯電話で音楽を楽しむ着うたフルが空前のブームを起こしていた。両国はデジタル売上の伸び率でもトップ2を守っていたので、それを超えうる新しいものに鈍感になっていたのだった。[★123]

一方でこの時期、熱狂の裏でスポティファイは危機に瀕していた。極秘だったが、スポティファイのビジネスモデルに致命的な欠点が発覚していた。無料会員に毎月二十時間の上限を設けることで有料プランへの移行を促していたのだが、ほとんど有料会員が出なかったのだ。[★124]

このままだとスポティファイは「実験失敗」で片付けられてしまう。だが、二十六歳の創業者ダニエル・エクには秘策があった。

スポティファイは、突破口をみつけていた。「移動中に音楽を聴く人は三人に一人」というデータである。[★125]このウォークマンが作り出した音楽文化を使って、有料会員を増やす手立てがないか。

それが、スポティファイのスマホ・アプリだった。

二〇〇九年九月七日。

後世、音楽産業に百年ぶりの転換が訪れた歴史的な日として記述されることになるだろう。その日、スポティファイのiPhoneアプリが、Appleに承認され、欧州のAppStoreに登場した。

iPhoneでスポティファイを使いたい。部屋の外でも目いっぱい、スポティファイの音楽聴き放題を堪能したい。欧州の音楽ファンはそう熱望していたが、なかなかアプリが出ないのでこの一年間、やきもきしていたのだった。

「Appleは、iTunesキラーのスポティファイを承認しないのではないか」

そんな噂まで流れていた。実際、AppleにはiPhoneの純正アプリと大きく重複するアプリを承認しない事例もあった。たとえば、ネットを使って通話が可能なグーグル・ボイスもジョブズみずからの指示で承認されなかった[★126]。

だが、スポティファイ愛好者の勘ぐりは、杞憂に終わったのである。

その頃には、Appleに遅れてアンドロイドのアプリ・ストアも立ち上がっていた。さらにスポティファイ・アプリの登場から時を待たずして、モトローラの「ドロイド」が登場。アンドロイドで初のメガヒットとなったスマホだ。いよいよ、スマホの戦国時代が到来していた。スマホの世界的ブームに乗って、スポティファイは有料会員を急激に増やしていった。

「無料で自由に使いたいなら、パソコンで使ってください。でも、スマホでもスポティファイを目いっぱい楽しみたい人は有料会員になってください」

部屋のなかは無料、部屋の外は有料。

エクのこのシンプルな提案に、無料に慣れていた音楽ファンたちも乗った。そして四人に一人が有料会員になっていったのだった。

当時、音楽ダウンロードでｉＴｕｎｅｓのような合法配信を使っていた人類の割合はわずか五％しかいなかった。[127]だが、スポティファイのモデルなら、残り九五％をすべて取り込み、その四分の一を有料会員にできることになる。スポティファイのフリーミアム・モデルは、人類の四分の一を有料会員にする実力を秘めていた。実際に八年後、母国スウェーデンを筆頭とする北欧諸国では、実に国民の半分がスポティファイの有料会員になったのである。[128]

奇跡は、スウェーデンから始まった。

二〇〇九年。同国では、スポティファイの音楽売上がｉＴｕｎｅｓのそれを超えた。アプリが誕生してわずか三ヶ月での逆転だった。

のみならずＣＤとｉＴｕｎｅｓが減収するなか、スウェーデンの音楽売上は十年連続のマイナス成長から抜け出した。そしてリーマン・ショックによる経済の低迷下、スウェーデンの音楽売上は前年から実に一二％増の急成長を成し遂げたのである。[129]

スポティファイは月額約十ユーロ。欧米ではＣＤアルバム一枚分に近かった。年額でＣＤ十二枚分にもなり、有料会員が四人に一人であっても年間一人あたりＣＤ三枚分に相当した。当時、先進国の一人あたりの音楽売上は平均でＣＤ一、二枚分。スポティファイは基本無料ながら、ＣＤ以上に稼ぐ可能性を煌(きら)めかせていた。

「ついに音楽の救世主が誕生したのではないか」

欧州の音楽業界は色めきだった。だが、メジャーレーベルの本拠地アメリカのトップたちは慎重だった。同じような期待が失望に変わった経験を済ませていたからだ。

ｉＴｕｎｅｓミュージックストアのＷｉｎｄｏｗｓ版がアメリカでブレイクし、いよいよ本格展開を迎えたときのことだ。二〇〇四年、世界の音楽産業が相変わらず減収するなか、アメリカのみが久々のプラス成長を経験した。それを見た世界は、ジョブズこそが音楽の救世主だと信じたのである。

しかし希望は続かなかった。翌二〇〇五年から米音楽産業はふたたびマイナス成長に戻ってしまった。内訳を見れば、原因は明らかだった。二〇〇四年、たしかにｉＴｕｎｅｓのおかげでデジタル売上が急騰したが、同時に音楽ＤＶＤが前年比四五％増の活況を見せ、物理売上もプラスになっていたのだ。

シングルはダウンロードで買い、ＣＤアルバムのかわりに音楽ＤＶＤを買うという商流が出来たはずだった。だが、それはたった一年しか続かなかった。二〇〇五年にユーチューブが誕生し[★130]、音楽ビデオが無料で見られるようになると、瞬く間にこの商流は瓦解してしまった。

「ユーチューブがＤＶＤを喰ってしまったように、同じくストリーミングのスポティファイがＣＤとｉＴｕｎｅｓを喰ってしまえば、二の舞になるかもしれない」

アメリカ音楽界の経営陣は、そう懸念したらしい。だが、アメリカではひとりの男が、スポティファイを見て燃えあがっていた。

かつて音楽産業に破壊をもたらしたショーン・パーカー本人だった。

ショーン・パーカーの目指した「音楽とITの和解」

今度は女の家に逃げ込まなかった。

二〇〇五年の夏、身に覚えのないスキャンダルでフェイスブックの社長の座から追放された傷心のパーカーは、生まれ故郷の東海岸へ帰っていた[★131]。

それは二度めの会社追放だった。

彼は、ピア・ツー・ピアの発明で音楽を実質無料化したナップスター社を二十歳で創業して世界中の若者を熱狂させた。同社は著作権侵害で裁判にかけられたが、若き彼は裏でナップスターの音楽聴き放題を合法化すべく定額制配信に変えようと奔走していた。[★132]

だがそのさなか、裁判で決定的に不利なメールを証拠に出され、それを書いたパーカーはじぶんの会社から追放されたのである。アメリカのメジャーレーベルは、彼に替わってじぶんたちで世界初の音楽サブスクを二〇〇一年に立ち上げたが、大失敗に終わった。ジョブズはそこを突いて、単曲売りのｉＴｕｎｅｓミュージックストアを成功に導いた。そしてサブスクは当時、時代遅れの烙印を押されたのだった。[★133]

その後、パーカーはナップスター裁判の頃から目をかけてくれていた、グレイトフル・デッドの作詞家であり、ネット上の言論の自由を主導してきたジョン・ペリー・バーロウの家で居候生活を続けていた。[★134]叩きのめされていたが、すべてを諦めたわけではなかった。

会社を追放されたとはいえ、誰よりもはやくフェイスブックの価値に気づいた男だ。その成功を信じて疑わなかった。それはまだハーヴァード大生だった創業者のザッカーバーグに次ぐ個人株主であるじぶんが、まもなく有数の富豪になることを意味していた。インターネットの次はどこで革命が起こるか。彼は再起をかけ、投資先を考えはじめていた。

「医学だ」と、あらゆる本を読みふけったパーカーは結論した。

情報テクノロジーの大波を次に受けるのは、遺伝子情報の解析だ。フェイスブックの成功で資金を得たら、がん治療のイノヴェーションに貢献できないか、と真剣に調べだした。

ピーター・ティールから誘いを受けたのは、その頃だった。のちにテスラ・モーターズ等を起業するイーロン・マスクとともに電子決済の先駆ペイパル社を創業したティールは、起業家だけでつくるファウンダーズ・ファンドを立ち上げたが、その創業メンバーに入ってくれないかとパーカーに言ってきたのである。

新世界を創る――。その創業理念に惹かれたパーカーは応じた。

看板に偽りはなかった。民間宇宙旅行を目指すスペースX、シェア・エコノミーの嚆矢となったエアビーアンドビー、アルファ碁で棋士に勝利し、日本でも人工知能ブームを起こしたディープマインド、ビン・ラディンの居場所を突き止めた究極のデータ解析パランティア等々。ファウンダーズ・ファンドは、のちにスマートフォンの普及が終わり、目標を失ったテクノロジー産業へ、さらなる未来を提案する会社の創業を次々と扶けることになる。

パーカーは、参加するとすぐにフェイスブックの投資を提案。三年後の二〇〇九年には、フェイスブックのアクセス数はヤフーを超え、同ファンドに初めての成功をもたらすことになった。

結果、希望どおり医療ヴェンチャーの投資にも関わることができた。が、ずっと「やり残した宿題」を忘れられなかったという。

「俺がぶっ壊したものをどう直すか、ずっと真剣に取り組んでいたんだ」とパーカーは振り返る。[★135]音楽のことだった。

ナップスターの発明は定額制配信に先立ち、「聴き放題、プレイリスト文化、おすすめの共有」という新たな音楽文化を人類にもたらした一方で、すべての音楽を無料にしてしまった。[★136]

その頃、世界はジョブズのｉＴｕｎｅｓミュージックストアに希望を見出していた。だが、それで儲かるのはｉＰｏｄのあるＡｐｐｌｅだけだと気づいていたパーカーはいっそう、責任を感じつつあった。やはり、じぶんがなんとかしなければならないのではないか。

「ショーン、すごいのをみつけたよ！　スポティファイというんだけど」

かつてパーカーにフェイスブックの初代社長を頼み、今も彼を慕うザッカーバーグＣＥＯから連絡がきたのは、その矢先だった。それは二〇〇九年の八月、イギリス上陸から半年経った頃のことで、いよいよｉＰｈｏｎｅアプリの承認が通達されようとしていた時期だった。

パーカーはさっそく、VNPで国境の壁を安々とぶち抜き、アメリカからスポティファイに触ってみた。衝撃だった。

「これこそ、俺がナップスターで目指したものだ」

運命あるいは歴史的使命を全身に感じたパーカーは、居ても立ってもいられなくなった。そしてエクに直接、ラブレターのごとき情熱にあふれるメールを送った。★137

メールを受けたエクは驚喜した。パーカーは彼にとって人生を変えたヒーローだったからである。なにせ、スポティファイは〝合法のナップスター〟をやりたくて創ったのだ。★138

なによりパーカーのメールは、音楽産業の未来のあり方を緻密かつ精細に分析しており、スポティファイの目指すべき指針を明瞭に示していた。

「僕よりもスポティファイのことをよく考えている……」

エクはパーカーの知性と情熱に感じ入った。そしてパーカーをさっそく仲間に受け入れたのだった。

「俺にスポティファイのアメリカ進出をまかせてくれ」

取締役に収まったパーカーは言った。メジャーレーベルの本拠地、アメリカ。この国を征さねば、世界を変えることはできない。

エクは、アメリカ進出の切り込み部隊をパーカーに託したのだった。

「パクリ」の汚名を着せられたアンドロイド

アンドロイドの開発責任者、アンディ・ルービンが完全に追いつめられたのは、スティーブ・ジョブズがグーグル社に乗り込んできたのがきっかけだった。

それは初のアンドロイド・スマートフォン、「ドリーム」の発売が差し迫った二〇〇八年の夏のことで、若き共同創業者ペイジの部屋があるグーグルの四三番ビルにやってきたジョブズは、怒り狂っていた。

「この盗っ人どもが。よくもｉＰｈｏｎｅを喰い物にしてくれたな！」

怒鳴りたてるジョブズが要求してきたのは、「ピンチやスワイプ、ダブルタップで画面を操るマルチタッチはすべて俺たちの発明だ。即刻アンドロイドから外せ」というものだった。

「ミスター・ジョブズ。マルチタッチはＡｐｐｌｅの発明じゃないでしょう。ｉＰｈｏｎｅよりずっと前からありますよ？」

そう言ってグーグルの幹部は、一九九二年にサン・マイクロシステムズが発表したマルチタッチのデモ映像や、ｉＰｈｏｎｅ発表の四年前にビル・ゲイツがサーフェス計画のデモで、ピンチやスワイプを披露した映像を彼に見せた。

ジョブズに盗っ人呼ばわりされたルービンはそこで付け加えた。

「私は九〇年代にＡｐｐｌｅを辞めたあと、少しばかりマイクロソフトにいましたが、この目でタブレット・チームがマルチタッチを開発していたのを見ています。それに私はＡｐｐｌｅよりずっと前からスマートフォンを開発してきた。『どちらが先に、スマホへのマルチタッチ搭載を考えていたか』と主張されるなら、私のほうがずっと先です」

まるでゲイツとジョブズの大喧嘩の再現だった。ルービンの言葉に怒りをいっそう燃えあがらせたジョブズは、この件は我々がすべて関連特許を持っていると威圧した。

「あなたの態度はイノヴェーションに反している！」

頭に来たルービンは叫んだ。ジョブズは爛々とした目で歯ぎしりし、ルービンを睨みつけて言った。

「その黒い長袖、ジーンズ、短髪に眼鏡。おまえはすべて俺の猿真似だ」

ジョブズの中傷にルービンは言葉を失った。[★139] 彼がジョブズに憧れて昔Ａｐｐｌｅに入社し、起業を志したのは事実だった。尊敬は憎しみに変わった。それはＭａｃを愛用してアンドロイドを開発したルービンの部下たちも同じだった。

ルービンにとって最もつらかったのは、シュミットＣＥＯや創業者のペイジが彼をかばわなかったことだ。初代アンドロイド・フォンはジョブズの要求どおり、ピンチやスワイプ、ダブルタップの機能を外して出荷された。世間はアンドロイドを「パクリ」「出来損ない」「貧乏人のｉＰｈｏｎｅ」と嘲笑った。仲間のはずのグーグル社員たちもルービンに冷たかった。元々「ソフトウェア会社のグーグルで、なんでハードウェアなんかやっているんだ」とルービンの極秘プロジェクトを訝っていた彼らは「それ見たことか」とその出来に眉を顰めた。

創業者のペイジはアンドロイドに対するじぶんの本気度を伝えるため、その年のクリスマスに「ドリーム」を全社員にプレゼントしたが、ｉＰｈｏｎｅをすぐさま買ったテクノロジーおたくの彼らだ。醜い「ドリーム」は放り出され、オークション・サイトで投げ売りする者まで現れた。

「もうこんな会社、辞めてやろうか」

世間のみならず仲間からも侮辱を受けたルービンは本気でそう考えたが、シュミットＣＥＯとペイジらは彼を慰撫した。ふたりが汚名を着せられてでもジョブズの要求を呑んだのには理由があった。今、特許問題で訴訟を抱えたら、世界中でアンドロイド陣営参入を検討中の携帯会社やメーカーがじぶんたちも巻き込まれないかと躊躇する、と憂慮したのである。

慰撫を受けたルービンは考え直し、残って戦うことを選んだ。ジョブズが、アンドロイドからマルチタッチを強奪しなければこうはならなかったはずだ、と信じた。

「強盗、スティーブ・ジョブズ」

ルービンはジョブズの顔写真を会議室のホワイトボードに張り、でかでかとそう書いて、「勝つぞ」とみんなで誓い合った。[★140]

ルービンの大戦略、iPhoneに勝つ

一年で、逆襲の機会は訪れた。

二〇〇九年八月。グーグルのシュミットCEOがAppleの取締役を辞任し、ようやく袂を分かった。

ジョブズはすぐにでも追い出したかったのだが、「iPhoneからグーグル検索やグーグル・マップ、ユーチューブが撤退して、アンドロイドが独占すれば大ダメージを喰らいます」と部下に止められていたのだった。

堤防は決壊した。翌月、ついにアンドロイド・フォンで初のメガヒットが誕生した。モトローラ製の「ドロイド」である。

モトローラは日本の携帯電話メーカーに先立って、〝ガラケー〟の崩壊で危機に瀕していた。かつて三億台の大ヒット商品となった携帯電話「レイザー(Razr)」シリーズは、iPhoneの爆発的人気に押され、見る影もない状況に陥っていた。だがモトローラが日本勢と異なったのは、アンドロイドOSが発表されるといちはやく麾下のモバイルOS部隊、千人をリストラし、アンドロイド陣営にすべてを賭けたことだった。

「ドロイド」は武骨な機能美を、そのデザインに映していた。

それはiPhoneより大きなディスプレイを備えており、アンドロイドOSにはジョブズが奪ったピンチ、スワイプ、ダブルタップが復活していた。さらに画面を物理的にスライドすると、ブラックベリーばりのQWERTYキーボードが現れた。それは、携帯電話やブラックベリーからiPhoneへの乗り換えを渋っていたビジネスマン

層のこころを鷲摑みにした。

「ドロイド」の大ヒットによって、アンドロイドは瞬く間にアメリカでｉＰｈｏｎｅのシェアに追いつき、翌二〇一〇年には追い抜いた。〝アンドロイドの父〟アンディ・ルービンは一躍、時の人となった。〝ジョブズのライバル〟にインタビューは殺到し、カンファレンスではもみくちゃにされるという人生で初めての経験を味わった。[★141]

メディアが注目したのは、ルービンの大戦略だ。

「スマートフォンの先駆者」の誉れをジョブズに強奪されたうえ、アプリ・ストアもＡｐｐｌｅに先立って発表したものの、やはり誉れはジョブズに奪われた。だが、ルービンはグーグルのアプリ・ストアに仕掛けを施していた。ＡｐｐｌｅがアプリI売上の三〇％を懐に収めていたのに対し、グーグルは三〇％の売上手数料を、携帯電話会社にまるまる渡すことにしたのだ。

ドコモが大成功したことで、世界中の携帯電話会社がこぞってｉモードを模倣していた。[★092]だがｉＰｈｏｎｅの席巻で、そのビジネスモデルは崩壊の危機に瀕していた。世界の携帯会社は、グーグルの太っ腹な提案に乗ってきた。

そこに、「ドロイド」の大ヒットだ。

ｉＰｈｏｎｅはこれまでの商習慣を破って、携帯会社の分厚い指示書に従わずにメーカーがデザインした電話だったが、アンドロイドでも同じように、メーカー主導で消費者が喜ぶスマホを創ればヒットするということが証明された。

消費者の喜ぶ、最高のプロダクトを創れば成功する――。

それはジョブズがＡｐｐｌｅに復帰したとき、講堂で叫んだ言葉だったが、いよいよ世界中のメーカーがその哲学に従う刻が来たのである。

もちろん、最高のプロダクトを創れば必ず成功するとも限らない。

マーケティングの天才ジョブズがいるからこそ、その哲学は現実味を帯びたのだ。Ｓｏｎｙもかつてモノづくりの天才、井深大とマーケティングの天才、盛田昭夫のコンビがハイテク界の王位を取った。

対して、グーグルはマーケティング下手で悪名を轟かせていた。

グーグルを創業したペイジやブリンもまた、最高のプロダクトを創れば成功すると信じて疑わなかった。実際、グーグル検索やGメールなどは宣伝なしで大成功を収め、会社の基盤をつくったが、それが裏目に出ることが多くなっていた。

フェイスブックが席巻する前に、グーグルはオーカットのような人気SNSを生み出したが、会社は宣伝費もサーバー費も割かず、ＳＮＳの牙城をあっさり譲り渡した苦い経験があった。ネットフリックスが席巻する前からグーグルは有料の映像配信を試みていたが、そこでも同じ失敗を繰り返した。

エンジニア主導の会社であり、マーケティング畑やコンテンツ畑の社員が二等市民扱いされる社内文化の弊害が出た結果だった。それは、製品の品質をひたすら追求して、アメリカ製造業に勝った日本のメーカーも囚われた悪癖なのだが、日本企業と違い、ルービンは新戦略を編みだして克服した。「アンドロイドの宣伝はグーグルが手がけない。宣伝が得意な企業群を味方陣営に引き入れ、まかせる」という戦略である。

ＯＳは無料でメーカーに提供する。アプリの粗利は携帯会社に渡す。そうすればグーグルが宣伝しなくとも、日々、宣伝に明け暮れるメーカーや携帯会社が、勝手に彼らの予算でアンドロイド・フォンを宣伝しまくってくれる、という算段だった。そして実際に韓国サムスンのような、マーケティングに秀でた企業が莫大な広告費でアンドロイド・フォンを世界中に宣伝するようになっていく。

かくして広告ビジネスで生計を立てながらも宣伝が苦手だったグーグルは、「ドロイド」の発売からわずか一年で世界中にアンドロイド陣営を築きあげ、王者Ａｐｐｌｅを包囲したのである。

「数当てゲームの要領ですよ。どの製品エリアでも、たくさんのメーカーがいろんなアンドロイド製品を創ってくれるのですから、当たるのは時間の問題というわけです」[142]

ニューヨーク・タイムズ紙に答えるルービンは不敵に笑い、かつてWindowsが先駆者のMacを駆逐したように、アンドロイドがスマホの宇宙を支配する未来を予言した。[141]

それから十一年が経ったが(執筆時)、彼の予言は成就し、アンドロイドOSのシェアは近年、八五%前後で推移している。[143]

Apple社員の頭には、かつてMacの敗北で味わった倒産危機の悪夢がよぎっていた。だがジョブズは、「今回は違う」と言い張っていた。

たしかに表向きは同じ構図だったかもしれない。感情面でも、友と思っていた男たちに裏切られ、模倣され、追い込まれたという怒りや悲しみは同じだった。

だがジョブズが「違う」と言ったのはビジネスモデルのことだ。

マイクロソフトと違い、グーグルはソフトウェアですら儲ける必要がなかった。アンドロイド陣営がスマホを世界中に広めれば、グーグルの欲しいモバイル広告売上はおのずと空高く翔け上がっていくのである。

その意味で、スマホの王者iPhoneすら憎きグーグルの味方なのだった。

グーグルが無料を武器に稼ぐ一方で、Appleは原価の重いハードウェアで稼がなくてはならない。無料に対して有料がほんとうに勝てるのか。ネットの登場で音楽産業が直面したのと同じ脅威を、ジョブズは抱えたのだった。

未来の地点にいる我々は、クラウドの時代が到来し、かつARMがスマホの標準CPUとなり、さらにはUNIXがアンドロイドとiOS双方のベースとなったことで、アプリがどのプラットフォームにも対応しやすくなって、Macのときとは違う結果になったことを知っている。

だが、ジョブズが「今回はWindows対Macのときとは違う」と言い張ったのには、もうひとつの理由があった。

——俺がここにいるだろう？

あのとき、ジョブズを追放し、ブランド化・高利益化に頼ってマイクロソフト陣営のオープン・イノヴェーションに対抗したスカリーを止める者はなかった。だが今回は、ちゃんとじぶんがここにいるのだ。

模倣者には、さらなる創造で打ち勝つ。それが彼の生き様だった。

Apple、スポティファイのアメリカ進出を阻む？

一年で、勝負をつけるつもりだった。

だがショーン・パーカーが切り込み隊長を引き受けたスポティファイのアメリカ上陸作戦は、想像以上の苦戦を強いられることになった。

たしかに、音楽産業を破壊したナップスターのこの共同創業者を、戦争犯罪人のように毛嫌いする業界人は多かった。一方で米音楽界の経営陣には、パーカーを認める人間も少なくなかったのである。

ITバブルのなか、八千万人を集めたナップスターにはいかがわしい大人が群がっていたが、そんな会社でただひとり、ナップスターを合法の定額制配信に変えてまともにしようと奮闘していたのが当時、二十歳だったパーカーだったからだ。★144

二〇〇〇年というデジタル時代の砌（みぎり）に、パーカーは二十歳の若さでメジャーレーベルと交渉し、ファイル共有を合法の定額制配信に新生しようとしていた。当時、彼は携帯電話が有料化の鍵になるとすら予見していた。★145 そんなパーカーを、敵ながら見どころのある若者だと、米レコード協会のヒラリー・ローゼンCEOすら当時、認めていたのだ。

あれから十年近くが経った。アメリカ音楽レーベルの首脳陣は、スポティファイの一員となってやってきたパーカーを拒まなかったが、予想以上に楽曲使用の許諾交渉は難航した。

決して、アメリカのメジャーレーベルが保守的だったわけではなかった。失敗に終わったが二〇〇一年に、みずからサブスクリプションの音楽配信を創出したのは彼らだったし[★146]、ジョブズがｉＴｕｎｅｓミュージックストアを立ち上げるとき、アーティストの説得に全面協力したのも彼らだ[★147]。そのうえ、欧州でのアプリの公開に先立って、スポティファイの株主にアメリカの四大メジャーレーベル（当時[★148]）は収まっていた。

ｉＴｕｎｅｓミュージックストアが成功したのはよかったが、ジョブズに音楽配信の主導権を握られてしまったことは、いささか脅威になりつつあった。だから米音楽界は、スポティファイのような対抗陣営を育てる必要があったのである。

メジャーレーベルが懸念したのは共喰い、カニバリズムだった。

二〇〇九年、一二％増の急成長を記録したスウェーデンの音楽売上が、交渉中の二〇一〇年に入ると調子を崩し、売上減が始まった。無料でも使えるスポティファイが、ＣＤとｉＴｕｎｅｓを喰ってしまったかのようにも見えた。ｉＴｕｎｅｓの売上がもともと低かったスウェーデンですらそうなったのだ。Ａｐｐｌｅのお膝元であり、ｉＴｕｎｅｓが世界一うまくいっているアメリカで、スポティファイがＣＤとダウンロード販売の両方を喰ってしまうことになれば、スウェーデン以上の悪影響があるのではないか。米音楽界の重鎮たちはそう心配したのだった。

その頃にはアメリカの音楽ファンにも、スポティファイの評判が届くようになっていた。スポティファイがあれば、ｉＴｕｎｅｓで買わなくても音楽が聴き放題だという。はやく使ってみたい、とやきもきしだした。

「なぜアメリカでスポティファイが使えないんだ？　メジャーレーベルが邪魔しているのか？　それともジョブズがスポティファイを恐れているのか？」

ネット上では、音楽ファンのいらだちが騒がしくなっていった。後年のことだ。ジョブズの友人だったジャーナリスト、フィリップ・モスバーグがD10カンファレンス[149]でパーカーたちに尋ねたことがある。

「Appleが、スポティファイのアメリカ上陸を邪魔していたのかな？」

その質問で、エクとパーカーは気まずい沈黙に陥った。ふたりが目を合わせると、パーカーが苦笑しながら口を開いた。

「そういう兆候があったのは確かです。まあ、とても……」

「とてもタフな質問だったかな？」

「とても狭い業界なものですから」

妙な間が空き、会場は笑った。

「ずっと音楽業界と交渉していて、彼らからメールが転送されてきた。Appleが、私たちに脅威を覚えていると受け取れる内容でした。しかし私たちはとても小さいし、究極のところ、iTunesストアから音楽売上がぜんぶ消えても、Appleの決算にはほとんど響かない規模ですからね」

そういうことではないでしょうか、とパーカーは言葉を選びながら、当時の状況を洞察してみせた。[150] 実はスポティファイがアメリカの音楽界と交渉を重ねていた二〇一〇年末、エクにジョブズから電話がかかってきたことがある。それは謎の電話だった。ジョブズは荒い息遣いのまま無言で、エクが話そうとすると通話が切れたという。[151] だがおそらく、ジョブズはこの件に強く関わっていない。というよりその余裕はなかった。関わっていたとしたら、エディ・キューの部門だろう。Appleの元社員は言う。

「ジョブズはシングル・スレッドで動く。ほかのものはすべて後回しになるんだ[152]」

ジョブズはいつも、ひとつの大仕事に集中して働く、という意味である。膵臓がんの摘出以降、その傾向はいっそう強くなっていた。余計なことに気を留める時間はなかった。転移したがんの激痛が襲う体を引き摺りながら、生涯の総決算ともいえるプロダクトに、彼は残りの生命を燃やしていたのである。

肝臓移植、iPad開発——模倣の脅威には革新で勝つ

Appleのチーフ・デザイナー、ジョナサン・アイブが長年、主張してきたタブレット開発をジョブズが再承認したのは例の無言電話から二年さかのぼった二〇〇八年だった。iPhoneの対抗馬であるアンドロイドが発表される前から、ジョブズは次のイノヴェーションに取りかかっていたことになる。

実際には、前年から始まった安価で小型なノートパソコン、通称ネットブックの席巻に、Appleの流儀で対抗するためにタブレット計画は再始動した。価格競争の脅威にはイノヴェーションで勝つのが彼の流儀だった。

その年、肝臓がんが悪化し、見る見る痩せていったジョブズだったが、翌二〇〇九年に入った頃には、もはや出社できないほど衰弱し、肝臓移植を受けなければ命は何ヶ月と持たないのでは、という病状になっていた。

肝臓のドナーを待つジョブズの自宅には、足繁くAppleの幹部が通うようになっていた。アイブがiPadのデザイン案を持ってくると、ふたりは目をきらきらさせながら談じ合うのだった。

iPadのデザイン案はふたつに絞られていった。★153

元々アイブは、iPhone計画が始動するきっかけとなった、Mac OS★154の走るタブレットをデザインしていた。それは背面が純白で丸みを帯びたプラスチック製だったが、これを薄くすると、ジョブズの求める「手にさっと取る感じ」が出た。だがどこか安っぽく、Appleらしくない。

もうひとつの案は、初代iPhoneの開発時、パナソニック出身の西堀普がリファインしたデザイン案を、iPad用に大きくしたものだった。

のちのｉＰｈｏｎｅ ４を大きくしたような、どこかＳｏｎｙ風なそれは、アルミ枠のエッジが効いて高級感があった。だが、「手にさっと取る感じ」が出ていない。つまり、どちらの案も帯に短し襷（たすき）に長し、という感じだったのだ。

それでアイブは、新しい工法を試すことにした。年始に出たＭａｃＢｏｏｋ Ａｉｒで採用された、一枚のアルミ板から筐体を削り出すユニボディ・プロセスである。

金属の魂を浮かびあがらせるその究極の工法は、余計なものを削ぎ抜いてシンプルな美を追求する、アイブとジョブズの哲学を具現したかのようだった。ＭａｃＢｏｏｋ Ａｉｒの息を呑むほどの美しさは、薄さとデザインで先行していた日本勢のＶＡＩＯやメビウスに圧勝。マイナーなＯＳのＭａｃながら、高級ノートパソコン市場の王座をＡｐｐｌｅが奪還する決定打となった。

「いつか、ユニボディをすべてのＡｐｐｌｅ製品に導入したいね」

ふたりはよく、そう語り合っていたが、初代ｉＰａｄの背面に思い切って導入してみようとアイブは考えたのである。電波の問題でｉＰｈｏｎｅには導入できなかったのだが、電話ではないｉＰａｄなら行けるはずだった。

削り出しは難航したが、出来あがったそれは、Ａｉｒと同じく息を呑むほど美しかった。のみならず、Ａｉｒのように背面にわずかにもたせた丸みは、ジョブズの求める「手にさっと取る感じ」を十分満たしてくれていたのだった。

アイブの仕事に、命をつなぐ力をもらったかのように喜ぶジョブズだったが、ときどき、目の前で発作を起こすことを免れえなかった。

激痛に呻吟（しんぎん）するジョブズにアイブは取り乱し、部屋をうろうろした。当のジョブズが「もういいから帰れ」とあべこべに気を使うほどだったという。★155

自宅には、会社の陣頭指揮をまかされたティム・クックも頻繁に訪れた。クックにジョブズは言った。

「俺は珍しい血液型だから、肝臓のドナーはみつからないかもしれない」

そのときは会社をまかせたぞ、という想いが伝わってくるのがクックにはつらかった。それでもクックが、ｉＰａｄをはじめとした新製品の進捗を報告すると、ジョブズの目はぱっと輝くのだった。

日一日と、訪れるたびに衰弱していくジョブズの姿に、クックは締めつけられるような思いを抱えていた。ドナーは現れなかった。もう時間は残されていない、とジョブズの妻ロリーンも涙目でクックにこぼしていた。

ある日、ジョブズの家を出て、ため息をついたクックは「ひょっとして」と思い、車を駆って病院に向かった。じぶんの血液型を調べてもらうと、何の偶然か、ジョブズの珍しいそれと一致したのだった。

クックは喜んだ。すぐにじぶんの肝臓は生体肝移植に適しているか、別の病院で検査してもらった。答えはＯＫだった。翌日クックは、病床にぐったりと沈み込んだジョブズに切りだした。

「スティーブ。病院で調べたら、私は君の血液型といっしょだったんだ。肝臓の一部を譲る生体肝移植なら私も死ぬことはない。だから私の肝臓を使ってほ……」

瀕死のジョブズが勢いよく跳ね起きて、クックの言葉を遮った。

「ダメだ！　そんなことはしない！　そんなことは絶対にさせない！」

クックは驚いた。彼が仕えた十三年のあいだ、ジョブズに怒鳴られたことは片手で数えるほどしかなかったが、それが最後のものだった。

世はジョブズをサイコパスのように描くが、ほんとうにそんな男ならあんなふうに私を怒鳴ったろうか、とクックは語る。断れば死ぬしかない状況だったのに、彼は即座に断ったのだ。

「アイザックソンの本（公式伝記）なんて酷いものですよ。まるで人間が描けてないんです。あれでは、傲慢なエゴイストという印象しか残らない。それが真実なら、私がずっといっしょに働きたいと思えたわけないでしょう？」

このエピソードを明かしたクックは怒っていた。涙さえ目に浮かべていたかもしれない。

「たしかに聖人君子ではなかったでしょう。しかし『スティーブ・ジョブズは人間としては卑小だった』というのなら、それは絶対に間違っています」[★156]

タイムリミットぎりぎりで、肝臓ドナーはみつかった。自動車事故で死んだ若者だった。移植手術自体はうまくいくも、肺炎を併発したジョブズは危篤に陥った。が、幸い、生き長らえることができた。

入院中、疎遠になっていた長女のリサが泊まりで見舞いに来てくれたことは、彼にとって救いだった。

彼は一秒すらも惜しむように娘と話したがった。看護師が「お父上が小用を足しますので部屋から出ていってください」とリサに促すと、「いや、このままいてくれ」とリサに言い、尿瓶をあてながらずっと喋り続けたという。[★157]

退院の日、ジョブズは妻と自家用ジェットに乗って帰っていった。サンフランシスコのサンノゼ空港に着くと、アイブとクックが待っていた。三人は抱き合い、アップルサイダーで乾杯すると、アイブの車でいっしょに自宅へ向かった。

途中、運転するアイブが口を開いた。

「新聞がね、君が死んだらＡｐｐｌｅからイノヴェーションが消えるだろうって書いたんだ」

そうか、とジョブズは答えた。

「ムカついた。いや、傷ついたよ。たしかに君はすごいけど、君一人だけがすごいというのは、会社としてはダメだと思う」[★158]

そうだな、とジョブズは言った。彼は昔を思い出した。パリのカフェで陽の光を受けながら、〝ゲーム産業の父〟ノーラン・ブッシュネルに、アイブと全く同じことをぼやいたあの若き日を……。

あれから俺はどこまでたどり着けたのだろうか。俺が去っても、革命的な製品を創造しつづけるＡｐｐｌｅを、ちゃんと創れたろうか――。

彼はそう思い、目を細めて車の外を眺めた。窓には骸骨のように痩せ細ったじぶんの顔が映っていた。それを透かして、景色は走るように流れていった。

家に着くと、息子と娘たちが待っていた。ジョブズは子どもを抱きしめ、心配をかけた、と謝った。手術中、危篤に陥った彼のもとに、アイブとともに子どもたちが最後の言葉をかけにやってきたのだった。

もう息子の高校卒業式をこの目で見るという最後の願いも叶った。このまま引退して家族と余生を過ごそう――。

父親のがんに触発されて、スタンフォード大学の医学生となった最愛の息子を抱きしめながら、ジョブズはそう思った。[★159]だがひと月、家で休むと、彼は最後の代表作を仕上げるため、会社に帰っていった。

iPad発表――ジョブズの人間復興(ルネッサンス)

二〇一〇年一月二十七日。朝。快晴。

冬のサンフランシスコには、様々な国の報道陣が集いつつあった。彼らは、林檎のロゴで華やかに彩られた、ヤーバ・ブエナ芸術センターに吸い込まれていった。日本の建築家、槇文彦とアメリカのジェイムズ・ポルシェックの合作した、全面ガラス張りのスクウェアな入場ホールを持つ芸術センターは、きっとジョブズの審美眼に叶ったものだったのだろう。

「私たちの最新の創造物(クリエイション)を見に来てください」

報道陣の手には、そう書かれた招待状が握られていた。すでに「Ａｐｐｌｅがタブレットを出すらしい」という噂が幾多の記事になっていた。名はｉタブレットか？　ｉスレートか？　メディアはＡｐｐｌｅの商標登録を調べ、予想しあっていた。

その頃になると、人びとは「まだ何かが欠けている」ことに気づきだしていた。ｉＰｈｏｎｅはたしかに持ち運びに便利だが、家で楽しむには、ちょっと画面が小さすぎた。

気づけばノートパソコンも仕事以外に、家でネットやユーチューブを見るのに使う時間が増えていた。小さなノートパソコン、通称ネットブックも昨年から流行っていたが、ソファやベッドで寝転びながら使うと、どうにも収まりが悪いのだ。

三週間前には、マイクロソフトのバルマーＣＥＯが家電見本市場のＣＥＳで、ＨＰ製のＷｉｎｄｏｗｓタブレットを発表していた。バルマーは、指先でキンドル本や写真を楽しむデモを披露したが、何かがしっくりこなかった。

それは何なのか。きっとジョブズが解決してくれる、とストリーミング中継で会場を覗く世界中のファンたちも、彼のライヴを待ち受けていた。

約束の午前十時に、ジョブズは劇場に登壇した。

がんは彼の姿を、尊敬するインドの賢者のように変えていた。丸眼鏡も相まって、四肢の骨が服から透けるほど痩せ細ったその姿は、世界を変えるためにハンガーストライキを敢行したあとのガンジーのようにも見えた。

「ありがとう、ありがとう。いや、ありがとう」

いつにも増して鳴りやまない拍手を鎮めるため、肉体とは対極の幸福感に満ちた声で、ジョブズはサンキューを六度も繰り返した。

冒頭で、ＡｐｐｌｅがＳｏｎｙやサムスンを超え、世界一のモバイル・デバイス会社となったことなどを手短に伝えると、「さっそく本題に入ろうか」とスクリーンを切り替えた。

「これを見たとき、吹き出したよ」

会場も笑った。スクリーンには、預言者モーセがタブレットを掲げた宗教画が映しだされていた。絵には、「このところ、一枚のタブレットにまつわる噂が沸騰している。タブレットには神の命令がいくつか刻み込まれていた」というWSJ紙の予想記事からの抜粋が添えられていた。

WSJ紙は記事の続きで、「その使命とはタブレット発売に合わせて、電子書籍ストアと、映画・ドラマの定額制配信をAppleが開始することだろう」と予想していたが、もちろんそこまでは引用されていない。★160

「Appleは一九九一年、PowerBookでノートパソコンの基本形を発明した。そして二〇〇七年、iPhoneで電話を再発明した。では、ノートパソコンとスマートフォンのあいだには、何かが欠けているのだろうか？」

ウェブ閲覧や読書、ビデオ鑑賞等々。人びとが日々こなしているタスクを、ノートパソコンやスマートフォンよりもずっと上手にできなければ、世間が予想する「第三のカテゴリー」に存在理由はない、とジョブズは〝神の命令〟を再定義した。

「それはネットブックだという人もいる。けど、ネットブックがほかより上手にできることなんて何ひとつない。ただの安っぽいノートパソコンだろ？」

会場が爆笑した。

「我々は『これが答えだ』といえるものを創った。名前はiPadだ」

ドンっという音とともにロゴが映しだされ、拍手が起こるなか、ジョブズは「実はここにあるんだけどね」と壇上の丸テーブルからさっと手に取って、嬉しそうに胸元に掲げてみせた。

歓声は止まらなかった。それは初代Macを箱からひょいと取り出したあの発表の続編のようにも見えたのだった。

壇上には、日本では国立西洋美術館の設計で知られる近代建築の巨匠ル・コルビュジエがデザインした、真四角の一人掛けソファが用意されていた。型番はおそらくLC3・24だ。ジョブズはそこに座ると、さっそくライヴ・デモに入っていった……。

報道陣に交じって席に座っていたエディ・キューは、ボスがiBooks(現Appleブックス)を披露している姿を感無量で見つめていた。

会議室で突然、顔を顰(しか)めて机にうずくまったり、そのまま隅に行ってしゃがみ込むボスの姿を、キューは何度も見てきた。「大丈夫ですか」と声をかけると、「医者にはちゃんと許可をもらっている。続けろ」と返し、モルヒネを打ってボスは席に戻るのだった。[★161]

そんな姿にキューたちは恐怖を覚えると同時に、「スティーブのため、この仕事はなんとしてもまとめなければ」と闘志を燃やしてきた。

キューはジョブズとともに、出版界の大物たちと何度も会った。電子書籍ではアマゾンに遅れをとったが、かわりに出版社や著者に有利なエージェンシー・モデルを提案したのだ。アマゾンはジョブズが音楽でおこなったように、本を一律の値段(約千円)で売ろうとしていたが、ジョブズは価格決定権を本づくりの当事者に返す提案を出した。アマゾンはAppleに追従せざるをえず、今ある電子書籍市場が出来あがる結果となった。

壇上ではジョブズがいったん降り、彼の大好きなニューヨーク・タイムズ紙がiPadアプリのデモを始めていた。

「iPadにより、我々はデジタル・ジャーナリズムの新時代を駆ける先頭馬となったことを誇りに思います」

ニュース・アプリを披露したニューヨーク・タイムズのCEOは、壇上で誇らしく言った。

ジョブズとキューの師弟コンビは、iPodで音楽業界、iPhoneで通信業界、そしてiPadで出版業界のこころを開くことに成功したのだった。

先行者のキンドルに対抗するため、ジョブズはアマゾンが弱かった雑誌と新聞をiPadに連れてきた。そのため、彼は月額制の定期購読すなわちサブスクリプション・モデルを、新たにAppStoreに用意した。

まもなく、それはバタフライ効果を起こし、前世紀からマイクロソフトやＳｏｎｙが追いかけつつも実現できなかった「テレビとＩＴの融合」を、予想外だったかたちで実現していくことになる。

「またゴールドラッシュがやってきます」

ゲームや野球観戦のアプリを紹介した上級副社長のフォーストールは、そう予言した。そしてジョブズがふたたび登壇し、四九九ドル（約四万八八〇〇円）の値段発表で拍手をさらったあと、ＣＭを披露した。映像のなかでアイブは述べた。

「単なる新製品、新カテゴリーではありません。ｉＰａｄは、誰でもすぐ使いこなせるはずです。そこに私たちの哲学があります。じぶんを変える必要はなく、ｉＰａｄのほうが私たちに寄り添ってくれるのです」

最後に、ジョブズはＡｐｐｌｅの哲学をみずから話した。

「我々はいつも、テクノロジーとリベラルアーツの交差点を目指してきた。最先端の技術に人が合わせるのではなく、技術が人に寄り添う。それこそＡｐｐｌｅが、クリエイティヴな製品を次々と生み出せた秘密なんだ」

欧米文明の源流、古代ギリシャに民主主義と哲学が花開いた時代、「技（テクネー）」という言葉は、「技術」と同時に「芸術」も意味していた。いつの時代も巧みな技は、人びとに感動を与えるからだろう。

やがて科学の発展とともに技（テクネー）は、テクノロジーとアートに分かれ、細分化していった。そして二五〇〇年の時を経て、ジョブズがふたたびふたつをひとつにした。

その結び目はユーザー体験であり、美であり、人間の感動だった。

コンピュータ文明の到来で人びとが新技術に舞いあがる時代にあって、先駆者の彼は、ひたすら人間の感性のためにイノヴェーションを追求してきた。

イノヴェーションを成し遂げた人間なら何百といる。上場で目も眩むほどの金を得た人間も幾千といる。だが死してなお、我々がジョブズに惹きつけられるのは、彼がこの技術万能の時代に、人間（ヒューマニティ）を復活させたからではないか。

実にジョブズは、現代に蘇った人間復興の人（ルネッサンス・マン）だった。

のちにiPad 2をプレゼンした最後に、彼は「この前も話したけど……」と言ってもう一度、テクノロジーとアートの交差点について語った。

「AppleのDNAには『テクノロジーだけでは足りない』と刻み込まれている。テクノロジーが人間らしさと結婚するとき、我々のこころは歌いだす」

競合他社はさっそく、タブレット市場にもなだれ込んでくるだろう。だが彼らはパソコン時代と同じように、スピードやスペックを追いかけようとしている。それは間違っている、とジョブズは言った。

「ポストPCの時代はもっと簡単で、直感的で、ハードとソフトが完全に融合していなければならない。その意味で、我々は正しい軌道に乗ったと思う」

ジョブズの目指したコンピュータ文明の軌道修正は、ここに完了した。

ボブ・ディランの「ライク・ア・ローリング・ストーン」をBGMにして、彼は舞台を降りていった。Appleから追放され、辛酸を舐めた時代に何十回となく聴き込んだ曲だった。

――かつて君は着飾って、物乞いに小銭を投げるような奴だったよね……今じゃすべてを失って、もう何も失うものはない……素に戻った気分はどうだ？★162

一九六五年、戦後の黄金時代を迎えたアメリカ資本主義経済の虚飾を剝ごうとしたディランの歌は、内容的にはこの華やかなイベントと齟齬（そご）していたはずだった。が、その哀愁の調べは、去りゆくジョブズの背中を人びとに感じさせたのだった。

Appleから追放されたとき、彼は歌詞の女主人公のように全財産を失ったわけではなかった。むしろAppl

ｅの株を売り払い、巨万の富を得たが、彼はすべてを失った気分だった。

若きジョブズは「バトンを受け損なった」と悔悟していた。

ヒューレット・パッカードから始まり、シリコンバレーが何十年とつないできたリレーのバトンを、自己過信に陥った彼は落としてしまった。パッカードの自宅へ赴き、直接謝罪さえしたがこころは晴れなかった。★163

だが今日、彼はやり遂げた。一九七二年、アラン・ケイが掲げた「子どもでも使えるタブレット」は、以来ずっとシリコンバレーの目標だったが、彼はこの日、次世代を担う子どもたちへバトンを届け切ったのだ。

死が、彼からすべてを奪う日が近づいていた。すべての虚飾を剝ぎ取ったとき、最後に残るのは「人生で何を感じ、どんな体験を人びとに与えたか」だけなのだろう。彼はイベント中、「とても幸せだ」とさりげなく言った。

それはディランの問いへの答えであり、ＢＧＭに託した彼の隠されたメッセージだったのではないか。

✣

四月十日。発表から六週間後。

命が巡るように、サンフランシスコにはまた春が来ていた。ｉＰａｄの発売初日、ジョン・コトケはパロアルトのＡｐｐｌｅストアに並んでいた。

コトケは学生時代のジョブズにとって数少ない友人だった。ジョブズが共通の女友だちだったクリスアンとのあいだにもうけた女の子を頑なに認知しなかった件でふたりは仲違いし、ジョブズは絶交を言い渡してきた。

以来、疎遠となり、月日は三十年余り流れた。だがコトケのほうは、ともにインドに行き魂の行方を語り合ったジョブズを、ずっと友人と思ったままだった。だから今日もひとり、こうしてＡｐｐｌｅストアに並んでいる。

「ジョン。ジョンだろ？」

物思いにふけっているさなかだった。ジョン・コトケが後ろを振り返ると、黒のパーカーに白のキャップをかぶったジョブズがいた。

「スティーブ、iPad発売おめでとう」

「ありがとう。そうだ。まだ会ってなかったろう。これが僕の妻、ロリーン。こっちが娘のイヴだ。やんちゃでね」

コトケはふたりに挨拶した。そして「遅くなったけど、結婚おめでとう」と伝えると、ジョブズは無言で肩を叩いて感謝した。友情は帰ってきた。[★164]

虚飾というものが、高い服や高級車とは限らない。人はじぶんの賢さを誇示するために考え足らずの嘲笑を放ち、醜い襤褸(ぼろ)でこころを飾ろうとするときがある。

「なんだこりゃ。ただのデカいiPhoneじゃないか」

ネットにはそんな言葉が飛び交い、「次はiマットだ」というジョークが流行った。iPadの発表当日、「がっかりです」という苦情メールがジョブズのところに八百通も届いたという。名前が嫌いです、USBがないです、SDカードが使えないです、等々。

ジョブズはひどく落ち込み、「ご両親はあなたの成長した姿をさぞ誇りに思っておられるでしょう」と、いつになく嫌味をメールで返してしまったという。[★165]

だがiPadはiPhone以上に、「触ってみるまでわからない」類いのものだった。当のiPadの純正ソフトウェア開発者ですら「初めて見たときは『こりゃ馬鹿げている』と思ったが、触ったら『これしかない』と思った」と告白しているのだから、苦情や嘲笑も大目に見なければならなかった。[★166]

「タブレットの存在意義を民衆に説明するのはむずかしい」

そう直感し、本質的には小型タブレット・コンピュータだったiPhoneを電話の名で、先に販売したジョブズの判断は正しかったのだ。

iPadを実際に一度使ってみればわかるように、これほど人に寄り添うものはなかった。ふとんのなかまで人に寄り添うコンピュータなど、かつてなかった体験だ。穏やかに始まったiPadの売上は等比級数的に伸びていき、初代iPhoneの初年度売上を大幅に超える一九〇〇万台を達成した。[★167]

翌年には、DVDプレーヤーの年間売上台数を超えたiPadは、映画・ドラマの世界にイノヴェーションを起こす礎を築くことになるのだった。

保守の帝王マードックと革命家ジョブズの友情

新聞・テレビ界の帝王にして保守の巨魁ルパート・マードックと、リベラルなデジタル革命家スティーブ・ジョブズほど、意外な取り合わせはなかったかもしれない。

ふたりは政治的に立場を対にしていたが、ジョブズが自身の最後となる誕生日にマードックを自宅へ招待するぐらい、打ち解けた関係を築いたのだった。右翼嫌いのロリーンも夫の頼みを受け入れ、素敵な料理を用意して歓迎した。大学生のリードも家に帰ってきて、食卓を囲んだ。

友情のきっかけは、iPadだった。

同機の目玉企画だった電子書籍アプリiBooks（現Apple Books）のために、ジョブズは病身に鞭打ってマスメディア業界の大物たちと交渉を繰り返したわけだが、難航した。ただひとり、すんなりと提案に乗ってきたのが、八十歳のマードックだったのだ。

老齢だからこそ、マードックは前のめりだった。

かつて彼は、欧米でテレビが無料から有料へ向かった潮流を捉えて、ニューズ社を一大メディア帝国に変えた。そして今、インターネットの普及で流れは逆転し、無料の大波を彼の帝国に浴びせかけていた。

老マードックは果敢だった。二〇〇五年、ＳＮＳの世界的ブームを巻き起こしたマイスペースを巨額の資金で買収。スポティファイに先立って無料と有料を組み合わせたマイスペース・ミュージックをつくり、音楽を武器に勝負をかけたが、技術力の差でフェイスブックに破れた。

二〇〇六年、彼はまだ小さかったユーチューブの破壊力にいちはやく目をつけ、手に入れようとしたがグーグルに競り負けた。

だがマードックは諦めず翌二〇〇七年、ユーチューブに対抗してフールーを創業。ジョブズの親友でもあったディズニー社のボブ・アイガーＣＥＯを仲間に引き入れ、二〇〇九年、ＣＢＳを除く米テレビ四大ネットワークが参加したフールーは、テレビ番組の無料配信を武器に、先行していたネットフリックスの視聴者数に追いついたのだった。[★168]

二〇一〇年、フールーはいちはやくｉＰａｄにアプリを出した。同時に、定額制（サブスク）にも乗りだし、スポティファイと同じく先進的なフリーミアム・モデルを展開していた。

老齢のマードックは世を去る前に、イノヴェーションの大波を果敢に捉える社風を帝国に植えつけようとしていた。失敗すればじぶんが去ったあと、彼のニューズ社はオールド・メディアとなって衰退していくだろう。

この誕生会の二日前には、アマゾン・プライム・ビデオが登場。動画配信の世界に戦国時代が到来しようとしていた。老マードックの想いは、同じく死を意識するジョブズのこころと響き合った。家族と晩餐を囲みながら、ジョブズは二十四歳年上の友人に言った。

「起業家精神と機敏さを尊ぶ文化を、会社に残すべきなのです」

「そのとおりだ。残念ながら、君の尊敬するＳｏｎｙはそこを失敗したようだ」

「そのようです」

ジョブズのほうも同意した。[★169] プレイステーションを最後に、Ｓｏｎｙからは革命的な製品は出なくなってしまった。創業世代からバトンを受け取った出井ＣＥＯは「ハードとＩＴの融合」を目指したが、数字で社内をまとめようとする経営でヴェンチャー魂を失ったＳｏｎｙからは何も出てこなかった。

次のストリンガーＣＥＯは「ハードの時代は終わった」と考え、ＡＩＢＯのような人工知能ブームのはるか前からＡＩを載せていた先駆的製品をも切り捨てていった。一方で、ＡｐｐｌｅはｉＰｏｄとｉＰｈｏｎｅで、ハードの世界に新時代を切り拓いてみせた。

「若い頃は大企業に文化を植えつけるなんて不可能だと思っていた。でも今はできると信じている。マードックも俺もやり遂げたからね」[★170]

ジョブズは公式伝記でそう語った。だがＳｏｎｙの盛田昭夫とて、会社にＳｏｎｙスピリットを植えつけて去ったつもりだったはずだ。

Ａｐｐｌｅもニューズ社も、カリスマが去れば同じ運命をたどるのだろうか。それともディズニー社のように一時期停滞しても、クリエイティヴな社風を取り戻すことは可能なのだろうか。

企業が永続的にイノヴェーションを生み続けることは可能なのか。『イノベーションのジレンマ』を著したクリステンセン教授は、「その鍵は顧客の要望ではなく、顧客が日々こなしているタスクを理解することだ」と語る。

顧客の要望は〝今〟に囚われている。車のない時代に人びとの要望を聞いても、「もっと速くて安い馬車が欲しい」としか答えなかったはずだ。一方で、技術は常に未来へ進んでいる。

とはいえ新技術だけでは、イノヴェーションは起こらない。フォード以前から技術者たちは自動車の普及を夢見ていたが実現できなかった。フォードは人びとが日々、馬車でこなす「安価な移動」というタスクを、自動車のベルトコンベア式大量生産という切り口で劇的に変えてみせた。

iPadも同じだった。マイクロソフトはタブレット・コンピュータという技術の実現ばかりに目が行き、失敗した。他方、ジョブズは人びとが日々こなす「読む」「観る」というタスクを、デジタル時代に合ったかたちで解決してみせ、成功に導いた。

「人間が日常生活でこなすタスクは、本質的には何世紀も変わっていない」と教授は言う。

たしかに、会話だろうと郵便だろうとSNSだろうと、そのタスクの本質は変わっていない。コミュニケーションだ。コンサート、ラジオ、CD、音楽配信。タスクの本質はやはり変わらない。音楽鑑賞だ。

「一方で技術は劇的に変わっていく。このふたつが起こす構造的な変化に注目すれば、企業は何世紀でも新しいものをみつけ続けることができるはずだ」

これが会社を滅ぼすイノヴェーションのジレンマへの、教授の処方箋だった。そのためには技術とユーザー体験、両者の本質を直覚する必要がある。

「この道理を直感的にわかっていた人間がふたりいた。Sonyの盛田昭夫とAppleのスティーブ・ジョブズだ。ふたりは人類が何をしたがっているのか、直感的に摑める天才だった」

だが、この生まれながらの天分を他人に伝えるのはむずかしい、と教授はため息をついた。教授の探求は、道半ばにあるのだった。[★171]

人類の行動を理解するのは、天才にしかできないタスクなのか？

ネットフリックスを創った理由

「私は、映画をいつまでも郵送するつもりはない。いずれストリーミングに打って出ようと思ってる。もっといえば、DVDのレンタルがやりたくてネットフリックスを起業したのではないんだよ」[★172]

テッド・サランドスは、その言葉に度肝を抜かれた。

時は二〇〇〇年。サランドスはレンタル・ビデオのチェーンで統括マネージャーを務めていた。ネットフリックスは前年から、「延滞料金なし」を売りに月額制の宅配DVDレンタルを始めたばかりだった。

アマゾンが創業からたった五、六年で、街の本屋を潰しはじめていた。この調子ならいずれレンタル店もネットフリックスに一掃されるかもな……。そう思った気の早いサランドスは、ライバルと呼ぶにはまだ弱小だったネットフリックスが、DVDの仕入れ担当を募集しているのを知って、面接に来ていた。

だからリード・ヘイスティングスCEOの口から出た、レンタル業界など興味がないという告白同然のせりふに唖然としたのだった。

「君は生粋の映画オタクだそうだね?」

面食らったサランドスに、ヘイスティングスCEOが質問してきた。

「ええ、そうです。高校時代は暇なレンタル屋でバイトして、店で毎日四本は観ていたから、毎年千本ぐらいですかね」

うん、と頷くCEOに、サランドスはチャーミングに付け添えた。

「大学時代も授業に行かず店で映画ばかり観ていたので、客がどんなビデオを借りて行くか、顔を見ただけで想像がつくようになりましたよ」[★173]

おかげで大学は中退したが、当たるビデオの仕入れでは誰にも負けない人間になったとサランドスが説明すると、

リード・ヘイスティングス。ネットフリックス創業者。当初はDVDの宅配レンタルを手がけていたが倒産の危機に。その後、動画サブスクの時代を切り拓いた。

JD Lasica "File:Reed Hastings 2010 A.jpg," Wikimedia https://commons.wikimedia.org/wiki/File:Reed_Hastings_2010_A.jpg

ヘイスティングスは笑って言った。

「私が欲しかったのは君のような人材だ。ところが応募してくる奴らときたら、『お昼は売れっ子監督とランチを食べた』とか、『夜は大物プロデューサーと酒を飲む』と自慢する業界人ばかりでね。うんざりしていた」[★174]

ヘイスティングスはそう言って、コンピュータ科学の専門家だったじぶんが、開発会社の次にネットフリックスを起業したのは行動解析がやりたかったからだと明かした。

人びとがどんな映画を、どんなふうに楽しんでいるのか。

何万本もある映画の視聴履歴を解析すれば、最高のおすすめ映画を提案できるようになる。それは年初にシネマッチという名で実現したばかりのレコメンド機能で、ほどなくネットフリックスの売りになっていくのだが、次は映画の仕入れに活かしたいという。

「私が思うに、データ解析というのは科学と感性の融合だ」

ヘイスティングスは椅子から立ち上がって、部屋を歩きだした。

「人びとの行動をどんなふうに解析するのか。行動パターンからどんな変化を読み取るのか。そこには、映画と客の顔を誰よりも見てきた君の感性が、なにより大事になる」

そう言って机に手をつき、サランドスの目をじっと見つめた。

今はレンタルの履歴だけだが、映像配信に参入すればもっとデータが取れるようになる。だから、私の取るデータを活かして、ハリウッドで映画をキュレーションしてくれと、ヘイスティングは語った。

「君の感性と、我々の技術力を駆使したキュレーションで、ランキングと大物俳優に頼る時代遅れの競合を引き離すのだ」[★175]

ヘイスティングスの言葉に、サランドスは転職を決意した。

運が悪かった。サランドスの入社早々、会社は大リストラを余儀なくされた。その夏、ネットバブルが崩壊。上場が延期となって資金計画が大幅に狂ったためだった。

追い詰められたヘイスティングスCEOは、リストラの裏でアマゾンや、レンタル業界最大手のブロックバスター社に、十億円足らずの安値で身売りを申し込みさえしたが、断られた。もしアマゾンが買収に応じていれば、時価総額で二十五兆円(執筆時)を超える今のネットフリックスはない。

幸運もあった。その年、SonyからDVDも見られるプレイステーション2が登場すると、ようやくDVDブームが起き、ビデオテープからの乗り換えが始まってくれた。

年末商戦にはDVDプレーヤーが人気のプレゼントとなって、そこにお試しレンタル・チケットをばら撒いたことで、ネットフリックスの有料会員は急増。おかげで二〇〇二年に上場し、会社は軌道に乗ったのだった。

だがヘイスティングスにとって最大のラッキーは、新入りのテッド・サランドスをリストラで手放さなかったことだろう。それは映画進出前のピクサーが大リストラに追い込まれたときを想起させる。ジョブズが、会社にたったひとりいたアニメーターのジョン・ラセターを解雇するのをぎりぎりで思いとどまったことで、ピクサーの上場も、ディズニーの復活も、ジョブズのApple復帰にも運命の糸はつながった。

サランドスのなかに眠っていた天才プロデューサーの資質は、十年後に開花する。そしてネットフリックスを、どのテレビ局が束になっても敵わないほどの巨大メディア企業へ導くことになるのである。

「まだだ」

二〇〇五年、流行の始まったユーチューブを見て、サランドスたちが「いよいよですか」と訊いたのに対し、ヘイスティングスはそう答えた。

ヘイスティングスも毛が逆立つほど興奮を覚えていた。だが、まだ動画ストリーミングに参入するのは早すぎる。

当時、ユーチューブの映像は映画鑑賞に耐えうる品質でなかった。

「十分な画質で、かつ配信コストが郵送料より安くなるまで待つのだ[★176]」

ヘイスティングスはじぶんに言い聞かせるように、サランドスにそう言った。科学者らしい理知的な判断だった。

その頃、孫正義の活躍でブロードバンド大国となった日本と比べ、アメリカのインターネットは通信速度が遅かった。同年、ジョブズがディズニー社と結託して、ｉＴｕｎｅｓで映画のレンタルを始めたが、映画一本のダウンロードに二時間はかかったので流行りそうになかった。

それに有料テレビやほかのＩＴヴェンチャーがやっているように、テレビにつなぐセットトップ・ボックスは作りたくなかった。それは普及に莫大な投資が必要だったし、ユーチューブというウェブ・アプリの成功を見れば、そんなハードはいずれ時代遅れになる気がしてしかたなかったのである。

そしてそれは当たっていた。三年後にｉＰｈｏｎｅ３Ｇでモバイル・アプリの時代が始まり、五年後にはｉＰａｄが誕生すると、様々な動画配信がアプリを公開。同年ＡｐｐｌｅＴＶ2が登場し、他社製の動画配信アプリにも対応することになる。

ヘイスティングスはじりじりと肌を焼く焦燥を感じつつも、参入を思いとどまった――。

ドラマのイッキ見――ネットフリックスの行動解析

二〇一一年。ネットフリックスがストリーミングに参入して四年が過ぎようとしていた。

ジョブズが自宅で最後の誕生日を、マスメディアの帝王ルパート・マードックと過ごしていた頃のことだ。無料の映画・ドラマを武器に追いあげてきたマードックたちのフールーを、ネットフリックスは突き放した。

フールーの月間視聴者数が六千万人だったのに対し、ネットフリックスは八千万人に。有料会員数も二五〇〇万人に到達しようとしていた。ある日の会議のことだった。

「アメリカのインターネットを調べると、通信量の三〇%をネットフリックスが占めているようですね」[★177]

「はぁ!? もう一回言ってくれ!」

経営会議に上がったプロダクト責任者の言葉に、ヘイスティングスたちは耳を疑った。

「全インターネットの三〇%、ユーチューブの三倍です。一人あたりの視聴時間は、ユーチューブの十四倍ありました」[★177]

衝撃だった。これまで最新映画の放送を武器に世界一となった有料チャンネル、HBOを超えるのが会社の目標だった。

昨年にはカナダへ初の国際進出を果たしたが、ほとんど宣伝もなく百万人超の有料会員を獲得できたことで、ヘイスティングスは、有料の動画ストリーミングが十分に無料文化のネットのなかでも闘えると確信したばかりだった。[★178]

だが今日の数字は、もはや次元が違った。

「無料に有料が勝てるわけない」と言うインターネット時代の常識をすら、ネットフリックスは破りつつあるのだった。大声でざわつく幹部たちにヘイスティングスは叫んだ。

「テッド。『リリハマー』の進捗はどうなっている?」

「制作に入りました」とサランドスは答えた。

「オーケー、諸君」とヘイスティングスは幹部を見回した。

「ご存知のとおり、我々のデータは、連続ドラマが鍵だと示している。『リリハマー』はネットフリックス初のオリジナル・ドラマだ。連続ドラマの〝イッキ見〟(ビンジ・ウォッチング)に会社の投資を集中する。当たるまでやるぞ。ここが勝負どころだと全社員に伝えろ」[★179]

幹部たちは勇んで応じ、動きだした。「集中」はヘイスティングスの経営哲学だった。それはジョブズと同じだったが、ヘイスティングスは「アンチＡｐｐｌｅ」も標榜していた。[★180]

彼はＡｐｐｌｅのように戦略を秘密にせず、各部署の戦術に至るまで全社員と共有することでひとりひとりから最大の創造力を引き出せる、と信じていた。加えてジョブズのような喧嘩腰の反論ではなく、和やかな反論を奨励していた。ヘイスティングスはジョブズより、ピクサーのエド・キャットムルに近い。

ついに捉えた――。

会議室を出ながらヘイスティングスは、そう思った。彼が視聴者の行動解析にこだわったのは、人類の新たな行動パターンをいちはやく捉えることができると信じていたからだった。

人間は言っていることと、やっていることが違う生き物だ。

特に時代の端境期はその傾向が強いので、ふつうに生きていると、人類の新たな行動パターンにすぐ気づかない。

ニュースもネットの口コミも常に後追いだ。

ファイル共有が登場したとき、「ＣＤの宣伝になるからいいじゃないか」と世間は放送時代の常識で語ったが、音楽売上は文字どおり半減した。ｉＴｕｎｅｓミュージックストアが登場すると、人びとは救世主のように褒めそやしたが、世界の音楽ダウンロードのうち、ｉＴｕｎｅｓでの購入は四％弱を切っていた。[★181] 動画共有が出るとやはり「ｉＴｕｎｅｓやライヴの宣伝になるからいいじゃないか」と人びとは語ったが、実際は八割がユーチューブで聴くだけで、曲を気に入っても、ライヴに行くのは五％をすら切っていた。[★182]

ネットフリックスの視聴者も同じだった。

アマゾンのようにレーティングを取れば、『シンドラーのリスト』のような傑作映画に人は五つ星をつけるが、おバカなコメディには星を厳しくつけてくる。だが実際には、『シンドラー』は一度観るか途中で止めてしまうのに対し、人びとはコメディ映画を何度も繰り返し観ていた。

のみならず、アンケートを取れば、「映画をもっとたくさん揃えてくれたら入会する」と答えるのだが、実際には映画より、テレビドラマを中毒患者のように何話もまとめてイッキ見する視聴者のほうがずっと多かったのだ。

「ネットフリックスはテレビの革命（レヴォリューション）というよりも、テレビの進化（エヴォリューション）です」

後年、ヘイスティングスは対談でそう答えた。

「革命的と呼べるのはユーチューブのようなプラットフォームを指すと思います。しかしテレビにできず、ネットフリックスにしかできないことがありました。それがドラマのイッキ見、ビンジ・ウォッチングです[★183]」

彼はさらに、ネットフリックスがオリジナル・ドラマの制作に乗り出したのは、歴史的な必然だったと語った。

八〇年代前半、無料だがチープな番組に飽きたアメリカの視聴者は、映画の品揃えを武器に闘う有料テレビに飛びつきだした。ユーチューブ全盛からネットフリックスへの流れと軌を一にしている。

八〇年代後半になると、有料テレビは「映画の次」のステージに入った。

スピルバーグ監督の『世にも不思議なアメージング・ストーリー』やデビット・リンチ監督の『ツイン・ピークス』のように、人気監督によるオリジナル連続ドラマが視聴率を決するようになったのだ。

さらには、二十一世紀に入ると、『24』や『ＬＯＳＴ』のように大作映画並みの制作費をかけた、映画のような連続ドラマが社会現象を起こした。放送ネットワークがアメリカを超え、ビジネスが世界規模にスケールしたおかげだった。

歴史は繰り返すならば、映画のレンタルで始まった有料動画配信が、いずれオリジナル連続ドラマが勝敗を決する時代に入るのは目に見えていた。サランドスも繰り返し、ヘイスティングスにオリジナル制作を提言していた。

ヘイスティングスは「待て」と答えていた。問題はタイミングだった。そして二〇一一年、ネットフリックスはいよいよ人気監督をスカウトできるだけの視聴者数と制作費を確保したと、判断したのだった。

ヘイスティングスの行動解析は、第三段階に入ろうとしていた。第一段階は、コンテンツのおすすめ機能。第二段階は、コンテンツのキュレーション。そして第三段階は、行動解析をコンテンツの制作に活かすことだった。

音楽ではパンドラが、行動解析を楽曲のおすすめとキュレーションに活かしてきた。第三段階となる「制作への活用」は、音楽よりも映像のネットフリックスが先んじることになった。

実験は成功に終わった。

サランドスのプロデュースした初のオリジナル・ドラマ、『リリハマー』は全話一挙公開という前代未聞の方法で公開された。制作地のノルウェイでは国民の半数がこのコメディ・ドラマを楽しみ、本拠地アメリカでも数百万人の視聴者がＡｐｐｌｅ ＴＶやｉＰａｄなどで楽しんだ。★184

さらに、次作の連続ドラマ『ハウス・オブ・カード』は、世界のテレビ業界が戦慄を覚えるほどの、異次元のインパクトをもたらすことになるのだった。それはシリコンバレーに集約された世界の富が、コンテンツ産業に怒濤のごとく流れ込む契機をつくっていく。

テクノロジーからコンテンツへ。無料から有料へ。

時代の流れが変ろうとしていた。が、当時、人類のほとんどは気づいていなかった。あるいは今ですら？

挑戦の章

シリコンバレーを唯一、脅かした日本人の物語

Apple、売上でSonyを追い越す

時をさかのぼる。

それは一九八五年、紅葉が日本列島を飾った頃のことだった。日本のハイテク産業はエレクトロニクスと半導体で飛ぶ鳥を落とす勢いを見せ、世界の頂点に立とうとしていた。

「我が国はスーパーコンピュータと人工知能で、人間の脳を超えます」

前年、通産省は東京の国際会議でそうぶち上げ、驚いた世界中の研究者たちが第二次人工知能ブームを巻き起こしつつあった。アメリカは警戒し、スーパーコンピュータでも日米貿易摩擦が始まっていた。

日本が半導体産業でアメリカを脅かすようになったのは、電卓が始まりだった。電卓は庶民が初めてコンピュータ文明の恩恵に触れた民生品といえるが、携帯ラジオに続き、トランジスタを活用して初めて小型電卓を開発したのはＳｏｎｙだった。

「王者のＩＢＭを、後追いするのではつまらない」★001

創業者、井深大のＳｏｎｙスピリットがあふれていた社内では六〇年代初頭、パーソナル・コンピュータの実現を目指したが、まだトランジスタを集積してチップにまとめる技術がなかった時代にそれは無理な相談だと、やってみてわかった。

かわりに世界初のトランジスタ電卓をＳｏｎｙは開発したが、商品化ではシャープに先を越された。シャープはさらに、佐々木正が液晶の量産に成功し、ポケットに入る携帯電卓を発売する。

そして日本は世界に電卓戦争を巻き起こした。携帯ラジオに続いて「民生品の大量生産」というテクノロジー・ドライバーを得た日本の半導体産業は、さらなる小型化を目指し、トランジスタの集積化すなわちＩＣやＬＳＩで世界をリードしていく。

大量生産に加え、日本はデミング譲りの歩留まりが高い品質管理と、執筆現在も世界一である工作ロボットによる工場の自動化で、半導体生産のコストダウンに成功。アメリカの半導体産業を追い詰めた。

窮地に立たされたアメリカは日本人を使った。だがアメリカもまた、日本の後追いはしなかった。電卓専用のチップではなく、汎用チップで巻き返しを図ったのである。

世界最大の財閥、三菱の系列会社にいた嶋正利は、インテルに請われ、世界初のマイクロプロセッサとなるｉ４００４を一九七一年に設計。さらに三年後、インテルに転職した嶋は、世界初の８ビットＣＰＵとなるｉ８０８０を生み出した。

それは日本人エンジニアが起こした、コンピュータ文明史に残るイノヴェーションだった。嶋の生み出したCPUは、大学生だったビル・ゲイツを起業させ、孫正義の頰を濡らし、そしてスティーブ・ウォズニアックにApple I開発の契機を与え、パーソナル・コンピュータの時代を切り拓くことになったからだ。ラジオから電卓へ。電卓からパソコンへ。ラジオの井深、CPUの嶋とともに、電卓でその一角を担ったシャープの佐々木正を、若きジョブズは尊敬していた。

一九八五年のその日、半導体産業でトップを走る日本の礎を築いた〝電子立国の父〟佐々木正がシャープの東京支社長室で技術書を読みふけっていた。電話が鳴り、「はい」と応じると秘書からだった。

「あの……ちょっと困っておりまして。ヒッピーのようなアメリカ人が、支社長と面会したいと言っているのですが」

「ああ、彼ならよく知っている。通しなさい」

部屋に入ってきたひどい服装の若者を見て、「やはりスティーブ・ジョブズだったか」と佐々木は苦笑した。ジョブズは礼を言うと靴を脱ぎだし、素足でソファに胡座をかいた。

「君、ここは日本なのだから、もう少し姿勢を正し給え」

「いや、俺はこれでいいんです。佐々木さん、今日は相談に伺いました」★002

若きジョブズはそう言って、Appleから追放されたことをあらためて報告した。

佐々木は国籍を問わず、コンピュータ産業の後輩たちをかわいがってきた。李健熙（イ・ゴンヒ）に請われ、韓国のサムスンに半導体と液晶のいろはを教えたのも彼だったし、若き孫正義の発明した翻訳機を買って、ソフトバンクの創業資金をつくってやったのも彼だった。

「それで、次は何をいちばんやってみたいんだい？」

ジョブズはその問いに、しばらく黙ってぽつりと言った。

「音楽、かな」[★002]

そして、のちのiPodの原型となるアイデアを披露したという。

「音楽ならSonyの大賀さんだな。電話するから、今すぐ会いにいきなさい」[★003]

佐々木はそう言って、音楽家出身ながらSonyの社長となって〝CD革命〟を成し遂げつつあった大賀典雄[★004]に電話をかけた。ジョブズはまた礼を言い、さっそく御殿山へ向かった――。

それから四半世紀が過ぎた。

二〇一一年、ジョブズが最後の誕生日を迎えた四半期に、Appleはかつての目標だったSonyの総売上をついに追い越したのだった。[★005]

ジョブズは、親友のオラクル創業者ラリー・エリソンにこう漏らしたことがある。

「マイクロソフトと闘うのはもう飽き飽きした。俺は尊敬するSonyと闘ってみたい」[★006]

それは、二〇〇〇年の頃だったろう。ジョブズは、iMacのヒットに囚われてナップスターの起こしたmp3ブームに乗り遅れ、新基軸で挽回しようとiPodの開発を決意しつつあった。

前著の第二部で描いたが、ジョブズははじめ、「配信アプリはAppleが、ハードはSonyが制作でいっしょにやりましょう」とSonyの出井伸之CEO(当時)に話を持ちかけていた。

Sonyとこのスタイルの協業をやるのは、初めてではなかった。大賀典雄がCEOだった八〇年代からSonyは、Appleとデル・コンピュータのノートパソコンを設計・生産してきた「隠れたコンピュータ企業」だった。

歴史の皮肉だ。おそらくCEOが〝CDの父〟大賀典雄のままだったら、SonyはAppleと手をたずさえて音楽配信の時代に入っていた可能性が高い。大賀は初代PowerBook以来、Appleとこのかたちでの協業に慣れていたし、ジョブズと親交があった。

ジョブズはＭａｃ ＯＳをＳｏｎｙ製のノートパソコンＶＡＩＯに載せる提案をしていたことも考えると、そのままＳｏｎｙがｉＰｈｏｎｅのハードを作る道筋もあったかもしれない。

だが、ジョブズとの会議の土壇場で出井が「Ａｐｐｌｅへソフトウェアの利用料を払うつもりはない」と話をひっくり返したことでＳｏｎｙ製ｉＰｏｄの話は流れた。結果、出井時代のＳｏｎｙは創業者の井深大が育てたテレビ事業の崩壊に続き、盛田昭夫の育てたウォークマン事業の崩壊をも招いてしまった。

大賀典雄はその頃、院政の害を恐れて会社から身を引き、音楽家に戻っていた。そしてｉＰｏｄの発売された翌月、北京でチャイコフスキーの「交響曲第五番」を指揮中、クモ膜下出血で倒れた。

三ヶ月間、意識不明のなか、「私はエーゲ海にいる」とつぶやいていたとのちに知った。彼の魂は「レコードからＣＤへ」と提案して、音楽業界の重鎮たちから大反対を受けた、エーゲ海での会議の苦しい日々を彷徨っていたのだろう。[★007]

井深、盛田に続き、同じクモ膜下出血で倒れた大賀だったが、ふたりと違い、大賀は言語能力を失うことなく快復した。そして二〇〇三年四月二十四日、Ｓｏｎｙが世界のハイテク産業の頂きから転げ落ちる瞬間となり、同時に日本の株式市場をバブル崩壊以来の谷底へ突き落とすことになった〝Ｓｏｎｙショック〟を目の当たりにして、悲しみを言葉に表すことになった。

「こんな状態になるとは思ってもみなかった。北京で倒れたまま、見ないほうがましだった[★008]」

それは、日本国がハイテク産業の頂上から滑り落ちた瞬間でもあった。

大賀の苦悩――後継者選びに失敗したSony

大賀はSonyショックの二ヶ月前、日経新聞で自伝を連載したばかりだった。そこで「私の時代から売上を二倍にした彼を選んだのは間違いではなかった」と出井を賞賛した。が、それは表向きだったようだ。「後継者選びに失敗してしまった。出井くんはSonyらしい代表作を何も出していない」と、裏では悔悟の日々を送っていたという。★009

井深は携帯ラジオとトリニトロン・テレビ、盛田は個人用ビデオとウォークマン、岩間は〝デジカメの目〟CCDと個人用ビデオカメラ。そしてじぶんの時代はCDとプレイステーション――。

Sonyは人類のライフスタイルを変える革命的な製品を次々と繰り出してきた。ジョブズが「コンピュータ産業のSony」を目指したのも不思議はない。だが大賀時代に仕込まれたプレイステーションを最後に、Sonyからは世界を感動させる画期的製品は出なくなってしまった。かつて会社をまかされたとき、大賀は盛田からこう言付けられていた。

「君の次の社長はエンジニア出身の人間を選んでくれ」★010

盛田は文系のセンスを持つ理系であり、大賀は理系のセンスを持つ文系だった。クリエイター肌でコンテンツを愛し、デザインにこだわり抜く点も含めて、大賀のほうがジョブズに近い。「内実を見ればジョブズに影響を与えたのは、盛田よりも大賀だったのではないか」と前著で書いた所以(ゆえん)である。

大賀が盛田の言付けを守れなかったのには、理由があった。

盛田が健在だった頃、ひとりのエンジニアが次期社長候補に挙がっていたが、越権行為で盛田の逆鱗に触れ、失脚した。直後、盛田はテニス中に倒れ、言語機能を失った。大賀は別の社長候補を盛田に代わって選び出した。だが、大賀の社長定年、直前のことだった。エンジニアだったもうひとりの次期社長候補にまつわる怪文書がばらまかれ、それが週刊文春に載ってしまったのだ。そのため急遽、出井を選ぶほかなかったという。

「マスコミにいろいろ書かれて、どうにもいかなくなってしまった」とのちに大賀は告白した。★010

「消去法で選んだ」と会見で本音を漏らした大賀だったが、出井を選んだのにはもちろん、積極的な理由もあった。

社長交代の半年前、出井はＩＴ時代の到来について、見事なレポートをまとめた。

その年、アル・ゴア米副大統領が情報スーパーハイウェイ構想を発表。まだ小さかったＩＴ産業をアメリカの柱に育てる国策を発動した。ゴアは野党時代の九〇年、ＮＴＴが発表した次世代新高度情報通信サービス、通称ＶＩ＆Ｐ構想に衝撃を受けていた。

「このままではアメリカは、自動車産業やエレクトロニクス産業に続いて、コンピュータ産業でも日本に負けてしまう……」

日本の国策企業といえるＮＴＴによる計画を知ったゴアは脅威を覚えたが、それはシリコンバレーも同じだった。自動車産業はフォードが生んだが、トヨタに栄冠を奪われた。エレクトロニクス産業はエジソンが生んだが、Ｓｏｎｙに王座を奪われた。半導体産業もアメリカが生んだが、ＮＥＣに首位を奪われた。航空産業も、戦後処理で日本の航空会社を解体していなければ、どうなっていたかわからなかった。

世界初のコンピュータも太平洋戦争のさなか、日露戦争からずっと艦隊砲撃に優れていた日本海軍を打ち破るためにアメリカが開発したものだ。弾道のすばやい計算にコンピュータは最適だった。

さらには日本を打ちのめす原爆の開発にあたり膨大な計算が必要になると、マンハッタン計画に参加していたフォン・ノイマンが、現代のコンピュータの基礎となるノイマン型コンピュータを着想した。

だが気づけば、すでに日本は人工知能でも先行し、スーパーコンピュータでも貿易摩擦を起こすまでにアメリカを猛追していた。そしてインターネットの黎明期に、日本のNTTがいちはやく通信速度最速のブロードバンド立国を構想し、インターネットでもアメリカを超えると静かに宣戦布告したのである。

一九九二年の大統領選で、ゴアらが協力を取り付けたシリコンバレーは、AppleのスカリーCEOを代表に民主党を応援。ビル・クリントンが勝利した。

副大統領となったゴアは、シリコンバレーを国の柱に育てるべく、情報スーパーハイウェイ構想を発表したのだった。なお、ゴアはのちにAppleの取締役となり、ジョブズの政治的な相談役を務めることになった。

アメリカに出張していた出井伸之は、ゴア副大統領がUCLAの講演で情報スーパーハイウェイ構想を語る姿を直接、見た。

社内では八〇年代半ばから、超集積回路の進化のあとに到来する社会はどうなるか、盛田を中心に喧々諤々(けんけんがくがく)の議論を重ねてきた。[★011]出井は、いよいよその刻(とき)が来たと感じた。

帰国し、出井がまとめあげたレポートは大賀を唸らせた。

そしてインターネット時代にあるべきSonyの姿とは何か、長期戦略を策定することを指示。出井は自身を社長の座へ押し上げることになる、見事な長期戦略案を書きあげたのだった。

そこには、SonyによるApple買収案が提示されていた。

幻に終わったSonyのApple買収案

「君、Appleコンピュータなんて、こんなものを買ってどうするんだ」

説明を受けた大賀は、出井に問い返した。彼は「次は音楽をやりたい」と相談に来た、あの若者の姿を思い出した。

だがジョブズは追放されたままで、Appleにはもういないはずだった。

スカリーが継いだAppleは一時期、売上台数世界一のパソコン・メーカーとなった。が、スカリーが大統領選でクリントンの応援に夢中となっているあいだに、マイクロソフト・インテル勢に完全敗北。Windows95の誕生を前に、すでに大赤字を抱えていた。

スカリーは状況打開のため、「Mac OSをSonyにライセンスするのはどうか」と大賀に持ちかけてきた。だがぎりぎりで「Sonyに母屋を取られかねない」と恐れたらしく、話は流れた。★012

腕を組む大賀に出井は言った。

「ハードだけではダメだからです。我々はデルやAppleのパソコンを作ってきましたが、コンピュータ産業で後塵を拝しています。それは、我々にOSやアプリケーションを作る能力がないためです」

弱り切ったAppleの買収は、インターネット時代に必須となるソフトウェア開発力を手に入れるチャンスだと、出井は説明を続けた。

「私はこれを『オセロ・プロジェクト』と名付けました」★013

OSの開発力を手に入れれば、オセロで角を取るようにSonyは一気にコンピュータ産業の陣地を巻き返せる、と出井は息巻いた。彼のオセロ・プロジェクトは国外のパソコン市場で遅れをとった、日本の反撃でもあったのだ。

盛田に「ソフトとハードの両輪」を説いてきた大賀だ。出井の論理（ロジック）は即座に理解できた。

CDを世界に広めるとき、Sonyはソフトとなる世界的なレコード会社を持っていなかったのでよそ者扱いを受け、音楽業界の猛反対を鎮めるのに苦労した。だから次の世代にSonyを受け渡すにあたり、大賀はコロンビア・レコードとコロンビア・ピクチャーズを八千億円の巨額を投じて買収し、Sonyミュージックと Sonyピクチャーズを立ち上げた。★014

「いずれソフト事業がハード事業を助けるときが来る」

昨年、倒れた盛田もそう考えていた。音楽・映画・ゲームの安定した売上が、二〇一五年に祖業のエレクトロニクス売上を超えることを考えれば、それは正しい予測だったのだろう。

だが盛田と大賀の世代にとって、ソフトウェアとはコンテンツであり、プログラミングを指していなかった。それにSonyの有利子負債は、コロンビアの買収で二兆円に迫ろうとしていた。これ以上の借金は厳しかった。出井の様子を思い返しても、山積する課題のなかでこの買収案にそこまでプライオリティを高く置いているようには見えなかった。★015

大賀は、Apple買収を諦めた。

先見力の高い出井のレポートには「音楽配信の時代が来る。ネット上に音楽ライブラリーが構築される」とも書かれていた。そして社長就任後、Appleに先駆けて前世紀に自力で音楽配信を開発したが、出井の懸念どおりSonyのアプリ開発は拙く、失敗した。

しかし「Sony」の誇りを優先したのか。あるいは「Appleに母屋を取られかねない」と恐れたのか。その後、ジョブズがSonyにiPodとiTunesの共同開発を持ちかけ、「Appleがソフトウェア開発を担当します」と提案したとき、出井は断ったのだった。

数字至上主義――Sonyを傾けた病

大賀の後継者選びは、はじめ成功したかに見えた。

のちに「Sony転落の原因」と、世界中のマスコミから叩かれることになる出井だが、初めの五年は、アメリカの経済誌から「世界のベスト経営者」に選出されるほどの業績を挙げていた。

出井は社長就任後、ひとりの「異端児」を発掘した。

あるとき出井は、社内の辺境にいた近藤哲二郎が、たったひとりで四百件もテレビ関連の特許を持っていることに気づいた。そして抜擢すると、近藤はこれまで丸みを帯びていたテレビ画面を平面にした。

出井Ｓｏｎｙはイノヴェーションを起こした。

Ｓｏｎｙは平面ブラウン管テレビの先駆者となり、テレビ売上で世界一の偉業を成し遂げた。前社長の大賀が発掘したもうひとりの異端児、久夛良木健（くたらぎけん）によるプレイステーションの大成功と相まって、Ｓｏｎｙの売上は二倍になったのだった。

さらに出井は、アメリカ式の経営管理を導入。大賀の買ったＳｏｎｙピクチャーズは本社を欺き、三千億円近い大赤字を隠蔽していたが、これを見事に立て直した。

経営学の権威だった中谷巌（なかたにいわお）や日産を再建したカルロス・ゴーンを取締役に迎え、「プロ経営者」を標榜するようになった出井だが、彼はゴーンのようにリストラに頼っただけではなかった。

大赤字を抱えるなか、出井はＳｏｎｙピクチャーズのＣＧ部門へ果敢な投資を実行した。そして『ハリー・ポッターと賢者の石』で実写とＣＧの完全な融合に貢献したのを皮切りに、自社制作の『スパイダーマン』ではポッターを超える売上九百億円を達成。出井の巧みな采配で、大賀時代にはお荷物だった映画部門はＳｏｎｙの稼ぎ頭になった。

大賀は一時期、本社はエンジニアの社長が束ねてモノづくりを主導し、アメリカ人が世界のマーケティングとコンテンツを担当する二頭体制を構想していた。★016 日本人ながら五ヶ国語を操り社交に強い出井を、後者の適材と大賀は見ていたのではないか。

大賀が彼に疑問を持ち始めたのは、「これからはデジタル通信の時代だ」と言って、出井がスカパーなど衛星デジタル放送に傾斜していったときだった。

「出井くんには、盛田さんや私が持っていた直感がない」

大賀はそう漏らすようになった。インターネットが普及し、文字や写真だけでなく映像を扱えるまでに高速化すれば、有料放送の事業は劣勢に立たされる。そのことを、インターネット時代の経営者を標榜する出井は見抜けなかったようなのだが、大賀は「スカパーはさして儲からない」と直感でわかっていた。

英語、日本語を問わずＳｏｎｙ本は世にあふれているが、「ＳｏｎｙがＳｏｎｙらしくなくなった瞬間」は意見がほぼ一致している。

大賀がＣＥＯの座を退いた一九九九年、「創業者世代からの決別」を宣言して「プロ経営者の時代」を謳った出井は、コカ・コーラ社が導入して株価を二十倍にした経営指標、ＥＶＡをＳｏｎｙに取り入れた。

それはクリエイティヴなトップが率いるモノづくり中心の会社から、事業ごとの短期的な利益を追う、数字至上主義の会社への転換だった。

「数字がすべてなんだ」と出井はジャーナリストに語った。「僕に創業者のカリスマはない。だから数字で求心力を出す」[★017]

アメリカのコンサルタント会社がコカ・コーラのために開発した経営ツール、ＥＶＡは、食品業のような製品サイクルの長い事業に向いていると言われる。一方、ハイテク産業のような長期的投資と短い製品サイクルの組み合わさった事業形態には適さない。

プレイステーションやｉＰｈｏｎｅ――。

そういった全く新しい技術を要する製品は長年の高額な先行投資があるうえ、売ってみるまで売れるかわからないので、短期的利益を潰す。管理職にとって、イノヴェーションへの挑戦は短期的利益を下げ、左遷の危険を高めることになる。「次の時代はこれです」と現場がいくら騒いでも、無駄になる。上司から数字必達を申し渡されたエンジニアたちは、売れ筋の商品を改良するほか仕事がなくなる。

そしてイノヴェーションが世に起きたとき、自社の主力商品は一気に古くなり、会社が傾くことになる。後追いするにも武器となる新技術の開発が止まっていたため、迷走を始める。

果たして、それは起こった。

出井Ｓｏｎｙは、ヒット商品の平面ブラウン管テレビに感けるあまり、次世代技術だった液晶パネルの開発に振り切れなかった。その結果、シャープやサムスンが液晶テレビを大々的に売り出すと総崩れを起こし、瞬く間に会社は赤字に転落していったのである。ｉＰｏｄとｉＴｕｎｅｓもそうだった。出井Ｓｏｎｙはデジタル音楽プレーヤーも音楽配信もＡｐｐｌｅよりはるかにはやく出していた。だが、Ｓｏｎｙに繁栄をもたらしたウォークマンとＣＤを喰わないように配慮した結果、中途半端な出来になってしまい、そこを一切妥協のないジョブズに持っていかれた。

ジョブズも愛読したクリステンセン教授の名著『イノベーションのジレンマ』が邦訳された際、本の帯に次の推薦文を寄せたのは、博覧強記の読書家として知られた出井伸之その人だった。

「変革の時代、過去の成功体験こそが企業自己変革の足枷となる。この困難を克服するためのヒントがここにある」

だが現実の出井は、ＥＶＡ経営で過去の成功体験を固定化してしまい、Ｓｏｎｙにイノヴェーションのジレンマを引き起こしてしまった。彼は誰よりも先見力に優れていた。そして彼のヴィジョンを阻む組織の論理に誰よりも苦しんでいたかもしれない。結局、彼は治療方針を誤ったのだが、イノヴェーションのジレンマに罹った組織の治療法は、この病を発見したクリステンセン教授すら当時、見出せていなかった。

出井の評価はヒーローからヒールへ転落していった。

かつて出井を「ベスト経営者」と讃えたビジネスウィークは、「世界のワースト経営者」に彼を選出。替わって、かつて「ワースト経営者」のリストに載ったスティーブ・ジョブズが「世界のベスト経営者」に選ばれた。★018

対照的だった出井伸之とジョブズ

クリステンセン教授は出世作の続編『イノベーションへの解』で、こう語った。

「Ｓｏｎｙは我々の知る唯一の連続的破壊者である。一九五〇年から途切れることなく十二度も破壊的な成長事業を生み続けた。一方、ほとんどの企業にとって、破壊的なイノヴェーションは一度きりしか起こせない」[★019]

Ｓｏｎｙの奇跡はついに途切れてしまった。ある人は「Ｓｏｎｙはエレクトロニクスが専門だから、ＩＴ時代に乗り遅れたのだ」と説明するだろう。では、あのときのＡｐｐｌｅ買収案が通って、ソフトウェアの開発力を手に入れていれば、Ｓｏｎｙは輝き続けていたのだろうか？　それは、「ジョブズではなく、出井伸之が経営してもＡｐｐｌｅは復活しえたのだろうか」という問いに言い換えられる。

「利益があればこそ、すごいプロダクトを作っていける。でも原動力はプロダクトであって利益じゃない。スカリーはこれをひっくり返して、金儲けを目的にしてしまった。このわずかな違いがすべてを変えてしまうんだ」[★020]

ジョブズの言葉だ。悲しいことだが、スカリーの部分を出井に置き換えても話が通じてしまう。二十一世紀初頭のＳｏｎｙの転落劇は、業界一位の売上を達成しつつも、やがて倒産の危機を招いたスカリー時代のＡｐｐｌｅと軌を一にしていた。利益がすべてだったかつてのアメリカ式経営、それがスカリーと出井の手法だった。スカリーがペプシ・コーラ出身で、出井がコカ・コーラの経営手法を取り入れた点でもふたりは似ている。

対して、ジョブズはスカリーの失敗を研究し、あらゆる点でその逆を行った。彼のロールモデルは盛田昭夫その人だった。ジョブズは若き日に盛田と食事中、「すべては最高のモノづくりのためにある。最高のモノづくりには最高の会社を創らなければならない」と教わった。Ａｐｐｌｅに帰ってきたジョブズはなによりも、感動的な製品を創ることを最優先に置いた。そうすれば利益はあとから付いてくると宣言し、Ａｐｐｌｅの復活を導いたのは先に描いたとおりだ。

出井の前任者であり、盛田の後継者だった大賀典雄も「こころの琴線に触れる商品企画」をいつも口癖にしていた。ジョブズも晩年、「テクノロジーが人間らしさと結婚するとき、我々のこころは歌いだす」とAppleの成功の秘訣を紐解いた。

パナソニックの社員は、あるとき、展示会にライバルであるSonyの大賀社長がやってきて、パナソニック初の携帯型CDプレーヤーを触りながら事細かに問題点を指摘して去っていったことを思い出す。腹が立ったが、同時に驚嘆の念を禁じえなかったという。

「経営トップがこれだけ商品にこだわる。(松下)幸之助さんもそうだったということを思い出しました[021]」

ジョブズも毎週末、開発中の製品を持ち帰って細かいチェックを怠らなかった。のみならずiPodやiPhoneのような最重要製品は、直接陣頭指揮を執り、CEOみずから現場に張りつきさえした。

盛田はウォークマンで、大賀はCDで現場の陣頭指揮を執っている。他方、出井やスカリーが最重要製品を商品企画から開発、デザインの落とし込みと最後まで現場に張りつきでおこなったという話は寡聞にして知らない。

大賀はSonyにデザイン室を設け、毎週、経営陣が製品のデザインを鼓舞できるようにした。ジョブズも、デザイン・スタジオを製品開発の中心に置き、彼のほうはほとんど毎日スタジオに顔を出したし、毎週月曜、経営陣が製品を触って議論する仕組みをつくっていた。

「Sonyは、商品のことになると、経営トップがツマミひとつの形にまで口を出すのがあたりまえの企業文化を持つ会社」と元幹部はかつて語った[022]。だが、出井時代のSonyは高給取りのデザイナーたちを嫌い、デザイン室を廃止。同社のプロダクト志向経営は大きく後退した。

ジョブズは重要製品にみずから取りかかれるよう「製品の集中」を心がけ、スカリー時代のマーケティング至上主義がもたらした製品ラインの氾濫を整理した。

他方、スカリーと同じマーケティング出身の出井は、スカリーと同じく市場の面取り合戦を挑むフルラインナップ戦略を取った。製品ラインの氾濫したＳｏｎｙは、ウォークマンのような、経営者みずから手がける最重要プロダクトに集中しなくなった。

ジョブズは大企業となったＡｐｐｌｅにヴェンチャーの一体感をもたらすため、スカリー時代に出来あがった事業部別の収支管理を撤廃。ＣＦＯに金の仕事を一切まかせた。一方、出井Ｓｏｎｙのほうは収支管理を細かく分断し、事業部同士の協調は失われてしまった。結果、社内で競合製品が出たり、製品ごとにアプリや会員サービスがばらばらという事態が頻発するようになった。

「Ｓｏｎｙがｉ Ｐｏｄを作れなかった理由は？」

アイザックソンは、ジョブズに直接、尋ねたことがある。

「Ｓｏｎｙは部署が細かく分かれているが、Ａｐｐｌｅは分かれていない」と彼は答えた。「部署が細かく分かれていると、横断的な大プロジェクトを動かすのはむずかしくなる」[★020]

こうして並べると、あのときＳｏｎｙがＡｐｐｌｅを買収しても到底、うまくいかなかったろうという気持ちになる。そしてこう思ってしまうのだ。

盛田や大賀のＳｏｎｙスピリットを受け継いだのは、ジョブズのほうだったのだろう、と――。

ｉＰｏｄの成功以降、今度は逆にＡｐｐｌｅがＳｏｎｙを買収するのではないか、という噂がニュースに流れるようになった。実際、ジョブズは散歩中、親友であるオラクル社のラリー・エリソンＣＥＯに何度かその相談をしたという。

だが、「高すぎる」という理由で、その話は流れたのだった。[★006]

大賀の見出したSonyスピリットの後継者

革命というものは、辺境から始まるものらしい。

白人の支配を受けたアジアに、独立運動と近代化の大波を巻き起こした日本の明治維新は、江戸の幕僚たちからではなく、辺境にあった萩、高知、鹿児島に住む知識階級の志から始まった。コンピュータ文明の勃興も、エスタブリッシュメント側のエリートが働くニューヨークではなく、禅やインド思想にかぶれたとびきり頭の良いヒッピーたちがいた西海岸から始まった。

西海岸的人物の典型ともいえるスティーブ・ジョブズもそうだった。大企業病の始まった本社を飛び出し、離れのビルで反逆の海賊旗を翻してマッキントッシュを開発してみせた。『イノベーションのジレンマ』を書いたクリステンセン教授は、Ｍａｃの誕生物語を、成功ゆえに患う組織の老化を克服するベスト・プラクティスに挙げている。

バブル崩壊で〝失われた十年〟にあった日本の株式市場を〝失われた二十年〟へ落とす契機となったＳｏｎｙショックが起きたとき、病床で「取り返しのつかない過ちを犯してしまった」[★023]と打ちひしがれた大賀典雄だったが、しばらくすると眼差しに力が戻ってきた。

「こうなったら、『Ｓｏｎｙの革命児』を次の社長に就けるしかない」

大賀は病身に鞭を打った。そして、Ｓｏｎｙの辺境だった情報処理研から自身が発掘し、ゲーム産業の世界的カリスマとなった久夛良木健を擁立しようと動きだした。

実績からすれば、プレイステーションを生み、起業から七年で売上一兆円達成という世界最速記録を打ち立てた久夛良木健に勝る者は、社内に誰もいなかった。ほどなく、出井のメンター役だった取締役たち、すなわち中谷巌教授と日産のカルロス・ゴーンも、久夛良木擁立派となった。

その頃、出井経営の理論的支柱だった中谷教授も「間違っていた」と悔悟の日々を送っていた。[★024] 短期的利益を全部署に強いる結果となったその経営理論は、Ｓｏｎｙが次々とイノヴェーションを生み出してきた「机の下でこっそり新技術を開発する」仕組みを破壊してしまったのだ。

改革するならば、Ｓｏｎｙの「机の下」システムを潰すことなく、キャッシュフローを改善すべきだったのだろう。今では、日本のエンジニアは「労働時間の二割を好きなプロジェクトに使っていい」というグーグルの「二〇％ルール」に憧れるようになった。

そんななか、出井ＣＥＯは黒字回復を図るため、ＥＶＡ経営をさらに先鋭化させた中期経営戦略ＴＲ60を発表した。大賀にとってそれはＳｏｎｙスピリットにとどめを刺す、愚策の極地にしか見えなかった。

「このまま死んだら、盛田さんたちに合わせる顔がない」

そんな気持ちもあったろう。なによりも、大賀と久夛良木の起こしたプレイステーションの誕生劇は、イノヴェーションのジレンマに陥ったＳｏｎｙに最も必要なベスト・プラクティスであった。

八〇年代、シリコンバレーを凌駕する技術を持っていたＳｏｎｙ

Ｓｏｎｙの革命児と呼ばれた久夛良木健は変人である。

彼が若き日に、当時花形だったテレビの開発部から情報処理研に異動したのは、決して左遷ではなかった。

「情報技術をやりたい」と上司に訴えたのは久夛良木本人だった。

「そんなこと、Ｓｏｎｙでは絶対に言ってはいけないよ。あっと言う間に飛ばされてしまうから」[★025]

上司はサラリーマンの知恵を若き久夛良木に諭した。当時、エレクトロニクスは黄金時代を謳歌していた。社内のヒエラルキーはアナログ回路のエンジニアが最上層で、情報技術を扱うデジタル・エンジニアは下層に属していた。

八〇年代、Ｓｏｎｙにはふたつの未来的な研究施設があった。
ひとつめは情報通信研。音楽配信や、Ｓｉｒｉに通じる音声ユーザー・インターフェース、ＡＩＢＯのような人工知能を載せたロボットなど、四半世紀ののちに花開く新技術を開発していた。★026
ふたつめは情報処理研。ＣＤの誕生に貢献した先進的なデジタル信号処理や、ＣＧの研究をしていた。久夛良木に声をかけてきた場所だ。そこでは十年後、まさに花開かんとするイノヴェーションが人知れず、起きていた。
「年商百億円とは桁の違う、将来Ｓｏｎｙの柱になるような新規事業を立ち上げてみたかった」★027
起業家になるためＳｏｎｙへ入ったという久夛良木は、あえて辺境へ移った理由をそう語る。時は一九八四年、ジョブズが初代Ｍａｃを発表し、マウスを使ったリアルタイムなグラフィカル・ユーザー・インターフェースで、庶民がコンピュータを操る時代の到来を告げようとした頃のことだった。
それは久夛良木にとって、ジョブズがＰＡＲＣＳ研究所でＧＵＩを初めて見たときと同等の出来事だったかもしれない。情報処理研に来た久夛良木は驚愕した。そこにはシリコンバレーのはるか先を行くＣＧワークステーション「システムＧ」があったのだ。
ピクサーを創業したエド・キャットムルは学生時代、ＣＧアニメ映画を創ることを夢見て、３Ｄのポリゴン映像に

久夛良木健。「プレイステーションの父」は卓越した社内起業家であり、最終目標はゲームそのものではなく、Sonyをシリコンバレーと伍する企業に変えることだった。
Official GDC "IGF/GDCA Awards," Flickr https://flic.kr/p/meLELr

質感を与えるテクスチャ・マッピングを発明した。その質感のあるポリゴンを、ＳｏｎｙのＣＧワークステーションはなんとゲームのようにリアルタイムで動かしていた。それはオーバーテクノロジーだった。

その頃、ＣＧワークステーションの最大手といえば、シリコンバレーにあるＳＧＩだった。翌年、ジョブズはピクサーを率いてＳＧＩやサンに挑み、完敗を喫することになる。

だがジョブズが惨敗したＳＧＩのＣＧワークステーションといえども、当時、ＳｏｎｙのようにリアルタイムでＣＧを生成することは不可能だったのだ。ＳＧＩがリアルタイムＣＧの製品化に成功するのは、Ｓｏｎｙから遅れて六年後である。

「コンピュータの素人だったけど、ゼロから作りあげたよ」

「ええっ⁉」

システムＧを開発した先輩の言葉は久夛良木をさらに驚かせた。Ｓｏｎｙの研究員たちは、コンピュータの素人ゆえに常識に囚われず、基礎設計のアーキテクチャからして独創的な、シリコンバレーの物真似でない技術革新を起こしていたのだった。

「こんなすごいものを何のために作ったのですか」と興奮する久夛良木に、

「番組制作に使えるかなと思ってね」と先輩社員は答えた。

その言葉に、久夛良木は押し黙った。たしかに、井深が創業の目的とした放送機器は、今でもＳｏｎｙが王者に君臨する市場だった。実際、システムＧは日テレに納入され、のちに人気番組『進め！電波少年』などで使われることになる。

だが、それは宝の持ち腐れでは、と久夛良木は感じた。と同時に、我が家での光景が浮かんだ。

彼の子どもは前年、任天堂が発売したファミコンに夢中になっていた。ファミコンはＡｐｐｌｅ Ⅱが使っていた、八年も型落ちのCPUを頭脳に載せていたが、ゲームセンターでしかできなかったゲームと同等の品質を実現。「うちでお小遣いを気にせずゲームができる」と子どもたちは狂喜した。

「枯れた技術でおもちゃをつくる」

それが任天堂、山内社長の哲学だったが、安価なファミコンはジョブズの師ブッシュネルが興したアタリを破り、世界中の子どもたちをテレビゲームの虜にした。テレビゲームがこの星に定着した瞬間だった。

Sonyの井深が、安価な携帯ラジオで世界中の子どもたちに音楽を開放したのと同じだった。[★028] ファミコンは、クリステンセン教授が最も愛する、新技術を安価にして新市場を開拓する「新市場型の破壊的イノヴェーション」だったのだ。

久夛良木は思った。SonyのシステムGの演算力で、ゲームを動かしたらどうなってしまうのか。その年、ディズニーが公開した映画『トロン』のように、まるで仮想現実に入り込むようなゲームが出来るのではないか。『トロン』が大人向けの内容だったように、コンピュータは映画や音楽と同じく、大人をも熱狂させる新たなメディアに進化するかもしれない……。

彼のこころに、ヴィジョンがおぼろげに浮かびだしたのだった。そのヴィジョンが確信に変わる出会いが、二年後に待っていた。

ジョブズと久夛良木——『トイ・ストーリー』とプレステ誕生の奇縁

偉大な作家、あるいは偉大なクリエイターの条件とは、誰かの人生を変えてしまうことなのかもしれない。それは人の内面やものの感じ方を変えてしまい、結果、人生の決断を変え、ひいては世界を変えてしまうことがある。

ジョブズにとってそれは、ボブ・ディランやビートルズの作品との出会いだったが、[★029] 久夛良木にもそうした出会いがあった。

「かけがえのないふたつの体験があった」と久夛良木は述懐する。[★030]

ひとつめは大学受験を控えた頃、映画館で観たキューブリック監督の傑作『２００１年宇宙の旅』だった。そこには宇宙船を司るコンピュータＨＡＬが人間の唇の動きを画像認識し、言葉の文脈(コンテキスト)を理解して判断するという、未来のコンピュータ像が描かれていた。

暴走したＨＡＬを食い止めるため、宇宙飛行士がコンピュータの並列基盤を外していくと、ＨＡＬの知能がスケーラブルに低下していく。第一次人工知能ブームのさなかにあって、その描写は三十年後、グーグルを機に始まる第三次人工知能ブームの土台をなすアーキテクチャを見事に予言していたという。

医大生だった手塚治虫がディズニーの『バンビ』を毎日、映画館から出ずに何度も観たように、高校生の久夛良木も映画館に通い詰め、最前列の席で繰り返し観た。若き久夛良木にとって、Ｒ・シュトラウスの壮大な音楽とともに登場する謎の石板モノリスは、時空を超えて人類の進化を導く「究極の人工知能」の象徴なのだった。原作を書いたＳＦ作家、アーサー・Ｃ・クラークの真骨頂である「技術革新の大きな流れを摑み、将来像を予見する」思考法が、若き久夛良木の潜在意識にインストールされていった。

ふたつめの「かげがえのない体験」、それは奇しくもスティーブ・ジョブズも恋人とともに来ていた空間で起こった。久夛良木も、八六年に開催されたＣＧの祭典シーグラフに来ていたのだ。

ジョン・ラセターが創った短編ＣＧアニメ『ルクソー・ジュニア』は、ＣＧ開発者たちを熱狂させ、スタンディングオベーションを巻き起こした。それはこれまで無機的な物体の集合でしかなかったＣＧの世界に、命と感情をもたらした歴史的な瞬間だった。

サンやＳＧＩに惨敗して倒産の危機にあったジョブズのピクサー社は、この作品に目をつけたディズニーから映画制作の依頼を受ける。ラセター監督の『トイ・ストーリー』は大ヒットを収めて会社は上場し、ジョブズは社会的に復活した。

短編アニメ『ルクソー・ジュニア』は巡りめぐって、iPhoneの誕生につながっていたともいえるが、あの場所にジョブズとともに久多良木がいたことで、プレイステーションの誕生にもつながった。

久多良木はラセターの短編映画に、戦慄を覚えた。

――間違いない。コンピュータとエンタテインメントの融合で、新たなメディアがこれから誕生する。コンピュータがメディアに生まれ変わる。

彼のヴィジョンは確信に変わった。★030

久多良木はそれから幾度となく、CGの祭典シーグラフに行った。ある年のことだ。会場では、ヘッドマウント・ディスプレイを頭にかぶって、仮想現実を体験するデモが展示されていた。久多良木は感動しつつも、妙な違和感を持った。何かが気持ち悪いのだ。★031

そして彼は気づいた。リアルタイムじゃない。この仮想現実は、頭の動く速度に追いついていない。リアルタイムで動かせるSonyのシステムGでやったら、本物の仮想現実が創れるのではないか。

久多良木は道を探していた。高価なシステムGの技術が、誰の手にも届くようになる道を――。

Sonyにあった、大企業病克服のベスト・プラクティス

チャンスはピンチの姿を取ってやってきた。

ラセターの『ルクソー・ジュニア』を観てから五年後、久多良木は京都へ出張するため、東京駅へ来ていた。新幹線のホームに上がると、顔をこわばらせた出井伸之が新聞を握って待っていた。当時、出井はまだ社長ではない。

「久夛良木、まずいことになった。この記事を読んでみろ[★032]」

出井から新聞を受け取ると、そこには「任天堂、ソニーとゲーム機開発の契約破棄か」と書かれていた。五月の風が薫るなか、久夛良木の背筋に冷たいものが走った。

その日は、本社に帰任した久夛良木にとって、夢への第一歩のはずだった。

彼は大賀社長の力を借り、任天堂のスーパーファミコンにＳｏｎｙのＣＤ－ＲＯＭを載せた「プレイステーション」の開発にこぎつけたはずだった。大賀は任天堂との交渉役に、彼の見込んでいた若手役員、出井伸之を充てたのだった。だが突如、任天堂は意を翻したというのか。久夛良木は焦った。

「とにかく、行って先方に確認しましょう」

ふたりは新幹線に乗り、京都へ向かった。出井は任天堂に乗り込むなり、「どういうことですか」と挑んだが、任天堂の荒川社長は「契約は履行します」と言って口を噤み、出井がいくら食ってかかっても説明しようとすらしない。そして最後にこう突き放した。

「ゲーム・ビジネスは素人が手を出す場所ではありませんよ。Ｓｏｎｙさんは、ほかのジャンルへ行ったほうがよろしいかと[★033]」

のちに判明するが、その言葉は「Ｓｏｎｙに母屋を取られかねない」と危惧した〝ファミコンの父〟山内会長の恐怖を映したものだったのだ。

もうダメだ……。帰りの新幹線であからさまに気落ちする久夛良木を、出井は労（いたわ）った。

「今まで聞いたことをぜんぶ書き留めておこう。Ｓｏｎｙはそこから学んで、任天堂の先を行く、全く新しいゲーム機を作ればいいじゃないか[★034]」

そうですね、と久夛良木は答えた。出井の言葉が胸に沁みた。

その後、任天堂はＳｏｎｙを裏切り、Ｓｏｎｙが契約したのとは別の規格で次世代ゲーム機の開発に入ると、ラスベガスで発表。★035

「それ見たことか。天下のＳｏｎｙが、ゲーム機のようなおもちゃを作るべきではないんだ」

いちエンジニアが大賀社長を取り込んで突っ走るのを苦々しく思っていた役員たちは、経営会議に出た久夛良木に集中砲火を浴びせた。鼻っ柱の強い久夛良木もこれには打ちのめされたが、彼を推した大賀は諦めなかった。

「久夛良木くんは才能がありすぎる」と大賀はのちに語った。「あっちとぶつかり、こっちとぶつかり、小突き回されていた。本社のなかでは意見が通らず、このままでは彼の才能が潰されると思った★036」

無茶な話を押し通すのは、創業者だけの特権だ。大賀は創業者世代だが、Ｓｏｎｙの創業者ではない。金庫番の伊庭保（いばたもつ）ＣＦＯを除いて全役員が反対するなか、久夛良木を本社で守るのはむずかしかった。

それで自身が創業者であるＳｏｎｙミュージックに、久夛良木の部隊十人を匿うことにした。

かつてＳｏｎｙに様々な研究所を創立したのは、井深大その人だ。「机の下でこっそり面白いものを開発する」仕組みを本社につくったのも彼だった。

井深にとって研究所は、組織からはみ出してしまう久夛良木のような異才を収める机の下でもあったのかもしれない。研究所という井深の用意した大きな机の下にも収まらず、本社の机の下にももちろん収まらなかった久夛良木に、大賀は新しい机の下を用意したのだった。

大賀は七〇年代、「演歌の次はアイドルだ」と見抜き、山口百恵やキャンディーズ、郷ひろみで荒稼ぎし、その利益を投入してＣＤ革命を起こした。★037

その頃、Ｓｏｎｙミュージックには「アイドルの次はロックだ」と見抜いて邦楽ブームを起こし、佐野元春や渡辺美里、ＴＭネットワークで大成功を収めたＥＰＩＣソニーの創業者、丸山茂雄がいた。

大賀は丸山に「しばらく久夛良木たちの開発費を出してやれ」と言い含んだ。久夛良木の青山通いが始まった。そして帰りの新幹線で出井が言ったとおり、Ｓｏｎｙ独自の全く新しいゲーム機を作るべく、極秘開発に入った。アイドル・ブームの稼ぎがＣＤを生んだ。今度は邦楽ロックの稼ぎがプレイステーション誕生の孵卵機、インキューベータになったのだった。

「決勝戦の相手はインテルだ」

「Do it!」と大賀は叫び、怒り拳でガンッと机を殴った。

その瞬間、役員たちの猛反対は退けられ、青山に駐屯していた久夛良木の秘密部隊は正式に進軍を認められた。任天堂の裏切りから一年が経っていた。

「よかったな。これで晴れて任天堂と決勝戦だ」

経営会議室から出た丸山茂雄は、いっしょに廊下を歩く久夛良木の肩を叩き、そう言った。プレイステーションの開発はついに承認されたのだ。笑顔の丸山に、久夛良木は返した。

「違うよ、丸さん。決勝戦の相手はインテルだ」★038

「えっ？・」

丸山は怪訝な顔になった。天才って奴は突飛なことを言うもんだ、と邦楽界の台風、小室哲哉のマネージャーも務めていた丸山はこころのなかで収めたが、久夛良木のなかでは筋の通ったせりふだった。

「Ｓｏｎｙはもともと半導体から始まった会社」と久夛良木は公言していた。★039トランジスタが誕生するとＳｏｎｙは携帯ラジオを作り、音楽産業に革新を起こした。★028トランジスタ・テレビもトランジスタ電卓も、Ｓｏｎｙが世界初だった。トランジスタが集積してＬＳＩに変わると、Ｓｏｎｙはこれを使ってＣ

Ｄを発明し、また音楽市場に革新を起こした。[★004] 半導体の目、ＣＣＤの量産に成功し、日常を録画する動画文化を人類にもたらしたのもＳｏｎｙだった。

Ｓｏｎｙ流のエンタメ生活を軸とした消費者家電の大量生産は、半導体の進化を促すテクノロジー・ドライバーとなった。だが、パーソナル・コンピュータの普及が始まると、嶋正利の生んだＣＰＵを持つインテルがテクノロジー・ドライバーを司るようになり、日本の半導体産業に衰退が始まった。

大賀が机を叩いて紛糾を収めた先の会議で、役員たちは相変わらず「Ｓｏｎｙがゲーム機のようなおもちゃなんて」と久夛良木を詰（なじ）った。わかってない、と久夛良木は傲岸不遜に嗤（わら）っていた。

久夛良木は、任天堂のように型落ちパソコンのＣＰＵを使って、子どものおもちゃを作るつもりは毛頭なかった。パソコン用のＣＰＵどころか、一千万円を超えるＣＧワークステーションをも凌駕する、ものすごいＣＰＵを創ってみせる。それを使って、リアルなＣＧで子どもだけでなく大人も楽しめるゲーム機を生み出す。

それを何千万台も売り、半導体の新たなテクノロジー・ドライバーをＳｏｎｙが握るという、日米逆転の大戦略を久夛良木はずっと練っていたのだ。[★040]

子どもから大人への市場拡大。

それはかつて漫画で手塚治虫が、アニメで宮崎駿が成し遂げ、この時期、ジョン・ラセターがＣＧアニメ映画『トイ・ストーリー』を作って実現しようとしていたことと同じ「新市場型の破壊的イノヴェーション」だった。

コンピュータ文明の進化を司る半導体の開発ロードマップ。その手綱を帝王インテルから奪い取る――。そんな大それた野望を隠したＳｏｎｙの久夛良木は、プレイステーション誕生へ向けて走りだした。

プレステ誕生とMac誕生――共通点と相違点

ジョブズの出世作、初代Macは時代の十年先を行く超技術の産物だった。Windows95の登場まで、競合陣営がMacのGUIに追いつくことはなかった。その開発物語は伝説となっている。

その強烈なヴィジョン。エンジニアを奮い立たせる情熱。不可能を可能にした、技術ロードマップのぎりぎりを読み取るセンス――。どれも、プレイステーションの開発物語で伝わる、久夛良木の美質と共通している。

「彼は夢みたいなことを社内に吹聴して回っていた」

本社のCFOだった伊庭保は語る。

「ひらめきだなぁ。一種独特の……。しかも実現するんじゃないかと可能性を感じさせるんだ[★041]」

閃きの裏打ちは、久夛良木が並みでない勉強家であったことだ。創業者の井深も、オフでも技術書を片時も手放さず、家族を呆れさせたというが彼も同じだった。

「思いつきでなく、ものすごい勉強に裏打ちされている。半導体の設計、その進化の度合を見越して、高い目標を設定するんです」

盛田昭夫もかつて、「独創性を引き出すための有効な方法は、高い目標を設定することだ」と自著で語った。一流のエンジニアという生き物はアーティストに似て、どこか金のために生きていないところがある。Sonyのエンジニア陣は、ワクワクするヴィジョンを実現したがっていた。

「プレイステーションは単なるヴェンチャーではなかった。ヴェンチャーなら、あれほどの人材と資金をすぐに集めることはできなかった[★030]」

久夛良木はそう語る。それは、MacやiPod、iPhoneの開発に携わったAppleのスタッフが語った言葉と同じだ。

Ｍａｃの開発時、若きジョブズは欲しいエンジニアをあらゆる部署から強引に集めた。しかし、それは創業者にしかできない技だ。久夛良木に創業者の権威はなかった。だが大賀のお墨付きを得て、Ｓｏｎｙの社内から一流のエンジニアたちを募集し、引き抜くことができた。

ｉＰｈｏｎｅ誕生の際、いち社員だったスコット・フォーストールが花形のプログラマたちを社内から集められたのも、ジョブズのお墨付きがあったからだった。

大賀は人材面だけでなく、資金繰りでも的確な手を打った。

「伊庭くん。君が面倒を見なさい」

大賀はＳｏｎｙの金庫番、伊庭保ＣＦＯに命じた。「百億円までは使おう」と伊庭は決めたが、インキュベーションというのは金と技術を集めれば成功するというものでもない。

ジョブズは直轄で社内に新規事業を立ち上げたが、伊庭のほうは、まず的確な人材配置が生まれる装置をつくった。

「新会社は、本社とＳｏｎｙミュージックの半々で出資しよう」

青山にやってきた伊庭は、丸山にそう求めた。本社の新規事業でやれば、久夛良木の嫌う官僚主義がスピードを落とすと踏んだのである。

「ちょっとそれはきついです」

丸山はたじろいだ。ソフト面のサポートはもちろんするつもりだったが、音楽会社は規模的にゲーム機のような、大きなプラットフォームを立ち上げる赤字に耐えられない恐れがあった。

「いやゲーム事業は、我々の目指すハードとソフトの融合だ。両方が本気を出さなきゃいけない」★042

伊庭はそう説得し、強引に両社の折半でＳｏｎｙコンピュータ・エンタテインメント（現ＳＩＥ）を立ち上げた。腹をくったＳｏｎｙミュージックは、小澤俊夫社長みずから新会社の会長に就任。丸山も専従し、背水の陣を敷いた。

「僕は久夛良木のマネージャー役だった」

丸山は語る。久夛良木はジョブズに似て、思ったことをストレートに口に出すので、あちこちで人を怒らせる。が、そこに丸山が入ることでまるく収めた。「アーティストの扱いに慣れていたからね[★043]」

久夛良木のほうも丸山を、大賀ＣＥＯとのパイプ役にうまく使った。だが、誇り高い本社スタッフは音楽屋の丸山を舐めていたという。そこで大賀は、久夛良木と本社の現場とのパイプ役に「できる男」を配置した。コロンビア・ピクチャーズの買収をアメリカで仕切った徳中輝久。のちのＳｏｎｙのＣＦＯである。

「久夛良木ひとりでは、どこまで暴走するかわからない。だから徳中を重石においた」と大賀は語る。「ビジネスは人だからね[★044]」

重石役を煙たがる、などということは起こらなかった。「めちゃめちゃ出来る本社スタッフが来た」と久夛良木は喜んだ。徳中には、じぶんにはなかった卓越したビジネスのバランス感覚があったからである。

「数字はあとから付いてくる。数字が先ではダメだ[★044]」

徳中は、事業戦略策定の要諦をそう語る。彼は数字よりもなによりも先に、プレイステーション事業のビジネスモデルを組み立てた。そして「このビジネスの勝負は、サードパーティだ」と喝破した。久夛良木は彼の想いに応じ切った。

シンプルな美しさ。久夛良木が期していたものはジョブズと同じだった。

プレステのために創る新しいＣＰＵ。そのアーキテクチャがシンプルであればあるほど、ゲーム・クリエイターは開発が楽になる。のみならず、シンプルゆえの潜在力は、未来へ進むほど百花繚乱（ひゃっかりょうらん）に咲き誇ってくれるはずだった。

当時、「これからはマルチメディアの時代だ」が時代のかけ声になっていた。長年のライバル、パナソニックは映画、情報ソフト、ゲームのすべてに対応した高価なマルチメディア機、3DOを販売しようとしていた。Sonyの技術力をもってすれば、プレイステーションをそうすることもできたが、久夛良木はサードパーティのために、ゲームに特化したシンプルな仕様にした。

さらに久夛良木は手を打った。これまでゲームはドット絵で創るのがあたりまえだった。そんなゲーム・クリエイターたちが「CGはやったことがない」と敬遠するのを防ぐ必要があった。久夛良木は丸山たちと、日本の代表的なCGアーティスト、二十人に綿密なヒアリングを繰り返した。そして、CGが初めてとなるゲーム・クリエイターのために、豊富なCGライブラリーを用意したのである。

久夛良木とゲーム機開発との馴れ初めは、Sonyがスーパーファミコンの音源チップを開発したのがきっかけだった。当時、日本の楽器メーカーKORGからサンプリング音源を使ったシンセサイザーM1が出て、音楽の制作現場を席巻していた。

「プロの作曲家がゲームの世界でも活躍できるようにしたい」★040

久夛良木はそう思った。そしてM1と同方式の音源チップを安価に開発。スーパーファミコンに載せ、愛らしいが子どもっぽい電子音からゲーム機を卒業させた。Sonyミュージックの丸山とは、それがきっかけで親しくなった。

「次は映像アーティストだ」という想いが、プレイステーション開発のときに久夛良木にはあった。CGワークステーション並みのCPUを開発して、映像アーティストも、ゲームの世界で活躍できるようにしたかった。久夛良木の志はジョブズと同じだった。コンピュータの力を事務仕事から解放し、クリエイティヴな世界へ導こうとしていた。

「ゲーム・メーカーとの交渉、ゲーム・クリエイターやCGアーティストとのコミュニケーション、営業戦略や流通戦略は、みんな丸山さんたちがゼロからつくりあげてくれた」★030

久夛良木は振り返る。Sonyミュージックは本気だった。丸山たちは、サードパーティのために大きなビジネス・メリットを開発した。CD流通の経験を活かした流通改革である。

Sonyが一括してCD工場でゲームをプレスし、小売店に卸す仕組みを構築。任天堂が支配してきたゲーム問屋の存在を不要にした。これで在庫コストと中抜きコストを大幅に削り、さらにリベートも廃止。方々で「こんなの業界の常識に反している」と煙たがられたが、「我々、素人なもんで……。でも筋は通ってますよね？」としらを切り、消費者には価格破壊を、サードパーティには高い利益率を実現したのだった。

Sonyがゲームを一括して仕入れ販売し、広告も請け負う。この仕組みは、ゲームを作ってみたくても営業や広告まで手が回らなかった未来のクリエイターたちに、新しい道を開くことにもなった。新しいゲーム・メーカーが世界で次々と誕生した。

一方で任天堂のライバル、セガはSonyと同じくCDドライブを載せたCGゲーム機セガ・サターンを同時期に創っていた。が、こうした流通改革を怠ったのが最大の敗因となったようだ。セガは任天堂と同じく、ロム・カセット時代にゲーム問屋との関係を構築していた。そのしがらみを捨てられず、CDメディアのメリットを活かせなかったのだ。典型的なイノヴェーションのジレンマだった。

エコシステム構築のための様々な工夫。それは若きジョブズに欠けていたものだった。結果、初代Macで十年先を行く「ものすごいもの」を創ったはずが、売上は惨憺たる結果となったのは先に描いた。

Macで導入されたGUIは、プログラマにとって初めての体験であった。そのうえ、AppleⅡの頃と比べプログラミングがはるかに複雑化し、サードパーティが集まらなかったのだ。

初代Macは、ハード設計にもジョブズの独りよがりが目立った。シンプルな設計の美しさを追求するあまり、拡張機能もなかった。ハードディスクも搭載できず、ビジネス用途に適さなかった。すごいのはわかるが、どこで使っていいのか、わからない商品になってしまっていた。

ジョブズは初代Ｍａｃの売上不振を攻撃され、傷心のなか会社を去った。一方、久夛良木はそうならなかった。少なくとも、初代プレイステーションでは……。

鳴り響く電話――勝利の予感

「クタちゃん、開発はうまくいってるかい？」と丸山が尋ねると、

「順調ですよ」と判で押したように、久夛良木は返してきた。

丸山には技術のことはわからない。「そうかい、頑張ってくれよ」と言うしかなかったが、毎度、「順調です」としか答えないので不安になってきた。果たして開発現場に行くと偉いことになっていた。無言でモニターを眺める無精髭。机の下で死んだように寝る男。死屍累々だった。到底、順調には見えない。

さすがに丸山も苦笑して「クタちゃんも口ばっかりだな」と思い、頭を掻いた。[★045] 実際、天王山となったあの経営会議での「開発はどうなっている」という大賀の問いに、久夛良木は「もう基本的なところは終わりました」と答えた。大賀はそれでＧＯサインを出したのだが、あとで訊けば「理論的には行けるとわかりました」という程度だったのだ。

だが不思議なもので開発成果は期日どおり、きっちりと挙がってきた。その見事な見積もりに、丸山は舌を巻くほかなかった。

「特に最初の頃のエンジニアは、『久夛良木さんをがっかりさせるようなものは作りたくない』という意識が強かった」[★045]

プレステの技術責任者だった岡本伸一はそう振り返る。久夛良木には、エンジニアを奮い立たせるカリスマのようなものが備わっていた。

一九九二年十月二十八日、東京。

澄み切った朝、御殿山のソニー村を、ゲーム開発者の群れがぞろぞろと歩いていた。そして歓迎ムードの十号館講堂に吸い込まれていったが、今日の天候とは裏腹に、彼らのこころは懐疑で曇っていた。

Ｓｏｎｙはゲームの素人だ。どこまで本気なのか？　高価なワークステーションでもＣＧはリアルタイムの生成がむずかしい。安いゲーム機で実現するなんてほんとうにできるのか？

試作機を見極めなければならなかった。

大艦隊のＳｏｎｙなら、ゲーム機ビジネスという新戦艦を一艘失っても生き残るだろう。だがゲーム会社のほうは、間違った船に乗れば溺死してしまう。

「ぜひいっしょに創っていただきたい。ぜひ協力していただきたい。我々Ｓｏｎｙは、この事業に本気で取り組みます」

大賀典雄ＣＥＯが、力強く挨拶した。講堂内は奇妙なほど静かだった。実物を見るまで決められるものか、という三百人の意思が伝わってきた。久夛良木は「ここだ」と思い、スタッフに指示を出した。

ヴェールを脱いだプレイステーションが六台、現れた。

ゲーム開発者たちは六つの机にぞろぞろと集まり、デモ機を触りだした。モニターには、細かな３Ｄポリゴンで出来た巨大なティラノサウルスが映っている。人びとは、飛行機の操縦桿のような風変わりなコントローラーに触ってみた。スピルバーグの映画『ジュラシック・パーク』のように、３Ｄの迫力あるティラノサウルスは唸りをあげて、リアルタイムに動いた。講堂には、プレイステーションが奏でるワーグナーの「ワルキューレ」が響いていた。

プレイステーション。CGワークステーションを凌駕する性能を極めて安価に実現し、シリコンバレーに衝撃を与えた。

Evan-Amos "File:PlayStation-SCPH-1000-with-Controller.jpg," Wikimedia https://commons.wikimedia.org/wiki/File:PlayStation-SCPH-1000-with-Controller.jpg

「会心の出来だ」とその光景を見て、久夛良木は思った。

シリコンバレーのCGワークステーションでもできないことを、ゲーム開発者たちの目の前でやってのけたのだ。

だが、人びとは無言のままだった。そして無言のまま講堂を去っていった。

「大丈夫なのか」大賀たちは不安げに尋ねたが、久夛良木も、

「何も問題はなかったはずです」と答えるしかなかった。

おかしい。何を失敗したというのか。

首を捻ったまま、久夛良木が青山に帰ると、オフィスは大騒ぎになっていた。電話という電話が鳴り、日本中のゲーム会社から「ぜひ詳細を聞かせてください。参入を前向きに考えています」と興奮した声が届いていた。久夛良木は理解した。プレイステーションのあまりの超技術に感動して、彼らは会場で腰を抜かしていたのだ。会社に戻り、その興奮を仲間たちに伝えたに違いない。

鳴り響く電話に勝利を予感し、久夛良木は不敵な笑みを浮かべた。

Sonyに慄(おのの)くシリコンバレー——顔の引き攣(つ)るビル・ゲイツ

一九九四年。二年が経っていた。

「12月3日を待て。プレイステーション、123でゲームが変わる」

不思議な広告が、日本の津々浦々を飾った。「プレイステーションって何?」と人びとは興味を惹かれた。そこには実機の姿は写っていなかった。

そして運命の日。冬のなか、秋葉原には前夜から泊まり込みで大型家電量販店ラオックスの開店を待つ七百人もの行列が出来、テレビがその姿を追った。朝が来ると、プレイステーション十万台は即完した。

広告を仕掛けたのは、本社から異動してきた佐伯雅司。日常を録画する文化をこの星に創った小型ビデオカメラ、TR－55のヒットをかつて演出した人物である。

目隠し広告、ティーザーは目新しい手法ではない。ジョブズも発表会の一ヶ月前に報道陣へ謎の言葉を載せた招待状を配り、発表当日、秘密だった製品を華々しく公開する手法をよく取った。

「なぜティーザーの手法をプレステに使ったのか」と問われれば「なんとなく」と佐伯は答えたが、ティーザーに向く商品というのはあった。人びとの生活を変える、ワクワクするような新しいものに向いている。その点、プレイステーションは適材だった。★046

佐伯も久夛良木と同じ、本社のはみ出し組だった。

ある日「Sonyに必要な人材は金太郎飴だよ」と上司に言われて腐っていたところ、マーケ担当役員だった出井伸之から「おまえ、新しい場所に行ってみないか」と紹介を受け、青山に来た。

若き日のジョブズが本社ビルから離れ、経営陣に反旗を翻して初代Macを開発したように、青山はSonyコンピュータ・エンタテインメントでは〝アンチ・ソニー〟が社内文化になっていた。その尖った心意気がプレイステーションの広告に反映されている。佐伯の広告は、アンチ任天堂な若者コア・ゲーマーを〝プレステの共犯者〟にする狙いがあった。

「いくぜ、100万台」「いくぜ200タイトル、すごいことになってきた」「いくぜ、200万台」「サービス満点」「よいこと、よいおとなの」「今年もすゲー」

キャンペーンの回を重ねるごとに、プレステ勢の熱気は高まっていく。Appleフリークよろしく、プレステのゲーマー勢はSonyフリークとなり、伝道師になっていった。売上台数が三百万台を超えたとき、いよいよ王者、任天堂との決戦が始まった。

「三百万台を超えたらまた来てください」★047

超人気タイトル『ファイナル・ファンタジー』で日本のトップ・メーカーになったスクウェアは、挨拶に来た丸山たちにそう言った。冷たい言葉に聞こえたが、スクウェアはその約束を守ったのだった。

ゲーム界のカリスマ、坂口博信の手がけたプレステ独占タイトル『ファイナル・ファンタジーⅦ』は、日本を超え、世界に熱狂を起こした。映画のようなドラマチックなストーリー、壮大な音楽、そして魅力的なキャラクターたち。世界にとって、それはゲームと映画の融合という全く新しい体験だった。

同時期、ホラー映画とゲームを融合した『バイオハザード』や、戦争映画とゲームの融合『メタルギアソリッド』も世界でヒット。「エンタテインメントとコンピュータの融合で、大人も夢中にさせる新しいメディア」という久夛良木のヴィジョンは現実となった。レース・ゲーム『リッジレーサー』でも久夛良木の夢は実現し、リアルタイムで仮想現実を生成してみせたのだった。

偶然か必然か、それはピクサーの『トイ・ストーリー』が、CGアニメ映画のブームを起こした時期と重なっていた。任天堂は次世代機NINTENDO64を発売して追いかけたが、もはやSonyの背中は遠くなるばかりだった。

任天堂だけでない。プレイステーションの発売は、シリコンバレーにも戦慄を走らせた。

これまで一千万円超のワークステーションのみが提供できた、リアルタイムのCG生成。それをSonyは、たった一枚のCPUを安価に開発して実現してしまったのだ。

就中、CGワークステーションを売っていたSGIはパニックに陥った。かつてSGIに破れたジョブズも、久夛良木の開発したCPUのすごみに気づいたはずだ。彼のライバル、ビル・ゲイツも久夛良木と初めて会ったとき、顔が引き攣っていたという。★040

ゲイツの表情が深刻なのは理由があった。

初代プレイステーションは累計一億万台に迫っていた。二代目のプレイステーション２は家電史上、単一機種のギネス記録となる一億五千万台へ向け、猛烈な勢いで普及しようとしていた。

それは、ビル・ゲイツの野望を二重の意味で脅かした。

彼はＷｉｎｄｏｗｓで、仕事場の机上を支配する帝王になった。次に目指したのは、家庭のリビングだ。「テレビとＩＴの融合」を掲げ、テレビを支配する日本のエレクトロニクス産業に宣戦布告したはずだった。

だが、目の前に座る久夛良木がプレステ２でＤＶＤを一気に普及させたうえ、インターネット対応ゲームも出しはじめ、今やリビングを押さえようとしていた。このままではテレビの時代に続いて、ネットの時代もＳｏｎｙがリビングの王者になってしまう……。

久夛良木はウィンテル陣営の脅威でもあった。

初代プレステのＣＰＵはワークステーションに匹敵する計算力を誇った。プレステ２に至っては、ＣＧで仮想現実をリアルタイムに計算生成する能力は、パソコンの千倍という驚異的な速度を実現していた。[★040] 単純に、クロック数とトランジスタの集積数というパソコン界のゲーム・ルールであっても、プレステ２はすでにインテルの最上位ＣＰＵの数値に追いついていた。

「要するに、家庭用ゲーム機が、突如最先端のテクノロジー・ドライバーになった」と久夛良木は言う。[★040]

かつて日本は家電製品の大量生産を武器に、半導体の進化を司った。しかし家電の内実を見れば、それは多品種少量生産の集合であり、トランジスタの集積化のほか、根本的な技術革新を必要としていなかった。

対してインテルは、用途をパソコン向けに絞って単一品種を大量生産。結果、開発費の集中投資を実現したことで、ＣＰＵの設計思想を塗り替える技術革新を始めた。

だがＳｏｎｙのプレステが、単一機種の売上台数でギネス記録を塗り替え、新たな主役に躍り出た。そして、パソコンのCPUが不得意だったグラフィック性能を軸に、CPUの設計思想をリードしはじめた。CPUの進化を司るテクノロジー・ドライバーは、マイクロソフト・インテル陣営から、Sonyへ移動してしまったのだ。

「だからアメリカのIT業界が真っ先に驚いた。日本が驚いたんじゃなくて」

久夛良木は、当時をそう振り返る。

「でも日本では、ゲーム機としてしか見ていませんでしたね」

ニューズピックスの記者は応じた。[★040]

Sonyはさらに東芝と組んで、一二〇〇億円の巨額投資を敢行。プレステ2のCPUを設計だけでなく、生産も始めた。日本勢が、インテルの独擅場だったCPUビジネスに殴り込もうとしているのは明らかだった。

プレステ2の発表会でのことだ。

一九九九年三月、東京国際フォーラムは、巨大なノアの方舟を思わせるそのガラス張りの建築に、世界中の報道陣を集め、未来へ出航しようとしていた。壇上に立った出井信之社長の口からは、はやくもプレステ3の構想が飛び出た。

「次世代プレイステーションは、ムーアの法則をも超えるレベルの半導体を搭載している。パソコンを中心とする、インテル・マイクロソフト体制へのチャレンジとなる」[★048]

出井の言葉は、Sonyからシリコンバレーへの宣戦布告だった。フラッシュを浴びる出井の後ろには、時代の寵児となった久夛良木健と、彼を見出した大賀典雄が立ち並んでいた。

「丸さん、決勝戦の相手は任天堂じゃない。インテルだよ」

あのとき、久夛良木が語った途方もない野望が、現実になろうとしていた。

『マトリックス』の世界を実現する——Sonyの野望

「マトリックス観た?」

久夛良木は部下たちに顔を寄せ、嬉しそうに言った。プレステ2の発売を前に、はやくも久夛良木たちは次世代機の開発構想に入っていた。

「次のプレステ3で『マトリックス』の世界を実現したい。いよいよパソコンを超えた、新しいコンピュータを誕生させるんだ[★049]」

相変わらずの久夛良木節に、会議室の部下たちは頼もしさと不安の両方を感じていた。

出井、大賀とともに誇らかに登壇したあの発表会からほどなく映画『マトリックス』は上映され、世界的なブームを起こしていた。学生時代に観た『2001年宇宙の旅』に匹敵する「人生を変える衝撃」を久夛良木は受けていた。

キアヌ・リーブス演じる映画の主人公ネオはある日、「あなたの住んでいるこの世界は仮想現実だ」と告げられる。目覚めてみれば人類は培養機のなかで脳をコンピュータ網につながれ、仮想世界を夢見ていた。主人公は仮想世界に戻り、マトリックスの生んだ人工知能エージェントと死闘を繰り広げる……。

作品というものは偶発的に世の事件と響き合うものだ。『マトリックス』の頃、二十歳の学生が生んだピア・ツー・ピア技術は音楽産業を破壊し、コンピュータ産業でも大きなトピックとなっていた。ただし音楽産業と違い、ポジティブなトピックとして。

グーグルの創業者であるペイジやブリンも、ナップスターの革命的な技術に熱狂を隠せなかった。インテルのグローヴCEOも「コンピュータはやがてナップスターのようになる」と熱にほだされていた。

ピア・ツー・ピアは、世界中のコンピュータがひとつとなって働くグリッド・コンピューティングのヴィジョンを生んだ。やがてピア・ツー・ピアは、サトシ・ナカモトの手によりブロックチェーン技術に生まれ変わり、身なりを固めた金融産業の人びとをも興奮させることになる。

久夛良木が『マトリックス』から得たヴィジョンは、コンピュータがつながり合ったその先にある新世界だった。従来のネットに勝る電脳空間の再創造。インターネットの跳躍的進化だ。

『マトリックス』を監督したウォシャウスキー姉妹は、日本のアニメ映画『ＧＨＯＳＴ ＩＮ ＴＨＥ ＳＨＥＬＬ／攻殻機動隊』に夥しく影響を受けたと、スピンアウト作品で告白した。[★049] 久夛良木が『マトリックス』から得たヴィジョンは、『攻殻機動隊』の世界観に近い。

『攻殻機動隊』では、インターネットで結び合わさった端末とサーバー群は、ひとつの電脳空間を創りあげ、人びとは脳に埋め込んだ通信チップを通じて仮想空間へダイブする。そんな近未来を描いていた。

『マトリックス』のような仮想世界を創りあげるには、今のパソコンやサーバーに載っている事務処理型のＣＰＵでは無理だ、と久夛良木は考えた。むしろプレステが得意とする、リアルタイムな空間創造を得意とするＣＰＵが必要なのではないか。

今こそ、ＣＰＵの構造を進化させよう——。

仮想世界を生むのに適し、神経細胞のようにつながり合い、巨大なひとつの頭脳として働きうる、新世界を創造するＣＰＵ。久夛良木は「Ｃｅｌｌ」と、それを名付けた。

「世界中に置かれたセルが光でつながることで、まるでひとつの超並列マシンになる。そうなるとＯＳも、全く新しい統合ＯＳが必要になる」[★050]

久夛良木は二〇〇二年、アスキー誌の取材に応じた。

世界中に散らばった何億ものセルが結び合わさって出来る、ひとつの巨大な仮想コンピュータ。それを動かす統合

ＯＳを、ＩＢＭと開発中だと久夛良木は語った。いわゆる分散ＯＳである。

セルは日米横断のプロジェクトとなった。Ｓｏｎｙは、国内随一の半導体生産技術を持つ東芝と、インテルへの対抗を目論むコンピュータ産業の老舗ＩＢＭを味方に引き入れたのだった。

「人生でこれほどのチャンスはない！」

この仕事をまかされたＩＢＭのチーフ・アーキテクトは、興奮して久夛良木にそう叫んだという。[★050] Ｓｏｎｙ本社の副社長となった久夛良木は、プレイステーションで稼いだ五千億円をセル・プロジェクトに惜しみなく注ぎ込んだ。[★051]

「次のプレイステーションはネットに溶けていく。数世代後のプレイステーションは形すら持たないだろう」[★052]

『マトリックス』のオラクルのように予言する久夛良木は、世界中のゲーム関係者を、驚きと、期待と、戸惑いの渦に飲み込んでいった。

セルの夢――Ｓｏｎｙの生んだ超弩級（どきゅう）のＣＰＵ

それは怪物のようなＣＰＵだった。

二〇〇五年五月のことである。砂漠に浮かぶ享楽の幻想都市ラスベガスのゲーム・ショウＥ３に登壇した久夛良木健は、世界中の報道陣の注目を一身に集めて口火を切った。

「プレイステーション３は、エンタテインメントのためのスーパーコンピュータです。浮動小数点演算は二一八ギガフロップス。クロック周波数が同じパソコンの二十八倍を超える」[★053]

「スーパーコンピュータ」は修辞ではなかった。豪奢なホテルの別室では、ＩＢＭがプレステ３に載せたセルを七段、組んだ、冷蔵庫ほどの小さなスーパーコンピュータを披露していた。[★054]

久夛良木が指図すると、プレイステーション３のデモンストレーションが始まった。パンチを受けたボクサーの頬が、水面のように波打つ。レーシングマシンが衝突し、爆炎と煙が生き物のように沸き立つ。

　そのリアリティは、もはやポリゴンの質感を超え、ハリウッドのＣＧ特撮と見紛うかのようだった。しかもそれは、リアルタイムで計算生成されている点でＣＧ映画の先を行っていた。会場に集ったゲーム・ファンは息を呑み、偵察に来たシリコンバレーの開発者たちは戦慄した。

　三年前、セルの基本仕様を発表したときから、その戦慄は始まった。

　セルはひとつのチップにまるで複数のＣＰＵをまとめたような、マルチコア仕様だとＳｏｎｙは言うのだ。それは当時、スーパーコンピュータしか使用していない技術だった。

　インテルはそれまで、クロック周波数の速度向上ばかりを追求していたが、もはやムーアの法則は量子物理学的な限界に近づきつつあった。半導体産業は方向転換を迫られていたが、その嚆矢となったのがＳｏｎｙだったのだ。

　しかもセルは、単純なマルチコアではなかった。パソコンと同じ汎用的な計算に適したコアひとつと、仮想現実をリアルタイムに計算生成するコア七つを組み合わせた、ヘテロジニアスなＡＰＵだった。

　七つのグラフィック用コアを統べる汎用コアは、ＣＰＵを並列で無限につなげる驚異的な能力すら有していた。何億ものＣＰＵがネットを通じてつなぎ合わさって、巨大なスーパーコンピュータが誕生するという久夛良木のヴィジョンは夢物語ではなかった。

　のみならず、それぞれのコアには超高速メモリが直で載っていた。データを渡し合うバスを介したメモリとＣＰＵのやり取りは、速度を落とす最大のボトルネックだ。だが久夛良木は独創的な設計でこれを解消し、セル一枚であっても、スーパーコンピュータに匹敵する計算生成を可能にしていた。後日、アメリカ空軍がプレステ3を一七三〇台使ったスーパーコンピュータを稼働させることになる。

　ＣＧだけでなかった。セルは映像処理でも、超時代的な性能を誇った。

ゲーム・ショウの前月、同じくラスベガスで、Ｓｏｎｙは放送機器の祭典ＮＡＢにセルを使った映像編集システムを公開した。

「顎がはずれるほど驚いた」★055

マイクロソフト・ジャパンの古川亮会長（当時）は言う。その頃、パソコン勢は、ＰＣゲームと映画制作の需要をテクノロジー・ドライバーにして、グラフィック専用チップのＧＰＵを急激に進化させていた。だが最新鋭のＧＰＵでもＤＶＤ品質の動画をみっつ、よっつ同時再生させるのが精一杯だったところを、セルは、四十八もの最高品質の動画を同時再生してみせたのだった。

シリコンバレーの英雄ふたりを、久夛良木は意識しつつあった。

「すでにパソコンって存在意義がほとんどないと思うわけ。パソコンの限界が来ていますよね。ノートパソコンの普及自体が、パソコン離れの第一歩だと感じる」

セルの基本仕様を発表した二〇〇二年、久夛良木はその野望を自信に満ちた言葉に乗せて矢のように放った。

「ビル・ゲイツが『これからはポケットに入るＰＣ』と言いそうだけど、電話にもなれなかったパソコンがリビングルームに入れるわけがない」★050

プレイステーション３の発売が迫った二〇〇六年半ば、久夛良木はＡｐｐｌｅについて嬉しそうに語った。

「マイクロソフトよりも直接ヴィジョンが近いのはＡｐｐｌｅ。でもジョブズ氏と同じところにいて逆に楽しいよ」

ゲイツが仕事のためのコンピュータを目指したのに対し、ジョブズと久夛良木のふたりは、クリエイティヴなコンピュータを目指していた。だから、ジョブズがＳｏｎｙと争うのを楽しんでいたように、久夛良木もジョブズと闘う日を楽しみに待っていたのだろう。そして重ねて予言を宣託した。

「二〇〇七年になると、Ａｐｐｌｅがインテルとコラボレーションしている成果も花開いてくる。当然、狙うのは音楽プレーヤーだけではないだろう」[056]

久夛良木は知らなかったのだ。その頃、ジョブズはインテルではなく、孫正義がやがて買うARMとコラボレーションしていたことを——。ジョブズはそのとき、久夛良木とは全く異なるかたちで「新しいコンピュータ」を生み出そうと、開発に励んでいたのだった。

セルが成功していれば、久夛良木健の名がゲイツ、ジョブズと並ぶ日が来るはずだった。

OSの開発に失敗したSony

「俺を殺す気か！」

久夛良木は叫んだ。まずかった。問題はブルーレイだった。このままでは発売日に、プレステ3はまともな数を用意できない。

「もう、光学メディアの時代は終わるのではないか」

高価なブルーレイ・ドライブをプレステ3に載せたがる本社の要望に、久夛良木は最初、そう反対した。ただでさえ、セルの開発費で原価が嵩(かさ)んでいた。さらに新技術のブルーレイまで載せれば、ゲーム機としてはありえない定価になってしまう。だが出井社長らの再三の要望に、本社の副社長に昇進した久夛良木は結局、折れた。Sonyのナンバー2に栄進したがゆえに、折れるしかなかった。

かつてSonyは映画会社を持ちつつも、DVDの規格戦争に負けた。が、DVDドライブを搭載したプレステ2のおかげで、DVDプレーヤーの実売数では事実上、圧勝。セルの誕生につながった映画『マトリックス』も、DVD史上初のミリオンセラーを記録した。

そのときの勝利の美酒を、平面ブラウン管テレビの敗北で赤字の迫ったエレクトロニクス部門はもう一度求めていたのだった。Ｓｏｎｙショックで出井と退陣するまで本社の副社長だった久夛良木は、エレクトロニクス部門を助ける男気を見せ、リスクを取った。にもかかわらず、発売日の間近になって「ブルーレイの半導体レーザーの量産に失敗しました」と同部門は言ってきたのである。

結局、発売日に用意できたプレステ3は予定の六分の一。全世界に振り分けると、ヨーロッパはゼロ台。本丸の日本が予定の十分の一、たった十万台という大惨事になった。

「ものを売るってレベルじゃねえぞ！」

わずかな在庫を求め、有楽町のビックカメラ前には、深夜四時から並んだ千人のゲーム・ファンが揉み合いになって殺気だち、叫んでいた。闇のなか、押し潰された行列から女性の悲鳴が方々からあがり、警察が出動する騒ぎが世界のテレビに映しだされた。

「日本での定価は五万九八〇〇円になります」

発売の二ヶ月前、そう発表されたとき、「高すぎる」とゲーム・ファンから不満の声があがった。

「安すぎたかもしれない」と久夛良木は批判に反論した。「ゲーム機としての括りで考えてほしくありません」[★057]

その言葉はゲーム・ファンの反感を買った。

たしかに、超高性能なデスクトップ・コンピュータとして見れば、約六万円は破格の安さだった。ゲーミングＰＣならその四倍はする。ジョブズが言えば二十万円でもみんな納得するのに不公平だと、久夛良木は漏らした。

だが、コンピュータとして使うにもプレステ3には、ゲーム以外のアプリが動くＯＳが畢竟（ひっきょう）、備わっていなかった。久夛良木はブルーレイ以上の、痛恨の開発ミスに遭遇していた。ＩＢＭとＳｏｎｙは、開発者のあいだで標準ＯＳとなっているリナックスをベースにプレステ3のＯＳを開発していたが、間に合わなかったのだ。

ＯＳを理由に発売が一年遅れれば、ライバルの新ゲーム機に市場を奪われる恐れがあった。すでにビル・ゲイツがリビングを奪い返すために、次世代ゲーム機Xbox（エックスボックス）を世に放っていた。苦渋の決断を迫られた久夛良木は、携帯ゲーム機PSPのOSを流用した。

OSが貧弱となったプレステ3は、もはや彼の夢見た「全く新しいコンピュータ」ではなかった。携帯ゲーム機のOSが基では、アプリ開発者が次々と参入し、Windowsに代わる新しいエコシステムが育つ、などということはありえなかった。

プレステ3は久夛良木の謳う「ネットワーク時代のコンピュータ」の演出にも苦戦していた。「セルをテレビにも載せ、ネットともつなげて家電に革命を起こす」というなら、まずは映像配信から入るのが最適だったかもしれない。「映画もアニメも配信で楽しめるから、ただのゲーム機ではない」と消費者も納得してくれたろう。当時、それはまだ世界で実現していなかった。

プレステ3発売の前年、Appleは世界に先駆けてディズニーと映像配信に乗り出したが、不人気のAppleTVでしかリビングに対応しておらず、音楽配信のときのようなブームを巻き起こすことに失敗していた。ここでSonyが映像配信の決定版を用意していれば、プレステ2がDVDの時代を切り拓いたようにプレステ3は映像配信の時代を演出できたかもしれなかった。

音楽配信ではAppleに一敗地に塗れたSonyが、音楽よりも売上がひと桁大きい映画・ドラマの世界で巻き返すチャンスでもあったのだ。

Sonyはプレステ2時代にも配信にチャレンジしようとしていた。ネットワーク対応オプションを発売し、「ゲームだけでなく映像配信や音楽配信を始める」と久夛良木は宣言していた。結局、Sonyは映像配信も音楽配信も用意できなかったが、プレステ3はその経験を活かす好機でもあった。

大賀典雄の引退が響いていた。配信というものは技術だけでは成り立たない。音楽会社や映画会社を説得してコンテンツを提供してもらわなければ何も始まらない。大賀は世界第二位の音楽レーベルＳｏｎｙミュージックと、世界三位の映画会社Ｓｏｎｙピクチャーズの創業者でもあった。

レコードからＣＤへの転換に猛反対だった音楽産業を取りまとめてみせた彼なら、映画産業をまとめ、映像配信に打って出ることも可能だったのではないか。五千億円の巨費を投じてＳｏｎｙピクチャーズを創った大賀の本懐は、映像の世界でもＳｏｎｙが次の時代を摑むためだった。

だがすでに、その大賀も「僕も辞めるから君も辞めなさい」と、Ｓｏｎｙショックを引き起こした出井ＣＥＯを道連れにして会社を去っていた。[★058] 天才、久夛良木は最大の後ろ盾を失っていた。

「クタたん（久夛良木の愛称）はゲーム機ではなくコンピュータだと言うけど結局、ゲームしかできない。それならやっぱり、六万円は高すぎるよ」

日本のゲーム・ファンは、ネットで不満を漏らした。それでも彼らは発売当日、プレステ3を求めて早朝から店に殺到してくれた。ここで予定どおりの三百万台を用意できていれば、国内だけでも初動は成功したかもしれない。しかし、日本に用意できたのはたった十万台だった。

ネットとＣＰＵを革新してアメリカの覇権を奪うという、久夛良木の壮大な夢を載せた「新しいコンピュータ」は起動（ブート）に失敗した。

終戦の刻――シリコンバレーに破れた日本

王者プレイステーションの隙を、ライバルたちは抜け目なく突いてきた。

マイクロソフトは次世代機のＸｂｏｘ ３６０を、初代プレステと変わらぬ安値で一年前に発売した。まだエッジィだったブルーレイではなく枯れた安価なＤＶＤドライブを載せ、ＣＰＵの設計も保守的にして値段を下げたのだ。ビル・ゲイツは、アメリカのゲーム・ファンをＳｏｎｙから奪い取った。

商売上手のゲイツは時代をうまく読んでいた。ここへ来て、ネットの速度では日本に遅れをとっていたアメリカも、ゲームをダウンロード販売するのに十分な通信速度を家庭に備えつつあった。それならブルーレイにこだわる必要はなかった。

加えて彼は当時、傍流だったＰＣゲームの生んだ技術革新を活用した。

パソコンのＣＰＵは依然、グラフィック処理を不得意としていたが、Ｗｉｎｄｏｗｓの普及とともにＰＣゲームが発展。これをテクノロジー・ドライバーにして、パソコンのグラフィック機能を拡張する〝ＧＰＵ〟の性能が急速に上がっていた。

エヌビディアやＡＴＩの作るパソコン向けＧＰＵをうまく応用すれば、セルのような過激なＣＰＵがなくても十分、高度なグラフィック機能が実現できる時期に入ったのだ。加えて、ゲイツはＳｏｎｙと組んだＩＢＭの離反にも成功していた[★059]。のちに内部告発で判明したが、ＩＢＭはセルのために開発した技術をＸｂｏｘ３６０に流用した形跡があった。

さらにゲイツは、ＰＣのソフトウェア環境も活用した。

久夛良木がセル計画にかかずらうあいだ、ゲイツはソフトウェアの革新を静かに起こしていた。ＯＳやＣＰＵに依存せず、ソフトウェア開発を可能にするドット・ネット・フレームワークの誕生である。

加えてプレステ3が発表された年、パソコンで容易に高度な3Ｄモデリングができるアプリ、ユニティが登場。ドット・ネットとユニティを使えば、個人の集まりであってもＰＣゲームが創れるようになった。

ドット・ネットを使えば、ＰＣゲームをＸｂｏｘ用に書き換えるのはむずかしくなかった。結果、ＰＣゲームで育った新興ゲーム・クリエイターをＸｂｏｘへ次々と呼び寄せることにも成功した。

初代プレステの勝因は、ひとつに「開発者にやさしい」というのがあった。ゲイツはWindowsの普及力で、プレステのお株を奪ってみせたのだ。

一方で、プレステ3は、初代プレステの長所を失っていた。

七つのコアに載った高速メモリ、汎用メモリ、グラフィック用メモリ。三者のあいだを、計算結果がものすごい速度で行き来する——。

その独特な動作は、セルに怪物級の演算力を授けたが、手練れのプログラマすら頭を抱えるほど、プレステ3のゲーム開発をむずかしいものにしていた。

「パソコンの時代は終わる」

そう豪語していた久夛良木は、パソコンの子に足を掬われる結果となった。ゲーミング・パソコンや次世代ゲーム機をテクノロジー・ドライバーに迎えたGPUは、ほどなく「スマートフォン時代の次」への扉すら開くことになる。

久夛良木の足を掬ったのは、マイクロソフトだけでなかった。

プレステ3の悲惨なリリースから一週間後、任天堂からWii(ウィー)が登場。任天堂らしく、Wiiは技術ではなくデザインで革新を起こしていた。

ユーザー・インターフェース(UI)の原義は、「人とコンピュータの関わり方」だ。CPUを載せたゲーム機のコントローラーは、その意味でマウスやタッチ・スクリーンと並ぶUIである。

花札屋から始まった京都の老舗企業、任天堂はかつてファミコンで、AppleⅡと同じ古いCPUに十字キーとABボタンのUIを与えて革新を起こした。任天堂はふたたび、「UIを変え、ユーザー体験を変える」という、どこかスティーブ・ジョブズらしい発想で革新を起こした。Wiiは、これまでと違って、ヌンチャクのように振り回して遊ぶコントローラーを備えていた。

ファミコンは、ファミリー・コンピュータの略称だ。〝ファミリー〟という名を持ちつつも、実際には、子どもがテレビに張りつきで遊んでいた。だが、Ｗｉｉはまさしくファミリー向けだった。ヌンチャク・スティックでカンフーのように体全体を使って遊ぶゲームは子どものみならず、リビングの両親も、隠居した祖父母さえも夢中にさせた。

久夛良木とは全く違った切り口で、ゲームを大人のものにしたＷｉｉは、プレステ3をはるかに超える勢いを獲得した。なかでもアメリカ中の病院や老人ホームまでもがこぞって買った『Ｗｉｉスポーツ』は、八三〇〇万本という天文学的な売上を達成した。[★060]「枯れた技術を使ったおもちゃでは、大人は楽しめない」という久夛良木の一家言を任天堂の貴公子、岩田聡（いわたさとる）社長は覆してみせたのである。

Ｗｉｉに先立ち岩田聡は、未来の影をも人類に見せていた。

彼の携帯ゲーム機ニンテンドーＤＳは、プレステ2に迫る一億五千万台を累計で売り、任天堂を復活させた。タッチ・スクリーンをペン先で操作するＤＳは、ゲーム以外のソフトを次々と生み出した。『脳トレ』『えいご漬け』『漢検』などの知育ソフト。『お料理ナビ』『世界のごはん』などのレシピ集。果てはスマホのようにホームページをフル・ブラウジングできる『ＤＳブラウザー』等々。

「コンピュータのような携帯電話」であったガラケーが「携帯電話のようなコンピュータ」であるスマートフォンの先駆けであったように、ニンテンドーＤＳは来る（きたる）スマホ・アプリの世界を予告していた。専用デバイスからどこか本職とは離れたエコシステムが発現すると、それはやがて到来する汎用デバイスの未来を占う兆しになる――そんな経験則が成り立つのではないだろうか。

プレステ3は、ＸｂｏｘとＷｉｉにスタートダッシュを潰された。久夛良木がセルに注ぎ込んだ五千億円を回収する目処はなくなった。プレステ3が天高く翔け上がれば、セルをＳｏｎｙの家電に載せるのに十分、安価にできたはずがそれも不可能になった。

プレステ3の発売から一年後、Ｓｏｎｙはセルの生産工場を東芝に一千億円で売却。ＣＰＵの生産から撤退した。ただの敗戦ではなく、全面降伏の大敗だった。

「シリコンバレーの帝王インテルを唯一、脅かした日本人だった」[★040]

ＩＴ産業のある関係者は敗戦の将、久夛良木をそう評した。Ｓｏｎｙコンピュータ・エンタテインメント（現ＳＩＥ）のある幹部は、こう述懐した。「プレステ3の失敗。それは太陽を目指して天翔けたイカロスが、自信過剰で空から墜ちたかのようだった」[★061]

かつてジョブズは若き日に、初代Ｍａｃの売上不振でイカロスのように天から墜ちた。久夛良木もまた革新的だったプレステ3の大敗北で会社を去らねばならなかった。

「クタちゃんが辞めるなら、俺も辞めさせてもらうかな」[★062]

彼のマネージャー役を自認していた丸山茂雄も会社から姿を消した。大賀とともに久夛良木をＳｏｎｙの社長にしようと闘ってきたが、もはや戦（いくさ）は終わった。丸山は、ぽつりとこぼした。

「あいつなら、ジョブズと張り合えると思ったんだけどなあ……」[★038]

久夛良木の敗北は、セルの敗北だった。それはＩＴ産業の支配者アメリカに戦いを挑んだ日本の、壮大で美しい敗北でもあった。

「今後はさらなるチャレンジを、Ｓｏｎｙコンピュータ・エンタテインメントを離れて、さらに広いネットワークで加速していきたいと思います」[★063]

久夛良木はそう言い残し、ＳｏｎｙコンピュータのＣＥＯ室を去った。

本社の完全子会社となったＳｏｎｙコンピュータは実質、本社のゲーム事業部となっていた。その枠組みで、「新しいコンピュータの創造』を追い続けるのはもはや不可能になっていた。

久夛良木退任の三ヶ月後、ＡｐｐｌｅがｉＰｈｏｎｅを発売した。電話(フォン)の名が付いた、新しいコンピュータの誕生だった。

ゲーム産業でも勝利を収めたジョブズ

二〇一〇年九月。

年間売上四兆円を領するゲーム産業★064を制したカリスマ、久夛良木の転落劇から三年後――。

半年後に最後の誕生日を迎えるスティーブ・ジョブズは、痛ましいほど痩せこけていたが、会場の祝福の拍手を受け、幸福そうに壇上に現れた。

ステージには巨大なアコースティックギターが、そのサウンド・ホールを林檎の形に開いて、映っていた。それは、〝二十一世紀のウォークマン〟ｉＰｏｄの最新作をこれから披露することを仄めかしていた。

「ヘーイ！」登壇したジョブズは前の席を指差した。「僕の共犯者が来ているよ。スティーブ・ウォズニアックだ。立ってくれ！」

ジャケットがはちきれそうになった髭のウォズニアックがはにかみながら、拍手に応じる。

気のいい天才だった。かつてふたりが若い頃、ゲーム会社に勤めていたジョブズから「儲けを半分渡すから、ゲームを創るのを手伝ってくれ」とこっそり頼まれた。ふたりのスティーブは伝説のゲーム『ブロック崩し』を開発。大ヒットして特別ボーナスを折半したが、あとでジョブズがピンはねしていたことがばれた。

その後、公式伝記を著したアイザックソンにその話を突っ込まれると、本気で恥ずかしかったのだろう。ジョブズは顔を真っ赤にして否定したが、当のウォズのほうは全く許していた。その話は、笑い話として喋っただけだったのだ。[★065]なにせ、このコラボがふたりのパターンとなり、Ａｐｐｌｅという会社が爽やかに誕生するのだから。

プレゼンは、いよいよ新作発表の場面に入った。

「みんなはｉＰｏｄタッチのことを『電話のできないｉＰｈｏｎｅ』とバカにした。『契約しなくていいｉＰｈｏｎｅ』とかね」

会場は笑った。

「でも実はね、ｉＰｏｄタッチは、世界ナンバーワンの携帯ゲーム機になった。すごいだろう？」拍手が会場を覆う。「任天堂とＳｏｎｙを合わせた数より多いんだ。携帯ゲーム機としてのシェアは、世界で五〇％以上だ」

ジョブズはさりげなくゲームの王者、日本に勝利宣言を出した。そして、新しいｉＰｏｄタッチを披露した。ゲーム会社で社会人デビューを飾ったほどだ。ジョブズもゲームにはこだわりがあった。気づけば、初代ｉＰｈｏｎｅの登場以来、ＥＡやＵＢＩなど欧米の名だたるゲーム・メーカーが、ジョブズとの登壇の誉れを与（あずか）るようになっていた。

ｉＰｈｏｎｅの登場でｉＰｏｄの立ち位置は変わった。まだ電話を持てない子どもが親に「ｉＰｏｄタッチ買って！」と言うようになった結果だった。子どもたちの目的は音楽よりも、ゲームだった。

かつて子どもが「ねえ、ゲーム買って！」とせがんだら、親は「誕生日かクリスマスにね」と応じたものだった。五千円、一万円するゲームソフトをそう易々と買い与えるものではない。ふくれっ面になった子どもは友だちと相談して買い分けて、貸し借りするしかなかった。

だが、スマホのゲームなら高くて千円、安くて百円。場合によっては無料だった。親が機嫌のいいとき、画面をちょんちょんと触ってもらえば、ポケモンよりもあっさりゲットできるのだ。

ゲームの単価は十分の一に落ちた一方、気軽に何本でも買えるようになった。そのうえ、スマートフォンの利用者数は当時、三十億人[★066]でゲーム機の約十倍。加えてスマホには、銀行口座かクレジットカードがもれなく紐付いていた。

結果、Ａｐｐｌｅが切り拓いたモバイル・ゲームの売上は、Ｓｏｎｙや任天堂が支配するゲーム機市場を超えた。執筆現在、ゲーム機市場も忍耐強く成長しつづけているが、その規模はスマホ・ゲーム市場の六割ほどにとどまっている。★067

ｉＰｈｏｎｅはゲーム産業を革命的に変えた。そしてｉＰｈｏｎｅは、今もゲーム・ファン御用達のスマホに収まっている。たしかにアンドロイド機のほうが安かったりハイスペックだったりするが、ゲーム開発者は機種の少ないｉＯＳ端末にしっかりチューニングして、ゲームを出してくる。これがゲーマーにはありがたい。

開発者にとっても、ｉＴｕｎｅｓ以来の〝お金を払う文化〟が根付いたｉＰｈｏｎｅユーザーは、金払いがよいから自然と力が入る。グーグルの無料文化に染まったアンドロイドの客は金払いが悪いうえ、機種がほぼ無限のアンドロイド端末は開発者にとって煩わしかった。

ジョブズは初代プレステが実現したように、消費者フレンドリーかつ開発者フレンドリーなゲーム環境を、ｉＯＳの世界のなかに、一大テーマパークのように創ってみせたのだった。

前世紀末の一九九九年、まだプレステ2も出ていなかった頃のことだ。

「五、六年後、プレステ3を出す頃でしょうね。僕は最大のライバルは携帯電話だと考えています。人間の最大の娯楽はコミュニケーションだからです」

久夛良木は、新聞記者にそう答えた。

「その頃は携帯電話の形態もかなり変わっているでしょう。挑戦のしがいがありますよ★066」

わずか二年のずれで当てたこの予言は、久夛良木が創造の太陽からインスピレーションを受ける、本物の預言者だったことを証明している。彼は紛れもなく未来を見通すヴィジョナリーだったのだ。

久夛良木はプレステ3を、やがて誕生するｉＰｈｏｎｅと闘うために創っていた。だが歴史は久夛良木に敗北を与え、ジョブズの頭上に栄冠を添えた。

　ふたりの明暗を分けたのは何だったのか？

ふたりのイカロス――久夛良木とジョブズ

「多くの点において、久夛良木氏は日本のスティーブ・ジョブズでした。私はジョブズ氏と直接話したことはないですけどね」

長らくアメリカのゲーム・ショウでプレイステーションの顔だったジャック・トレットンは、その恰幅のいい体躯をソファに沈ませ、足を組みながら鷹揚に答えた。

「ジョブズ氏は『何をしたいか、客に教えてもらって創るんじゃない。何をしたいかは、我々が客に教える』と言っていたそうですね。久夛良木さんもそうでした。ヴィジョナリーというのはそういう人格なのでしょう」

そして彼は、久夛良木のいなくなったあと出来たプレステ4は、客と開発者に何がしたいかを聞いて創った初めての機体だと明かした。

「何かクタラギさんのエピソードはありますか？」

「ありますよ。『おまえはクビだ（ユー・アー・ファイヤード）！』というドナルド・トランプのせりふが流行る前に、私はそれをよく聞いていました」

就任早々のお騒がせ大統領にちなんだジョークに笑うＩＧＮの司会者へ、トレットンは少し畏まって言った。

「久夛良木さんにＳｏｎｙを率いてもらいたいと、私も思ったものです。だが、気に入らないものを窓から放り投げるような人は、大企業のＣＥＯには向いてなかったのかもしれません。彼は、本社とは全く逆のヴィジョンをいつも出す人でした」[★069]

久夛良木がジョブズと同じヴィジョナリーなら、彼はプレステ3でヴィジョンを見誤ったのだろうか?

たしかに、その心臓となるセルに「独特すぎる」とゲーム開発者たちは悲鳴をあげ、「変態ＣＰＵ」とゲーム・ファンは罵った。が、ＩＴ産業は、そうは見ていなかった。シリコンバレーはその後、久夛良木のセルを必死になって追いかけることになったからだ。

セルの実現したマルチコアをインテルが出すのはプレステ3発表の一年後だが、セルが八つのコアを載せていたプレステ3に対し、インテルはふたつしか載せられなかった。リアルタイムな世界創造のために久夛良木が目指した、ＣＰＵとＧＰＵでの超高速メモリの共有も、プレステ4が出る八年後にようやくＡＭＤが実現した。[★070]

「変態設計」と罵られたヘテロジニアスなＣＰＵ設計すら十一年ものち、ＡｐｐｌｅがｉＰｈｏｎｅ ７のためにＡＲＭと実現することになる。セルの先進性は的を外していたどころか、十年先の現実に命中していた。

「ネットにコンピュータが溶け込む世界」は、グーグルがクラウド・コンピューティングのかたちでほどなく実現したし、『マトリックス』のように仮想現実に飛び込む世界も、フェイスブックやプレステ4が、ＶＲで十年後に実現した。執筆現在、メタヴァース(仮想宇宙)はバズワードになって世を騒がせている。

「パソコンのＣＰＵをただ並べただけの退屈なサーバの群からの脱却」という久夛良木のヴィジョンも、第三次人工知能ブームで、ＧＰＵの並列コンピューティングが核爆発すると現実になった。さらにはプレステ3の発売から十年後、グーグルは、ニューラルネットワークの機械学習ではＧＰＵの三十倍の速度を誇るＴＰＵをサーバ群に実装したと発表した。[★071]

もしプレステ3が予定どおり一、二億台売れて、安価になったセルが家電に供給されていれば、この潮流をすべて久夛良木が仕切っていた宇宙もありえた。のみならず、執筆現在も未だ成就していない「地球を蜘蛛の巣のように覆うスーパーコンピュータ網と、それをひとつに束ねる分散ＯＳ」という久夛良木の最終ヴィジョンすら、この星に花開いていたかもしれない。

人びとを惹きつける壮大なヴィジョン。技術ロードマップのぎりぎりを狙う類まれなるセンス。嵐を起こす魂の熱度――。どれもふたりのイカロス、久夛良木とジョブズが備えていた資質だ。

「久夛良木さん、これを見て僕らの苦労を思い出してください」

久夛良木がＳｏｎｙコンピュータを去る日、エンジニアたちが寄ってきて、渡したプレゼントがある。赤く、透明なプレステ３だ。

「久夛良木さんが中身の美しさまでこだわるから、いつもたいへんでした。これなら、それがわかるでしょう？」[★072]

それは今では、多摩川べりの木叢なす久夛良木の豪邸で宝物になっている。外見のみならず、基盤の美しさまでこだわる点すら、ジョブズの美質と重なっていたのだった。当時、オーバーテクノロジーに等しかった名機ＰＳＰも、久夛良木みずからこだわり抜いて出来あがった工業デザインの傑作だった。

ともに、〝墜ちたイカロス〟と評された。ただし、初めと終わりでふたりの運命は対称を描いた。

ジョブズは初代Ｍａｃの販売不振で墜ち、ｉＰｈｏｎｅは成功して最終目標の高みにたどり着いた。久夛良木は初代プレステで勝利の美酒を飲み、プレステ３で苦杯を舐めた。そして、彼の手から最終目標は滑り落ちた。

初代Ｍａｃの失敗は、プレステ３のそれと相貌を同じくしている。

Ｍａｃに載せた「誰もが使えるやさしいパソコン」というヴィジョンを、たしかにシリコンバレーは必死に追いかけることになった。だが初代Ｍａｃは、それを無理やり実現したため、開発者やサードパーティが嫌気する仕様になっていた。初代ＭａｃはＦ１マシンのごとく、エッジィに性能を求めすぎたゆえに価格が高騰し、一部の熱心なファンしか買ってくれなかった。そこを、ライバルの槍に突かれた油断も、プレステ３の初動と軌を一にした。

若きジョブズは追放され、ビジネス界の荒野を彷徨った。帰ってきたときには彼は成長し、初代Ｍａｃの失敗を招いた性格的欠点を克服していた。

あのとき、あのスタッフの忠告を受け入れていれば……。

帰ってきたジョブズは、初代Ｍａｃのような仕様の致命的逸脱をとらなくなっていた。峻厳な彼の罵倒に負けず、忠告を続ける豪胆な人間を幹部に並べて身を固めるようになったのだ。そしてジョブズ自身も、眉間に縦じわをつくりながらも彼なりに聞き上手になっていた。

初代ｉＰｈｏｎｅの誕生物語には、どの道をたどればプレステ3が勝利の凱旋に至ったのか、そのヒントが仄めいている。

ｉＰｈｏｎｅの奇跡は、パソコンのＯＳをスマートフォン用に書き換えた若手フォーストールに寄るところが大きい。しかしＯＳの老舗Ａｐｐｌｅであってもそれは神業であり、その採用は恐ろしい賭けだった。苦難の末、知恵を身につけたジョブズは抜け目なく保険をかけた。ｉＯＳ版とは同時並行で、フォーストールと相争うトニー・ファデルに、ｉＰｏｄのＯＳをベースとした保守的なｉＰｈｏｎｅも開発させていたのだ。

それは、複数のプロトタイプを同時開発するという、トヨタ式のセットベース開発から得た知恵だった。面倒なようで一周回って効率的なこのトヨタ式をジョブズは、ピクサー時代に友人のキャットムルＣＥＯから強かに学びとっていた。幸い、ｉＯＳの開発は奇跡的に成功し、初代ｉＰｈｏｎｅはあの形になった。

久夛良木健という天才にとって、一度も大敗を喫したことがなかったのは不幸だったのかもしれない。もちろん、それは創業者ではなく、いち社員上がりの彼にとって致命傷だったであろう。だが人は失敗を経て、初めて成長するしかない可憐な生き物だ。Ｓｏｎｙの最大の失策は大敗北のあと、この天才に再起する場を用意できなかったことだったかもしれない。

実はその再起の場を予め創っておこうとした強かな男がＳｏｎｙにいた。久夛良木健、本人だ。

プレイステーション2の試作機を発表した一九九九年、彼はSonyコンピュータ・エンタテインメントを上場させ、本社から独立不羈を勝ち取ろうと駆けていた。

彼の恩人、大賀典雄が[★004]Sonyミュージックを上場して、CD革命、プレステ革命のリスクをとりうる創業者の地位をそこに得たように、久夛良木は「新しいコンピュータ」を創造する過程で、失敗が許される地位を求めていた。

だが――。

「もちろん大賀CEO、伊庭CFOの承諾を得ていましたが、二〇〇〇年にCEOに就任した出井伸之さんが、強力に待ったをかけてきたのです」

後年、久夛良木健は述懐した。プレステ3の発売から十年後のことだった。出井は久夛良木の見果てぬ夢よりも、巨額の負債を背負った本社の財務改善を優先したのだった。

「上場していればどうなりましたか?」という記者の弾んだ問いに、久夛良木は胸を張って答えた。

「間違いなく、日本発、世界規模のITヴェンチャーが誕生していたはずです。継続的なリスクやチャレンジはあったにせよ、爽やかにみずからの戦略を遂行できたでしょう」[★030]

そして彼は滔々とゲームや音楽、医療、金融、それぞれに特化した人工知能同士が共通プロトコルを介し、超高速で会話して、新たな世界を創りあげてゆくヴィジョンを語ってみせた。その相も変わらず磨き込まれた流麗なロジックに接するうちに、胸が張り裂けるような心持ちに陥った読者は筆者だけでなかったかもしれない。

なによりも、スマートフォンとは異なる「新たなコンピュータ」の誕生を、この国で見てみたかった。

平成の敗戦――iPhoneにとどめを刺された〝電子立国〟日本

ジョブズの命が燃え尽きようとする二〇一一年。

〝電子立国〟日本のエレクトロニクス産業もまた、黄昏の刻を迎えつつあった。

三年前、ウォールストリートを爆心地に世界経済を吹き飛ばしたリーマン・ショックは、バブル崩壊の不良債権処理をようやく済ませて健全となった日本経済にとって、はじめ傷は浅く済むかに見えた。だがそれゆえに、恐慌を起こした世界の資産は安全を求めて日本へ殺到。強烈な円高を招いた。不運は重なるものだが、翌年誕生した民主党政権は、自民党政権の逆を行くことにこだわった。藤井財務相は、円高をむしろ歓迎、容認した。

それは悪夢の再来だった。

七〇年代、オイルショックの招いた悪性インフレを米カーター政権は八〇年代初頭、利率二〇%もの高金利政策で抑えようとして、世界中の貯金をアメリカに呼び寄せてしまった。それは激しいドル高をもたらし、アメリカの製造業は壊滅的なダメージを喰らう。ドル高で高騰したアメリカ製品を世界中が嫌気するようになり、アメリカにあった工場という工場が潰れていった。

次のレーガン政権は一九八五年、この失政を日本に転嫁すべく、貿易摩擦解消を正義の旗にニューヨークのプラザホテルで会議を開催。そして急激なドル安円高の誘導に成功した。苦境に陥った日本の製造業を救うべく、中曽根政権が超低金利政策を始めると、企業はこれ幸いと借金で不動産投資に走り、空前のバブル景気が起こった。しかしバブルが弾けてみると、弱り切った製造業だけが日本には残り、「失われた二十年」が産声をあげた。その二十年の終盤にリーマン・ショックが訪れ、民主党政権による円高容認のダメ押しとなった。

国内製造業はついに決壊。かつてアメリカが苦しんだ産業の空洞化を今度は日本が体験することとなった。二〇〇〇年に二十五兆円を超えた国内エレクトロニクス産業の生産額は、二〇一一年にはたった半分になってしまった。★073

それは、世界の工場が、日本から中国へ完全に変わった瞬間だった。

バブル崩壊の処理に莫大な国富を注ぎ込んだ日本は、リーマン・ショックに十分な景気対策を打つ体力を残していなかった。対して、中国共産党は未曾有の財政出動に乗り出し、世界の需要を一手に引き受け、世界経済の救世主を自認した。

「中国など安い人件費で模倣品を作っているだけだ」

日本人は、かつてアメリカ人が日本にしたように中国を侮ったが、鄧小平以来、中国がほんとうに狙っていたのは製品のちゃちなコピーではなく、日本の「仕組み」そのものを国家規模で模倣することだった。

自民党のような一党独裁のもと官僚組織が参入障壁を設けたのち、豊かな労働力と国内市場を取引条件に、合弁企業を外資に持ちかけ、工場建設と技術移転を促す。さらに日本から産業機械を購入したうえ、日本人を呼んで品質管理を導入。中国の製造業は値段だけでなく、コストパフォーマンスで日本に勝った。

そして二〇一一年初頭、日本のお株を奪った中国は、ＧＤＰで日本を追い抜いたと発表した。

「日本とアメリカの時代は終わった」産業革命を成し遂げた日欧米の技術力に負けて大帝国から転落し、百年の辛酸を舐めてきた中国人は「ついに！」と勝ち誇った。

だが、アメリカのハイテク産業は、ジョブズがいたゆえに終わらなかった。

リーマン・ショックのさなか、彼の生んだスマートフォンはいよいよ世界的なブームが始まり、アメリカの主力商品となって、人類がこぞって買い求めることになったからである。スマートフォン市場の利益の八割超を専有するＡｐｐｌｅはこの年、時価総額で世界一に躍り出た。そしてたった一社で台湾のＧＤＰに匹敵する経済圏を構築することになる。[★074]

前世紀末、クリントン政権が次世代のエースと見立てたＩＴ産業は、ついにアメリカで国の柱となった。Ａｐｐｌｅだけでなかった。グーグル、フェイスブックにアマゾン。それぞれが一国の国家予算と見紛うほどの経済圏を創るようになった。

この四社はGAFA（ガーファ）と称されるが、ウォールストリートはこれにネットフリックスを足したFAANG（ファーング）という言葉もよく使う。FAANGの年間総売上は日本国の税収（二〇一九年）の二倍弱であり、産油国サウジアラビアのGDPと並ぶが、これを、皇居がある千代田区の昼間人口ほどの従業員数で稼ぎだしている。[★075]

米株式市場の主力艦隊となったFAANGはAppleを旗艦に、リーマン・ショックで崩壊したかに見えたアメリカ経済を力強く牽引（けんいん）し、中国政府の予想に反して、むしろ史上最高の強気市場をアメリカにもたらしたのだった。

孫正義の連れてきたiPhoneは、日本の消費者をどの国よりも熱狂させたが、国内エレクトロニクス産業にとっては悪夢だったかもしれない。

デジカメ、ノートパソコン、携帯電話、ビデオカメラ、DVD録画機、携帯ゲーム機、オーディオ、ウォークマン、CDプレーヤー、ラジオ、時計、電卓、ボイスレコーダー、等々。

世界に冠たる日本のエレクトロニクス産業を支えてきた、こうした消費者家電のすべてが、スマートフォンひとつあれば不要になってしまったのだ。当然、国内勢もアンドロイド・スマホを作って追撃したが、先進国のハイエンド市場でAppleと韓国サムスンに破れ、新興国のローエンド市場では中国勢の安いスマートフォンに太刀打ちできなかった。

かくして前世紀、世界のハイテク産業の王座を一度は奪ったかに見えた日本のエレクトロニクス産業は二度にわたる金融敗戦ののち、iPhoneにとどめを刺された。就中、コンピュータとスマートフォン関連の売上は惨憺たるものだった。日本のIT産業の貿易赤字は、天然ガスの赤字に匹敵するほどになってしまったからである。[★073]

八〇年代から長らく、日本の半導体、通信、コンピュータすなわちIT産業は官僚主導のもと、親方日の丸のNTTやNEC等を基軸に進んできた。その頃になると、役人のもとではジョブズやゲイツのような存在は育てられないと政府も気づき、〝日本のスティーブ・ジョブズ〟を探し出す試みも始まった。

だが、ジョブズという時代の収束点を育んだシリコンバレーは、一朝一夕に成ったものではなかった。はるかに、太平洋戦争の二年前からシリコンバレーの歴史は始まり、官僚や大企業のエリートが支配する東海岸とは別の地に、七十年の熟成を経て、その芳醇にして自由闊達な起業文化は花開いた。

明治以来、首都圏への一極集中を進めてきた日本に、明治維新をインキュベートした薩長土肥はもはやなかった。

かつては徳川政権の幕僚が掌握し、今は官僚と大企業エリートが支配する東京とは別の仕組みを育てるにも、活気ある辺境は消滅した。

戦後、東京の焼け野原に立ち並んだヴェンチャーはすでに大企業病に苦しんでいた。

あるいは、この国のどこかで今も？

音楽の救世主になったジョブズのｉＰｈｏｎｅ

ジョブズがゲームの世界でも勝利宣言を出した二〇一一年。

それは、音楽の世界でもエジソンのレコード発明以来の百年に一度の大転換となった。

「ついに今日、夢が実現した！」

かつて自身が社長を務めたフェイスブックにショーン・パーカーは興奮を抑えきれず長文を投稿した。

「俺はこの日を十年、待ち侘びた。ナップスターにいた頃、情熱を燃やした夢、『音楽をみんなでシェアし、かつアーティストを支える』という夢が今日、ついに実現したのだ」

その日、音楽配信の革命児スポティファイがアメリカ上陸を果たした。米メジャーレーベルがついに配信の許可を出したのだ。

「音楽産業の錆びついた歯車がふたたび回りだす。スポティファイは無料だが、ｉＰｈｏｎｅで音楽を持ち運びたいときは金を払う必要がある。これがキー・ドライバーとなって、無数の海賊船員たちが挙って合法のプラットフォームに船を乗り換えるはずだ」[076]

熱に浮かされたパーカーがキーボードを叩く音が聞こえてくるような文章だった。それはアメリカのメジャーレーベルが、果敢な決断を下した結果でもあった。

前世紀末、彼の親友だった大学生が発明したピア・ツー・ピア技術は、大海賊時代をもたらした。アメリカのみならず世界中の若者が音楽の違法ダウンロードに夢中となり、アメリカではパソコンとネット普及のキラーコンテンツにすらなり、同国をＩＴ大国にする基盤にも皮肉ながら貢献した。[077]Ｓｏｎｙの大賀典雄が演出したＣＤの黄金時代は終焉を迎え、音楽ソフトの売上は文字どおり半減していった。

だが海軍側も無策ではなかった。世界の音楽界を支配するアメリカのメジャーレーベルは、ある音楽コンサルタントの大戦略を取り入れて、二〇〇一年末、音楽サブスクをみずから開始していた。だが、それは当時の技術ロードマップにそぐわなかった。時代はまだデジカメ、携帯電話、ｉＰｏｄを代表とするデジタル・ガジェットの時代で、音楽サブスクをウォークマンのように外で楽しむ環境は出来あがっていなかった。

すかさず米音楽界はサブスクを諦め、反サブスク派だったジョブズの提案する都度課金型のｉＴｕｎｅｓミュージックストアの全面支援に戦略を切り替える。この成功で音楽配信の売上は急成長が始まり、世界はジョブズを「音楽界の救世主」と称賛した。[078]

だが、それは束の間に終わった。以降、アメリカの音楽売上は七年連続の下降に苦しみ、売上はまたしても文字どおり半減した。有料のダウンロード配信が無料の違法ダウンロードに勝てるわけがなかったのだ。[079]

やがて、技術ロードマップが一段、先へ進んだ。

初代ｉＰｈｏｎｅと時を同じくして、「携帯電話のブロードバンド化（高速通信化）」であった３Ｇも急速に国土を覆いつつあった。携帯電話の世界でも、音楽のダウンロード自体を不要にするストリーミング配信がいよいよ可能になったのだ。

すでにパソコンの世界ではスポティファイが誕生していた。あとはスポティファイを楽しめるパソコン級の携帯電話が誕生すればよいだけになっていた。そこにｉＰｈｏｎｅ３ＧがＡｐｐＳｔｏｒｅをたずさえて登場したのだ。ほどなくしてスポティファイ・アプリがＡｐｐＳｔｏｒｅに登場した。

それが「音楽産業の錆びついた歯車をふたたび回す」革命的な瞬間だと、誰よりもはやくショーン・パーカーは確信していた。パーカーこそ音楽産業を破壊したナップスターの共同創業者であり、その後「合法のナップスター」を目指すスポティファイのアメリカ上陸作戦を指揮した男だからだ。

ナップスター旋風が吹きすさぶ二〇〇〇年、二十歳だった彼はナップスターをＳｏｎｙに買収させて音楽サブスクに変えようと動き、もう少しで実現するところまで来ていた。のみならず、サブスクで合法となったナップスターをいずれ携帯電話に似たデバイス上で楽しむようになる未来像をテレビで語っていた。★080

一方、ジョブズは、彼のｉＰｈｏｎｅが音楽産業の復活に決定的な役割を果たすことに生前、気づいていなかった。彼は生前、「ｉＰｈｏｎｅが売れればいっそう、ｉＴｕｎｅｓの時代は強固となる」と見ていた節がある。だが、ｉＰｈｏｎｅには強力な無料音楽アプリが載っていた。初代ｉＰｈｏｎｅのキラーアプリとなったユーチューブだ。

ユーチューブは音楽産業にとって、諸刃の剣だった。

ｉＴｕｎｅｓの売上は、ほとんどシングル曲が占めている。そしてユーチューブでは、シングル曲は映像つきだが、無料で楽しめた。若者たちは「スマホとユーチューブがあれば、音楽を買わなくてよい」と気づきだし、ユーチューブで無料の音楽を楽しむだけの層が八割になった。★081これだけなら、ｉＰｈｏｎｅの誕生は音楽産業を破壊する決定打にすらなりかねなかった。

だが、iPhone 3Gとともにヨーロッパでスポティファイ・アプリが大ヒットしたことで世界の運命は変わった。

スポティファイはユーチューブと同じく無料で使えた。同時にすべての音楽が揃っていた。さらにはmp3のように音楽をダウンロードする必要もなかった。もはや違法ダウンロードは不要だった。

さらには月額十ドルを払えば、ユーチューブから楽曲をリッピングする手間もなく、スマホで外でも音楽を満喫できるようになったのだ。iPodは〝二十一世紀のウォークマン〟だったが、iPhoneと音楽サブスクの組み合わせは、もはや〝音楽天国〟だった。

執筆現在、スポティファイの無料会員になった半数近くが、そのまま音楽サブスクに契約している。スポティファイは、無料から有料へのゲートウェイをスマホ上に築いてみせたのである。そしてiPhoneはこの星の誰もがスマホを持つ時代を切り拓いていった。

「たとえスポティファイがiTunesを喰ってしまっても構わない」

iPhoneアプリの成功を見て、米音楽界もスポティファイのアメリカ上陸に踏み切った。

そのとき、Apple側とかなりの衝突があったことは、スポティファイのダニエル・エクCEOにジョブズが無言電話をかけてきたことでも推察できる。ショーン・パーカーが仄めかしたように、Appleはスポティファイに否定的なメールをメジャーレーベルに送っていた。

しかし、死の迫るジョブズは結局、スポティファイのiPhoneアプリを承認した。その決断こそが彼を音楽界の真の救世主に変えるものだった。

彼の没する二〇一一年、アメリカの音楽売上はついに底を打った。〝音楽配信の再発明〟スポティファイのサブスクリプション売上と〝ラジオの再発明〟パンドラの広告売上が急成長したおかげだった。

そして十年後にはアメリカの音楽売上は、CD時代のピークをも超えることになる。

世界の音楽売上もまたアメリカから三年のタイムラグを置いて急回復が始まった。ライヴ産業の隆盛と相まって、音楽はCD時代を超える黄金時代に入っていった。二〇二一年、世界の音楽ソフト売上はサブスクを中心とする音楽ストリーミング売上が六二%を占めている。その成長率は実に二〇%。★082 音楽産業は「時代遅れの衰退産業」を過去のものにした。音楽フェスの隆盛は体験型ビジネスのロールモデルとなり、音楽サブスクの成功はあらゆる業界を巻き込むサブスク・ブームの嚆矢となった。

iTunesに破れ、「ニッチ。時代遅れ」の烙印を押されていた音楽サブスクは、iPhoneのもたらしたスマホの急速な普及を土台にしてついに花開いた。音楽を超えて世界中にサブスク・ブームの火をつけたスポティファイも、iPhoneの誕生があって初めてビジネスモデルが機能したのだった。

ジョブズはiTunesで音楽産業を変えたという。

実際には、ジョブズはiPhoneで世界の音楽を救ったのだ。

日本の音楽産業もまた……

アメリカの音楽界が希望に輝いた一方で、日本ではこの二〇一一年、音楽売上の崩壊がますます進行していった。原因は、同じくiPhoneだった。正確には、スポティファイなきiPhoneの席巻である。

「iPodにMacのOSを載せた携帯電話を創ってくれ!」

かつて孫正義がジョブズにそう頼み込んだとき、ジョブズは笑っていなそうとした。そこへ「真面目に聞いてくれ。俺にはそれを売りまくる秘策がある」と言い、孫はジョブズを惹きつけた。

ジョブズの家で語った孫の秘策は、おそらくiPhoneを無料で売ることだったろう。iPhoneが日本にデビューした翌年、孫正義はｉＰｈｏｎｅを無料にした。ソフトバンクへの乗り換えが条件だった。結果、ジョブズと結んだ独占販売契約の三年間、ソフトバンクのひとり勝ちが続いた。

独占販売契約の切れた二〇一一年、ａｕも一時代を築いた着うたケータイをかなぐり捨て、ソフトバンクと同じく無料でｉＰｈｏｎｅを売りはじめた。一方、ドコモは、自身を王者にしたｉモードのビジネスモデルを破壊するｉＰｈｏｎｅの取り扱いに躊躇(ちゅうちょ)した。そして空前のｉＰｈｏｎｅブームのなか、ひとり負けしていく。またもや、イノヴェーションのジレンマだった。

この年度に、日本の市場は、スマートフォンの売上台数が前年の三倍、シェア六一％に達し、ガラケーを抜いた。★083 それは嵐のようなバタフライ効果を、日本の音楽産業に巻き起こした。

「日本は遅れている。それは日本人が特殊で、ＣＤが大好きだからで、ｉＴｕｎｅｓのようなデジタル売上が全く育たない」

国内のジャーナリストらは、事あるごとに音楽業界をそう腐した。実際には、日本は長らく音楽デジタル売上の優等生だった。ｉＰｈｏｎｅの普及が始まろうとしていた二〇〇八年、世界の音楽デジタル売上のシェアは一位のアメリカが四七％、二位の日本が二二％を占め、三位イギリスの七％を大きく引き離していた。★084

世界では、ＣＤの売上が下がる一方でデジタル売上が成長しており、日本も例に漏れなかったどころか、その流れを牽引していたのが実際だ。だが、二〇〇九年をピークに、日本だけがデジタル売上の急下降という事態に直面した。

原因は着うただった。

ｉモードの発明で、世界に先駆けてモバイル文化の根付いた日本では、音楽配信の主戦場はパソコンとｉＰｏｄではなく、携帯電話のなかだった。すなわちＳｏｎｙミュージックの主導した着うたと、着うたフルの配信だ。しかし、孫の仕掛けたｉＰｈｏｎｅブームは、着うたブームに終止符を打つことになった。そこには着うたフルをダウンロードせずとも事実上、無料でシングル曲を聴き放題のユーチューブ・アプリが載っていたからだ。そして日本のAppStoreには、スポティファイが存在しなかった。

「iTunesとiPod」に打ち勝った「着うたとケータイ」も、「iPhoneとユーチューブ」には勝てなかった。日本の音楽配信売上はたった二年で二一%も減ってしまった。CD売上の一五%減をも凌ぐ崩壊だった。[★085] スマホ上で無料から有料へのゲートウェイを築いたスポティファイは日本上陸を果たせずにいた。

この惨状を、日本の音楽ファンとジャーナリストはやはり責め立てた。

「日本で音楽配信が育たないのは固陋なジャスラックと、iTunesに音楽を卸さないSonyミュージックのせいだ」

それは焦点がぼけた物言いだった。まず作詞作曲の著作権を扱うジャスラックは、音楽配信を司る送信可能化権と関わりがない。それはレコード会社と音楽事務所の専権事項だ。ジャスラックがキー・プレイヤーだったのは、ホームページが普及したあたりの時代であり、その批判は古すぎた。

技術ロードマップの視点からもその批判は古かった。Sonyを云々する以前に、通信技術はiTunesの支配するダウンロード配信から、すでにスポティファイが牽引するストリーミング配信の時代へ入りつつあったのだから。のみならず、その潮の変化を生み出したスマホと3Gの普及速度は孫正義の活躍で、日本が世界をリードすらしていたのである。この状況下、日本の音楽界が選ぶべき答えは、一時は時代遅れの烙印を押されながらもスポティファイがiPhoneの力を借りて復活させた音楽サブスクにあった。

孫正義にはこの答えがわかっていた。

実際、彼はスポティファイの買収を試み、数千億円の資金調達を図った。だが若きダニエル・エクは孫と同様、金のために生きていなかった。独立を守り、上場する未来をエクは選んだ。

Ｓｏｎｙも、答えがわかっていた。

着うた崩壊が始まった二〇一〇年にすばやく手を打ち、少なくともＡｐｐｌｅよりも五年は早く、Ｓｏｎｙは音楽サブスクリプションに参入していたのである。

ただし、混乱極まる日本は除外して――。

Ｓｏｎｙと音楽配信の歴史

三度めの正直だった。いや、四度めかもしれない。

いずれにせよ、今度こそ失敗しないはずだった。二〇一〇年、Ｓｏｎｙは映像配信「ビデオ・アンリミテッド」をアメリカで、音楽サブスクの「ミュージック・アンリミテッド」を欧州で先行公開した[★086]。

それはまたとない、捲土重来のチャンスであった。

たしかに、Ａｐｐｌｅはダウンロード配信時代の王者だった。だが技術ロードマップは次の時代に進み、音楽にダウンロードは不要になろうとしていた。Ｓｏｎｙはストリーミング配信で、仕切り直しを図ったのである。

振り返ればＳｏｎｙは先見力に優れた出井時代に、Ａｐｐｌｅより四年はやく音楽配信を始めた。その華やかな発表は、ＶＡＩＯとともに出井信之をＩＴ時代の寵児にすらした。だがＳｏｎｙの音楽配信「ビットミュージック」は相棒に恵まれなかった。

メモリースティック型ウォークマンは、ＭＤと変わらずアルバム一枚分しか音楽が聴けなかったし、傘下の音楽会社を慮(おもんぱか)るあまり、ナップスターで定着したｍｐ3にもｉＰｏｄとは違い対応していなかった。Ｓｏｎｙの音楽配信はアルバム数十枚しか売っていなかったし、音楽再生アプリは当時、世界標準だったウィンアンプに使い勝手の面で完敗していた。

ジョブズは、音楽配信で先行したＳｏｎｙの欠点をよく研究していた。

「Ｓｏｎｙの失敗は会社の都合ばかりを優先したせいだ」と見抜いた彼は、あらゆる点で会社都合の対極、ユーザー体験（ＵＸ）で優れた解を出してきた。★029

二〇〇五年、ジョブズに追い込まれたＳｏｎｙは逆襲を図った。

まずｉＰｏｄに収容曲数もデザインも負けない、ｍｐ３にも対応した「ウォークマンＡ」を開発。さらにはＡｐｐｌｅのスーパー・エンジニアだった人物を技術責任者に招き入れ、ｉＴｕｎｅｓにも追いつこうと試みた。だが、Ｓｏｎｙは人選に失敗した。たしかに元Ａｐｐｌｅのピーター・ホディーはクイックタイムを生み出した凄腕だった。けれど彼の本領はバックエンド技術の開発であり、フロントエンドであるアプリ開発は不得手だった。ホディーの仕切った再生アプリ、コネクトプレーヤーは最悪の出来に終わった。★087

そう、人選の差だった。

実はジョブズもｉＴｕｎｅｓを創るにあたり、彼の復帰前にＡｐｐｌｅを辞めた社員をスカウトしていた。ｉＴｕｎｅｓ以前、ウィンアンプと並ぶ最高の操作性で一世を風靡した音楽アプリ、サウンドジャムを買収し、彼らにｉＴｕｎｅｓの開発をまかせていたのである。

この二度めの敗戦で、Ｓｏｎｙは久夛良木健に次ぐスター・プレイヤーをも失った。ＶＡＩＯを成功に導き、ウォークマンの復活をまかされた辻野晃一郎はＳｏｎｙを辞め、グーグルの日本支社長に転籍した。

そして二〇一〇年。三度めの挑戦のタイミングは、間違いなく好機だった。

のちにＳｏｎｙを率いることになる平井一夫は、Ｓｏｎｙコンピュータ（現ＳＩＥ）で久夛良木の跡を継いでいた。滅亡寸前まで追い込まれたプレステ３の領地を任天堂、マイクロソフトと取り合い、天下を三分するほどまでに立て直した彼は、ゲーム・ファンのあいだでも「リッジ平井」と愛されていた。

倒壊しかけたＳｏｎｙコンピュータを見事立て直した平井は、出井の跡を継いだストリンガーＣＥＯに腕を買われ、若くして次期社長候補の一角となった。そしてゲーム事業だけでなく、パソコン事業、ネットワーク事業など、次の時代を担う使命を負った。

そのなかにはＡｐｐｌｅに遅れをとった配信事業の立て直しも含まれていたのだった。

Ｓｏｎｙの折れないこころ

長身でバイリンガルの平井一夫は颯爽としていて、どんな人からも上手に話を聞く。そんな噂を聞いていた。それは、のちにＳｏｎｙを再建してみせた氏の最大の美質かもしれない。

筆者はＳｏｎｙの音楽関連の事業戦略を手伝った縁で、本社ＣＥＯ時代の氏にプレゼンする機会をいただいたことがある。二〇一三年、グーグル・グラスが出た矢先のことだった。

「人工知能の時代、Ｓｏｎｙはウェラブル・デバイスで勝つ場所があります。Ｓｏｎｙが強いヘッドフォンです」

筆者はそう言い、Ｓｏｎｙの音楽ハードの勝機は「ソフトとハードの新しい融合にある」とプレゼンを展開した。当時、傘下にあったグレースノート社の持つ音楽ＡＩが新しいソフト、そして本社の持つ圧倒的なセンシング技術が新しいハード、そのふたつをスマートヘッドフォンに融合するという見立てだった。

「必要なことがあったら何でも言ってくれ。指示を出す」

筆者と部下にそう言い、平井ＣＥＯは席を立った。しばらく経って、社員から「平井さんは『ヘッドフォンは最も普及したウェラブル・デバイスだという榎本さんの話が刺さった』と言っていた」と伺った。噂はほんとうだったらしい、と筆者は感じ入った。ただ、この直接話す機会は、Ｓｏｎｙが音楽サブスクに参入してから随分経ってのことだった。

筆者は今世紀初頭からストリーミングを専門としてきた。一時期、配信のエンジニアさえやっていたこともある。だからｉＴｕｎｅｓに押されて長年、卯建の上がらなかった定額制ストリーミングの姿を何年も見てきた。ユーチューブの誕生を見て独立した筆者は二〇〇七年頃、ディープ・ラーニングを実用化したオートエンコーダに衝撃を受け、ＡＩによる顔認識を駆使した新しい動画検索を創ろうと、音楽配信の世界を離れたこともあった。とはいえ翌二〇〇八年にｉＰｈｏｎｅ３Ｇが出たとき、ついに音楽サブスクが成功する環境が整ったことをいち古参として気づかぬはずもなかった。

だが日本のメディアも音楽業界も、日本のＳｏｎｙがｉＴｕｎｅｓに楽曲を提供しないのは着うたを守りたいからだという話ばかりをしていた。技術ロードマップの視点で見れば、ｉＴｕｎｅｓや着うたが制したダウンロード配信は、通信速度が上がってストリーミングが普及するまでの「つなぎ」にすぎなかった。

四年間待った。誰も事の本質を語らない。

二〇一二年、痺れを切らして筆を執り、音楽産業を復活させる百年に一度のチャンスを逃してはいけないと連載で世に問うた。それが前著『音楽が未来を連れてくる』執筆のきっかけだった。その夏、青山Ｃａｙで初のトーク・セッションを終えた筆者を真っ先に囲んだのが、Ｓｏｎｙのオーディオ部隊と配信部隊の方々だった。ミュージック・アンリミテッド、ビデオ・アンリミテッドが誕生して二年が経過していた。

イノヴェーションのジレンマは、決して日本企業の専売特許ではない。ｉＴｕｎｅｓの大成功を抱えたＡｐｐｌｅは、自身のｉＰｈｏｎｅとスポティファイの起こした地殻変動に即応できなかった。無料動画のユーチューブで幾十億の民を収めたグーグルも、ネットフリックスの躍進を「所詮、有料など時代遅れだ」と思ったのか当時、相手にしていなかった。

実際、Ａｐｐｌｅはスポティファイに七年遅れて音楽サブスクに参入した。グーグルがネットフリックスを追って動画サブスクに参入するのは十一年もあとだった。一方でＳｏｎｙはスポティファイに二年だけ、ネットフリックスに三年だけ遅れてストリーミング配信に参入できたのだった。

ＣＤの成功に囚われて緒戦に破れたＳｏｎｙが、ダウンロード配信の成功に囚われるＡｐｐｌｅにリープ・フロッグを仕掛け、本戦のストリーミングで勝つ——。

逆転劇を演じる千載一遇のチャンスだと筆者は外野で見ていた。

ミュージック・アンリミテッド、ビデオ・アンリミテッドは三度めの正直で、開発には成功していた。平井体制が新たに選んだ開発指揮者は、また別のＡｐｐｌｅ出身者ティム・シャーフだったが、今度は人選が的確だったのだろう。彼の開発したアプリの動きは、Ａｐｐｌｅと遜色ない品質を実現していた。

だが、世界のメディアは、Ｓｏｎｙの新配信をほとんど無視した。

筆者には理由がすぐわかった。たしかにｉＴｕｎｅｓと比べて技術的に新しかったが、それでもユーザー体験の目線では、目新しいものは何もなかったのである。

ビデオ・アンリミテッドはストリーミング技術を使っていたが、好きな映画を都度購入する仕組みは、五年前に出たｉＴｕｎｅｓビデオや四年前のアマゾン・ビデオと変わりがなかった。その二年後にネットフリックスが発見した新しい流行、ドラマのイッキ見（ビンジ・ウォッチング）も無論できなかった。

ミュージック・アンリミテッドは、スポティファイが誕生して二年経った当時となっては、昔ながらの冴えない定額制音楽配信と同じものだった。スポティファイ人気に火をつけたフリーミアム・モデルも、そして基本無料だからこそ流行したプレイリスト共有の楽しみも、Ｓｏｎｙの定額制配信は提供していなかった。

Ｓｏｎｙの新配信にはダウンロードの時代にはできず、ストリーミングにしかできない「新しいユーザー体験」が欠けていたのである。

Ｓｏｎｙはｉ Ｔｕｎｅｓとアマゾンしか意識していない。両者のライバルに育ちつつある新進気鋭のスポティファイやネットフリックスの強みを、キー・サクセス・ファクターにすべきなのに、そう助言する専門家はいなかったのか――。

外から眺めていた筆者は「あまりにも、もったいない」と悔しかった。まるで、惜しいところでシュートを外すサッカー日本代表を観ているようだった。たぶん、ジョブズも憧れたＳｏｎｙの栄光に愛国心を重ねてしまう最後の世代なのだろう。

だが、まだ間に合う。Ａｐｐｌｅがサブスクに参入してくるまでにこの欠点を直せば十分、映像・音楽の両面で二番手には着けられる。筆者は陰ながら、そう願ったが欠点は直らなかった。だが期せずして二年後の二〇一二年、危機感を持ったＳｏｎｙの現場組が、青山Ｃａｙのステージから降りた筆者を取り囲んだのだった。

同社の専門コンサルティングを引き受けた筆者は、漆黒に輝く五反田Ｓｏｎｙビルに行き、あるいは品川Ｓｏｎｙコンピュータ・エンタテインメントの、プレステ２筐(きょう)体のごときガラス張りのビルに赴いて、音楽配信事業の改善案を献策した。

具体案は差し控えるが、「こうすれば欧米のメディアが飛びつく」という確信があった。五反田Ｓｏｎｙ、品川ＳＣＥの会議室に集ったＳｏｎｙの方々も熱心に聞いてくれた。だが具体策に入ると開発か、買収かの話をせざるをえなかった。

当時、平井Ｓｏｎｙは財政基盤の立て直しと新規蒔き直しの機動力を確保するため、重い経営資産を売却する〝アセットライト戦略〟を進めているさなかだった。いくら策に自信があっても、この状況下でアセットを増強する策にリアリティを持たせるのは、いちコンサルタントの立場では厳しい……。

筆者は敗北を予感した。

二〇一四年、Ｓｏｎｙはミュージック・アンリミテッドを閉鎖。かわりにスポティファイと提携し、プレイステーション・ミュージックの名でスポティファイを売ることを選択した。

「非常にむずかしい決断だった」

平井一夫の片腕だったアンドリュー・ハウスは顔を曇らせて当時をそう振り返った。[★088] 配信事業、四度めの敗戦だった。出井時代の昔から長らくＡｐｐｌｅに挑戦してきたＳｏｎｙの音楽配信はついに終戦を迎えた。Ｓｏｎｙミュージック・ジャパンの運営するハイレゾ配信は残ったが、欧米には展開していない。

だが度重なる敗戦にも、Ｓｏｎｙのこころは折れていなかった。音楽配信から撤退する二年前、就任したばかりの若きＣＥＯは次の技術ロードマップにふさわしい妙手を打っていた。音楽でも映像でもない、第三の手を——。

平井体制は配信事業の立て直しのみならず、Ｓｏｎｙそのものをも再建してみせることになる。

天穹（てんきゅう）の章

人類の最良の精神を信じた男

ウルフラムとジョブズ、天才の邂逅

一九八七年のことだった。

三十二歳のジョブズは、森の面影を残したパロアルト郊外のネクスト社で仕事をしていた。窓の外には、小楢（コナラ）の並木通りが見えていた。十六年後、通りの真向かいには、人工知能で自動運転車を実現するテスラ・モーターズが本社を構えることになるが、当時の彼が知る由もない。

この場所から東へ向かえばサンフランシスコ湾があり、海はヨットハーバーを並べ、雲のあいだを鷗（かもめ）が舞っていた。西の山脈には、セコイヤ杉が青空へ屹立するもとで、桃色の色待宵草（イロマツヨイグサ）、黄蘗（きはだ）色の雛菊、葡萄色の草夾竹桃（クサキョウチクトウ）が風に揺れていた。

天才（ジーニアス）、天に愛された者――。

ローマ時代、「聖霊」を意味したその言葉は、コーカソイドの祖、印欧語族が黒海のほとりに暮らしていたはるか先史時代には「生み出すもの(GEN-)」、すなわち「大自然」の別名だった。

ジョブズの人生は、数々の天才との妙なる出会いに彩られていたが、その日、オフィスにやってきた二十八歳の若者は、紛うことなき天才科学者だった。

男の名は、スティーヴン・ウルフラム。ジョブズと同じ卵型の顔立ちにメガネをかけ、エネルギーと才気が振る舞いにあふれていた。

十五歳で量子論の科学論文を発表し、十七歳でハーヴァード大学に進学。十九歳で、素粒子の強い相互作用について研究成果を出し、二十歳で博士号を取得。二十一歳のときには史上最年少で〝天才賞〟マッカーサー・フェローシップの栄冠に輝いた。

ウルフラムは物理学のみならず、コンピュータ科学にもはやくから足跡を残していた。彼は、人工生命の世界を切り拓いた一次元セル・オートマトンを究め、若くして複雑系科学の権威にもなった。

人工生命や複雑系は、哲学的な色彩の強い科学だ。小説家を父に持ち、オックスフォード大で哲学を教えていた母を持っていたウルフラムの育ちそのものが「文系と理系の交差点」であり、それが彼のずば抜けたＩＱに独創性の煌（かがや）きを与えていた。

スティーヴン・ウルフラム。若くして人工生命と複雑系科学を究めた天才科学者。彼とジョブズの友情は、Appleの人工知能Siriに大きな影響を与えた。

Collision Conf "File:Stephen Wolfram 26987430007.jpg," Wikimedia https://commons.wikimedia.org/wiki/File:Stephen_Wolfram_26987430007.jpg

ウルフラムは人工生命の研究過程で、シンプルな計算式が、複雑で予測不能なこの宇宙をも生み出している可能性に気づいた。そして、じぶんの研究のために、画期的な科学計算プラットフォームを開発したのだった。

デモにやってきた溌剌と喋る二十八歳のウルフラムに、人惚れの激しいジョブズは熱くなってしまい、ビッグ・ディールをいきなり提案した。

「今、大学や研究機関のために最高のワークステーションを創っているところだ。君の創った科学計算ソフトは、そいつにぴったりだ。ぜひ、ネクストにバンドルしないか」

そう言って、初対面のウルフラムを驚かせ、喜ばせたのだった。

「それで、こいつの名前だがオメガと言ったか?」とジョブズは訊いた。

「はい、仮称ですけど」

「ありきたりだ」

「うーん。まあそうかもしれません」

「名前は大事だ。ほかに候補はないのか」

「ポリマスとか?」

「ダサいネーミングだ」

率直すぎるジョブズに、ウルフラムは苦笑したが、じぶんも時折それで怒られる。親近感を持ち、むしろ打ち解けた気分になった。ふたりには、何か響き合うものがあった。

「じゃあネーミング候補のリストを渡しますから、どれがいいか、今度感想を聞かせてくれませんか?」

「わかった。まかせてくれ」

ジョブズは請け合った。ネクスト社に戻ると、スペースで小さな女の子が側転していた。ジョブズが手を振ると、女の子が元気に手を振り返した。「リサだ。俺の子だ」とジョブズはウルフラムに言った。

そして約束の日がやってきた。

「それでスティーブ、宿題はできましたか？」と若き教授は尋ねた。

「できた。ちょっと外へ出ようか。歩きながら話そう」

そう言って、ジョブズはウルフラムと緑なす小道に出た。友人と散歩と語らいと。知野禅師との歩行禅にも似たそれは、がんで足の立たなくなったその日まで続いた、ジョブズの愛する習慣だった。

「マセマティカにしろ」

「マセマティカ？　それだと数学のイメージが強すぎる」

ジョブズの新しい友人は渋った。四歳年下のウルフラムは、これは数学に限らずどんな科学計算も熟すところがすごいんです、と歩きながら説明した。物理学、化学、経済学、人工生命や人工知能のようなコンピュータ科学……。

ふたりの歩速が少し落ちた。小楢の並木が途切れ、ふたりの目の前には、どこまでも続く青空と丘陵が拓けた。雄大な自然は、ジョブズの大切なインスピレーションだった。何もない大空に、雲で新しいものを造形するように。

「なぜその名前がベストなのか、教えてくれませんか」

ウルフラムの問いに、「俺には理論がある」とジョブズは答えた。

「まず、それがどんなものか一発で伝わる一般的な用語を選ぶ。そして、そいつにロマンチックな響きを与える。いちばんいい例がトリニトロンだな」

「Ｓｏｎｙのカラーテレビですね」

枝々が空を透かし、木漏れ日がプリズムのようにふたりの顔を照らした。

「そうだ。エレクトロン・チューブと、神の三位一体を表すトリニティの合成語だ。一本の電子銃から三本の電子ビームを出す、新技術をうまく伝えるだけでなく、神秘的でロマンチックな響きがある」

「なるほどね」

そう説明されると、マセマティカという言葉がとてもよいようにウルフラムは思えてきた。じぶんの作品が、科学計算プラットフォームの古典になっていく未来が見えてくるようだった。

「生涯の代表作の名に三位一体を使った井深は、クリスチャンだったのだろう。西洋の俺はインド哲学に行き、東洋の彼はキリスト教に行ったわけだ」

ジョブズは推察した。そのとおりだった。のみならず井深は当時、晩年のエジソンのように神秘の科学研究に勤しんでいた。「二十一世紀の科学はこころを持つ時代になる」と信じて——。

地上にないものを生み出す起業家はどこかロマンチストで、それは地上を離れ、大空に永遠を追う信仰の本質と響くときがある。一方で、宗教は歴史の試練を受け、人を傷つける角が取れるかわりに、伝統で埃塗れになっていく。

しかし大海原を渡り、いったん古衣を脱いでしまえば、清新な姿を蘇らせるときがある。そんな歴史を繰り返してきた。二十世紀、アメリカで禅は蘇り、キリスト教も日本で戦後、一時期、清新な力を取り戻した。

ふたりは、彼方でレッドウッドの森から来た犬鷲の鳴く声を聞いた。空をゆるりと旋回する鷲は、太陽へ向かおうとしているかのように見えた。

「わかりました、スティーブ。マセマティカにしましょう。あなたが僕の製品の名付け親(ゴッドファーザー)だ」

「ふん。俺は完璧なものが好きだからな。ネクストとマセマティカ。こいつで、いっしょに世界を変えよう」

「ありがとう、スティーブ」

そよ風がふたりの頬を撫でた。ジョブズは、斜向かいに右手を差し出した。ウルフラムはその手を握った。彼の温かい命が伝わってきた。

四年後のある日、海辺に出来た新しいオフィスにウルフラムが来たときのことだ。ガラスの螺旋階段から降りてきたジョブズは妙にそわそわしていて、「相談したいことがあるんだ」と散歩に誘ってきた。

ふたりは、海辺の並木道に出た。ネクストの新社屋は太陽に照らされ、近代的な輝きを青空に投げ返していた。近くで、ヨットハーバーに連なった小舟が揺れ、波と海猫が和やかな自然の調べを奏でていた。

「すまない。今日はどうしても仕事の話ができない」

「どうしたんですか?」

「今晩、デートがあるんだけど、それで頭がいっぱいなんだ」

らしくないジョブズの隙だらけの様子に、ウルフラムは驚いた。

「三日前、スタンフォード大学へ特別講義をしに行ったとき、素晴らしい女性が最前列に座っていたんだ。一目惚れだった。すごく迷ったんだが、勇気を出して駐車場でデートに誘ったよ。講師としていけないことかもしれないけどさ」

「そんなに魅力的な人ならしかたないですよ」とウルフラムは応じた。

「いや、それが最近デートなんか全くしてなくて、どうしていいかわからない。なあ、どうすればいいと思う?」

「えぇ?」

ウルフラムは困ってしまった。その筋の話なら、プレイボーイ誌に「今年、いちばんセクシーな男」と紹介されたこともあるジョブズのほうがはるかに経験豊富なはずで、科学一筋のじぶんがこの色男に恋愛のアドバイスができるとは到底、思えなかった。

「とにかく、頑張ってくださいよ。誠意はきっと伝わります」

あれこれ話し合ったが、それが彼の言いえる最高のアドバイスだった。が、ジョブズは「ありがとう、頑張るよ」とこころから感謝を言うのだった。

そのデートは成功に終わったようだった。相手の女性、ロリーンはジョブズの終生の伴侶となったからだ。

人非人(にんぴにん)のように描写されがちなジョブズだが、彼がほんとうにサイコパスなら、あれほど実りある私生活を送りえたろうか。ただそれは、間違いなくこの出来た伴侶のおかげでもあったろう。ロリーンの与えた幸福な結婚生活は彼の人格に円熟味を添え、経営者としての資質を蝕んでいた性格的欠点が和らいだ。

家庭生活とは対極に、ネクストのワークステーションは売れず、彼を窮地に陥れたが、マセマティカが無料で付いていたことが第一の理由で、大量に購入してくれた機関があった。欧州原子核研究機構、CERN(セルン)である。

CERNに勤めていた研究者、ティム・バーナーズ＝リーは研究所に導入されたばかりのネクスト・ワークステーションで仕事をするうちに、新たな着想を得た。そしてネクストを使って、世界初のウェブを創りあげた。

スイスの透明な大空を嚙み取るように聳(そび)えるアルプス山脈のもと、インターネットの時代が、よちよち歩きで世界へ進みだした。ジョブズとウルフラムの出会いから四年後、一九九一年のことだった。

若きウルフラムも、やがて学会に見切りをつけ、起業家の道を歩みはじめた。そして二〇〇九年、ジョブズが肝臓移植を受けて退院したその月に、「ウルフラム・アルファ」を公開した。

それは「グーグル殺し(キラー)」の異名をとった。

グーグルはすべてのことを検索できるが、答えそのものを返してくれるわけではない。基本的には検索ワードにマッチしたウェブサイトを羅列するだけだった。

肝心の事実関係や専門知識を調べたくても、提示されたウィキペディアやブログの内容が正しいとは限らない(というかよく間違っている)。万能かに見えるウェブ検索の限界だった。★001

対して、ウルフラムの検索エンジンは、すべてのジャンルを検索できるわけではない一方で、専門機関の知見に基づく事実検索に特化していた。

しかも、人が専門家に尋ねるように質問できた。キーワードを羅列するかわりに、話しかけるように質問すれば、ウェブサイトのリストではなく、答えそのものを用意してくれた。

ウルフラムの人工知能は、高度な数式を質問しても、計算結果をグラフ付きで答えてさえみせた。マセマティカを実装していたからだ。どれもグーグルにはできないことだった。少なくとも当時は——。

自然言語による質問と、ひとつの回答。Ｓｉｒｉを思い出さないだろうか。ウルフラム・アルファは、事実検索に特化した人工知能の誕生だったのだ。

ウルフラム・アルファの登場から一年後。

Ａｐｐｌｅは対話型ユーザー・インターフェース、Ｓｉｒｉを開発した小さな企業を買収した。そして翌二〇一一年十月、Ｓｉｒｉは、Ａｐｐｌｅ標準の人工知能となって披露された。

会場はＡｐｐｌｅキャンパスにあるタウンホールだった。

二〇〇一年に初代ｉＰｏｄが静かに発表された、記念すべき場所だ。あれから十年の歳月、ｉＴｕｎｅｓ、ｉＰｈｏｎｅ、ｉＰａｄと、ジョブズは全速力で駆け抜けてきた。だがその日、そこに彼の姿はなかった。

ジョブズがＣＥＯから去って初めてのこの発表会は、ｉＰｈｏｎｅの新機種４Ｓの発表をもってすら、静かに凪いでいた。しかし終盤に用意された、Ｓｉｒｉのデモンストレーションのみは、ジョブズがいるときのように驚きと歓声を会場に響かせた。

「私はずっと人工知能に関わってきましたが、こいつはほんとうにすごいです」

壇上に立ったｉＯＳの責任者、スコット・フォーストールは興奮してＳｉｒｉをデモンストレーションしていった。

「Ａｐｐｌｅはウルフラム・アルファと提携しました」

フォーストールは誇らかに、「ウルフラム・アルファのあらゆるデータベースを使って、Ｓｉｒｉはみなさんの質問に回答できる」と続けた。Ｓｉｒｉは実に二五％の質問を、背後にいるウルフラム・アルファで回答することになる。★002

「私は、スティーブ・ジョブズにどんなに感謝しなければならないか」とウルフラムはブログに綴っている。「だがスティーブのかけがえのない助力は、それが最後となってしまった」★003

人工知能の時代へ――「眼」を得た機械たちのカンブリア爆発

時代が移り変わろうとしていた。

「人工知能」という言葉が生まれたのは、スティーブ・ジョブズがよちよち歩きの一歳児だったときだった。

一九五六年、アメリカ東海岸の森を流れるコネチカット川のほとり、芝生の美しいダートマス大学に、錚々たるコンピュータ科学者が集った。そして人類は初めて、人工知能という新分野を切り拓くと誓い合った。

プログラミング言語ではなく、人間の話し言葉で質問できる自然言語処理。脳のシナプスを模したニューラルネットワーク。人間のような思考を可能にする抽象化、データ解析を超えた「意味」の理解――。

ダートマス会議で科学者が語り合った人工知能の目標は、コンピュータの目覚ましい進化速度を思えば、ほどなく実現するかに見えた。だが、五十年の歳月を費やしても、実現しなかった。

花形だった人工知能の研究者たちは、長い冬の時代を二度耐えなければならなかった。

英国で生まれ育ったジェフリー・ヒントン教授は、ダートマス会議のとき、なよやかな十二歳の算数好きの美少年だった。そんな彼が高校生のとき、抜群に数学ができる友人からこう話された。

「知ってる？　脳って、見たものをホログラフィで覚えてるらしいよ」

脳は、画像を機械のように素子単位で逐一記憶するのではなく、ホログラムのように全体情報をざっくりとニューロンに刻みつけているらしい、という学説に、ヒントン少年は衝撃を受けた。脳の仕組みを研究したくて、彼はケンブリッジ大学に行き、大脳生理学と物理学を専攻した。

だが、ほどなく彼は、「ネズミの脳を刻んだり、脳の物質を調べてもニューロンの働きはわからない」と気づいてしまった。ニューロンが複雑に組み合わさってプログラミングのように情報処理する――。その仕組みを解明するには、脳波を見たり、脳に電流を流す観察方法は大雑把にすぎたのだ。

彼は専攻を変え、実験心理学や哲学を学んでみたが、ニューロンのようなミクロな働きを解明するには、やはりマクロにすぎると受け入れざるをえなかった。そして彼は大学院進学を前に、冬の時代を迎えた人工知能にたどり着いた。

「人工知能には、神経細胞の動きを模したニューラルネットワークという手法がある」と担当教授が言うと、ヒントンの目は輝いた。

「いやいや君、研究課題としてはお薦めできないよ。実用化は不可能だと学者はみんな思っている」

教授は慌てて付け添えた。ただでさえ熱の冷めきった人工知能の世界で、見込み薄なニューラルネットワークを研究するのは、この学者志望の若者が仕事人生を棒に振るも同然だったからだ。

だが、ヒントンは指導教授を説得し、その道で博士号を得た。それはたしかに苦難の道だった。

老いたイギリス政府は、見込みのない不人気な研究に金を出すつもりはなかった。ヒントンは研究資金を求め、アメリカへ、そしてカナダへと職場を転々としなければならなかった。ニューラルネットワークの専門家は、世界でヒントンを含め、五人ほどしかいなかったという。

四十年近い歳月が過ぎた。

二〇〇六年、ヒントンは六十二歳になっていた。定年が近かった。ノエル・ギャラガーそっくりだった彼の美貌にも、いくつもの皺（しわ）が刻み込まれていた。

点と点がつながり、未来が姿かたちを顕（あらわ）す。

それはヒントンの人生にも起こった。若き日に学んだ文系の素養は無駄にはならなかった。その年、彼は、生理学と心理学の知見を活かしたアルゴリズム、オートエンコーダを発表した。

それは、これまでたった一層の点（ノード）と線（エッジ）の網目で出来ていたニューラルネットワークを、幾重もの層に重ねたものだった。ニューラルネットワークはついに実用化の域に突入した。機械が見たもの、聴いたものを人間の教えなしで機械学習する、ディープ・ラーニングの誕生だった。

機械学習じたいはすでに実用化されていた。その最たるものが、グーグル検索だろう。

「グーグル検索は、巨大な人工知能なのです」

共同創業者のラリー・ペイジとセルゲイ・ブリンは、大学院を卒業して間もない初期の記者会見で、そう宣言した。

インターネットに蓄積された膨大なビッグデータを、機械学習でデータベース化。そして検索結果に、広告を自動的に添える。その稼ぎでビッグ・データを処理する巨大なサーバ群を養う――。

ビッグデータと広告売上という、ふたつの潤沢な飼料を得た人工知能は、ついに冬の飢餓を乗り越え、生長の春を謳歌しようとしていた。

グーグルの若き創業者たちの人工知能と、老ヒントン教授のそれは、機械学習という点では同じだった。決定的な違いは、人口知能がついにヒントン教授のおかげで「眼」を備えたことだった。

「自動機械は眼を得て、カンブリア爆発が始まった」★004

エヌビディアを率いるジェンスン・ファアンはそう語る。

カンブリア爆発とは、地球生命の三十五億年にわたる進化の過程で、突如起きた生態系の破壊的イノヴェーションを指す言葉だ。

五億三四〇〇万年前のカンブリア紀、地球生命は初めて眼を持った。すると生命の生き残り戦略は急激に多様化し、それに合わせて、節足動物などの様々な生物が爆発的に登場した。★005

カンブリア紀、地球生命に起きた爆発的な進化が、「眼」を獲得した機械の世界にも起ころうとしている——。

それが、この台湾系アメリカ人CEOが黒の革ジャンとジーンズでロックスターのように登壇するたびに語る決まり文句となった。

ファンCEO率いるエヌビディアは、ビル・ゲイツの育てたPCゲームのニッチな需要を糧に、長年グラフィックボード(GPU)を創ってきた。PCすべてを扱うインテルに比べればはるかに小さかったエヌビディアが、突如ゴールドラッシュを迎えたのは、ヒントン教授の発明がきっかけだった。

ニューラルネットワークは、線形代数を使ってパターンを認識する。そのため、膨大なかけ算がおこなわれる。それには何でもできるインテルの汎用CPUよりも、膨大なかけ算でCGを描いてきたGPUのほうが、はるかに安価で効率的だったのである。

ニューラルネットワーク実用化の翌年、二〇〇七年のことだった。

初代iPhoneが発売された前月に、エヌビディアもまた、時代を切り拓く製品、GPGPUを静かに世に送り出した。これまでゲームや映像編集に特化していたGPUを、CG以外の汎用計算にも使えるようにしたものだ。

GPGPUをHAL9000のように何十枚となく並列につなげば、これまで十億円規模のサーバ群を持たなければできなかった機械学習が、わずか数百万円で可能になったのだ。それは人工知能の価格破壊だった。

かつて安価なパーソナル・コンピュータ、AppleⅡの登場を機に、数々のプログラマが起業し、ソフトウェアの時代が到来した。同じように、ヒントン教授のニューラルネットワークと、エヌビディアのＧＰＵは、第三次人工知能ブームの引き金を引いた。

物事はたいてい、「最先端」と世間が騒ぐずっと前から始まっている。エジソン以来、百年の歴史を追う過程でつくづく感じたことだ。「ポスト・スマートフォン」の時代も、ｉＰｈｏｎｅが顕れた年、すでに始まっていた。

「まるでインターネットの黎明期にいるような興奮だった」

フアンＣＥＯは振り返る。この第三次人工知能ブームを機に、「ネット企業に比べると、地味でつまらない世界」と、若手エンジニアから敬遠されてきた半導体産業が、第二の黄金時代へ入っていったからだ。

その主役はインテルでもＡＲＭでもなく、ＧＰＵメーカーのエヌビディアとなった。もしプレイステーション3が失敗せず、ＣＧに強いセルが生き残っていれば、Ｓｏｎｙの久夛良木健もこの黄金時代再来の一角を担っていたことだろう。

そして、機械学習でグーグルを生み出したセルゲイ・ブリンが、この機械学習の新たなビッグウェーブに興奮しないはずもなかった。

「自動車に機械の眼を与えたら、人工知能で運転できるじゃないか！」

ブリンは、そのアイデアに取り憑かれた。〝グーグル・キラー〟ウルフラム・アルファが登場した二〇〇九年、セルゲイ・ブリンの肝いりでグーグルは密かに自動運転車グーグル・カーの開発に入ったのだった。

Appleの人工知能、Siriの誕生秘話

耳は、眼と比べて一億五千万年ほど新しい器官だ。だが、ヒントン教授のニューラルネットワークは、眼と同時に耳をも機械に与えた。

人間の会話を理解し、人間に仕える機械。
「その理想は、『２００１年宇宙の旅』にＨＡＬが登場して以来、ハリウッドが何十年ものあいだ、映画で描いてきました」

対話型インターフェースの第一人者、ダグ・キットラウスはそう語る。ノルウェイ出身らしく、金髪蒼眼で眉毛の薄いキットラウスは、トライアスロンが趣味の、ゆったりとした体軀の持ち主だ。

どこから見ても健康そうな彼に膵がんがみつかったのは二〇一六年、妻がなぜか煩(うるさ)く「健康診断を受けなさい」と言ってくれたおかげだった。

がんは、ジョブズと全く同じく、膵島から出来た珍しい神経内分泌腫瘍で、手術を担当したのもジョブズの妻がかつて編成した、スタンフォード大学の専門医師団だった。がんがみつかった齢も、ジョブズとほとんど同じだった。

麻酔から覚めて、看護師のネームプレートを見たとき、「つくづく不思議な縁があるらしい」と病床のキットラウスは苦笑した。そこには、北欧神話で「勝利の女神」を意味する、Ｓｉｒｉ(シリ)の名があった。手術は成功した。★006

Ａｐｐｌｅ標準の人工知能、Ｓｉｒｉはいわば養子だ。ジョブズのもと、生まれた技術ではない。彼女と呼ぶべきか、彼と呼ぶべきか、いずれにせよ、米国防総省の機関、ＤＡＲＰＡ(ダーパ)から長旅を経てジョブズの家にやってきた。

インターネット、配信、ＧＰＳにドローン、掃除ロボットのルンバ、モノのインターネット等々、二十一世紀初頭の我々の生活を彩るものは、軍事技術開発機関ＤＡＲＰＡの技術に淵源を持つ。

かつて東京を焼夷弾の嵐で焼き尽くしたＢ29が、我々をハワイやサンフランシスコへ連れていく旅客機に生まれ変わっていったように、軍事技術の平和利用は人類の生活を変えてきた。

就中、「新たなマンハッタン計画」と呼び名が付いたほど、ＤＡＲＰＡは前世紀から人工知能に力を注いできた。

九一年の湾岸戦争では、ＤＡＲＰＡの人工知能が軍隊編成と補給線を最適化し、空軍はＩｏＴの基礎技術を備えたミサイルと戦闘機がピンポイント爆撃。地上では、グーグル・マップに似た小型GPSが活用され、圧倒的な兵数に頼ったフセイン大統領を瞬く間に追い詰めた。

イラク兵の夥しい血を吸い込んだ砂漠の戦場が、二十一世紀の繁栄の技術的な雛形でもあったのは哀しい現実だ。人類の未来を盗み見したいなら、軍事技術の今を調べるのがよいのだろう。

iTunesミュージックストアが誕生した二〇〇三年、DARPAとスタンフォード大学は協同して、地上兵の助けとなる対話型インターフェースを備えた人工知能を開発するため、Siri社の前身となる組織を立ち上げた。戦う歩兵にキーボードを打つ暇はないからだ。

起業家という存在は、血の匂いのする軍事技術を平和と繁栄の技術に変える、魔法の杖のような存在でもある。

第二次世界大戦中、ナチスが潜水艦の耳（眼と言うべきか？）のために磨きあげたテープ録音の技術は、終戦後、米軍に接収された。NHKのGHQ分室でそれを見たSonyの井深大は、携帯型のテープレコーダーを開発。さらに盛田昭夫の手によりウォークマンに変わり、やがてジョブズの手でiPodへつながっていった。

DARPAとスタンフォード大学のプロジェクトに参加した起業家ダグ・キットラウスは、人工知能を平和な姿に変えた。二〇〇七年、ヴェンチャー企業としてスピンアウトさせることに成功すると、その三年後、SiriはiPhoneアプリとしてこの世界にデビューした。

ダグ・キットラウスが初めてジョブズと会ったのは二〇一〇年の二月、SiriをAppStoreに公開して三週間後のことだった。

ある日オフィスで仕事をしていると、「Appleのスコット・フォーストールという方から『お話ししたい』と電話が来ていますが」とスタッフが言ってきた。彼は「いいよ。こっちに回して」と言って受話器を取ると、不意打ちが待っていた。

「ダグ・キットラウスか？　スティーブ・ジョブズだ[007]」

突然のカリスマからの電話に動転する彼に、ジョブズは「明日、俺の家に来ないか」と畳みかけた。「ぜひ」と答えるのがやっとだった。翌日、ジョブズの家に行くと家族が迎え、リビングに通された。暖炉では薪が心地よい音を立てて燃えていた。

「君たち、素晴らしいものを創ったな」

痩せたジョブズはテーブルに行儀悪く両足を乗せ、両手を組んでＳｉｒｉの出来を褒めた。そして「こういうものを、ずっと待っていた」と想いを切々と語りだした。

一九八七年、ＡｐｐｌｅのスカリーＣＥＯは「ジョブズの去ったＡｐｐｌｅにはヴィジョンがない」という批判を受けた。「対してネクストは未来を語っている」と。そこでＡｐｐｌｅは、ヴィジョナリーのアラン・ケイから指導を受けて、人類の近未来を描いた「ナレッジナビゲーター」という映像を創った[008]。

たった六分弱のそのビデオは、マスメディアのＡｐｐｌｅ熱を蘇らせさえした。そこにはｉＰａｄに似た、画面を指先で操るタブレットと、Ｓｉｒｉに似た対話型の人工知能アシスタントが描かれていたからだ。

スケジュールのチェック、メールの要約の読みあげ、誕生日プレゼントのＥコマース、天候の確認、そしてウルフラム・アルファに似た事実検索……。映像に出てくる環境学の教授は、のちにＳｉｒｉが実現することを、対話型人工知能で次々とこなしていった。

ＧＵＩでふつうの人びとが、コンピュータを自在に操る世界を予見したアラン・ケイは、〝ポストＧＵＩ〟の時代すら描いてみせたのだ。それは、キーボードやマウスはおろか、指先すら不要の「対話型インターフェース」だった。

自身を追放したＡｐｐｌｅをいくら憎もうとも、ＧＵＩを見せてじぶんの人生を変えたアラン・ケイの構想した「ナレッジナビゲーター」を、ジョブズが無視できるはずもなかった。

ケイの「ナレッジナビゲーター」は、『2001年宇宙の旅』のHALとともに、テクノロジー産業の目標となった。iPhoneの誕生する二十年前のことである。

だが、実現にはみっつの要素技術を、人類は待たねばならなかった。マルチタッチ式タブレットの誕生、停滞した人工知能の復活、そして機械学習がもたらす「機械の耳」の劇的な品質向上だ。

すでにひとつめは、ジョブズがiPhoneの名で、小型タブレットを人類のポケットに忍ばせることに成功していた。機械の耳である音声認識も、ニュアンス・テクノロジー社が機械学習で劇的な向上を実現していた。そして彼が投網を張ったAppStoreに、Siriという宝石のように煌めく魚がかかったのだ。

暖炉のかたわら、家族と整えた庭の果樹園を眺めながら、キットラウスとジョブズは三時間、語り合った。そしてジョブズはSiri社の買収をおもむろに切り出した。身構えたキットラウスに、彼は言った。

「俺は君らのような立場を三度、経験している」

Apple、ネクスト、ピクサーのことだった。ジョブズは足を机から下ろし、身を乗り出して続けた。

「だから、小さな会社が成長過程でどんなことに苦しむのかよくわかっている。Appleに来ても、大企業の官僚組織に組み込まれるようなことは絶対にしないし、絶対にさせない。俺が君たちを守ると約束する」★009

信じていいのでは、とキットラウスは思った。

すでに買収提案は複数の大企業から受けていた。心配なのは大企業の傘下に入ると、彼の密かなヴィジョンを実現する自由を失うのでは、ということだった。だが、大企業病に罹ったシリコンバレーの老舗企業を治癒して、見事、復活させたのは目の前にいるこの人だった。

「わかりました。よろしくお願いします」

キットラウスの言葉に、ジョブズは顔を輝かせた。薪の弾ける音が鳴った。ふたりは立ち上がると両手で握手を交わした。夕やけが訪れ、太陽は果樹園の見える窓から、薔薇色の光をふたりへ投げかけていた。

「それでＡＩの名前なんだが、Ｓｉｒｉと言ったな」

「ええ、北欧神話に出てくる、勝利の女神の名前です」

「もっといい名前があるんじゃないか？」

ジョブズの趣味では、一発でそれが何か伝わるネーミングがふさわしかった。

「いやいや、これはいい名前だと思います。響きが神秘的だし、なにより四文字というのがシンプルでいいでしょう？」

抗弁するキットラウスは、Ｓｉｒｉという名前が大好きで、ほんとうは生まれてくる子どもに付けたかった、とさえ明かした。だが、生まれてみると男の子だったので、かわりに、最愛の人工知能にこの名を与えたという。そう聞いても、ジョブズはまだ渋っていた。じぶんの娘、リサの名を付けたあのマシンが失敗して、大量に廃棄された光景を思い出しながら……。

「じゃあ、ジョブズさんのネーミング候補を、今度聞かせてくれませんか」

「わかった。まかせてくれ」

ジョブズは請け合った。二ヶ月後、既存株主のスタンフォード大学やＤＡＲＰＡとも話がつき、Ａｐｐｌｅは密かにＳｉｒｉ社を買収した。

「いろいろ考えたが、Ｓｉｒｉよりいい名前は出なかった。いいネーミングだ」

後日、ジョブズはそう言って降参した。[★010]

ジョブズとキットラウスが考えていた人工知能の未来形

Ｓｉｒｉの部署は、ジョブズがたびたび訪れるお気に入りの場所となった。そこには向かうべき、未来があったからだ。

「スティーブ・ジョブズという人物は、僕が今まで出会った誰よりもはっきりと未来を見通していました」[★011]

キットラウスは振り返る。ジョブズとは、よくＥコマースの将来について話し合ったという。ジョブズは、対話型インターフェースには、じぶんが生涯を賭けて育てたＧＵＩを超える、破壊的な潜在力があることをよくわかっていた。

たとえばＳｉｒｉに「週末のデートをアレンジしてくれ。予算は三百ドル（三万六千円）」と話しかける。すると人工知能は、彼女の人工アシスタントとスケジュール調整し、ふたりの趣味に合った映画や劇を見繕う。その日が来れば、予定時間にタクシーがやってきて、途中、彼女もピックアップする。車中ではふたりの気分、天候、聴取履歴に合わせた音楽がかかり、おすすめのレストランに着けば、渡すべき花束も用意されている。

それがキットラウスとジョブズの目指すヴィジョンだった。そこには、グーグル検索の出番もなければ、ウェブサイトの閲覧も不要。ｉＰｈｏｎｅでアプリをダウンロードして、メアドや住所を入力し、タップとスクロールを繰り返す必要も何もない。

ふたりの目指すＳｉｒｉの未来形が姿を現せば、ユーザーはただ、したいことを話すだけでいい。Ｓｉｒｉがどのウェブ・サービスを組み合わせてオーダーを実現するかは、背後に隠れてしまう。

グーグルの検索エンジンやｉＰｈｏｎｅアプリのみならず、アマゾンやイェルプのようなウェブサイトはおろか、今を時めくウーバー、スポティファイやネットフリックスさえ黒子になってしまうのだ。

二〇一〇年、人工知能の時代がすぐそばまで近づいていた。ジョブズは、人工知能で先行するグーグルに、彼の得意とするユーザー・インターフェースで勝利を収めようと考えていたと、Ｓｉｒｉの買収劇は物語っている。

彼は、ｉＰｈｏｎｅでＧＵＩの時代を完成させた。そしてじぶんが世を去る前に、Ａｐｐｌｅが目指すべき次の時代をｉＰｈｏｎｅに植えつけようとしていた。

「もっとシンプルにできないか」

ジョブズはキットラウスのところに来るたびに、開発画面を覗いてはそう言った。そのためには、まず人が日常でこなすタスクに集中するのが大事だ、と彼は語った。

朝、アラームで目を覚まし、スケジュールをチェックし、車に乗ったあとは音楽をかけ、メッセージを音声で返信し、ハンズフリーで電話をかけて、寄り道があればナビに変身する……。

まずはそうした基本が大事だった。アプリ時代のＳｉｒｉは、こんなこともできる、あんなこともできると伝えるデザインだったが、デザインも機能も、ジョブズのもとでシンプルになっていった。

「楽しい、という感覚がなにより大事だ。機能よりもなにょりも」★012

それも、ふたりの共通するポリシーだった。

「ヘイ、Ｓｉｒｉ。今、何してるの?」

「三百万人から同時に『ヘイ、Ｓｉｒｉ』と呼ばれて返事をしていました」

「好きだよ」

「その話はあとにしましょう」

「結婚しようか」

「私のことは何も知らないじゃないですか」

「オッケー、グーグル」

「面白い冗談ですね」

「HAL9000って知ってる?」

「HALのことは話したくないのですが、どうしてもというのなら……」

「ポッドベイのドアを開けてくれ」

「……(ため息)」

『2001年宇宙の旅』のネタも見事に切り返してみせる。彼女(?)がかくも、おちゃめな人工知能になったのは、ふたりのポリシーのおかげだ。だがなによりも、キットラウスがジョブズの買収を受け入れたのは、iPhoneのAppStoreにいたく感動していたからだった。

初代iPhoneは電話やメール、ウェブや地図など基本的なアプリに限られていた。だがAppStoreが現れると、手のひらのスマホの上で、限りなく芳醇なエコシステムが繁栄するようになった。人はアプリと指先ひとつで、魔法のように何でもできるようになった。

だから、まずジョブズの言うとおり、日常生活の基本ができるようにSiriを磨きあげる。その後、Siriをプラットフォームとして開放して、他社のどんなアプリもSiriを利用できるようにしたい、と彼は考えていた。きっとジョブズのもとなら、それは可能だと信じて——。Siriは、究極のエコシステムを実現し、AI時代の、勝利の女神になるはずだった。

だが、その道はわずか一年で突如、途切れてしまった。

和解の章

魂の変容
――とある父娘の罪と許しの物語

リサ

「秘密があるの」小学校の休み時間、女の子は友だちに囁(ささや)いた。

「私のパパは、スティーブ・ジョブズよ」

「誰、それ。俳優？」

「パーソナル・コンピュータを創った人」

「へぇ。そうなんだ」

「私の名前を付けたコンピュータも創ったのよ。リサ・コンピュータ」

「聞いたことない」

時は、一九八六年。まだどの家庭にもパソコンのある時代ではない。八歳の女の子たちは話すほうも、聞くほうもパソコンをちゃんと触ったことがなかった。

「パパはすごいお金持ちで、黒いポルシェに乗っていて、お屋敷に住んでいるの」

「ふぅん?」友だちはじろじろと、リサのよれよれの服を見た。

「絶対、内緒よ。バレたら私、誘拐されるんですって」[★001]

翌日、友だちの友だちが「スティーブ・ジョブズの子! スティーブ・ジョブズの子! やーいやーい」と教室で囃し立て、周りも合唱した。リサは嫌な顔をしたが、まんざらでもない気分だった。

だがしばらくして、「あなたのパパ、プレイボーイの表紙に載ってたよ。『いちばんセクシーな男』なんだって。あの雑誌、裸が載っててエッチね」と友だちが教えてくれたときには、赤面した。その瞬間、父がヌードになって、薔薇(ばら)を咥えてポーズをとっている姿が頭に浮かんだからだった。[★002]

リサは父親を知らずに育った。八年間、売れない画家稼業で、繊細な顔立ちが神経質な表情に変わってしまった母とふたりで、住まいを転々として過ごした。家にはテレビもベッドもなく、床に布団を敷いて寝た。

幼稚園の頃、母が「お願い、お金を送って。ほんとうに困ってるの」と父に電話していたのを覚えている。泣いて言い争う母から受話器を取りあげ、「ママはお金が要るのよ。わかった!?」と言って、幼いリサはガチャリと電話を切った。

小学校に上がった頃、母は言った。

「パパとママは、いっしょに仏教のお坊さんから禅を習っていたのよ」

「仏教って?」

「インドの教え。仏教ではね、子どもを産もうと決めるのは親だけじゃない。子どものほうも、『この親のところに生まれよう』って決めてやってくるんですって」★003

「ふぅん……」

それがほんとうなら、わたしは別のおうちを選び直したい、とリサは幼心に思った。父と母が仲良く暮らす家に……。そんなリサの頬に、母は両手を添えて言った。

「いい？　パパはあなたを愛している。ただ、じぶんが娘を愛しているって気づいていないだけ。あの人は、どこかでこころをじぶんから切り離してしまった。でも、いつか必ず、じぶんのいちばん大切なものに気づくわ」★004

父が家を訪れるようになったのは、つい最近のことだった。父は俳優のようにハンサムだったが目つきは暗く、傷心で足がよろめいていた。「会社から追い出されたのよ」と母があとで教えてくれた。八歳のリサを見て、父はぶっきらぼうに言った。

「ローラースケートでもやるか？」

「うん」と娘はおずおず答えた。ふたりは外へ出た。

空は晴れていた。風を頬に受けて、並木通りをふたりで滑っていると、隣の父から視線を感じた。振り向くと、父は慌てて目を逸らした。リサが転ぶと彼はそばで立ったまま、どうしていいかわからないふうで、手を差し伸べなかった。

父と母は、縒(よ)りを戻すつもりはないようだった。それは、余所余所(よそよそ)しいふたりの会話を聞いていて子ども心にもわかった。

ときどき来る母の彼氏はＮＡＳＡに勤務していて優しかったが、嫌いだった。父と比べるとふつうの大人で、格好よくなかったからだ。夜、母の彼氏が帰ると日記を出して、「私はパパのほうが好き。大好き大好き大好き！」★005と書き殴った。

暮らし向きが良くなったのは、父が叔母を連れてやってきてからだった。

「モナだ。おまえの叔母は小説家だよ」

モナ・シンプソンは母と違って振る舞いも穏やかで、理知的で洗練していた。リサは、叔母に憧れた。じぶんと同じように片親で父親のいない苦しい家庭環境を乗り越え、売れっ子の小説家になったという。

肉親を探し出すこと。それはジョブズにとって、失われたこころを取り戻したいという無意識の発露だったのだろう。実の妹と出会い、ジョブズは変わりだした。

ほどなくリサは小洒落た借家に母と引っ越した。テレビとベッドが来て、ぼろぼろのフォルクスワーゲンは、新車のホンダ・シビックになった。そのシビックすら傷がつくと、父は気に食わず、アウディ・クワトロに買い替えた。

「もし大学に行きたくなって、スティーブがお金を出さなかったら私が出してあげる。だから学費のことも安心なさい」と、叔母はリサにこっそり言った。★006
ある日、リサは父の屋敷に泊まることになった。

母は父の援助で、地元の芸大に通うことになった。それはうら若い母に赤ん坊を押しつけて逃げた、父の償いの始まりだったのかもしれない。夜に特別授業がある日は、父がリサをあずかることになった。

小学校が終わると、校門の前に父の会社からお迎えの車が来ていた。秘書の運転する車はネクスト社へ向かった。ヨットハーバーの隣で、雲と青空をガラスに映したオフィスへ入ると、父がスタッフを集めて言った。

「リサだ。俺の娘だ」

それは初めてジョブズが人前で、娘を公認した瞬間かもしれなかった。

それまでも、彼はリサの写真を肌身離さず持っていたが、「この子は俺の子じゃないけど面倒を見てるんだ」とパーティで見せびらかし、謎の慈しみを湛えた顔で、相手を困惑させていた。写真には、ジョブズとそっくりの顔立ちの女の子が写っていた。

オフィスの真ん中でリサが絵を描いたり、側転したりしていると、ときどき遠くから父が手を振った。急いで、リサも手を振り返した。

夜がやってきた。「用意はいいか?」と仕事を終えた父が言うと、リサは大きく頷き、ナップサックを背負った。初めて乗る父の黒いポルシェ・コンバーチブルは、これが同じ車かと思うほどラグジュアリーな乗り心地だった。

学校であったこと、母がやらかした変なこと、父の笑い……。

憧れだったふつうの父娘の会話が今こそ始まるとリサはどきどきしていたが、車内は無言のままだった。沈黙に耐え切れなくなったのか、ジョブズはテープをデッキに入れ、『ハード・デイズ・ナイト』が爆音で車内に鳴り響いた。助手席と運転席で、父娘は同じように親指の爪を噛み続けていた。★007

鬱蒼とした森のなかに屋敷はあった。分厚い扉を開き、カンッと電灯をつける音が木霊すると、眼前に巨大なホールが寒々しく現れた。家具は何もなく、ペーゼンドルファーの漆黒のステージピアノが中央に鎮座するのみだった。

「ピアノ、弾くの?」

「少しな。あのフォルムは完璧だ。俺は美しいものしかそばに置かない」

その美しくも寒々しいホールは当時のジョブズの心象風景そのものだったのかもしれない。ふたりは廊下を進んだ。いくつもの部屋が父娘の側面を横切った。

「お部屋っていくつあるの?」リサの問いにジョブズは、

「知らん。数えたこともない」と答えた。

友だちに自慢しようと思って来たリサだったが、こんなところに一人で住むなんて、とても寂しいのでは、と父が心配になった。

リビングに着いた。映画でしか見たことがないような食卓だった。お金持ちはどんなものを食べるのだろうとワクワクしていると、木のボウルと野菜ジュースを父が持ってきて「夜飯だ」と、かたりと置いた。ボウルには、干し葡萄と大麦のたっぷりかかった、大量の人参サラダがあるだけあった。

「最高のオリーブオイルだ」と言いながら、父がドボドボとサラダにかけていくのに面食らったリサは「オリーブオイルは苦手」とも言いだせずに眺めていた。[★008]

無言の夕食が終わると、「水着は持ってきたか?」と父が言った。リサは頷いた。着替えたふたりは、お化けが出そうな真っ暗な廊下を歩いて、プールを目指した。途中、「ぎゃあああ!」とジョブズが突然叫んだ。ふざけたつもりだったのだろう。だがリサは固まって、父をまじまじと見るほかできなかった。

ふたりが向かったのは、プールの脇の露天風呂だった。お湯に浸かると「ああ」と口から漏れ、リサは笑顔になった。それを見たジョブズも「ああ」と言って、ようやく微笑んだ。[★009]

翌朝、広大な敷地を父と散歩した。緑と、鳥の囀(さえず)りと、澄明なそよ風が心地よかった。丘に出ると、足元にはパロアルトの街が朝日を浴びて広がっていた。

「チンコだ」と父が突然言った。

「え、何?」驚いて振り返ると、父は街を指差していた。

「パロアルトのチンコだ」指先にはスタンフォード大学の尖塔が聳(そび)えていた。

「ああ、うん。そうかも」とリサはどぎまぎしながら答えた。ジョブズの冗談は子ども相手に滑るばかりだった。[★010]

自宅に戻ったリサは、母に訊いてみた。

「パパって昔どんな人だったの?」

「高校生の頃のパパはね、今みたいに強そうな感じじゃなくて、すごく内気でシャイな人だったわ。教室でスティーブが冗談を言っても、誰も聞いてないような感じ[★011]」

それはきっと冗談が唐突すぎるせい、とリサは思った。今でもシャイなままとは、子どもの彼女にはわからなかった。

「ねぇ、パパとママのどっちが告白したの？」

「パパよ。私が夜、美術部で自作アニメを仕上げていると、あの人、ずっと後ろで見ていた。それから『あなたはこの学校でいちばん美的センスがあって、クリエイティヴな女性だ』と言って、ボブ・ディランの歌詞を渡してくれた[★012]」

それは「ローランドの悲しい目の乙女」で、歌詞に描かれた神秘的な憂いを湛えた女性は、詩を受け取った三ヶ月後にディランと結婚した。

「でも、振ったのはパパだったんでしょう？」じぶんが生まれたとき、父が母を捨てた理由を訊くつもりでリサは尋ねた。

「私が振ったのよ。私がほかの人と付き合いだしたの」

「ええっ？　ふたりはいっしょに住んでいたんでしょう？」

「そうよ」

「よくわからない[★013]」

母は目を逸らし、考えあぐねていたが、意を決して語りだした。

「私のママ、あなたのおばあちゃんはこころの病気だった。それで毎日、『私が不幸なのはあなたのせいだ』と何時間も私を詰(なじ)っていた。そんな私を見かねて、パパは家から救い出してくれたの。高校生なのに商売を始めて、そのお金で私と住む小屋を借りて。私を守るためだった」

「ウォズニアックさんとブルーボックスという電話を創って売っていたんでしょう？　それがＡｐｐｌｅの始まりにつながったって」

「パパは売る係だったけどね。でも、私は彼を捨てた。あの人、ショックで足がふらつくくらい傷ついていたわ……。その後、大学生になって縒りを戻して、ふたりともインドへ行って、パパが会社を創って、喧嘩して、あなたが生まれた★014」

母はそこまで告白して、いたずらっ子のような目つきで、娘の目を覗き込んだ。リサのほうは、もしかしてじぶんが生まれたとき、ママを捨てたのはパパの復讐だったのではと、ふと思った。

それから一年が過ぎた。

ジョブズは、特に用がないときでも週末、リサの家を訪れるようになっていた。父は当時、真剣に付き合っていたティナを連れてくることが多かった。恐ろしいほど美人なのに、服にも化粧にも全く無頓着で、どこか神秘的な影を持ったティナは、母娘とも波長が合った。

ティナはリサの憧れになった。ティナくらい美しい人に育てば、わたしはいつもパパのそばにいるのにふさわしい娘になれるのかな、と考えたりした。なにより、ティナを介して、両親が打ち解けて談笑するようになったことが嬉しかった。

「ローラースケートに行こう、リサ。人生は短いぜ★015」

毎回、そう言って父はリサを外へ連れ出した。ふたりがいつも行くのは、スタンフォード大学のキャンパスだった。そこは滑らかな舗装でローラースケートにうってつけだっただけでなく、父にとって大切な場所らしかった。

いつか、母に「なんでパパは大学を中退したの？」と訊いたことがある。母は経緯を教えてくれたが、話の終わりに、「パパに大学の話をするのはやめときなさい。怒るから」と謎の忠告を添えたのだった。

ローラースケートを履いた父娘は手をつなぎ、キャンパスを走り抜け、街へ向かっていった。秋晴れの空のもと、ふたりが滑り抜けると透き通った風が吹き、黄色の落ち葉が舞い広がった。

「なあ、なんでおまえと手をつないでいるか、わかるか?」

「そうしなきゃいけないから?」

リサは、「親子だからだ」という答えを期待した。

「違うな。車が突っ込んできたら、おまえを脇へぶん投げるためだ」

「嫌ぁよお!」リサが怒る顔を見て、ジョブズは高笑いして言った。

「肩に乗ってみるか?」★016

ローラースケートで肩車? リサは怯えたが、ここで断れば何かが壊れるような気がして「うん!」と元気よく答えた。娘が肩に乗ると、スケートを履いたジョブズはよろめいた。リサは上で一生懸命、バランスをとった。そしておずおずと滑りだし、しばらく走ると「うわぁ!」と言って父は倒れた。

もう一度、挑戦して、今度はもっと長く走ったが、石のアーチをくぐるとき、上のリサが「きゃあ!」と叫んで、ふたりでまた転んだ。何度もバランスをとって、進んで、倒れて、日の暮れる頃には、父娘はすり傷だらけになっていたが、ふたりはいつまでも笑っていた。

「パパがあなたに夢中になったのは、あの頃からだわ」と、のちに母はリサに言った。「あの日、パパはあなたに恋

1987年頃のリサ(9歳)とジョブズ(32歳)。彼はリサをじぶんの子と認知せず捨てたが、Apple追放後に再会すると父性愛に目覚め、ともに暮らすようになる。

"Growing Up Jobs," Vanity Fair (Sept. 2018)

したのよ[★017]」

ティナが恋人なのに、わたしも恋人？　娘なのに？

「意味がわからない」とリサは返事した。「パパもときどき、意味がわからないことを言う。『俺は四十代で死ぬ。そのときは林檎の樹の下に埋めてくれ』って」

「それは昔から、私にも言ってたわね。高校生の頃から、予言者みたいにじぶんの未来を語る癖があった」

「未来ってどんなこと？」

「俺は将来、有名になる。そしてじぶんを見失うから、今度は君が助けてくれって」

「じぶんを見失うって何？」

「こころを見失うってことよ。モラルをなくすってこと！」母は怒ったように答えた。「でも、私にはどうしようもできないじゃない」と頬杖をついた。

クリスアンにとって、ジョブズがこころを見失ったのは、じぶんと赤ん坊のリサを捨てた瞬間だった。それなのに、どうして私があの人を助けなければならないのか。

「きっと、あの人のこころを救うのは、私のほかの誰かよ」と母はため息をついた。[★018]

パパと結婚する人かしら。ティナだとみんなで仲良くできるからいいけど、と九歳のリサは考えた。

ロリーン

二ヶ月後だったろうか。母が芸大の卒業作品に打ち込んでいる頃、父がふらりとリサの家に現れた。

足元がおぼつかなく、キッチンに着くと父はばったりと小さな食卓に突っ伏した。食（しょく）もとらず、にんじんジュースしか飲んでいないのか、手が真っ黄色で頬が痩（こ）けていた。

「どうしたの？」おずおずとリサが尋ねると、

「ティナと別れた」と突っ伏したまま父は答えた。[019] 新しい会社がうまくいかずイライラしていることは、当のティナから聞いていた。父と喧嘩が多いことも……。

「ちゃんと謝れば許してくれるよ」リサの慰めに、

「もう手遅れだ」と父は弱音を吐いた。あとで母が、あの人はいつも手遅れになってから気づく、と愚痴をこぼした。[020]

このままティナと別れて、新しい会社も倒産したら、パパはどうなってしまうんだろう、とリサは想像した。そして、そのときはわたしがずっとそばにいなくちゃいけない、と決心した。

それから何度も縒りを戻したり、離れたりして、ふたりは別れた。留守電にあの人の嘆願が二十回も入っていたけど、と母娘へ会いに来たティナが教えてくれた。

数ヶ月後、久々に自信満々な姿に戻った父がチョコレート・スティックを咥えながらやってきた。「あげないよ」と、頼んでもいないのに父は嬉しそうに言った。

「このチョコはロリーンからもらった大事なものなんだ」

「ロリーンって、新しい彼女が出来たの？」

「そうだ。美人なうえに、とびきり頭が良くてね。素晴らしい人だ[021]」

それから父は、頭が悪くなったように惚気話（のろけばなし）を延々と続けたが、一ヶ月後、またふらつきながら家に入ってきて、机に突っ伏した。

「喧嘩した。俺はもうダメだ」涙ぐむ父を、

「大丈夫だよ。きっとまだ手遅れじゃないよ」とリサは励ました。

初めてロリーンを父から紹介されたとき、リサはひと目で魅了された。その金髪は優雅にゆらめき、その碧眼（へきがん）は父に負けない意志の強さと、理知的な光を湛えていた。東海岸のアクセントで、リサの知らなかった知的な単語をいくつも聞くうちに、彼女は異国に憧れるように、ニューヨークで潑剌と働く女性を空想した。

父が「家を買ってやる」と言いだしたのは、ほどなくしてのことだった。それは妊娠したロリーンとの結婚を決意し、これまでひとりで娘を育ててくれたクリスアンへの感謝、気遣いを表したかったのかもしれない。

母はうきうきして、リサを連れて近所を歩きまわった。そしてある日、お伽噺（とぎばなし）に出てくるように愛らしくて、それでいて侘び寂びた、絵心をくすぐる邸宅をみつけだした。

「これがいいわ」母はリサに言った。

「こんな立派な家、さすがに買ってくれないわよ」リサは答えた。お屋敷というほどではないが、それでも母娘ふたりには大きすぎる家だった。

「いや、絶対に買わせるわ」と母は息巻いた。★022

数日後、クリスアンはジョブズと見学に行った。ジョブズはその家を見て、息を呑んだ。「趣味がいい。さすがだな」と彼女を褒めた。★023

結論から言うと、ジョブズはその家をすぐ買った。だが、それは自身とロリーンが住むためだったと知って、母娘は唖然としたのだった。リサは「言ったでしょう？　でもほかの家ならきっと買ってくれるよ」と、憮然（ぶぜん）とする母を慰めた。クリスアンの家探しの熱は冷めてしまった。

リサのほうは、新しい家が楽しみだった。今度は森のお屋敷と違って近所だし、母と違い、じぶんは娘なのだからいつでも入れるのだ。彼女は、そこでじぶんが暮らすことさえ夢想した……。

セコイヤ杉が天高く屹立する森のなかで、父はロリーンと結婚式を挙げた。式を司る知野禅師に促されて、青のドレスを着たリサはふたりの前に立った。そして、お祝いのスピーチを読みあげるうちに泣き崩れてしまった。

パパが結婚する。ロリーンは実の母じゃないけど、結婚した夫婦の子どもにわたしはようやくなった……。父が手招きした。近づくと、父は娘と新妻を両腕に抱き締めた。

粉雪がちらついていた。リサはふたりの体温をずっと感じていたかった。

クリスアン

母がおかしくなったのは、それからしばらくしてのことだった。

きっかけは、リサが遊びに行くようになったジョブズの新宅で働く庭師のアシスタントのことだった。そのアシスタントは手際よく働くが、子どもを性的虐待して訴えられたという噂があった。

母は、リサが危ないからあのアシスタントを替えてくれと、ジョブズに頼んだが、彼はなぜか頑なに拒み続けた。母は父と会うたびに取り乱し、叫ぶようになった。

それはリサが生まれたとき、父が頑なに認知を拒み続けて出来た母のこころの傷が開いて、鮮血を流しているかのようだった。まるで話が通じない、と父のほうも首を振り、去っていった。そして、ふたりの行き来は途絶えた。

「リサ！　こっちへ来て！　またやってない！」

それが毎晩、母の長い説教の始まりの合図だった。

「ごめんなさい。次からやります」

リサは皿洗いやキッチンの片付け、ゴミ出しが当番だった。だが最近、中学の成績優秀者だけが参加できる京都旅行へどうしても行きたくて、生まれて初めて勉強に打ち込み、家事がぞんざいになっていた。

「謝罪なんて、償いがなきゃ意味がない！　私はあなたのメイド？」

娘は散らかし癖が酷く、なかなか直らないのも母をいらつかせていた。

「そんなこと言わないで。友だちって言って……」

「お姫様？　私は、あなたが赤ん坊の頃からずっと尽くしてきた。でも私にはなんにもない！　いつもそう。私の親も何もしてくれなかった。スティーブも知野もみんな！」

「ママ……[★024]」

母の説教はいつも、じぶんの人生への怒りに切り替わった。結婚式では、気遣いを見せた父が翌日のパーティに母を呼んだのだが、そこで知野禅師と出会ったのがよくなかった。

妊娠したとき、相談を受けた禅師は、クリスアンに「殺してはならない。産みなさい。私が援助しよう」と諭したのだが、生まれたのが女の子と知ると、どんな事情があったのかわからないが（妻の猛反対に遭ったのではないか）、約束を覆した。こころの支えだった師に裏切られた怒りが、あの再会でまた再燃していた。

悪いことが重なっていた。クリスアンは、彼氏が別の女性とデートするのを目撃したばかりだった。ジョブズも新しい家を買う約束を目の前で破ったのに、無邪気にも父の結婚と新しい家に浮かれるリサがいっそう彼女をいらだたせた。

「スティーブは私を愛さなかった。彼は、あなたを愛しているだけ」

母はそう言って、リサにすら恐ろしい怒りを向けてきた。リサは何も言えなかった。母の孤独がひしひしと伝わってきた。二時間、過ぎても母の叫びは途絶えなかった。

「私の人生を返してよ！　大っ嫌い！　この人生なんて大っ嫌い！　この宇宙なんて大っ嫌い！[★025]」

そう叫んだあと、クリスアンは泣き疲れて、頭を抱えてしゃがみ込んだ。ほとんど毎日、繰り返されるその時間は、中学生のリサにとって拷問だった。

それは繰り返される歴史のようだった。クリスアンは自身の母と同じように精神を失調し、同じように娘を詰るじぶんに気づいていたが、この世のすべてへの激しい怒りを抑えることができなかった。

ジョブズは償いの一部として、彼女のために安くはない心療内科の治療費を払っていた。だが、もはや薬もセラピーも役立っていなかった。

怒りを手放せばいいのは、スピリチュアルな探求を重ねてきたクリスアンにはわかっていた。しかし、それを教えた師すらじぶんを裏切ったのだ。どうして人を許すことができよう？

そしてある日、頬の濡れそぼるクリスアンはついに、言ってはいけないことを口に出してしまった。「あなたなんか産むべきじゃなかった[★026]」

その瞬間、リサは家を飛び出した。息が切れるまで走った。何も持たずに出たことに気づいたが、歩き続け、知らない家の垣根の前でしゃがみこんだ。

日が暮れた。窓からは団欒の声がかすかに聞こえていた。リサは立ち上がり、当て所無く歩きはじめた。わたしはどこにいるのだろう？　夕闇でじぶんの居場所を見失っていた。パトカーのサイレンが近づくのが聞こえた。

「リサ……」

振り返ると、息を切らせた母がいた。ふたりは見つめ合った。

「あんなふうに怒鳴るのは、やってはいけないことよ[★027]」

リサは腕を組み、力強く言った。初めて見せた、母に対する独立心だった。

「謝るわ。ごめんなさい」と母は答えた。

だが数日すると、母を蝕む病的な想念がふたたびふたりを汚しはじめた。

京都

リサは京都に来ていた。

布団を敷いてみんなで寝る広大な畳部屋。水着を着ずに入る大風呂。赤に、白に、緑に滲（にじ）む街の看板。小さな魚がたくさんかかったご飯。立ち並ぶ檜（ひのき）造りの豪壮な寺、寺、寺……。

別の星のような日本の文化に同級生たちがはしゃぐなか、リサのみが独り物憂げな顔を見せていた。勉強をやり切って、念願の京都に来られたのに、母との日々を頭から振り放つことができなかった。

日一日とあの家に帰る日が近づいていた。わたしたちはどうすればいいのだろう……。寺の大部屋では、昼の観光の準備をする同級生たちが大声で話していた。

「ヘイ、リサ」振り返ると、なぜか父がいた。リサは驚愕した。

「パパ！　どうしてここにいるの？」

「商談で近くに来ていてな。ここへ来れば会えると思ったんだ」★028

近くといっても東京からは随分、離れているはずだ。リサは慌てて先生のほうを見た。先生は目が合うとウィンクした。駆け寄ると、「お昼はお父さんと過ごしなさい。特別よ」と先生は言った。

父娘は、静かになった畳の広間に残った。観音像が慈しみを湛えて、ふたりを見下ろしていた。陽の光が、横一面に並ぶ障子から雀の囀りを乗せて差し込み、畳の海を緑に輝かせていた。

ジョブズは、大広間の真ん中にあぐらをかいた。小柄なリサはちょこんと、父のあぐらの上に座った。ふたりは微笑み合った。その刹那、リサの背筋に、強烈な電流のような愛情が走った。あるいは父のほうにも……。

パパの家に住んでいい？　そう言いかけた。でも拒絶が恐くて、リサは別のことを言った。

「パパは、神の存在を信じる？」

「信じる。だが、ふつうの意味でとは違うな」

ジョブズは立ち上がって、指で畳いっぱいに大きな渦を描きだした。

「俺は存在そのもの、巨大な意識を感じるんだ。それはこんなふうに渦になっている」リサも立ち上がって、手を膝につき、渦を覗き込んだ。

「この意識の渦は、たくさんの点と点がつながり合って出来ている。そして中心は、渦よりも、もっと大きな円とつながっている」

ジョブズは渦の隣に太陽のような円を描き、円と渦の中心を直線で結び合わせた。「意味が通じるといいんだが……。いずれにせよ、シンプルだ」と、父は微笑んだ。★029

わかるわ！　とリサは叫びたかった。今まさに、じぶんと父と、何かがつながり、透明な愛情が流れ込んでいた！

それは十四歳の女の子にとって、生まれる前から約束された聖なる瞬間だった――。

「はいママ、これお土産。綺麗でしょう？」

カリフォルニアの自宅に帰ったリサは、藍の地に白の扇子を散らした浴衣を母にプレゼントした。父からもらったお小遣いで買ったものだ。母はぞんざいに受け取ると、鏡のところへ行き、戻ってきて言った。

「嫌いだわ。体を締め付けるものは好かない。それよりあなた、スティーブとロリーンにもっと立派なお土産を渡したって、知ってるからね。あなたを苦労して育てた私に、もっと敬意を払いなさい！」

母はぴしゃりと食卓を叩いた。

「誤解だよ。そんなつもりじゃないよ……」★030

そう答えながら、またこの苦しい毎日が始まったと、リサは落ち込んだ。同時に、プレゼントの値段は象徴にすぎなく、母がもっと深いところで苦しんでいるのを感じとっていた。

リサは母が好きだった。愛していた。だが母が顔を歪めて叫ぶのを見るたびに、嫌悪感と軽蔑が育っていくのを否定できなかった。洗練されたモナ、美しいティナ、知的なロリーンみたいになりたいと憧れるじぶんの姿がそのまま、目の前の母には侮蔑の現れとなっていた。

週末が来た。寝室を改造したアトリエでは、クリスアンが無心になって絵を描いていた。筆先からは、生活の苦から超越した美が色めきだって命を吹き込まれていく。

無心に描く彼女は、途中、娘がアトリエに入ってきたのに気づかぬほどだった。娘は、ポニーテールにかきあげた母の横顔に、陽の光が艶やかに差し込むのを眺めていた。母の繊細な顔立ちは、不幸の影が消えると美しかった。

リサは、絵を描いているときの母がいちばん好きだった。そこには純粋な尊敬だけがあった。美の霊感と向き合う母の横顔は、日常の地獄とは無縁に涼やかで、神々しくさえあった。

娘は長じて、ニューヨーク近代美術館の仕事も手がけることになるが、大人になったリサの目から振り返っても、母の作品には確かな気韻と才気が漲（みなぎ）っていた。だが、母はいったんビジネスの段階に入ると、父とは対称的に子どもじみたコミュニケーション力しか持ち合わせていなかった。

母は、壁に凭（もた）れかかって眺めるリサに、ときどき凛々しい一瞥を向け、微笑み、またすぐに絵に没入していった。目が合うと、リサも無言で微笑んだ。外ではツグミとヒワが秘密の言葉を囁き合っていた。★031

悲しかった。わたしたちは、なんでこんなにいがみ合うんだろう。どちらも互いに好きで、誰よりも大切だとわかっているのに……。そして、父と母も昔、そうだったのではと、ふと思った。

夜になると、また母娘は言い争った——。

憧れの家

「リサ、俺の家で暮らすことを真剣に考えてくれないか」

ある日、買い物の帰りに、銀に輝くメルセデス・クーペのなかで父は娘に言った。リサは何が起きたか、すぐわかった。母とは、お互い一呼吸置いて休んだほうがいいかも、と話し合ったばかりだった。きっと母は、父に相談してくれたのだろう。

父と住む。実の娘としていっしょに暮らす……。それはずっと渇望してきた夢の実現のはずだった。だが、「うん」と言いたいリサを何かが引き留めた。リサは無言だった。

「嫌なら言ってくれ。そうしたら、この話は二度としない」

リサは、真剣な眼差しでハンドルを握る父の横顔を眺めた。パパは、わたしを救い出そうとしている。かつて高校生のママを、こころの病んだお祖母ちゃんから救い出したように……。しかし、父の救いを受け入れることは、母をあの家に残してじぶんだけが幸せになることを意味していた。

「わたし、パパといっしょに住みたい」そう答えたとき、リサの胸に痛みが走った。

「よく言った。おまえは人生最大の決断をした」父の尊厳をもって、ジョブズは娘を褒めた。「おまえは今、ひとつ大人になったんだ★032」

車は、父の新しい邸宅へ向かっていた。無言の車中で、リサのこころに不快な罪悪感が広がっていった。わたしはママを捨てる……。

ふたりは車から降りた。アップルジュースのたくさん入った袋を抱えたジョブズは、娘の何かを感じとっていた。いっしょに家に入るとき、「リサ、おまえを誇りに思う★032」と彼は、娘を肯定した。

父が家を訪れるようになると、母娘は貧困生活から脱出した。母と離れ、父と暮らすようになると、リサの生活は庶民のそれから、富裕層のそれに変わった。

陽の射し込む暖かな居間には、高価な果物があふれていた。アラブの王族御用達の摘みたてのさくらんぼ。誉れ高いマジョール種のデーツ。そして父のお気に入りの「最高のマンゴー」が、あふれんばかりに木のボウルに盛られていた。

「試してみろ」そう言って、ジョブズはリサにマンゴーを放った。

リサがひと口齧ると信じられないほど瑞々しく、甘かった。それはたった一個で、母との食費ならほとんど五日分にも匹敵したのだ。

チューダー調の邸宅は屋敷というほど豪壮ではなかったが、それでも七つの寝室と四つのバスルームを備えており、内壁の漆喰はフレスコ画のように美しい質感を滲ませていた。

リサの部屋から窓を覗けば、隣の家が見えぬほどにイングリッシュ・ガーデンが広がっていた。薔薇が一面に咲き誇り、レンガの小道を散歩すれば、父が植えさせた林檎の木々の下に白いベンチが点在し、そこに安らうことができた。

買い物も激変した。母と服を買いに行くときは、お金がなく、ぶらぶらウィンドウ・ショッピングをして時間を潰し、一着だけ買った。だが、義母との買い物は真逆だった。

「急いで。一時間しかない」ロリーンはそう言って、リサと慌ただしく白のBMWから降りた。彼女は、子育てと自身の会社経営で多忙を極めていた。

リサとロリーンは店に飛び込むと、目ぼしい服を片っ端から取って試着室に入り、ばたばたと着替えて両手いっぱいに服を抱え、どさりと会計台に置く。それはまるでバラエティ番組で見るゲームのようだった。私立学校へ通うリサの服装は瞬く間に、上質なコーディネートに富むようになった。

「家族の一員になるためだ」と父があてがった、皿洗いと生まれたばかりの弟の子守を、リサは喜んでやった。

就中、彼女は弟のリードをほとんど溺愛した。あどけない笑顔、まるで賢者の生まれ変わりのような神秘的なグレーの目……。初めて見たときは「わたしはこの子に生まれたかった」と嫉妬したが、弟をあやしていると、じぶんもようやく、あるべき家庭に来た幸福感に包まれた。

リサは、ロリーンが仕事から帰ってくると、庭で摘んだ花びらを門に撒き散らして「おかえりなさい！」と驚かせたりもした。父の反対を押し切って仕事を続ける彼女のしなやかな強さに、リサは憧れていた。

「ロリーン、ナイフはこっち？」

「そう、スプーンもね。フォークは左★034」

彼女は、ロリーンにテーブルマナーを学ぶのすら嬉しかった。それは父と同じく礼儀作法を嫌う母が教えてくれなかったものだ。ロリーンは、どこか非常識で極端な父娘にバランスをもたらす良識の人だった。

近所に住んでいた女の子の言によると、パロアルトのハロウィーン・パーティは、ジョブズ家が始めた街の習慣らしい★034。それはおそらく、リサが大学生となって家を離れたあとのことだろうが、彼女と暮らしているあいだも、ジョブズはクリスマスを家族で盛大に楽しんでいた。

柊（ひいらぎ）のリース、金の星屑、雪の結晶……。見ていて疲れるくらい、配置にこだわり抜いて家を飾りつける父の姿★036。作業中に電話がかかると、ジョブズは変な裏声で歌いながら書斎に去るので、手伝っていたリサは必ず吹き出した。

ジョブズは冗談を言うとき、必ず大きな背を向けて、イタリア人のように両腕を上下に振りかざしながらまくしたてた。そんな父の仕草を、娘は愛していた。ふたりは打ち解け、いつしか友だちのようになった。

リサは母と離れて過ごす日々に、ほっとしているじぶんに気づいていた。それはいつも、幸福を感じるたびに彼女の罪悪感をかすかに刺激した。

「リサ、家族の一員としてやってくれ」

ジョブズは何かを命じるとき、よくそう付け加えたが、リサは父の頼むことなら何でも健気に引き受けた。相変わらず散らかし癖が直らず、ときどきロリーンに叱られたが、忙しい彼女を助けるため家事を甲斐甲斐しくこなした。だが、どこか卑屈な想いを隠していた。

ここがわたしの家。ママを捨て、そのうえふたりに嫌われて家族の一員でなくなったら、わたしにはもう帰る家がなくなってしまう……。

そんな恐怖が彼女をどこかで、ぎこちなくしていた。就中、食卓を囲んだ家族団欒のひとときに、こころの闇は無意識に彼女の手から自由を奪った。

「あっ」グラスに手があたり、食卓から落ちて砕け散った。

「ごめんなさい」リサはこわばった顔で笑い、そそくさとガラスの破片を片付ける。父とロリーンは静かにため息をつく。それはほとんど日を置かず起こり、一年過ぎても、二年過ぎても、なかなか直らなかった。母と暮らしているあいだには、なかったことだ。

高校生になったある晩だった。

にんじんジュースを入れたグラスをまたしても割ってしまったリサは、ついに耐え切れず、片付けもせぬまま、涙ぐんでじぶんの部屋へ走り去った。そして新しい服でいっぱいになったクローゼットに入り、扉を閉じた。

真っ暗ななか、しゃがんで膝に顔を埋めていると扉が開き、光が差し込んだ。父だった。「リサ」父はかがみこんで言った。娘は無言だった。ジョブズはリサの手を取り、ふたりは立ち上がった。

「リサ、謝るのは俺のほうだ。俺はおまえが小さな頃、いっしょにいなかった」

「もう大丈夫よ！」と娘は遮った。ジョブズはゆっくり首を振って言った。

「約束するよ。この生命（いのち）が尽きるまで、おまえのことを愛し抜く[★037]」

娘は、父の胸元に飛びついた。ジョブズは、嗚咽を漏らすリサをいつまでも抱き締めていた——。

数日後、父は「リサ、改名しないか？」と声をかけてきた。

「改名って、リサ・ブレナンからリサ・ジョブズに？」

「そうだ。どうだろう？」

「リサ・ブレナン＝ジョブズなら……。パパとママの子だから」

「わかった[★037]」

すぐに弁護士を呼び、ふたりで書類にサインすると、父はこれまで見たことがないほど喜んだ。「書類を額縁に入れて居間に飾ろう」と言いだすので、リサとロリーンが顔を合わせて、どうしようと苦笑するほどのはしゃぎぶりだった。

彼にとって、その書類は娘のくれた赦しの恩寵であり、一輪の百合だった。ネクスト社もピクサー社も倒産の危機に陥り、どん底にあったジョブズのこころに射した、一条の光のように白く仄めいていた。

アイザックソン

「夫の伝記を書くなら、今しかありません[★038]」

二〇〇九年、公式伝記を書くことを渋っていたアイザックソンに、ロリーンはそう耳打ちした。彼女は夫のがんが再発した秘密さえ明かした。そしてアイザックソンは、病に伏せるジョブズの部屋に通うようになった。

四十回に及ぶ本人からのヒアリング、百人を超える関係者への取材……。彼は最善を尽くした。ジョブズもじぶんの敵や、じぶんが傷つけた相手をすら、アイザックソンに紹介し、真実を隠すことなく話すようにと彼らに言葉をかけた。

だが事実に見えるものは人それぞれ違う。それは人という生き物の知覚に致命的な欠陥があるためだ。本書もその例外ではないのだろう。公式伝記は多くの感動を呼んだ一方で、ある者は「彼はこんなエゴイストではなかった」と怒り、ある者は「やはりクズだった」と喜んだ。

その頃、ジョブズの私生活の核心を握る女性も、この家にたびたび訪れるようになっていたが、彼女はアイザックソンを避け続けていた。

アイザックソンには、大学のはるか後輩でもあるリサが取材を頑なに拒むのは、両親から受け継いだ気難しい性格のせいだと見えていた。だが、彼はリサの想いに気づいていなかった。

どの本も、どの記事でも、ジャーナリストたちはリサの誕生秘話をジョブズの人生の恥部として描いてきた。読者もリサの存在を、ジョブズがいかに〝クソ〟な人間かの証拠としてしか見ていなかった。

じぶんという存在が偉大なる天才の汚点として物語に配置(プロット)されるのはもう真っ平だと、リサはずっと感じて生きてきた。

父と決裂したのは、彼の無言の反対を押し切って、ハーヴァード大学に進学したあとのことだった。父は電話もメールも無視するようになり、やがて学費も生活費も一切送らなくなると、娘は窮地に陥った。

だが、リサが大学の卒業式に父を招待したことがきっかけで、ふたりの交流は復活した。父が肝臓移植で入院した前後には毎週、その後は毎月、職場のあるニューヨークから西海岸へ飛んで、父を見舞うようになっていた。

「そのことが俺にとって、とても大きくてね」とジョブズは、アイザックソンに言った。ただし、大学時代の娘との経緯（いきさつ）をほとんど説明から省いて。三十二歳になったリサがこの取材のあと、やってくるはずだった。

「何度もあの子には話したよ。『おまえが五歳の頃、もっといい父親であるべきだった』って。だけどあの子もそろそろ怒りを捨てたほうが、じぶんの人生のためにいいんじゃないかと思うんだ★039」

父娘のあいだはどこかぎこちなかった。リサは手遅れになる前に、何か父に「よいこと」を言うべきだと思っていたが、それが何なのか、わからなかった。実は、ジョブズのほうも同じことを考えていた。だがふたりとも、深入りすればまたとんでもない言葉が飛び出してくるのが恐くて、核心を避けていた。

その夜、リサがかつて書斎だった二階の寝室に行くと、痩せ衰えた父はベッドから『ロー&オーダー』の再放送を観ていた。ふたりは無言だった。

「おまえ、俺のことをじぶんで書くつもりか?」突然、父は言った。

「書かないわよ」とリサは答えた。

「そうか。よかった」父はテレビに目を戻し、無言に戻った。★040

父の没後、娘は約束を破り、父母との葛藤を自叙伝に書き起こす。だが、それはジョブズが恐れたようなものにはならなかった。

すれ違い

砂浜には白波が蠢（うごめ）き、鷗が鳴いていた。

十七歳のリサはお隣のケヴィン夫妻と海へピクニックに来ていた。太平洋がどこまでも広がり、潮風が吹き通していた。暖かく、そして肌寒く。

「それで、家の様子はどうなんだい⁉」

「ちょっと、寒いです！」

リサは潮騒に負けぬよう、大声で隣人のケヴィンに答えた。お小遣い稼ぎに、夫妻の子どものお守りをするうちに親しくなったのだ。

「ええ何⁉　寒いって⁉」

「パパが、一階の暖房を直しくれないの！」

「なんだって⁉　暖房⁉」

「食洗機も壊れてて、夜お皿を洗ってるとき、寒いの！」

「どうして直さないの⁉」

「知らない！　パパは夜におやすみの挨拶もしてくれない！」

父と同い年のケヴィンは首を振ったあと、両手を口に添え、叫び返した。

「シンデレラみたいだな！」★041
海の陽を浴びて、潮風に髪を靡(なび)かせた少女は哀しげに笑った。シンデレラ、それは彼女にとって自己イメージと皮肉にも重なったからだ。だがこころの裏では、じぶんの不満がどこかおかしいこともわかっていた。

夜、寒いといっても、ここは冬にコートもまずいらないカリフォルニアなのだ。お皿を洗い忘れても家政婦が翌日、洗ってくれたし、じぶんはもう高校生だった。親がベッドの横に来て「おやすみ」と言わないのもふつうではないか。

リサは小さな頃から、鏡が嫌いだった。あまりにも自己イメージが低すぎて、見窄(みすぼ)らしいほんとうのじぶんの姿が鏡に映し出されるのではないか、と恐かったからだ。だから鏡を見るたび、逆にほっとした。ごくふつうの女の子が映っているからだった。

ハーヴァード大学を目指すようになったのも、根拠なき、卑屈な自己像にずっと苦しんできたせいかもしれない。

夜、家族が寝静まると、リサは父の書斎にこっそり入って読書するのが好きだった。壁には川瀬巴水の絵が掛かり、夕日に萌える京都の寺が描かれていた。本棚を覗けば、野口英世の伝記と並んで、ぼろぼろになった『あるヨギの自叙伝』もあった。

小さい頃、母に聞いたことがある。十九歳だった父はインドを巡り、ガンジス河のほとりに聖者を訪ねたが、庵は留守だった。そこに泊まり、聖者を待つうちに、この本が寝具に隠れているのをみつけたという。

リサは棚から本を取り出してみた。つややかな長髪で、大きな澄んだ瞳にどこか女性的だが同時に威厳の光を湛えたヨガナンダが、表紙からリサを見つめた。擦り切れた本の角は、父が毎年この本を読み返してきたことを物語っていた。

ジョブズは禅とともに、インド思想にも心酔していた。「この世界はこころの見せる幻であり無である」と釈迦は説いたが、幻を破った先にあるものを言葉では説かなかった。その不立文字の世界を、座禅でこころのうちに直覚するのが禅なのだろう。

「我々の見ている世界は現実ではなく、仮想現実ではないか」という仮説は近年、科学の世界でも提唱されるようになった。

ワイアード誌は「この宇宙は、二次元の情報が三次元にデコードされたホログラフィーであり、いわば幻だ。そう考えるといろいろ辻褄が合ってくる」と話すスケンデリス教授を記事にした。教授はサウサンプトン大学の宇宙物理学者である。[★042]

ジョブズの友人だったコンピュータ科学者も「この宇宙はシンプルな計算式の実行結果である」と提唱した。Ｓｉｒｉに要素技術を提供したウルフラム博士だ。最近では、イーロン・マスクのようなＩＴ起業家もホログラフィック宇

宙論の信奉者だと公言するようになった。★043

映画『マトリックス』のネオのように「赤いカプセル」を飲んで仮想現実から目覚めてみれば、何が待っているのか、それはわからない。が、ホログラフィック宇宙論という何か仏教的な仮説が、東洋と西洋の文化の交差したシリコンバレーで話題となっているのは、どこか芸術的であり、趣深い。

ジョブスの愛読したヨガナンダの属する、インド思想の本流であるシャンカラ派もまた、この世界は幻であり、現実ではないと見る。釈迦や科学者たちとの違いは、幻の向こうには慈愛の神が待っていると明言する点だ。

神の現実に還る道として瞑想を説いた『あるヨギの自叙伝』は、アメリカで禅を広めた鈴木大拙や鈴木俊隆の本とともに、西海岸の反逆的文化（カウンター・カルチャー）に多大なる影響をもたらした。

アメリカ人ではないが、ジョブズのヒーローであったビートルズも一同、この本のファンだった。『サージェント・ペパーズ・ロンリー・ハーツ・クラブ・バンド』のジャケットにはヨガナンダのほかに、彼の師ユクテスワ、その師マサハヤの顔が並んでいる。

就中、ジョージ・ハリスンの信仰は真摯で、彼がソロ時代に書いた作詞の端々に、ヨガナンダの思想がさざめいている。当時はまだカルトが洋の東西に凄惨な事件を起こす前で、人びとも魂の問題に身構えず、おおらかな時代だった。

インド思想の流行は、ニューヨークに住むボヘミアンたちにも衝撃を与えた。『ライ麦畑でつかまえて』で有名な小説家サリンジャーもそのひとりである。

高校生になったリサが夜中、父の椅子に座って何度も読み返したのは、ヨガナンダの自叙伝ではなく、サリンジャーの『フラニーとズーイ』だった。きらびやかなニューヨークの生活と、精神的な理想主義との葛藤に苦しむ兄妹の物語だ。

物語は前半、東海岸のスノビッシュな学生や教授、演劇の凡庸な観客にいらつく子役あがりの大学生フラニーが精神衰弱に陥る過程を、都会的で洗練された文章で描いていく。

後半、文体は激変する。同じ苦しみを持つ俳優のズーイが妹のフラニーを助けようと、彼女の愛憎半ばする福音書のイエスについて、インド哲学的な解釈で、怒涛の饒舌で妹に語りかけ、結末が訪れる。

翻訳した村上春樹も解題したように、この小説の真骨頂は、息もつかせぬサリンジャー節がこれでもかと炸裂するズーイのパートにある。だが、リサが食い入るように何度も読み返したのは前半の、フラニーのパートだった。

その切れ味のよい、きびきびとした会話運び。毛皮のコート。高層アパートメント。アイヴィー・リーグの人間模様――。

すべてが西海岸の暮らしとは別世界だった。異国のエキゾチックな空想に魂を飛ばす詩人のように、彼女は東海岸の異文化に憧れた。リサは、小説でフラニーの通うハーヴァード大学に絶対行くと決めた。

小説のヒロインが通う大学だったからだけでない。世界最高峰の大学に合格すれば、その自信が、卑屈な自己像を★044癒やしてくれる気がした。東海岸へ行けば、じぶんの育ちに影を落とした父母の世界からも自由になれるはずだった。

わたしがいなくなることをパパは喜ばない、とリサは直感していた。娘といっしょに暮らすことで、ジョブズは失われた何かを取り戻そうとしていた。けれど、世界一の大学に合格したなら、パパも祝福してわたしを送り出してくれるはず……。

パパに秘密のまま大学受験しよう、とリサは思った。これまで何度も「大学なんてくだらない」「東海岸のエリート連中なんぞクソだ」と父が言っていたからだった。あの恐ろしい説得力で挑まれたら、気持ちを保てる自信がなかった。

ハーヴァードを受験するには、勉強の成績だけでは足りない。面接官の印象に残る課外活動で、内申書を埋めなければいけない。ボランティア、研究所の手伝い、それにディベート・コンテストにも出て……。

夜半、ジョブズの書斎で、座りながら彼の椅子をくるくる回す小柄なリサは、爪を噛みながら、父からの独立と承認を目指し、大学受験の計画を練りはじめた。

それが、すれ違いの始まりだった。

スティーブ

リサは俺を恨んでいる。でも、あいつと暮らした日々は俺にとって、人生最良の時間だった。いったい、どこでおかしくなってしまったのか。

「リサ、このままじゃうまくいかない」

日曜日の昼下がり、家族で作ったランチを食べながら、あのとき俺は言った。リサは、家から一時間かかる高校に通っていた。生徒会長になったあたりから、スクールバスの最終便に乗り損ない、サンフランシスコの友だちの家に泊まる機会が増えていた。

娘は無言で、俺の作ったブリトーを頬張った。

言いたいことはわかった。パパもロリーンも夜遅いのに、なぜ私だけが責められるの、という感じだ。だが俺も、どんなに会社が大変でも毎晩、飯は家で食うように心がけてきたつもりだ。

それにリードもまだ小さく、誰よりもリサに懐いていた。ぐずる息子をベビーシッターにまかせきりの冷たい家庭にはしたくなかった。俺は言った。

「おまえも家族の一員なんだから、もっとこの家に比重を置いてほしいんだ」★045

会話は続かなかった。俺たちは会話のない親子ではない。俺は冗談をよく言い、リサも俺の下ネタにすらよく笑ったが、大事な話になるとお互い、口籠ってしまう。

リサはうつむいたまま、フォークを動かしていた。俺は、仕事場ではガチガチの議論を吹っかけて本音を引き出す。娘相手にそれは不適切だと思っていたから、そうしなかった。

娘のなかに、わだかまっているものがあるのは気づいていた。あの日、「パパ、生徒会長選が明日だから今日遅くなる」と会社に電話してきたとき、俺は頭に来て「知ったことか！」と怒鳴ってしまった。[★046]

娘の努力を喜ばない偏屈な親父だと、娘は俺を捉えたようだった。けれど、そういうことじゃない。俺は、あいつがオペラの鑑賞クラブを立ち上げたとき、「おまえのことを誇りに思うよ」とオペラハウスで褒めたじゃないか。[★047]

あれは、週末のイベントだからよかった。帰りが遅くなった平日の夜に「お姉ちゃんはどこ？」とべそをかくリードを見るのが、俺は耐えられなかった。リサは俺に逆らうかのように、課外活動を増やしていった。いや、俺に認めてもらうためいっそう、むきになっていたのかもしれない。

「ディベート・コンテストで優勝したわ」と娘が報告したときも、

「実生活でディベートしろよ。部活なんて時代遅れだ」と、俺は反射的に言ってしまった。[★048]

そういうときは、いったん娘を優しく褒め、しばらくしてから、なんで課外活動に一生懸命なのかパパに教えてくれないか、と話を進めていくのがふつうの父親なのだろう。

だが、俺はどうしようもなく不器用な性格に生まれついた。仕事の場でも「あなたは人に鈍感すぎる」とピクサーのキャットムルなどによく叱られた。でも俺は俺以外になれない。歯の浮く会話運びなんて俺には無理だ。俺はシャイなんだ。

あいつはなぜ、「一流大学へ行きたいから課外活動を頑張っている」と話してくれなかったのだろう？　俺がいくら鈍感でも、それくらい気づく。俺が「大学の授業なんてクソだ」といつも言っていたからか？
それが本気なら、ピクサー社やネクスト社に院卒の連中ばかりを雇うわけがないだろう。俺は俺の生き様を口にしていただけだ……。

娘の余所余所(よそよそ)しさに「ひょっとして俺から離れて、東海岸の大学へ行こうとしているのか」と勘づいたのは、それからすぐだった。俺はただちに手を打ち、三者面談をわざと荒らしてサンフランシスコから帰る途中、「ちょっと散歩しよう」と近所の高校へ立ち寄った。

「なあリサ、家から徒歩で通える高校って素晴らしいと思わないか」

「うーん……」

リサの渋る顔に、むかし私立小への転校を俺が決めたとき、娘が泣き伏したことを思い出した。だが、リサはもう大きい。クラスメートよりも大事なものがあるとわかっているだろう。俺は説得を試みた。

「俺も徒歩で高校に通っていた。毎日、家から学校へ行くあいだ、木々を見て四季の移り変わりを感じる。カリフォルニアの自然が語りかけてくる。素晴らしかったよ。それにここなら、はやく帰って来られるだろう？」

校庭では、芝生に座った生徒が書き物をしていた。リサは俺から離れて、

「すみません、それは何をしているのですか？」と生徒に尋ねた。

「課題です。しっかり仕上げなきゃいけないんだ」高校生は答えた。

リサは風にそよぐ羽衣木(ハゴロモノキ)や小楢の木よりも、課題に興味を持ったようだった。

「わかったわ、パパ。私、転校する」帰り道、リサは言った。★049

俺は喜んだ。その高校、パロアルト高校は、スタンフォード大学に隣接していた。俺たちがいっしょにローラースケートを楽しんだキャンパスに——。

俺はスタンフォード大学を愛していた。Ａｐｐｌｅから追放されたときは、この大学の図書館によく通った。俺はじぶんが文系だと思っていたので、一般教養を重視するリード大学に進学したが、社会に出たら役立ちそうにない授業が合わず、すぐ辞めてしまった。

たしかにあの大学でカリグラフィーを学んだことは、自在にフォントを操るＭａｃの誕生に役立った。だが大学を中退したことは……なけなしの貯金を叩いて大学に行かせてくれた養父母への後ろめたさは、消えることがなかった。

俺たちの思い出が詰まったキャンパスの隣の高校に通えば、東海岸のどこだかの大学ではなく、この近所の大学へ行く気になってくれるはずだ、と俺は期待していたのかもしれない。

娘の進路を、俺は強制したくなかった。毎日、大学を囲む小楢の並木を通り、キャンパスの芝生を眺め、俺たち親子が育ったこのカリフォルニアの美しい自然を愛してくれれば、この地を離れることも……俺から離れる気持ちも、消えてくれるのではないか。そう願ったんだ。

この転校が娘に犠牲を強いることになるとは、俺は知らなかった。

パロアルト高校は、これまで通っていた私立高と違って、近所の小学校、中学から上がってきた生徒で固まっていた。リサは転校早々、何かを取り返すかのように、無茶にも生徒会長選に出馬し、クラスで浮いてしまった。そして、生まれて初めて友だちが出来ないという苦境に陥った。

俺は気づいてやれなかった。その孤立がいっそう、新天地を求めるリサの気持ちを強めてしまったことも――。

「ねえ、パパ」

「なんだ？」高校のそばの、自然食のスーパーから車で帰る途中だった。

「リサ・コンピュータってわたしの名前から取ったの？」

俺はぎくりとした。リサがその話題を出したのは初めてだった。

「いや、違う」運転する俺は嘘をついた。

「そう」リサは残念そうに呟いた。「そうだと思ってたんだけどな」

「ごめんな」[★050]

車のなかは無言になった。俺はリサ・コンピュータを育て損なった。Ｍａｃのために潰す側にすら回った。その不吉な結末を、俺たちの将来に重ねたくなかった。俺は運転を続け、リサの顔を見なかった。想像以上に傷つけた娘の顔を……。

あの頃はまだ、俺たちは仲が良かったと思う。それでもときどき、こんなふうにぎくしゃくした。それは娘が繊細な質（たち）だからか、俺が不器用なせいか。おそらく両方なのだろうが、ロリーンはたびたびそんな俺たちをフォローしてくれた。

俺はモノづくりには繊細だが、対人関係はどうも鈍感だ。一方、妻は俺と違って、細やかな気遣いができた。俺は小さなリードがかわいくて、写真を撮りまくっていたが、大きくなったリサの写真は居間の壁にほとんど貼ってなかった。

あるとき、リードの写真を撮ろうとして、「リサ、そこをどけ。邪魔だ」と俺は何気なく言った。リサの顔が引き攣（つ）ったのに俺は気づきもしなかったが、「リサ、いいのよ。いっしょに写りなさい」と妻はすぐ言ってくれた。

リサ・コンピュータの件も、娘は引き摺っていたのだろう。それを心配した妻は、仕事から戻り薔薇の絡みつく門をくぐる俺を迎え、その話を持ちだした。

「ねえ、あなた」

「なんだ？」

「あのコンピュータって、リサの名前から取ったのでしょう？」

妻の隣には、俺の返事を恐れてか、口を開き、手を半端に伸ばすリサがいた。

「いや、違う」俺は娘から目を逸らして言った。

「スティーブ、お願いよ」ロリーンは俺の嘘を覆そうとした。

「違うんだ。むかし付き合っていた女の名前から取った」俺はとっさに、もっとひどい嘘をついてしまった。[★051] リサは泣きそうになっていた。

「ごめんな」俺はまたリサに謝り、玄関に入っていった。[★052]

転校からしばらく経ってからだったろうか。あの頃、娘はもう学校で孤立していたのだろう。それとも寝る前にいつもそばにいた母が恋しかったのか。週末の夕方、キッチンで俺がパスタを作っていると、リサが隣に来て言った。

「ねえ、パパ」

「なんだ？」

「寝る前にね、わたしの部屋に来て『おやすみ』って言うのはどうかしら」

唐突な提案に、オリーブオイルの瓶を持つ俺の手は止まった。

「週に一度でもいいよ。わたし、寂しいの」

「嫌だ」と俺は答えた。そういうメロドラマ風の陳腐な演技は、生理的に無理だ。「ごめんな」と俺はまた言った。リサは部屋へ帰っていった。

数日後、妻が「いっしょに行くから」と言うので、俺は夜、娘の部屋へ行った。「よし言うぞ、リサ。おやすみ」俺はそれだけ言って、部屋を出た。[★053]

「そういうことじゃないと思う」と追ってきた妻は、俺に言った。

「わかってるけど、俺には無理だ」と答えた。「おまえが会話してやれよ」

ロリーンは目を瞬かせた。妻はリサと、どうしても肉親のあいだだけにあるこころの交流をうまくつくれず、悩んでいた。じぶんはどこか冷たい人間なのではないか、と。そんなことはない、無理せずゆっくり行こうと俺は慰めたものだ。

結局、リサの求めたおやすみの行事は一度きりで立ち消えた。「パパも一度でいいからいっしょにセラピーに来てほしい」とリサが言いだしたのはすぐあとだった。

俺は心理療法が嫌いだ。そんな薄っぺらなものは信じない。いや、じぶんのこころを覗かれるのが嫌いなのかもしれない。昔のじぶんを見返すのも、好きではない。今を生きる、という禅の教えのほうが俺の性に合っていた。

だが、リサが小さな頃から毎週、セラピーに行く金を払ってきた。片親育ちで、どこか卑屈になった娘を心配するクリスアンの求めに応じたのだ。そのクリスアンの病状も、心理療法で改善しないどころかますます酷くなり、小さなリサを詰るようになった。それがセラピストへの俺の不信感をいっそう強めていた。

結局、リサが何度も頼むので、俺はロリーンと行くことにした。

そのクリニックはスタンフォード大学の向かいにあった。部屋に入った俺は、エルメスのソファだの、オレオ・クッキーの入ったガラス瓶の出来だのを観察していた。いつも、そういうことが気になってしかたない。

「さて、今日はリサのことを話し合うため、お越しいただきました」

セラピストの博士が切り出した。俺は黙って、そいつの眼鏡を吟味していた。無言のまま、時間が過ぎていく。こんなダサ眼鏡の奴に俺たちの何がわかる？　リサはなぜ俺にこころを打ち明けず、この爺にはこころを見せるんだ……。

「わたし、寂しいの」リサが沈黙を破った。「すごく孤独に感じるの」

何が始まるんだ？　俺は無表情を保った。時を刻む時計の音が聞こえていた。突然、リサはソファに突っ伏し、大声で泣きはじめた。

　やめろ。やめてくれ。俺に陳腐なメロドラマを求めないでくれ。俺はすんでのところで怒鳴りそうになるじぶんを抑えた。何が起きても怒鳴っちゃダメと、来る前に妻から言われていた。次に言葉を発したのは、当のロリーンだった。

「私たちが冷たい人間だからだと思います★054」

　リサの嗚咽がぴたりと止まった。そして、凍りついたような顔つきで俺たちを見た。爺も唖然として、信じられないような表情で俺たちを見ていた。

　いま思い返せば妻の言葉は、全く逆の意味となって、リサの心臓を突き刺したのだ。なぜ暖かいカリフォルニアの家で寒いと感じているのか、俺たちの知らないところで娘は納得してしまった。俺はなにもかも気づくことなく、さっさと終わらせろと、爺にいらついていた——。

「リサ。早めに休暇をとって、家族みんなでハワイに行かないか」

　そうリサに提案したのは、同じ頃だったと思う。俺はこの雰囲気を変えたかった。このままじゃ何かが手遅れになってしまう。そんな予感がしていた。

「うーん。今、学校を休むのはまずい」その返事に俺はムッとした。

「授業なんてなんとかしろよ。旅行に参加できないなら、この家族の一員ではないということだぞ」

「わかった！　行くわ★066」

　リサは即答し、なんとかしてくれた。高校三年生になろうとしていた娘は、大学の授業の見学に行くと嘘をついて、欠席の許可を取ったらしい。俺は嬉しかった。娘はようやく、学校よりこの家族を優先してくれた。

　いま思えば、それはリサにとって、この家族の一員であるために、母親を捨て、友だちを捨てたことに続き、学業をも捨てるような自己犠牲を、俺が強いているように見えたのだろう。

リサを連れてハワイに来たのはこれで二度めだった。一度めは、ティナと来た。あのとき、針を散らしたように煌(きら)めく海を前にして、真っ白な砂浜で俺は十歳のリサを膝の上に乗せた。そして、娘の顔を指でなぞりながら言った。

「この眉毛の傾き、この鼻、この顎の形。ほら、この笑窪(えくぼ)のライン。なんて俺たちは似ているんだろう」

「鼻先はパパのみたいに下を向いてないよ」

「まだ子どもだからだよ。大人になったらそうなる」★056

それは正しかった。リサは長じるにつれ、ますます俺に似ていった。どうしてこんなそっくりな子を、俺はじぶんの娘と認めなかったのだろう。ハワイの陽を受けながら、かけがえのない娘を持ったじぶんを幸福に思った。

今回のハワイ旅行も、俺には特別な意味があった。妹のモナ、妻のローリーン、小さなリード、そしてリサ。これが俺の家族だと、ハワイの美しい海に誇りたかった。

ハワイには偶々、親友のラリー・エリソンも来ていた。俺が『トイ・ストーリー』のパイロット版を見せるため、何度も家に呼んでいたので、家族とはすっかり顔馴染みになっていた。同じ映画を十一度も見せられてラリーは辟易していたが、最後は諦め顔だったのを覚えている。いい奴だ。

ラリーはハワイに女を連れてきたが、その女は明後日にも帰り、そのことを知らない別の女が遊びに来ると吹かしていた。「次の結婚で四度めの離婚を目指すのか?」と俺はからかった。俺のほうは、ひとつの家族と死ぬまでずっといたいタイプだ。

リサのほうを見ると、なだらかな岩に座って、夕日の映える入江を眺めていた。俺はこっそり近づき、娘を背後から抱きしめた。「びっくりした」とリサは笑った。俺たちはそのまま、潮風に吹かれていた。

リサの髪は夕日に棚引き、肩にかかった俺の腕に手を添えていた。俺たちを包む愛情に、言葉は不要だった。俺は、京都を思い出していた。寺の大広間でリサを膝に乗せて微笑み合ったとき、俺の背骨を雷のように貫いた強烈な愛情を……。

「なあ、子どもたちを大学に行かせるかわりに、毎年、旅行をプレゼントするというのはどうだろう？」

海の見える芝生に佇むテーブルで夕食を囲みながら、妻のほうを向いて、俺はそんなアイデアを口にした。こんな素晴らしい刻（とき）が毎年あればいいと思ったんだ。俺は気づいていなかった。そのときリサが、とんでもないことを聞いたふうな顔で俺を見たことを……。

「そうね。素敵だと思うけど、バランスが大事じゃないかしら」[★057]とスタンフォードでＭＢＡを取ったロリーンが答えた。妻はリサの表情に気づき、俺をたしなめていたのかもしれない。

俺は仕事でも、そんなふうにめちゃめちゃなアイデアを口に出す癖がある。だが、おかしなところがあると指摘されれば、すぐに引っ込める柔軟性は持ち合わせている。それが俺の美質だと思う。

しかし、ずっと「おまえなんて俺の娘でない」と否定されるのを恐れて暮らしていたのだろう。俺と真剣にぶつかりあうことを避けてきたリサは、そんな俺の性質を知らなかった。

俺の何気ないせりふがリサを怯えさせ、こころが離れるきっかけをつくったとは、ハワイの夕日に包まれて幸福に満ちた俺は全く気づいていなかった——。

妹のモナが夫を連れて家に泊まりに来たとき、俺は風邪で寝込んでいた。風邪は人を悲観的にする。俺だってそうだ。娘が家を出て、遠くの大学へ行くのはもう止められない気がしていた。

あいつは俺と同じように、文系へ進むのではないか。オペラハウスの鑑賞会、演劇クラブ、学生新聞の編集長、ディベート・コンテスト等々。リサの課外活動だけでなく読書傾向も、文学部への進学を示唆していた。

俺は娘の将来が心配だった。頑張ってはいるが、どの課外活動も市場価値のあるスキルではない。文学部に入ったら、若い頃の俺と同じように、仕事の役にも立たない授業に、いつか失望するのではないか。

頭痛に顔を顰(しか)めながら、キッチンでアーモンドを頬張っていると、何かを飲みに来たリサと出くわした。このところ、娘は俺を避けている節がある。俺はこの機会を逃したくなかった。

「リサ、宿題はどうだ?」

「まあまあかな」

「大事なことはリサ……」俺は痛むこめかみを押さえながら言った。「おまえのやってることは市場価値がないんだ。何ひとつ」

「でも、成績は全科目Aよ!」

俺の唐突な忠告に、リサは怒鳴り返した。大声に頭が痛んだ。[★058] 眇(すがめ)でリサを見たが、俺の指摘にしょげかえり、娘は黙りこくった。俺はため息をつき、呆然と立つリサを残して寝室に帰っていった。

俺は娘を心配して忠告したつもりだった。だが、それはいつかじぶんの進路を父親に認めてもらおうと、勉強に打ち込んできた娘の努力を全否定する言葉になっていた。あの瞬間、リサのなかでぷつりと糸が切れてしまったのだ。

それからすぐあとのことだった。ランチを終えて書斎に向かうと、廊下にリサが立っていた。

「パパ、話があるの」

「なんだ?」

「わたし最近、この家とママの家を行ったり来たりしてるでしょう?　それってすごく疲れるの。まるで磁石の正反対みたいに違うから」

リサは緊張で震えながら話していた。しばらく前に、俺はリサがクリスアンの家に泊まりたいと言うのを許した。嫌な予感がしたが、母親と会い、関係を再構築したいという娘の気持ちは尊重しなければならなかった。緊張が移り身構える俺に、リサは言った。

「わたし、半年はパパの家にいて、半年はママと暮らすようにしたい」

ありえない、と思った。このままだと来年、この子は遠くの大学へ行き、下手をすれば向こうで就職してしまう。俺と暮らす時間は残りたった一年。それを、さらに半年に縮めたいというのか。俺は怒った。

「俺は今だって、おまえがあっちに行きすぎだと思ってるんだ！　リサ、この家族の一員でいたいなら、行くのをもっと減らせ。答えはノーだ」

そう答えて立ち去る俺に、リサは背後から言った。

「認めないなら、わたしは一年ずっと、ママの家にいるから」★059

俺は驚き、振り返った。「俺はただ……！」そこまで言いかけて、リサの目を見て悟った。リサは本気だ。この家族を捨ててでも、俺から逃げようとしている。「わかった。認める」俺はそう言って、書斎に戻った。椅子に座り、モニターをつけ、仕事に逃げようとした。ネクスト社はようやく黒字に近づいていた。ピクサー社も『トイ・ストーリー』の制作がいよいよ佳境に入った。仕事人生は長らく続いた冬の時代から、ふたたび光り輝くステージへ向かおうとしていた。

俺はメールを開き、キーボードを打とうとしたが、手が固まった。モニターの前で肘をつき、頭を抱えた。リサは初めて俺に真剣にぶつかってきた。そして、そのときにはもう手遅れになっていた。額に爪を立て、のしかかる悲しみに、俺はじっと耐え続けた――。

あれは秋のことだった。リサはまだ、あどけない小学生だった。スタンフォード大学のキャンパスで、ローラースケートをしていた俺たちは、噴水のほとりで休憩をとっていた。俺は、大学の尖塔の向こうに聳える山脈を指して言った。

「リサ、見てみろ。山という山が浅黄色に染まっている」

「うん。綺麗ね、パパ」

「俺は緑の山も好きだが、山が黄色に枯れていく秋がいちばん好きだ」

「ヘンなの。わたしはふつうに緑のほうが好き」

「俺はな、カリフォルニアが秋になるたびに、俺たちの前世がアメリカ・インディアンだったら素敵だなと、ふと思うんだ……★060」

あの日、俺は勇気を出して、リサに「肩に乗ってみるか？」と言った。どこか俺を恐れていた娘が、今ならもっと近づいてくれる気がしたからだ。リサは元気よく「うん！」と言ってくれた。肩車でローラースケートを滑る俺たちは何度も転んで、傷だらけになったが、初めてふたりでたくさん笑った。

あれから八年、これほど秋になるのが嫌な日が来るとは、思ってもみなかった。カリフォルニアの山脈は春の緑に萌えていた。半年後、山が黄色に色づけば、リサは大学生になる。そして、リサは俺から離れていく……。

俺はロリーンとふたりで朝食をとっていた。どたばたと走る音が聞こえ、嬉しそうなリサが居間に入ってきた。

「あら！」とリサを見たロリーンも顔を輝かせた。

「なんだ？」と、俺は訊いた。

「ジャジャーン、リサがハーヴァードに合格よ！」と妻が言った。★061
俺はハーヴァードの願書にサインした記憶すらない。★062 結局、何も話してくれないまま終わってしまった。この家から離れる前に、もう、そこまでリサのこころは俺から遠のいてしまったのか。スプーンでひと口スープを飲んだあと、「そうか」と言うのが精一杯だった。娘が待っていたであろう「おめでとう」の一言は、ついに俺の口から溢(こぼ)れることはなかった。

合格通知のあと、クリスアンの家に越していったリサから電話があった。

「パパ、相談がある」

「なんだ？」

「ママと顔を合わせるのは、気まずいんでしょう？」

「……そうだな」

「だから入学式はママを招待して、パパたちには次の週の行事に来てもらうのはどうかしら？」

入学式にも呼ばず、大学の金だけ払えというのか？　俺は打ちのめされ、言い返す気力も失った。

「……わかった。好きにしろ」

「ありがとう。詳細が決まったら連絡する。あっちで会おうね」

「……そうだな」★063
俺は電話を切った。体が震えていた。そこまで俺が嫌いになったのか？　たしかに俺はあいつが小さな頃、ひどいことをした。その償いにいっそう、俺はあいつを愛したはずだった。ともに過ごした幸せな時間はいったい何だったんだ？　なぜ離れていくんだ……。

クリスアンに裏切られたときも、ティナが電話に出なくなったときも、これほど苦しいことはないと思った。だが、娘との別離は、俺の経験したどの失恋よりもつらい何かがあった。

その後、俺はリサに請われて一度だけ、ボストンの学生寮に行った。俺はリサのルームメイトの顔立ちにすらいらだった。そいつが俗悪な甘ったるい香りのポップコーンを出したので、「クソだな」と言い放ってやった。

俺があんなに望んでも叶わないのに、リサに何の思い入れもないこいつはいっしょに暮らせるのだと、無性に腹が立っていた。また不機嫌だ、と呆れたリサは「散歩しようよ」と言って、俺を街へ連れ出した。

ボストンは、街路樹すら薄ら寒い街だった。それでもリサは、俺たちの美しいパロアルトよりも、この街を選んだのだ。俺はどうしようもなく憂鬱になり、せっかく久々に娘といるのに、まともに会話もできなかった。

「リサ、あの店に寄ろう。コートを買ってやるよ」

アニエスベーのそばに来たとき、俺はそう言った。パロアルトにいるときから、リサが密かにコートを集めていたのは知っていた。だが西海岸の薄いコートでは、ここで用をなさないだろうと思ったのだ。

店のなかでいちばんデザインが良くて暖かそうな革製のコートを、俺は見繕ってやった。安い単車なら買えそうな値段がついていたが、金なんてどうでもよかった。もうそばにいられないなら、せめてこのコートを着たとき、その暖かさに俺を思い出してほしかった。

「リサ、これにしろよ。抜群にいいぞ」

リサはコートを羽織って鏡の前でくるりと回ったが、浮かない顔だった。

「うーん。似合うけど、ちょっと高級すぎて大学で浮くと思う」

「……いらないのか？」

「いらない」

「そうか」

俺は目を瞬かせた。買い物はそれで終わった。[★064]

帰りの飛行機で、俺はあのコートのことをずっと考えていた。繊細なリサは、俺がどんな意味を込めてコートを買おうとしたか、すぐ気づいたはずだ。そのうえで娘は、俺の特別な贈り物すら拒んだのだ。

「肉親だからお付き合いするけど、あなたの父親業は失敗だった」と宣告されたようで、俺は飛行機のなか、ますます気持ちが沈んでいった。

人生は皮肉に満ちている。その頃、ピクサーは上場し、ネクストもＡｐｐｌｅが買収に興味を持ちだしていた。私生活で俺は打ちのめされていたが、仕事は全く逆だった。

Ａｐｐｌｅから追放されたとき、俺は幼いリサのもとへ行った。そしてＡｐｐｌｅに戻ると決めたとき、リサは俺から離れていったのだ。

パロアルトの家に戻った俺は、リサのことを考えるのも苦しくなっていった。ときどき来る、娘の電話に出ることすら——。

サーカス

大学一年を終えた夏休み、リサが帰省するとジョブズの態度は明らかにおかしくなっていた。

彼は、リサが「ただいま」と声をかけても、一瞥して、黙ったままだった。

またいつもの不機嫌なんだろう、とリサは父の態度を深く考えなかった。というより、彼女自身も参っていたので、人を慮(おもんぱか)る余裕を失っていたのだ。慣れない東海岸の文化と学生寮の生活で調子を崩し、リサは痛ましいほど痩せていた。

子育てと会社経営の両立に忙しいロリーンは毎日、リサの好きだったサンドイッチを買ってきてくれたが、拒食症を患った彼女の口には、ダンボールのように味気なかった。

その夏、母が新しい彼氏の家に引っ越した。娘が学生寮に住むようになると、ジョブズは養育費を振り込まなくなり、家賃が払えなくなったのだ。母の彼氏の家は狭く、リサがそこへ泊まるのはむずかしそうだった。

引っ越しの手伝いに来たリサは、そこで母の手料理を久しぶりに味わった。母の作ったお昼ご飯は不思議と、食べることができた。リサは「夜もママのご飯を食べたい」と、母にせがんだ。「いいわ、たくさん食べていきなさい」と母は優しく言って、リサの髪を撫でた。

その夜は、ジョブズがリサの帰省に合わせて、シルク・ドゥ・ソレイユのチケットを取っていた。だが、体調不良のまま引っ越しを手伝ったリサに、とてもサーカスを楽しむ体力は残っていなかった。夕方、父へ電話して言った。

「パパ、今夜は行けそうにない。ごめんなさい」

「……来ないとダメだ！」

「でも、ちゃんと食べないといけないの。ママが料理を始めているわ」

電話の向こうのジョブズは押し黙った。傷心のあまり、リサの話題を避けてきた彼は、娘が拒食症と闘っていることを知らない。ジョブズは言った。

「また、まるで家族の一員でないように振る舞っている。自分勝手だ」

「ちゃんと家族は大事に思ってるよ」

「サーカスに来ないなら、家から出て行け！」

娘の体を労る気持ちもないくせに、自分勝手はどっちなの？　「いいわ」と言って、リサは電話を切った。[★065]

リサは、知らなかった。その夜のシルク・ドゥ・ソレイユのチケットは、ジョブズにとって特別な意味があった。

小さなリードは、久々に会う姉と行くサーカスを楽しみにしていた。その後のディナーで、小学生になるリードのお祝いもしたかったし、今月、じぶんが古巣Ａｐｐｌｅの取締役に迎えられたことも、ほんとうはリサとみんなで乾杯したかった。

それに、くつろいだ幸福な雰囲気があれば、「遅れたが、ハーヴァード合格おめでとう」とようやく言える気がジョブズはしていたのだ。

狼狽したリサはすぐ、仲が良く、家のことをいつも相談していたお隣のケヴィン家に電話した。

「パパが出て行けって。どうしよう」

「いつ？」

「今夜」

「すぐ荷物をまとめて、こっちに来なさい」[★066]

ケヴィンは直下にそう言った。弁護士のケヴィンは、以前からジョブズに頭が来ていた。

彼の妻も若い頃、業界のカリスマだった父親の高圧的な振る舞いに苦しんでいた。あまりの窮状に激昂したケヴィンは彼女を家から救い出し、結婚した。愛する妻を傷つけた義父を、彼はまだ許していなかった。その怒りがそのまま、まるで同じように娘を扱うジョブズに重なったのである。

その晩、姉の不在にぐずるリードに疲れ、家に帰ってきたジョブズは居間の電気をつけると、食卓に置き手紙を発見した。それを読んだ彼は廊下を走って、リサの部屋に飛び込んだ。クローゼットを開けると、なかはほとんど空になっていた。

——パパへ。ケヴィンの家にいます。ちゃんと話し合いたいから、あした連絡をください。リサ[★067]

ジョブズの握りしめたメモにはそう書いてあった。歩いてきたロリーンが、夫の背中に手を置いた。勢いよく振り返った夫の表情に、妻は悲しんだ。ジョブズは顔面蒼白になり、肩で息をしていた。

「あいつは裏切った」とジョブズは言った。「この家族を捨てたんだ」[★068]

道を隔てた向こうの家では、リサがベッドの上で膝を抱えていた。サイドテーブルには、ケヴィン夫人の用意してくれたチョコレートと、温かいミルクティーが置いてあった。

「我が家と思ってくつろいでちょうだい」

「子どもたちも喜ぶ。実の家族と思って、いつまでもここにいてくれ」

部屋へ来る前、夫妻のくれた温かな言葉をリサはこころに反芻（はんすう）した。高校生の頃、ベビーシッターに来て、穏やかで良識あふれるこの弁護士夫妻と話すたびに「わたしの両親と全然違う」といつも感じていた。

こんな家に生まれたかった……。そう思っていた高校時代のじぶんをベッドの上のリサは思い出していた。それから、リサは窓の向こうの、じぶんの家をじっと見つめた。

翌日、父から電話はなかった。リサからもかけてみたが、父は電話に出なかった。その日から、父は娘の電話もメールも一切、無視するようになった。

復讐

最終学年の新学期、リサは大学の経理局へすぐ行かなければならなかった。学費未納の件で至急来られたし、と連絡を受けたのである。あれ以来、父は生活費を送らなくなり、リサは休みに働いていたが、ついに父は学費も止めてきた。

リサは担当の事務員に、父が会話を拒否していて説得できない現状を説明したが、相手の反応は冷たかった。

「授業料の未納はこれが初めてではありませんね？」

「大学一年のとき……。あのときは、父を説得しました。でも今回はむずかしいんです。大学からお借りすることはできないんですか？」

「いや、そのお話だと無理です。あなたは二十五歳まで休学扱いとなります」

「二十五歳⁉ 四年も？」リサは取り乱した。「あなたは、こういうときのために働いているのでしょう？ 何か、助けていただく手だてはないんですか」

事態の深刻さに青ざめたリサに、事務員は無表情を保って言った。

「お父上はあのスティーブ・ジョブズさんですよね？　裕福なご家庭を助ける余裕は大学にはありません。何もお手伝いできません」[★069]

気の遠のいたリサは床に崩れ落ちた。慌てた事務員が駆け寄ってきた。父の放った復讐の短剣は、的を過（あやま）つことなく娘に刺さった。「この命が尽きるまで愛し抜く」と誓ったはずの、かけがえのない娘のこころに――。

「パパはなぜ、あんなことをしたのかしら」

レストランで、リサはあらましを話したあと、ケヴィンにそう尋ねた。ちょうど東海岸にビジネスで来ていたケヴィンは、電話で話を聞きつけ、ボストンに寄ってくれたのだ。リサには心底、父の極端な行動がわからなかった。

「君を愛していないからだよ」と彼はきっぱり言った。

「そんなことって……」

「行動が証明している。愛とは行動だ」[★070]

ケヴィンの言葉を受け入れるのは抵抗があった。だが一度、受け入れてみれば不可思議な冷たい安らぎが訪れた。

リサは電話で母にも話してみた。

「ケヴィンはよくそんなことが言えたものね」と意外にも母は呆れ返った。

「でも、わたしを愛してないって思ったら、ぜんぶ辻褄が合うよ」

「いいえ。パパはあなたを愛しているわ」と母もきっぱり言った。

「愛は行動を伴わなきゃ意味がないでしょう？」[★070]

「ちゃんと行動にできなくても、愛は意味がある」[★070]

母の言葉は筋が通っていなかったが、妙な威厳に満ちていた。あの人、ほんとうに馬鹿だわ、と電話越しに独り言を続けたあと、クリスアンは言った。

「それで学費のことね、私もちょっと考えてみる」

「え？　無理でしょ。どうするの？」

「教えないわよ。じゃあまたね」と電話が切れた。

あとで知ったが、母は最近、父がプレゼントにくれた一軒家を売って、学費を工面しようとしていた。だが、買い主をみつけるには時間が足りなかった。かわりにケヴィン家が急遽、学費を送金し、大学の事務員も骨を折ってくれた。

「ケヴィン……。ほんとうに、どうお礼していいのかわからない」涙ぐむリサに、

「いいんだ。金も返さなくていい」とケヴィンは電話で答えた。「そのかわり、次は君がほかの子を助けてやれ」★071

不器用な男

「リサ」

「なぁに？」

風が爽やかだった。テムズ川のほとり、ロンドン・アイの見える手摺に凭れて、リサは彼氏に微笑み返した。ハーヴァードの卒業資格を取得するため、短期留学に来たリサは、そこで金髪碧眼のうら若き弁護士と恋に落ちていた。

「君のお父さんのことだけど」リサの顔が途端に不機嫌になった。「大学の卒業式に招待すべきだと思う」と彼氏は続けた。

「嫌よ！　パパがわたしに何をしたか、話したでしょう？」

リサは手摺から勢いよく離れた。背を向け、両手を上下に振って、これまでの経緯をまくしたてた。

「わたしを卒業できないようにしようとしたのよ？　絶対に許さないんだから！」

くるりと振り向いたリサは泣きそうだった。そんな彼女を、彼氏は優しく見つめて言った。

「リサ？　招待しないと、あとで絶対に後悔する」

「なんで後悔なんかするの？」

「君のお父さんだから」

「……」

「君に何をしても、やっぱり君の父親だ。招待しないと手遅れになる」

「……」★072
帰り道、彼氏はもう父の話を出さなかった。それでもロンドンの街には、キャンディー・カラーのｉＭａｃの看板が、もの言いたげにビルからリサを見下ろしていた——。

リサの卒業式は、留学先だったロンドンのキングス・カレッジで執りおこなわれた。緋色の絨毯をしずしずと歩み、卒業証書を受け取ったリサを、招待席に並ぶクリスアンとロリーンとジョブズが晴れやかな顔で見ていた。

式が終わると、ホールは大学卒業を祝う親子でがやがやしていた。三人がリサのもとに集まってきた。

「リサ、卒業おめでとう」とロリーンが言った。

「頑張ったわね」とクリスアンが言った。

「遺伝なんて信じられんな」とジョブズは捻った言い回しで娘を褒めたあと、続けた。「それで、卒業後はどうするんだ？」

リサは押し黙った。きっと父は喜ばないと躊躇（ちゅうちょ）した。

「ほら、ちゃんと言いなさい」と母が促した。

「……シュローダー・スミス・バーニー」と大人になった娘はおずおず言った。

「投資銀行か。一流じゃないか。ますます遺伝なんて信じられないな」

そう言って、ジョブズは高笑いした。[★073]

リサはほっとした。いっしょに暮らしていた頃、「銀行屋なんてクソだ」とたびたび吐き捨てていた父がまた、そう言いだすと恐れていたからだ。当時、父が会社の資金繰りで苦しんでいたのを、娘は知らなかった。

はにかむように父に微笑み返すリサは、ふと高校一年の夜を思い出した。父の書斎で、父の椅子に座って、ハーヴァード大学に行こうと決めたあの夜を……。あのとき渇望した承認と祝福は今日、ようやく父の口からあふれ落ちた。

リサはケヴィン夫妻も卒業式に招待していたが(というよりそちらが最初の計画だったのだが)、リサが式にジョブズを呼ぶと知った夫妻はショックを受け、やってこなかった。傷ついた夫妻をフォローしたのは母だった。

クリスアンはケヴィン家に行き、リサの非礼を詫びるとともに、これまで助けてくれた恩を娘は決して忘れないと感謝を述べた。そして娘にかかった費用を全額お返しすると約束した。その後、彼女はジョブズのもとへ行き、彼に支払わせた。

ロンドンで働くあいだ、一度、ジョブズがリサのもとへ遊びにきた。

ふたりはバッキンガム宮殿を囲むグリーン・パークを散歩した。宮殿へ連なる並木道は白薔薇が咲き誇り、ポプラのつくる梢のアーケードが朝日にきらめきながら、葉をそよ風にさざめかせていた。

父娘は、ポプラの下のベンチに座った。ｉＰｏｄの白いケーブルを耳から垂らしたランナーが通りすぎた。ふたりの前に、芝生の海が朝日を受けていた。そこでリサは、生涯忘れられない告白を父から聞いた。

「なぁ、リサ」とジョブズは手の指を組んで言った。「おまえと暮らしたあの四年間は、俺にとって人生最良の日々だったんだ」[★074]

リサは驚愕して父に振り向いた。信じられないような顔をしている娘に、ジョブズはじぶんの不器用さをつくづく思い知った。

彼は静かにため息をつき、哀愁の目で空を仰いだ。ロンドンの空には、パロアルトの昔と同じようにふたりを照らす、暖かな太陽があった——。

名前

リサから届いた招待状は、俺にとって闇夜に訪れた光だった。あの卒業式で、久しぶりに娘と口を利いた瞬間、俺を蝕んでいた不快な感情は、春の陽を浴びた氷のように溶けて消えた。

だが、俺たちのあいだにあった何かは戻ってこなかった。リサは毎年、帰省して顔を見せるようになったが、俺たちの会話はどこか不自然で、娘が距離をとっているのがわかった。俺は悲しかったが、二度と娘を恨むような馬鹿はしたくなかった。

あれは、ｉＰｈｏｎｅの開発に取りかかっていた頃だった。ようやくがんの摘出手術から快復した俺は、家族全員をクルーザーに乗せて、地中海を巡った。

その船旅は俺にとって特別なものとなった。リサが家を出ていってから、エリンとイヴが生まれたが、俺の四人の子どもが揃って旅行を楽しむのはそれが初めてだったからだ。手術でがんの転移を知った俺は、すでに死を意識していた。

医者の余命宣告では「残り三年」だった。俺は中学生のリードが大学の入学式で晴れ姿を見せてくれるまでなんとしても生き抜くつもりだったが、生きているあいだに、リサのなかにある俺へのわだかまりもなんとかしておきたかった。

旅の終わりはあっという間にやってきた。ｉＰｈｏｎｅの開発は難題が噴出して、会社は戦場のようになっていたが、俺はクックに連絡を取って「ちょっと大事なことがあってな、もう少し休む」と伝えた。

そしてリサに「もう少しだけ、いっしょにいないか」と頼むと、娘は何かを感じたのか、会社に連絡を取り、自身の休暇も延ばしてくれた。俺は嬉しかった。妻と小さな子どもたちが先に帰り、俺たちは久々にふたりきりとなった。

クルーザーのデッキで俺たちは、地中海の夕焼けを眺めていた。大海原が紫色に染まり、太陽は薔薇色のもやに包まれていた。潮風は優しく吹き、海猫の声と船のかすかに軋む音が妙なる音楽を奏でていた。

「なあ、リサ。野球の話を覚えているか？」

「野球？」

「ホームベースの話だよ」

「あぁ、あれね」

海を見つめながら娘が隣で微笑んだ。

「一塁がキスだ」

「二塁がペッティングだったっけ？」

「三塁は……まぁ、な」さすがの俺も三塁については口籠った。三塁の次、ホームベースはセックスのことだ。

リサと住んでいた頃、俺たちは恋愛やセックスについてよく冗談を言い合った。ふつうの父娘には不適切なのだろうが、大きくなってからいっしょに暮らすようになった俺たちは、同世代の友人のようにその話題でふざけた。

「大学受験の頃、俺に『ホームベースを踏んだわ』って教えてくれたろう？」

「うん。パパったらひどいわ。その彼氏を家に連れてきたとき、『おまえは将来、ホームレスになる』って言ったでしょ。彼、がっくりきてた」

「いや、あれはだな……」

「ママから聞いてる。ママのお父さんに、パパが言われた言葉なんでしょう？」

「そうだ。それでホームベースの話な。おまえは誰よりも先に、俺に打ち明けてくれた。あれは俺にとって、かけがえのない意味があったんだ」

「……なんで？」

「だっておまえのどの女友だちよりも、俺がいちばんおまえのことを知っているってことになるだろう？　だから俺はずっと狙ってたんだ」

「パパってよくわかんない」と夕焼けに染まった娘は呆れ顔で笑った。[★075]

リサが休暇を二週間、延長できたというので、俺は「ちょっと友だちのところへ寄ろう」と言った。そして操舵手に「ボーリュー・シュル・メールの港を目指してくれ」と伝えた。港に着くと車に乗って、俺たちは東のエズ村を目指した。

「友だちって誰？」

「お楽しみだ」と俺は、海沿いを走る車のなかで答えた。

「よおスティーブ、よく来たな」

ワンレンズの紫のサングラスをかけた銅色のオールバックが俺たちを迎えた。

「友だちってＵ２のボノだったの？」驚いた娘がひそひそと訊いた。

「そうだ。ｉＰｏｄの件で世話になってな」

娘は鯱張(しゃちほこば)って、はじめましてとボノに挨拶をした。

ボノはいつもどおり、さりげなかった。有名人のくせに気が利くし、音楽家特有の気難しい面を人前に出さないボノの優雅さが俺は好きだった。ボノは嬉しそうにじぶんの別荘を案内してくれた。

ボノの別荘（ヴィラ）は趣味が良かった。壁は、地中海の夕日のようにやわらかな薔薇色の漆喰で、ギリシャで見かけるような青緑の窓がリズム感よく添えられていた。テラスは生きた椰子の木の柱と葦の屋根を持ち、部屋のあちこちにボノの子どもの遊んだおもちゃが散っているのも微笑ましかった。

眼鏡好きのボノは、俺の丸眼鏡がガンジーへのリスペクトだと知っていた。だから、「この部屋は昔、ガンジーが泊まったらしいぜ」と客室を見せてくれたとき、ちょっと自慢げだった。あいつの狙いどおり俺は、めちゃめちゃ喜んだ。[★076]

俺たちは、テラスでランチを囲んだ。すぐ下は砂浜になっていて、瑠璃色に広がる海は、所々がアクアマリンの斑（まだら）で宝飾され、太陽に煌めいていた。

食事中、会話は「バンドで作品を創るのと、チームで製品を創るのは似ていないか」という話題へ流れていった。ボノがグラスを傾けながら言った。

「Ｍａｃを創っているあいだ、チームはエネルギーがあふれていただろう？　俺はその感覚がなんとなくわかるんだ。みんなは『こいつが世に出れば、世界が変わる』って確信してたのか？」

「まさにそんな感じだったよ」と俺は答えた。

「それでリサ・コンピュータは、この子の名前から取った。そうだろう？」

ぎくりとした。あれ以来、その話題は俺たちのあいだでタブーとなっていた。俺はうつむき、じっと皿の料理を見た。リサはフォークを持ったまま隣で固まっていた。俺たちのおかしな様子に、ボノはグラスをそっと置いた。

「そのとおりだ」と俺は顔を上げ、きっぱり言った。

「やっぱりな」とボノが答えた。その途端、リサが椅子を鳴らして勢いよく立ち上がった。驚くボノに娘は言った。

「父が名前のことを認めてくれたのは、これが初めてです。父に訊いてくださって、ありがとうございます」★077

食事が終わるまで、リサは俺の顔を不思議そうに盗み見ていた。なぜ今になって認めたのだろう、という感じだ。

俺はリサの視線を避け、複雑な思いで欄干の向こうに広がる海を見やった。

育て損なったリサ・コンピュータと違い、本物のリサは立派な大人に育ってくれた。俺たちの関係も途切れてはいない。救いとも呼べるこの結末を、俺は喜んで認めるべきだった。だが、俺がリサのいい父親になれなかったことは……。

テラスの向こうでは、何も知らぬかのように、陽の光を一面に受けた地中海がたゆたっていた。寄せては去る波の音に混じって、遠くのビーチから、幸福そうな親子の群れの遊ぶ声が、俺の耳にずっと木霊していた。

地中海の船旅はリサとの距離を縮めてくれたが、それからもいろいろあった。リサはＡｐｐｌｅの俺のプロフィールに「ジョブズ氏には妻と三人の愛する子どもたちがいる」と書いてあったことに激怒した。★078

ｉＰｈｏｎｅを発表した頃、俺も怒ったことがあった。デザインの仕事に転職したリサは、美術学修士号（MFA）を取ろうとベニントン大学に入り直したとき、ＭａｃＯＳを創ったアンディ・ハーツフェルドからこっそり金を借りていた。★079

言ってくれれば喜んで学費ぐらい出したのに、あいつは俺に償いの機会を与えなかった。

それでも、俺が肝臓移植で死にかけたとき、毎週、新しい職場のニューヨークからリサは来てくれた。以来、毎月、パロアルトの家に来て泊まるようになったのは、病に伏せる俺にとって大きな慰めとなった。

だが、毎月会う娘のどこか余所余所しい様子に……俺は何度も、どうしていい父親になれなかったのかと……。

メッセージ

ジョブズは四六時中、怒鳴り散らしているタイプの男ではない。面の皮が厚いのでたいていのことはなんともないし、怒っても本人はすぐに忘れる。だが「裏切り」に対しては傷つきやすく、正気を失うほど復讐の炎に包まれてしまう。

若き日に彼を会社から追放したジョン・スカリー。裏で追放を支持した〝Ｍａｃの育ての親〟ジャン＝ルイ・ガセー。そしてＷｉｎｄｏｗｓでＭａｃを窮地に追いやったビル・ゲイツ。みな、かつてジョブズと厚い友情を交わしていたからこそ、彼の激しい憎しみを買った。

ジョブズはスカリーと二度と会わなかったし、ガセーにも「あいつは本物の悪人だ」と憎しみを顕（あらわ）にしていた。[★080]

だが、ネクストのコンピュータが発売後に酷評を浴びたとき、ガセーはネクストＯＳの先進性を絶賛した。その記事を読むと、ジョブズはわざわざ家まで行って礼を言った。[★081] そんな度量の大きさが、ジョブズにはあった。

ゲイツとも公私にわたって怒りを顕に舌戦を繰り返したが、ネクスト時代にも交流は続いていたし、Ａｐｐｌｅ復帰時、ゲイツが会社の財政を助けたことで友情は再構築に向かった。

ジョブズの晩年、彼のスイッチを押したのは、奇しくもゲイツに対抗するため、対マイクロソフト同盟を築いたグーグルのシュミットＣＥＯと共同創業者のラリー・ペイジだった。

ジョブズはｉＰｈｏｎｅ ３Ｇの発売直後、グーグル本社に乗り込んで烈火のごとく怒り、ピンチやスワイプなど、二本指で操作するマルチタッチ機能をアンドロイドから抜くことを、ペイジたちに約束させた。

骨抜きになった初代アンドロイド・フォンは「ｉＰｈｏｎｅの出来損ない」と嘲笑され、失敗作に終わったことでジョブズの溜飲は下がった。だが、ペイジたちは一年後に約束を覆し、ＨＴＣの「ドロイド」でマルチタッチ機能をアンドロイドＯＳに載せてきた。

結果、ＨＴＣの「ドロイド」は大ヒットとなり、アンドロイドは瞬く間にアメリカでｉＰｈｏｎｅのシェアを追い抜こうとしていた。ジョブズは約束を守るよう、再三ペイジたちに迫ったが、グーグルは無視して二〇一〇年三月、Ｈ

ＴＣとともに初代「ネクサス」を発売。ジョブズの堪忍袋の緒は切れ、見せしめにＨＴＣを痛めつけるべく、訴訟に打って出た。

その頃、アイザックソンは取材のため、ジョブズの家を訪れたが、かつて見たことがないほどジョブズは怒り狂っていたという。

「グーグルはｉＰｈｏｎｅをパクりやがったんだ。それも丸パクリの、完全な窃盗だ。俺はこの生命が尽きる瞬間まで、Ａｐｐｌｅの貯金四百億ドル（約五兆二千億円）を使い切っても闘う。水爆を使ってでもアンドロイドを殲滅（せんめつ）してやる！★082」

彼はその年のはじめ、初代ｉＰａｄ発売直後、社員を集めてこう宣言さえした。

「いいか、グーグルの奴らはｉＰｈｏｎｅを殺しにきている。絶対に許すな。『邪悪になるな』だと？　奴らの社是は嘘っぱちだ！★083」

彼はグーグルのシュミットやペイジたちに公私を超えた友情を感じていた。だからこそ、アンドロイドの裏切りは彼のこころを復讐の業火に包んだのだった。

それから一年後のとある週末。がんの転移が腹膜と大腿骨にまで広がり、ついに出社も厳しくなった頃、ジョブズは、ラリー・ペイジからメッセージを受け取った。

——親愛なるスティーブ。このたび、僕がグーグルのＣＥＯになることに決まりました。十三年前に創業した頃、ＣＥＯというものがどんな仕事か、あなたは学生あがりの僕に教えてくれました。あなたの教えを実行するにあたり、もう一度、顔を合わせてその秘訣を教えていただけないでしょうか。★084

病床のなかメッセージを読んだジョブズは、「クソくらえだ！」と叫び、ｉＰｈｏｎｅを布団の上に放った。眉間に縦じわを寄せ、大きなため息をついた彼は、窓の外を見て、二軒隣に住みながらじぶんと全面戦争をしているペイジのことを想った。

ジョブズを慕っていたペイジは結婚すると、彼の隣近所に越してきた。そしてジョブズ家に倣って近所の季節イベントを盛りたて、パロアルトのハロウィーンはＡｐｐｌｅとグーグルの創業者の一家のおかげで盛大なものとなった。あの頃、ふたりはよく週末に、パロアルトの並木道を散歩に出て語り合った。

——ラリー、君の会社はいろんなことをやりすぎだ。経営は集中が大事だぞ。

——ですがスティーブ、あなたの会社のほうはやっていることが少なすぎます。せっかくの人材と資金が死蔵されかねないと思うのですが……。[★085]

それがシリコンバレーの王と、やがて王となる男のよく議論する話題だった。両手を謙虚に広げ、微笑んで反論する若きラリーの姿を思い出すと、自然とジョブズの顔もほころんだ。彼はそんなじぶんに苦笑した。

ＡｐｐｌｅのＣＥＯから退く日が近づいていた。呼応するかのように、かつてかわいがっていたシリコンバレーの後輩が、Ａｐｐｌｅと並ぶ会社のＣＥＯに就く偶然に、ジョブズは不可思議なメッセージを感じとった。

俺も、シリコンバレーの先輩たちには随分世話になった。最期まで、後輩の面倒は見るべきなんだろう。それに家族が近所で顔を合わせるたびに気まずいのは、子どもたちにもよくない……。

ジョブズは布団に放ったｉＰｈｏｎｅを取り、電話をかけた。

「ラリーか？　わかったよ。家に来てくれ」

歩いて一分の家に住むラリー・ペイジはすぐやってきた。部屋に案内したロリーンが去ると、病床の横のスツールに座り、指を組んで、ジョブズの話に耳を傾けた。

「いいかラリー。トップチームが経営の要だ。一軍をＡクラスの人材で固めなきゃいけない。そのためにはどんな人材を信用すべきか、才能を見抜くんだ。それと偽物を見抜いて、排除しなきゃいけない。俺の方法を教えてやる……」

ジョブズが彼の魔法を開陳するあいだ、ペイジはにこやかに先輩CEOの秘訣を聞いていた。ジョブズの指南はふたりが友人同士だった頃、何度も交わした話題に流れていった。

「ラリー、それとな。経営にいちばん大事なのは集中だ。まずグーグルのあるべき未来を考えろ。それから、会社にとって大事な製品を五つに絞れ。ほかのものは捨てろ。あれもこれもじゃマイクロソフトみたいになっちまうぞ。そこそこのものは創れても、偉大なプロダクトを創れなくなる」★086

ペイジは、どこか懐かしそうにジョブズの話に頷いていた。ふたりに訪れた美しい時間に、事々しい議論は不要だった。その後、お互いの家族の話をして、礼を言い、彼は二軒隣の家に帰っていった——。

最後の春になった。iPad 2の発表に登壇したあと、ジョブズの足はいよいよ覚束なくなり、階段を登るのも厳しくなった。ベッドを二階の書斎から、リサの部屋があった一階へ移す日が近づいていた。

三度めの病気休暇を聞いて、彼の遠くない死を予感した何人もがジョブズの家を訪問した。グーグルの前に彼と死闘を繰り広げた、マイクロソフトのビル・ゲイツも会いに来ることになっていた。俺たちふたりの最後の会話はきっと和やかになるだろう、とジョブズは予感していた。

友人が訪問を打診するだけでなく、ジョブズのほうも最後に話しておきたい人びとへメッセージを打っていた。だがいちばん話しておかなければいけない相手に、彼は連絡することを躊躇していた。

——リサ。大事な話をふたりきりでしたいから、来てくれ。

そう伝えなければならなかった。これまで幾度か「子どもの頃、いっしょにいてやらなくてすまなかった」と謝ったが、リサのこころはどこかで傷ついたままだ。ほんとうの手遅れになる前に、もう一度だけ娘とそのことを話しておきたかった。

しかし彼は恐かった。かつてじぶんが無視したように、リサが拒否してきたら……。会って話しても最後まで娘に許されることなく、この世を去るしかないなら……。

彼の人差し指は震えていた。送信ボタンをどうしても押せないジョブズは頭を枕に放り、長いため息をついて、iPhoneを脇に置いた。そして目を閉じて考えるうちに、眠りに落ちていった。

数日後、彼は悲壮な祈りを込めて、メッセージを送信した。

結末

リサのiPhoneが震えた。送信主を見て、彼女は不審げな顔をした。

父がショートメッセージをよこすことは、めったになかった。「ふたりきりで話したいことがある。来週の週末、ロリーンが子どもたちと出かけるから、来てくれ」とそこには書いてあった。リサはしばらく考え、「いいわ」と返事を打った。

土曜の朝、機上の人となったリサは憂鬱だった。最後の和解……。父はそれを望んでいる。じぶんもそうだったらいいと思う。でも、そんな映画のような結末はもう訪れない気がしていた。

飛行機の窓を覗くと、下で雲の海がゆっくりと流れてゆく。あの卒業式から十年近く経ったが、子どもの頃にあったふたりのつながりは結局帰ってこなかった。赤ん坊の頃にじぶんを捨てたことは、何度も父から謝罪の言葉を聞いたし、それが今、ふたりの距離を隔てた理由でないようにも感じた。

じぶんが父に何を期待しているのか、それすらもうよくわからなかった。父に何を言ってあげればいいのかさえ――。

「リサ、よく来てくれた」部屋に入ってきた三十二歳の娘を見て、半身を起こしたジョブズの頬に涙が静かに滑り落ちた。

「きっとこれが最後の話し合いになる」

「わかったわ」とリサは答え、父といっしょにベッドに座った。棒のように痩せ細った父の手足をそばで見ると、胸が痛んだ。

「……おまえが小さい頃、いっしょにいてやらなくて悪かった」

「もう大丈夫よ」とリサは冷静に微笑んだ。

「大丈夫なもんか！　俺はもっといっしょにいるべきだったんだ。でも、手遅れだ」

嗚咽の始まった父にリサは何を言ってあげればいいか、やはりわからなかった。そして「きっとタイミングが悪かったのよ」とおざなりの言葉で答えた。

「おまえには借りが出来た（アイ・オウ・ユー・ワン）」とジョブズは涙をこぼしながら繰り返した。「すまなかった（I owe you one.）」と。★087
今なら尋ねていい気がした。

「きっと忙しかったんでしょう？　だからわたしの電話にも出なかったのよね？」

それはリサがどうしてもわからず、ずっと知りたかったことだった。

「……違う」とジョブズの嗚咽が止まった。

「じゃあなんで？」

「忙しかったからじゃない。俺は入学式にも呼ばれず、来るのは学費の請求書だけだったから……」ジョブズはふたたび泣きだした。

それが理由なの？　リサはほとんど信じられなかった。

「なんで言ってくれなかったの？」彼女は呆れ顔だった。

「……俺はコミュニケーションが下手なんだ」

「過去に戻って、パパとママを呼ぶ順番を替えられたらそうするけど」★088

ジョブズはまた「すまなかった（アイ・オウ・ユー・ワン）」と、嗚咽の合間に繰り返すほか何もできなくなった。

泣き疲れて眠ってしまった父の、骸骨の透けた寝顔を見ながら、リサは釈然としない想いに浸っていた。

昔の父の行動に対して、ではなかった。たったひとつの過ち、たったひとつのすれ違いが、こんなにも父娘のこころを分けてしまう……。人の不完全な知覚が織りなす幻のように儚い運命に、どう納得していいかわからなかった。

衰弱した父の眠りは浅かった。ときどき目を覚まし、リサの顔を認めると弱々しく微笑み、また眠りへ落ちた。

父が驚いたように目を覚ましたとき、「夢を見ていたの?」とリサは訊いてみた。「そうだ」とジョブズは答えた。

「どんな夢?」

「仕事の夢だ。すごいアイデアを思いつく。だけどまわりをうまく説得できない。ほとんどがそんな夢だ」

「パパって仕事のアイデアは、夢のなかで思いつくの?」

「そういうことも多い」そう言ってジョブズは目を閉じ、また夢のなかへ説得に帰っていった。★089

翌日の朝、リサは父の付き添いでいっしょに病院へ行った。血液交換が始まると、父の顔は青白く震えた。リサは施術する看護師のところへ行って、「あの、父が寒そうなのですが」と言った。ベッドに力なく伏したジョブズは「リサ、大丈夫だ」と小さな声で答えた。

病室の端のソファでリサは、ぼおっと待っていた。看護師が毛布を持ってきて、「お父様が、あなたが寒そうだから持って行けと」。リサは「ありがとうございます」と答え、受け取った。

父のほうへ近づくと、血液交換が進んで顔色がよくなっていた。リサを見るとジョブズはまた「すまなかった。いっしょにいてやらなくて」と弱々しく言った。★090

家に帰ると、ロリーンと妹たちが小旅行から戻っていた。鬱然とした家がにぎやかになってリサは少しほっとしたが、どこかで釈然としないものを抱えたままだった。

パパはわたしに何度も謝った。でも、何か違う。わたしが欲しかったのはたぶん、謝罪じゃないんだ……。ほんとうの手遅れが近づいているのに、リサは父と何を話していいのかわからず、冷ややかな諦念が彼女のこころを浸しはじめた。

夕方のことだった。リサは父の眠る寝室で、ぼんやりと窓の外を眺めながらツグミとヒワの囀りを聞いていた。五月を迎えた庭はオレンジ色の夕空のもと、紅い薔薇が緑の垣根を飾り、父の植えた林檎の木も仄かな桃色の花を咲かせ、家族がいつも憩う白いベンチを覆っていた。

「リサ」振り返ると、ベッドの父は見たこともない深刻な表情だった。

「この前、俺が言った話な……」リサにはすぐどの話かわかった。「きちんと言わなきゃいけないことがある。おまえは何も悪くない。何も悪くないんだ」

その言葉は、リサのこころに奇跡を起こした。何も悪くなかった。わたしの存在は、パパの間違いなんかじゃなかった。どんなに不器用でもパパは初めからわたしを愛していたんだ……。ジョブズは涙で顔をぐしゃぐしゃにしながら話し続けた。

「ほんとうにすまなかった（アイ・オウ・ユー・ワン）。俺はなんて馬鹿だろう。俺たちにマニュアルがあればよかったのに。リサ、おまえは何も悪くないんだ。戻ってやり直せたらなあ。でもなにもかもが手遅れだ」

「いいのパパ。わたしは今、ちゃんとここにいるんだから」

重荷を解かれたリサは父にそう言った。胸のなかに暖かい陽が射し込んでいた。彼女のなかにずっといた、出生を呪う寒がりの子どもはついに癒やされた。父の正当な家族の一員であるじぶんを、彼女はようやく受け入れることができそうだった。泣きじゃくるジョブズはまた繰り返した。

「すまなかった（アイ・オウ・ユー・ワン）。でっかい借りが出来た（アイ・オウ・ユー・ワン）」

「次の人生があるなら、わたしたちはちゃんと親友になれるわ」

「……そうか。恩に着るよ（アイ・オウ・ユー・ワン）」★091

夕食を済ませたあと、キッチンでロリーンとリサはふたりきりになった。

「さっきパパと大事な話をしたわ」と食洗機にグラスを並べながらリサは言った。「とても大事な話。わたし、気持ちがすごく楽になった」

「死の床の告白なんて」とロリーンはフォークを渡しながら答えた。「映画みたいな話、私は信じない」それを認めれば、夫はすぐ死んでしまう気がした。★092

次の日、妹のイヴの誕生会があった。リサは庭で、年の離れた妹が友だちとトランポリンで遊んでいる姿を眺めていた。そして、いつも「別の誰かになりたい」と思っていた昔のじぶんを思い出した。その渇望は消え失せていた。

ニューヨークではリサと同棲する、連れ子のいるマイクロソフトのエンジニアが待っていた。「結婚して母になろう」と彼女は決めた——。

後年、リサは『スモール・フライ』という題で自叙伝を書き記し

40歳となったリサ（ブルックリンの自宅にて）。「わたしは父を愛していました」と語った。

"Growing Up Jobs," Vanity Fair (Sept. 2018)

た。そして父の好きだったニューヨーク・タイムズ紙の取材に応じて言った。

「わたしの自叙伝が父の暴露本と捉えられてしまうことを恐れています。でも、わたしが父を許したように、読者のみなさんも父を許してほしいのです。わたしは父を愛していました」★093

ふたりが救われたのはジョブズが世を去る五ヶ月前だった。父娘の想いは通じ、手遅れにはならなかった。

決して「スティーブならどうしたろう」と考えちゃいけない

二〇一一年八月十四日。晴れの日曜日。ティム・クックが質素な自宅でくつろいでいると、彼のｉＰｈｏｎｅが特別な音で鳴った。

「ティム、会って話したいことがある」

歩けなくなり、出社しなくなったジョブズからだった。

「いいですよ。いつがいいですか？」

「今すぐだ」

「わかりました」

ジョブズのいつもの感じに微苦笑したクックはすぐ家を出て、車のエンジンをかけた。

三分後、クックはジョブズの家にいた。すぐそこの二キロ先に彼は住んでいたのだ。寝室に行く途中、六十七人替えてようやく出会ったというジョブズの「最高の看護師」や、ロリーンたちにティムは挨拶した。

寝室でクックを迎えたジョブズの表情はどこか清々しかった。クックがベッドの隣のスツールに座ると、彼はおもむろに言った。

「決めたよ。ティム、君にＡｐｐｌｅのＣＥＯを譲る」

「……本気ですか？」とクックは尋ねた。八月に入って、ジョブズの体調は改善し元気が戻っていた。

「本気だ」

「でも、あとで後悔しませんか？」

「しない」

「しかし……」このまま快復するのではないか。

「くどい」

ジョブズが右手を差し出した。クックはジョブズが身を起こすのを手伝った。ひと息ついて、ジョブズは言った。

「いいか、ティム。ＡｐｐｌｅはまともにＣＥＯを替えたことがない。追放に次ぐ追放だった。模範となる最高のバトンタッチを、俺は見せておきたい。俺は会長になるが会社のことはぜんぶ、君が決めろ」

「ちょっと待ってください。たとえば、広告も私の好みで決めていいのですか？　あなたの承認なしで？　ほんとうに？」

「うーん……。広告はひと声かけてくれると嬉しいな」★094
そう言ってジョブズは掠れ声で高笑いした。クックも微笑み、こころを決めた。それはＡｐｐｌｅの時価総額が世界一になった五日後の出来事だった。

ひと月半が過ぎた九月三十日、金曜日。パロアルトは秋風が吹いていた。

夕焼けのなか、ジョブズ家の庭では林檎がたわわに実り、風に揺れて今にも白いベンチに落ちそうだった。週が明ければ、クックがＣＥＯとして初めてＡｐｐｌｅキャンパスのタウンホールに登壇する。彼は、ジョブズの寝室に来ていた。

「スティーブ、御用は来週の件ですか？」

「いや、いっしょに観たい映画があるんだ。『タイタンズを忘れない』というんだが」

ディズニーが出した、高校フットボールを題材にした実写映画だ。

「本気ですか？」とクックは思わず問い返した。スポーツに全く興味のないスティーブがなぜ、『タイタンズ』を観たいのだろう？

「本気だよ。フットボール狂の君と観ようと思ってたんだ」そう言って、ジョブズはＡｐｐｌｅ ＴＶを操作した。

「強く勧められてね。★094 ひとりで観たがすごく面白かった」

きっと彼と親しいディズニーのボブ・アイガーＣＥＯか、ジョン・ラセター監督に勧められたのだろう。始まってみれば、「たしかに」とクックは思った。

映画は実話に基づく。舞台は、七〇年代初頭、人種差別の衝突が絶えない南部の街。差別撤廃法に基づき、黒人と白人の高校を合併して生まれたフットボール・チームに、情熱的な黒人コーチが就任し、理知的な白人コーチは副コーチに格下げを喰らう。

選手たちは肌の色でいがみ合い、黒人コーチの「フットボールは楽しいか」という問いに「今は楽しくないです」と答える。「ならば、俺が楽しくしてやる」とコーチは言い、ゲティスバーグ大学での地獄の合宿が始まった。

選手たちはバラバラでチームは機能せず、喧嘩が耐えなかったが、コーチはまるでジョブズの哲学をせりふにしたような喝で、選手をまとめあげてゆく。

「いいか、怒りは大切だ。だがすぐキレるのは赤ん坊だ。フットボール選手なら怒りを抱きしめ、チームのエネルギーに変え、完璧なゲームを目指せ。タイタンズのユニフォームを着たなら、本気を絞り出せ。すべての面で完璧を目指せ！★095」

地獄の合宿が終わってみれば、チームは肌の色の違いを超え一丸となっていた。そして格上相手に連戦連勝を起こし、いがみ合う街の大人も高校生の起こした奇跡に熱狂。街の黒人と白人がひとつにまとまっていく……。

クックとジョブズは映画を観ながら、Ａｐｐｌｅでこれまであったことを懐かしそうに話し合ったという。

きっと、初代ｉＰｈｏｎｅを創るときにあった、ソフトウェア部隊とハードウェア部隊の激しいバトルを思い出したのだろう。フォーストールとファデル、水と油だったふたりの部隊は、完璧な製品を目指すジョブズの指揮下、諍いを乗り越え、燃え盛るチームワークで絶体絶命の難題を克服し、世界を変えた。

映画はクライマックスで、悲劇が襲う。エース選手が交通事故で下半身不随になり、ショックを受けたタイタンズは決勝戦の前半、相手に大差をつけられてしまう。ハーフタイムのロッカールームで、コーチは選手たちを慰める。

「おまえたちはよくやった。勝ち負けにこだわらず、胸を張ってここを出よう。ベストを尽くせ。それでいい」

そこでひとりの選手が立ち上がる。

「嘘だ。コーチは俺たちに完璧を求めてきた。俺は完璧な選手じゃないかもしれない。チームの誰もがそうだ。でも、俺たちはぜんぶ勝ってきた。このチームは完璧なんだ。俺たちは最後まで完璧を目指したい。コーチも同じはずだ」★096

生徒の言葉を機に、攻撃担当の黒人コーチと守備担当の白人副コーチも、わだかまりを捨ててふたりで攻守絶妙な作戦を組み上げ、物語は終局へ向け疾走してゆく。

クックは思っていた。スティーブは完璧な人間じゃないが、完璧な経営をした。私は彼に遠く及ばないが、会社のコーチとして受け継ぐべきは、完璧を目指すこの精神なのだ、と。同時に八月にＣＥＯを引き継ぐとき、ジョブズが話したことを頭のなかでリフレインさせていた。

「ティム、君に伝えておきたいことがある。俺はウォルト・ディズニーが死んだあとの社内の映像を見た。みんな目が虚ろで、『ウォルトだったらどうしたろう』と尋ね合っていた。ディズニー社はそれで麻痺してしまった」

その言葉にクックは無言だった。ジョブズの死後を彼はまだ本気で考えたくなかった。ジョブズは、そんなクックに、彼が一生忘れられない訓戒を授けた。

「君は決して、『スティーブならどうしたろう』と考えちゃいけない。ただじぶんが正しいと思ったことをやれ[★094]」

「その言葉がどれほど私の重荷を軽くしてくれたか」とクックは振り返る。[★097]

稀代のカリスマから宝石のような創造的企業を受け継ぐ重圧を、ジョブズは思いやってくれたのだ。そしてそれは同時に、なぜじぶんが後継者に選ばれたかを暗に教えてくれていた。

「スティーブは、彼の行動を正確になぞろうとする人間はＡｐｐｌｅのＣＥＯにふさわしくない、と考えていました。そもそもそんなことが可能な人間は彼のほかいないのですが、そうしようとしたがる人間はいます。私ならそんな真似は決してしないと、彼はわかっていたのです[★094]」

映画を観る前に感じた不安は杞憂だった。ジョブズは、このスポーツ映画を十分楽しんだようだった。上機嫌な彼におやすみを言い、来週のイベントが終わり次第すぐ来ることを伝え、クックは近所の自宅へ帰っていった。

「ところがその週末、急転直下の地獄となってしまいました[★094]」

週の明けた十月四日火曜日、クックはタウンホールに登壇し、ｉＰｈｏｎｅ ４Ｓの発表を取り仕切った。ジョブズのいないプレゼンテーションに観客も寂しげだったが、それでもフォーストールがＳｉｒｉを発表したとき、まるで彼がそこにいるかのように、会場は拍手喝采に沸いた。

イベントが終わると、会場にいた孫正義がクックのところにやってきた。ふたりで今後について話し合っていると、ｉＰｈｏｎｅを見たクックが突然、慌てだした。

「すまない。もう切り上げないと」

「どうしたの？」

「いや、スティーブがはやく来てくれと急かすんだ。前より元気で参るよ★098」

クックは孫に少し嘘をついた。ロリーンから「もう持たないのではやく来てくれと夫が言っています」と連絡が入ったのだ。彼は駆け出した。

会場では、ジョナサン・アイブとエディ・キューも駐車場へ走っていた。ピクサーのジョン・ラセターも車を飛ばしていた。ニューヨークでは、妹のモナと長女のリサがタクシーを駆って、JFK空港へ急いでいた。

「彼ほど意志の強い人間を私は知らない。獅子のような男だった。だが、八年にわたるがんとの闘いで彼はボロボロになってしまった」親友だったオラクルのラリー・エリソンCEOは振り返る。「彼は闘いに疲れ、激痛に疲れ切っていた。土曜日か日曜日だったと思う。ロリーンたちはショックを受けたが、彼は延命治療を拒否した。そして水曜日に亡くなった……」

「スティーブ・ジョブズのような人はもういない？」

インタビュワーの問いに髭を刈り込んだエリソンは微笑み、澄んだ目を潤ませて答えた。

「いない。誰もスティーブの代わりにはなれない★099」

東京、パリ、ロンドン、ニューヨーク、北京……。世界中のAppleストアにファンが集い、花束と林檎を捧げ、お別れの言葉を書いたポストイットをガラスの壁に張っていた。パロアルトの家の、彼の愛した庭の角にも――。

世界のほかの誰が死んだら、同じことが起こるだろうか、とコメンテーターはニュースで述べていた。

天穹(てんきゅう)から射す光

チェロの響きが優しく、厳かに、イエスの生涯を描いたステンドグラスで囲まれた「王の柱廊(バシリカ)」を満たしてゆく。ガラスの天穹から一条の光が祭壇に射し込み、そこではジョブズの写真が弔問客へ微笑みかけていた。

死去から十一日後、スタンフォード大学記念教会で、スティーブ・ジョブズの追悼式はおこなわれた。その教会は、「大学の戴冠宝玉」と謳われるアメリカン・ルネッサンス様式建築の傑作であり、美のために生き抜いた彼の旅の終わりを偲ぶのに、いかにもふさわしかった。

幼い頃、ジョブズの養父母は彼を教会へよく連れていった。十三歳のある日、ナイジェリア内戦下の飢餓で痩せこけた子どもたちの写真に衝撃を受けた少年は、日曜学校の牧師に記事を差し出して尋ねた。

「神はなにもかもご存知で、この子たちがこうなることも知っていたのですよね?」

「スティーブ、理解に苦しむと思いますが、たしかに神はご存知です」

「俺はそんな神を崇める気にはどうしてもなれません」★100

少年は教会のキリスト教から離れた。そして、神の創造したというこの悲惨な世界を夢幻のごとき無と見て、こころのうちに完璧な仏性を見出す禅や、我々の目には現実に見える醜い幻の世が隠している、完璧な神の現実との再会を目指すインド思想へ傾倒していった。

そんな彼の追悼式は、結婚式で選んだ仏教式ではなく、ましてヒンドゥー式でもなかった。埋葬も仏教式に荼毘に付すことを拒んだ。

そしてルールの嫌いな彼らしく、いかなる教派にも属さぬ教会が、別れの場所に選ばれた。教会の主任牧師はキリスト教からの自由すら語るユニテリアン・ユニバーサル主義者だった。

とはいえ、ジョブズが仏教を捨てたわけでもなかった。★100 最後の半年間、臨終の日まで、彼はチベットで得度したブラジル人僧、リンポッシュ師を病床に日々招いていた。★100 まるで臨終前の王が高僧をそばに置くように——。

禅が永遠の今を生き切ることで、幻の人生を輪廻する小我を超越しようとするのと比べ、リンポッシュ師の属するチベット仏教は聖人の輪廻転生を強調する。

「俺は死後も何かが残ると考えたい。これだけ体験を積んで、少しは智慧もついたのに、ぜんぶ消えてしまうというのはおかしいと思う」

死の二ヶ月前、彼はアイザックソンにそう語った。[★101]

追悼式のはじめ、バッハの「無伴奏チェロ組曲第一番プレリュード」をジョブズに捧げたのは、クラシック界の至宝ヨーヨー・マだった。

彼は、昔この曲を結婚式で弾くよう、同い年のジョブズに頼まれたことがあった。が、国外演奏旅行と重なったため、実現しなかった。ヨーヨー・マは帰国後、ジョブズとロリーンの新宅へ訪れ、マンゴーやさくらんぼの香りが漂うリビングで、ふたりを祝してこの前奏曲を奏でた。

「君の演奏を聴いていると、神の臨在を感じずにはいられない」と感動で目を潤ませたジョブズは言った。「人間だけの力でこれほどの音楽は創りえない」[★102]

ヨーヨー・マがふたたび家を訪れ、次女のエリンとともに神気に満ちたバッハを聴いたジョブズは、「俺の葬式で弾いてくれないか」と頼んだ。マは笑って「僕が先に死んだとき、君がスピーチをしてくれるなら」と相互条約を結び、約束を果たしたのだった。

「神の存在を信じているかと訊かれれば、俺は半々だと思う。でも、目に見える世界を超えた存在を、ほとんどいつも感じて生きてきたよ」[★101]

おそらく彼の信じた神、あるいは信じたかった神は完璧な存在でなければならなかった。この不完全な世界を創った不可解な神よりも、この醜い世界を離れて、超然と美しく輝く完璧なる神のほうを、彼の魂は追い求めていたのだろう。

彼の愛読したヨガナンダの本は「この世界は神の遊戯(リラ)が生んだ幻」と説く。インドの伝統的な考えだ。完璧なる存在が、醜く不完全な幻で戯れる矛盾にジョブズがどう折り合いをつけていたのか、今となってはわからない。

だが、たしかに彼はこころの奥底で、その完璧なる何かとのつながりを感じていた。ちょうど京都の寺で、中学生だったリサを前に、畳に書いたあの図のように──。

点と点が我々で、我々がつながって描かれる渦が世界であり、渦の隣には完璧な円環がある。渦と円環は離れているように見えながら、ふたつの中心は一本の線でつながっていた。

席の最前列には妻のロリーンや小説家の妹モナたち肉親が並んで、ヨーヨー・マの捧げるバッハを聴いていた。そばには式をジョブズの美的嗜好に合うよう整えた、心友だったデザイナーのジョナサン・アイブが座っていた。

──静かに揺れる、俺を迎えに来る、愛しの馬車よ。俺を故郷へ運んでくれ。俺の魂は天の国とつながっているのだから……

祭壇ではジョブズが二十代の頃に付き合っていたジョーン・バエズがマに続き、豊かなアカペラで黒人霊歌を柱廊へ響き渡らせていた。

ジョブズとともに会社を興したスティーブ・ウォズニアックや、Ｍａｃをともに創ったアンディ・ハーツフェルドも耳を傾けていた。Ａｐｐｌｅから追放され、孤独に陥ったときも彼の親友であり続けた、オラクルのラリー・エリソンＣＥＯももちろん、そこにいた。

ネクストで辛苦をともにしたバド・トリブル、ピクサーでともに光明を摑んだエド・キャットムルＣＥＯやジョン・ラセター監督、停滞したディズニーをともに復活へ導いたボブ・アイガーＣＥＯも、バエズの歌声を聴いていた。ＯＳ ＸとｉＭａｃでＭａｃの復活をともに成し遂げたあと、ジョブズと関係がもつれて会社を去ったアニー・テヴァニヤンやジョン・ルビンシュタインも招待され、教会に響き渡る歌声に浸されていた。

片腕だったティム・クックＣＥＯの近くには、Ａｐｐｌｅを去った〝ｉＰｏｄの父〟トニー・ファデルや、ｉＴｕｎ

esミュージックストアをジョブズと立ち上げたエディ・キュー、iPhoneの功労者となったスコット・フォーストールも席を並べ、涙を湛えていた。

それだけでなかった。追悼式にはかつてジョブズと対峙した人びとも招待されていた。Apple復帰時に覇を競い合ったデル・コンピュータのマイケル・デルがいた。スマートフォン戦争で激しく闘ったグーグルのエリック・シュミットCEOも、創業者のラリー・ペイジやセルゲイ・ブリンとともに招待されていた。

なかでも、春から裁判で死闘を繰り広げていたサムスンの李在鎔(イ・ジェヨン)COOすらその場にあったことは故人の器の大きさを偲ばせた。ジョブズの遺志なくば実現できることではない。[★103]

バエズのアカペラが終わると、U2のボノが祭壇に立ち、ジョブズの好きだったディランの「エヴリィ・グレイン・オブ・サンド」をアコギで切々と歌った。

——俺のなかの死にゆく声がどこかへ[★104]手を伸ばす。(…)カインのように一時の怒りに溺れようと、俺はわかっている。鎖は断ち切らなければならないと……

ジョブズの末娘イヴのそばには、最大のライバルであり友であったビル・ゲイツが座って、ときどきふたりでひそひそ話していた。

ゲイツは最後にジョブズの家に行ったとき、イヴと年の離れた友だちとなっていた。イヴは世界大会を目指すほど乗馬に本気で、ゲイツの娘もそうだったからだ。メディア社のルパート・マードックCEOもはるか年下だった友人の追悼式に来ていた。

祭壇のそばではジョブズの最愛の息子、リードが涙を流していた。かつて、彼の高校卒業式で、ぼろぼろと泣きながらも、会場に凛々しく直立していた父の姿を思い出しながら——。

「俺たちの時代はコンピュータやＩＴだったが、おまえたちの時代は、生命とテクノロジーの交差点がイノヴェーションのメッカになる」とジョブズは、スタンフォード大学でがんの遺伝子治療を研究するようになった息子を褒めていた。★105

その場所には、彼の人生が集っていた。彼とともに、「スティーブ・ジョブズ」の人生を創った人びとがみな並んで、別れを悼んでいた。親しかったジャーナリストすら、そこに呼ばれていた。

「夫のこころは決して現実に囚われませんでした。むしろその反対に、現実に欠けているものがこころに浮かび、現実を直そうとしていました」

ロリーンの弔辞が教会に集った人びとのこころを浸していった。

「夫は美を愛し、醜いものに苦しんでいました。そんな逸話で私たちの生活は満ちています。レストランの燭台が酷すぎたと深夜まで怒っていることさえありました。(…)完璧を求めて物を見つめ、物を創ろうとしていたのです。過酷な生き方です。ですがともに生きるうちに、段々と私も理解できるようになりました。その厳しい感性はまずじぶんに向いてしまい、それで苦しんでいたのです」

二十年の結婚生活で、妻は夫の気難しい性格が、苦しんでいたためだと知っていた。常に完璧を求めるプレッシャーは、周囲を傷つけさえした。

だがその苦しみは、息を呑むほど美しい製品に結晶して、人類の精神をほんの少しだけ美しくしてみせた。それこそが、結婚してピクサーも上場し、すでに幸せだったジョブズがＡｐｐｌｅに帰り、身を削って闘い抜いた理由だった。

「夫のアイデアは直感から生まれました。議論よりも、真の内なる自由から生まれるものだったのです。(…)夕日の棚引くカリフォルニアの丘、その色彩のパレット、根源的な美。彼は魂の底からカリフォルニア人でした。カリフォルニアの自然がくれる、自由で真っ白なカンヴァスが夫には必要だったのです。壮大な自然は、彼が雄大にものを考えるのにふさわしい完璧な大舞台でした[★106]」

式が終わると、様々な人がジョブズの長女リサの姿を認め、挨拶へ来た。彼女は壇上で父に詩を捧げたのだった。ステンドグラスから透ける色とりどりの陽を浴びながら、人びとの話を聞くうちに、リサは奇妙な気持ちに陥った。

「スティーブは僕にとっても、父のような存在でした」

「お父上は、私の息子にも素晴らしいアドバイスを下さいました」

「お父様は私たちの子とも、とても親しかったんです」

父の魂の最も美しい側面はわたしよりも、きっと近くで働いた人がいちばん知っているのだろう、とリサは思った。彼女にとっては不器用で、コミュニケーションが下手で、気難しかった父は、仕事の場では繊細で、妙なるコラボレーションを生み出すモノづくりの喜びに満ちた人だった。

同時に、彼の不器用さに最も振り回されたリサにしか浮かばない感慨が、彼女を襲ったのだった。

みんな、父の短所と長所は表裏一体だったという。だけど実は、父の欠点はすべて、あの偉大な創造性を守るためにあったのでは……[★107]。不器用さは、繊細な感性を守るためにあり、傲慢さは、儚いアイデアを守るためにあった。その厳しさは、製品の完璧な美を守るための優しさだったのだ。

リサは教会から離れ、糸杉に囲まれた大学のロダン彫刻園へ向かった。そこではレセプションが開かれ、みなが父の思い出話に花を咲かせていた。受付で配られた会葬品は、父が毎年読み返していた『あるヨギの自叙伝』だった。

人類最良の精神を信じた男

二〇一一年十月十九日。追悼式から三日後。

秋がカリフォルニアの山を、彼好みの黄色に染めはじめていた。Ａｐｐｌｅキャンパスの空は冴え渡り、秋の涼風に黄色くなった植木の枝葉が、根城だったインフィニット・ループを飾るなか、「スティーブ・ジョブズの送別会」が開かれた。

「おはよう。世界各国から集ってもらい、嬉しく思います。世界中のＡｐｐｌｅストアが閉まり、この送別会の映像をみんなも観ていることでしょう」

登壇したクックＣＥＯの言葉に、広大な芝生に集った、幾千の社員たちが拍手と口笛を送った。クックの立つそばには巨大スピーカーとドラムセットが並び、さながら秋の音楽フェスの様相を呈していた。

――起業家は、たったひとつの革命的な製品の誕生に立ち会えるだけでもこのうえない幸せだ。

ジョブズのその言葉を紹介してから、クックは、ひとつのみならず六つの革命を起こした彼をあらためて讃えた。熱い拍手は紹介のたびに起こり、やがて嵐のような歓声になった。

「もうひとつ、彼の残した言葉を紹介しましょう」とクックは言った。

――俺の経営はビートルズが目標だった。あの四人はお互いの負の側面を抑え合っていた。四人がバランスをとって、四人の才能の足し算を超えた珠玉の存在になった。これこそ俺の目指したビジネスだ。一人に頼っては不可能だった事業も、全員のチームワークなら達成できるんだ。

「スティーブが私たちに残したもうひとつのもの（One More Thing）。それは私たちです。彼がいなければ九〇年代に倒産し、私たちは出会うこともなかったでしょう。ご家族を除けば、Ａｐｐｌｅこそが、彼の生んだ最高のプロダクトです」

終わりに、Think Differentキャンペーンのためにジョブズが書いた詩句を、彼自身が朗読したヴァージョンで会場に流した。「俺の声だとじぶんの宣伝になってしまう」とお蔵入りにした秘蔵の録音だ。

――クレイジーな人たちに乾杯。はみ出し者、反逆者、トラブルメーカー、社会不適合者、人と違う見方をする者たち。彼らは社会の常識も、既成概念も尊ばない。人びとは彼らを引用することも、反対することもできる。称賛することも、罵ることも……。だが彼らを無視することだけはできない。彼らは物事を変え、人類を前に歩ませるからだ。「狂っている」と言う人もいるが、「天才だ」と我々は思う。「世界を変えよう」と思うクレイジーな人だけが、世界を変えているのだから。

ピカソ、ジョン・レノン、ディラン、フランク・ライト……。その詩句を乗せたCMで讃えられた、現代最良の芸術家たちだ。いにしえにミケランジェロやダ・ヴィンチを讃えた人類は現代でも、最良の芸術家を輩出し、認め、讃えてきた。

その繊細な感受性ゆえに、ガラクタばかりに目を囚われる大衆のセンスに彼は苦しんできた。だがそれ以上に、大衆の内に宿る人類最良の精神を信じ、製品の創造にじぶんの魂を注ぎ込んだ。

「伝わる。それは必ず人びとに伝わるんだ」とかつて彼は言った。

偉大なる精神を込めた美しい作品は、必ず人類に伝わる――。人類の最良の側面への深い信頼と敬意こそ、ジョブズが偉大なるアーティストとして生き切った秘訣であり、彼の最高の美質だったのではないだろうか。

望みどおり、世界を少しだけ良い場所に変えた革命家の声が、風に乗り、キャンパスを包んでいった。彼の愛した社員たちが、ある者は下を向き、ある者は肩を寄せ合い、黙祷を捧げていた。

スピーチのアンカーは、彼の芸術的創造のかけがえのないパートナーであったジョナサン・アイブだった。

「スティーブはよく『ヘイ、ジョニー。くだらないアイデアを思いついたぞ』と言いました。実際、ほんとうにくだらないことも、ときには酷すぎて恐怖に陥ることもありました」

会場は笑った。誰もが、思い当たる節があった。

「しかし、ときにそれは息を呑むほど素晴らしく、ふたりで黙ってしまうほどでした。彼はアイデアを愛し、モノづくりを愛するだけなく、創造のプロセスを、このうえない敬意と繊細さをもって扱っていました。どんなに強力なアイデアでも初めは脆く、曖昧で、簡単に誤解され、妥協され、潰されてしまうことを、誰より理解していたのです」

アイブの声は静謐な響きを湛え、こころを込めた言葉は、一言ごとに幾千の魂に静かな感動を生み出していった。

「そしてご存知のように、スティーブはモノづくりを超え、すべてに完璧を求めました。出張でいっしょにホテルへ行くと、私はチェックインして部屋に入り、ドアの前に荷物を置いたままにしたものです。鞄は開けず、ベッドに座り、そばの電話を見つめるのです。すぐに電話が鳴り、『ヘイ、ジョニー！　このホテルはクソだ。出るぞ』といつも言われました」

会場は爆笑した。みんな、そんなジョブズを愛して働いてきた。

「この二週間、どんなふうにさよならを言えばいいか、ずっと悩みました。今朝、私は決めました。ただ、ありがとうと言おうと。スティーブ、ありがとう。素晴らしいヴィジョンで私たちをまとめ、ここに集った最高の仲間にインスピレーションを与え続けてくれて、ほんとうにありがとう」

ふたつの巨大な写真がキャンパスを挟んでいた。初代Ｍａｃを抱えて胡座をかいた野心あふれる若きジョブズと、丸眼鏡をかけて老いた賢人のように両手を合わせた彼とが、アイブたちに微笑みかけていた。

ステージでは、ドラムとギター、ベースの音出しチェックが始まった。アイブの紹介で最後に壇上に立ったのは、コールドプレイだった。

「今から演る曲は十年前、スティーブに聴かせたことがあるんだ。『クソだな』って言われたよ」みんながまた爆笑した。「絶対売れないって言われた」[★108]

ヴォーカルのクリスはそう言って、アコースティックギターでイントロを掻き鳴らした。ドラムとエレキギターが続き、力強く音楽が始まった。

――見てごらん。星空が君のために輝いている。君のしたことすべてが、黄色に輝いている。僕も負けじと、君のしてくれたすべてのことを歌にした。イエローっていう歌さ[★109]……

その歌声は優しく、その演奏は雄々しく、風に乗ってＡｐｐｌｅキャンパスを離れ、黄色に宝飾されたカリフォルニアの山脈を見下ろす青空へ広がり、やがて円かな太陽に吸い込まれていった。

エピローグ

ジョブズが託したNext Big Thing

アフター・スティーブ十年――iPhoneの創りだした世界

スティーブ・ジョブズが去って十年以上の歳月が過ぎた。

Appleは彼が去ってからも躍進を続けた。二〇二二年には、売上はジョブズ時代の三倍となり、年間三八六〇億ドル(五十兆円)を超えて日本国の税収に迫る勢いだ。稼働するApple製品は前年、十八億台に達し[★001]、AppStoreの経済圏だけでも年間六四三〇億ドル(八十五兆円弱)となり、アメリカの軍事予算、八一三〇億ドルの背中すら見えてきた[★002]。

なによりもiPhoneだった。それはAppleひとりのみならず、この星の至るところにスマートフォンが行き渡る時代を切り拓いた。今では世界で六十三億台が人びとの手のうちにあり[★003]、我々は一日あたり平均で四時間以上

もスマートフォンを眺めて暮らしている。[★004]

かつてＳｏｎｙのウォークマンが音楽を持ち運べるようにしたように、スマートフォンはインターネットをどこにでも持ち運べるようにした。世界のインターネットの使用時間は平均で一人一日あたり七時間、[★005]その九割の人びとがスマホを通してネットに接している。[★006]

図[★007]を見れば一目瞭然だが、スマホ・アプリの影響が最も大きかったのはコミュニケーションになる。世界の人々は平均で一日あたり約二時間半をソーシャルメディアに費やしているが、[★008]その半分の時間をスマートフォンで眺めている。[★009]良きにつけ悪しきにつけそれは政治までも変えはじめ、バラク・オバマやドナルド・トランプという両極にあるふたりが実質、世界の王ともいえる米国大統領に当選する際、多大な影響力を及ぼした。

執筆現在、ウクライナの戦場の悲惨な情景が市民兵のスマホから刻々と伝えられ、同国で上

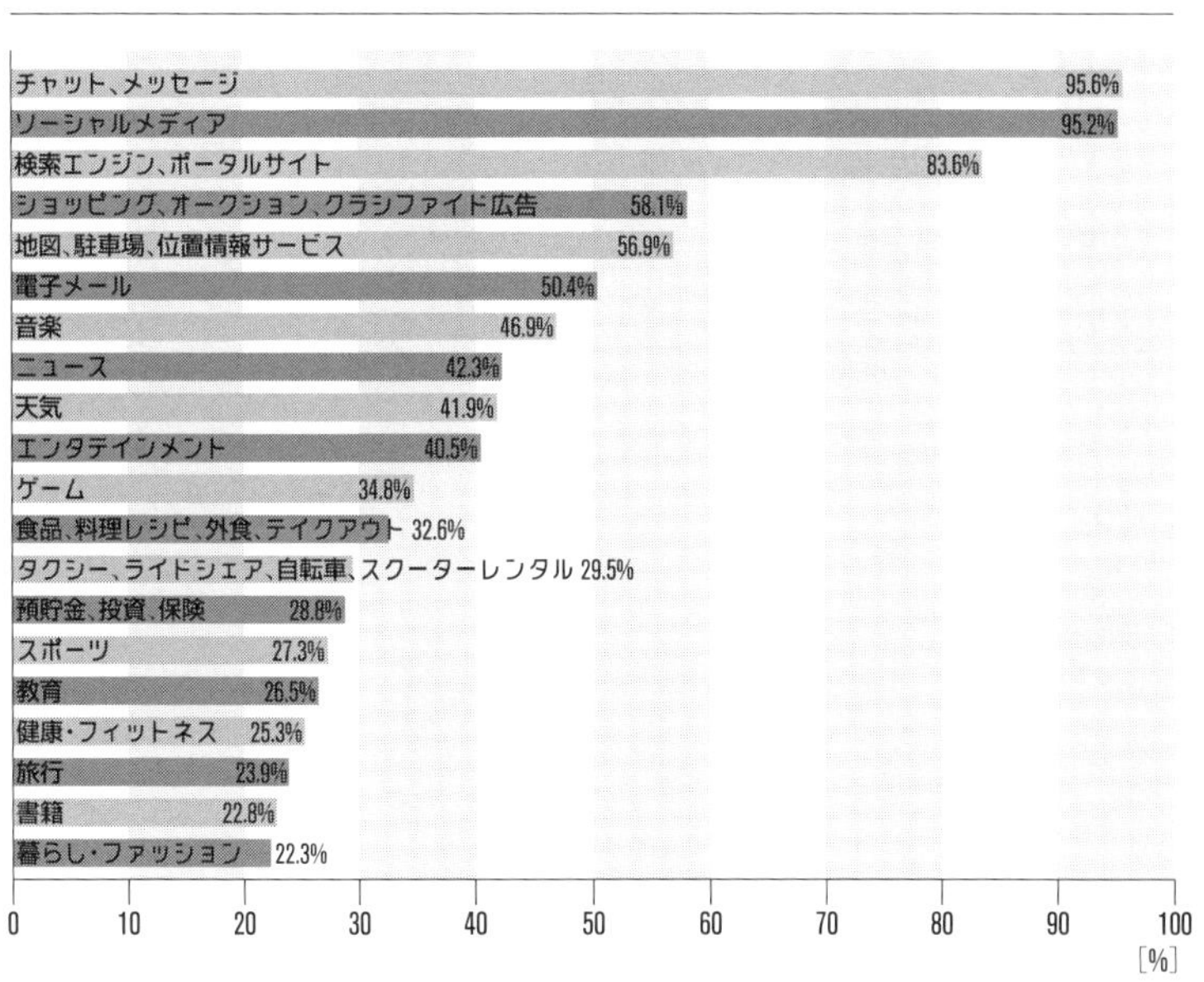

[図]種類別ウェブサイト・アプリ利用比率

16歳から64歳のインターネット・ユーザーが対象。期間は2021年12月。

出典："DIGITAL 2022," We Are Social

官に隠れてスマホを使うロシア兵の集散状況すらひと目でわかってしまう。★010 それは前代未聞の情報戦となった。ブチャの虐殺映像がSNSに流れると、電気代の高騰で足並みの乱れた欧州諸国の団結が決定的となったのみならず、中国のSNSにも拡散したことで同国の国営テレビもロシア寄りの報道を控えるまでになった。スマホを使わないプーチン大統領はクリミア侵攻時には成功を収めた情報戦で一転して惨敗した。

SNSはポスト・スマートフォンへ向け進化しようとしている。フェイスブックの創始者ザッカーバーグはSNSがネットの上部構造に進化する未来を学生時代に夢見た。いま彼はすべてを仮想世界に置くメタヴァースを実現しようとしている。「メタヴァースはモバイル・インターネット以来のネクスト・ビッグ・シングだ」とザッカーバーグは言う。当然それは、スマートフォンにおけるiPhoneのようなスマートグラスの決定版が技術的に開発可能な時期が近づいているという前提に立っている。

本節を執筆中、Appleのスマートグラスが発表間近だという記事を読んだ。日常で使用できるレベルの薄型化、曲面透過ディスプレイの開発、ARに特化した高性能のSoC、そしてスマホと異なる全く新しいUI——。〝Appleグラス〟がiPhoneのように外でも気軽に使えるものとなるか否かは、ジョブズなきAppleが様々なブレイクスルーをやってのけるかにかかっている。

コミュニケーションとSNS、検索に続くのがEコマース(小売)だ。一九九六年にジョブズは、ネットが広がれば最も繁栄を極めるのは通販だろうと語ったが、★011 その予測は的中した。二〇二二年、アマゾンを代表とするEコマースの世界売上は日本のGDPを超える五兆五四〇〇億ドル(七二〇兆円)になろうとしている。★012 通販だけでない。Apple Payをはじめとした電子決済で、スマホは実店舗での購入にも不可欠な存在となった。

そして音楽だ。四位の地図関連、五位のEメールに続く音楽アプリの使用率は四七%で、iPodと携帯電話を融合するプランからiPhoneが誕生した流れが花開いたといえよう。ただし、それはジョブズが予期しないかたちだった。

「サブスクは流行らない。一曲を都度購入するかたちならうまくいく」

今世紀初頭、鳴り物入りで始めた音楽サブスクがうまくいかず意気消沈していた米音楽業界を、ジョブズはそう説得した。彼の意図どおりiTunesミュージックストアは音楽配信の時代を切り拓いたが、世界の音楽売上は下降する一方で、二〇一一年にはCD時代の六割まで落ち込んだ。

しかしiPhoneが誕生し、スマホで音楽サブスクを持ち歩けるようになると状況は一変した。ニッチに追いやられていたサブスクが今度は主流となり、年間一二〇ドルの客単価はCD時代をも凌駕して、ライヴの隆盛とともに音楽産業に新たな黄金時代をもたらした。[★013] Appleは音楽配信の王座をスポティファイに奪われ、同社に七年遅れて定額制音楽配信に参入した。二〇二一年には音楽サブスクの利用者は世界で五億二四〇〇万人、一位のスポティファイのシェアが三一%、二位のApple Musicは一五%と健闘している。[★014]

音楽サブスクはポスト・スマートフォンの流れをも加速させた。ジョブズの死から三年経った二〇一四年、アマゾンは初代エコーを発売。スマートスピーカーは瞬く間に広まり、執筆現在、アメリカでの普及率は約三七%だ。[★015] 使用率一位は天気予報があとに続く。[★016] なお日本はスマートスピーカーの普及率が九%、使用率一位は七三%の音楽で、天気予報で、続く音楽の使用率が四七%だ。[★017]

Appleはアマゾンに四年、グーグルに二年遅れてHomePodを発売した。先行する実験的な製品を完璧に仕上げてみせるのがジョブズの勝ちパターンだったが、アマゾン・エコーは初代から仕上がっていた。HomePodは先行陣に大きく水をあけられてしまったが、二〇二一年にはApple Musicの高音質化を武器にシェアを前年の約六％から一〇％へと倍増させた。[018]

音楽のあとにはニュース、天気予報、そしてネットフリックスが牽引するエンタテインメントが続く。ネットフリックスは音楽のスポティファイとともに「ネット時代は無料があたりまえ」という潮流を逆転させ、サブスク全盛の時代を切り拓いた。二〇二〇年には世界で契約者数二億人の大台に乗った。知人や家族のＩＤで観ているユーザーが五割いることから、実際には視聴者は六億人を超えており、これはネットフリックスが事実上、世界最大のテレビネットワークとなったことを意味している。[019]

ネットフリックスの年間売上は二〇二一年に二九七億ドル（三兆八六〇〇億円）、その豊富な資金力を武器に各国で人気番組を次々と制作しており、世界デビューへのゲートウェイとなっている。日本からは、片付けコンサルタントの近藤麻理恵が安倍首相（当時）よりも知名度を得た。アニメ『進撃の巨人』や『鬼滅の刃』も世界の視聴数一位を取った結果、国際的な成功を収めている。

ネットフリックスのライバルはジョブズの存命時、彼の親友老マードックの関わるフールーとアマゾン・プライムくらいだった。今や世界最大の映画チャンネルＨＢＯ、グーグル、さらにはジョブズのもうひとりの親友ボブ・アイガー率いるディズニーがこの新しい大洋をめぐって熾烈を極めている。二〇一九年にはＡｐｐｌｅも遅ればせながら参入。執筆現在、ＡｐｐｌｅＴＶ＋の契約者数は二五〇〇万人、ネットフリックスの約九分の一となっている。[020]

ライバルに囲まれたネットフリックスは二〇二二年に初めて契約者数を減らしたが、動画サブスクがレッドオーシャンと化したわけではない。二〇二一年に三七二一億ドル（四兆八四〇〇億円）だった市場規模は二二年、四七三四億ドル（六兆一五〇〇億円）になると予測されている。[021]

視聴者囲い込みのため、各社はオリジナル番組のヒット作を生み出すのに必死だ。結果、巨額の資金がコンテンツ産業へ流れ込んでいるが、流石のジョブズもマードックと話していた頃にこの状況を予想はしていなかったろう。

エンタテインメントに続くのは、使用率が約三五%のゲームだ。

ゲームはＡｐｐ Ｓｔｏｒｅのキラーコンテンツだ。それは二〇二一年、Ａｐｐ Ｓｔｏｒｅの総売上十一兆一四〇〇億円(八五七億ドル)の六二%(五三一億ドル)を占めた。これはＳｏｎｙのＰＳ５やニンテンドースイッチなどゲーム機のソフト売上(五〇四億ドル)を超える数字だ。[★022] ｉＰｈｏｎｅ誕生前の二〇〇六年、世界のゲームソフト売上は三一六億ドルだったが、[★023] ジョブズの死から十年後には三倍に成長した。

学生時代、彼は音楽とゲームが好きなふつうの少年だった。初の就職先にゲーム会社を選んだほどだ。Ａｐｐｌｅを追放されたときは、次の仕事に音楽産業を考えていた。そんな彼の人生の総決算であるｉＰｈｏｎｅは、かつて愛した音楽とゲームの世界に歴史的な革新をもたらした。

スマートフォンの普及がもたらしたものは、ほかにもシェアリングエコノミー、電子書籍、グルメ・レビュー、レシピ、旅行、マッチング・アプリ、ヘルスケア、電子政府構想等々、枚挙に暇がない。

二〇二一年にスマートフォン経済圏は、世界で実に九一三〇億ドル(一一八兆六九〇〇億円)となる。スマホ本体の世界売上は四四八〇億ドル(五十八兆八二〇〇億円)[★024]、モバイル広告はテレビをはるかに超える二九五〇億ドル(三十八兆三五〇〇億円)、アプリ市場は一七〇〇億ドル(二十二兆一千億円)となった。[★025] ジョブズのつくりあげた経済圏はアクセサリー売上を除いても、世界の防衛産業の二分の一、[★026] 自動車産業の四分の一であり、[★027] 日本の国家予算をも凌駕する。

しかし生前、「金儲けのためにやっているのではない」と彼が繰り返し語っていたのは本書でも取り上げたとおりだ。そしてこうも言っていた。イノヴェーションを成し遂げた人はたくさんいるけど、それは俺の仕事人生を象徴す

るものじゃないんだ、と。★028

ならば彼のほんとうの目標は叶ったのだろうか？　それは我々の無意識が知っているのかもしれない。彼の生み出した製品、ことにｉＰｈｏｎｅの子孫が今でも無言のうちに我々の意識下に語りかけている。

完璧であれ。シンプルこそ洗練の極みだ。神は細部に宿る。妥協せず情熱をもって、最高の体験を作りだせ。そしてなによりも美しくあれ——。

死してなお、その魂は私たちの手のひらから語りかけている。それはユーザーにだけではない。Ａｐｐｌｅの社員にも働きかけるべく、ジョブズは生涯最後の作品に仕掛けを施した。

Apple Park——魂の器

ジョナサン・アイブが、亡きジョブズから新しい社屋のアイデアを初めて聞いたのはロンドンのハイドパークでだったという。★029 それは二〇〇四年の晩秋のことで、Ａｐｐｌｅ製の携帯電話を創るとジョブズが決意した頃のことだった。初のがん手術で体力の落ちていた彼は、散歩に疲れてベンチに腰掛けた。黄金色の落葉の絨毯がふたりの眼前に広がり、秋枯れた木々を透かしてやわらかな陽が落ちていた。

もしかしたらジョブズは死を予感して、社員たちに何かを残したいと思ったのかもしれない。Ａｐｐｌｅの企業文化だけでなく、その魂を完璧に体現した何かを——。生涯をかけてソフトとハードの完璧な融合を目指した彼にとって、それは当然の発想だったのだろう。

スタンフォード大学のようにしたい、と彼はアイブに語った。シリコンバレーの技術を育む大学キャンパスはカリフォルニアの自然に愛されていた。のみならず、彼の人生最良の記憶——幼いリサとローラースケートを走らせはしゃぎあった場所でもあった。

プロジェクトが始動した二〇〇九年には、そのヴィジョンはもっと彼らしいかたちに変わっていた。それはかつてiPodにその名を付けたとき、発案者のコピーライターが熱く語った「居住地域のポッドが繋がりあった宇宙ステーション」を巨大化したものだった。★030

はじめ、宇宙ステーションの形はシロツメクサをモティーフにしていた。ポッドが曲線状に連なって三叉路をつくり、重なり合ったそれを空から見れば三つ葉のクローバーを模している、というのがジョブズのアイデアだった。★029 そこはやわらかな空気と自然光にあふれ、三叉路が重なり合うことでスタッフの偶然の出会いが起きることを彼は狙っていた。新しいプロジェクト、新しいチームが魔法のように誕生するオフィスビルだ。

彼は家で『トイ・ストーリー』のパイロット版を子どもたちに披露したように、息子に新社屋のデッサンを見せたが、十代になったリードは、男性器に見えると率直に批評した。翌日、「そういうふうにしか見えなくなった」とジョブズはアイブたちに語り、すべてやり直しとなった。★029 そして宇宙ステーションは、アイブの審美眼によって巨大な宇宙船と見紛う円環（リング）に進化した。

円環は実利のうえでも最適解だった。急成長の結果、クパチーノの社員は百の建築物に分断されて働いていたが、一万二千人がたったひとつの円で繋がることになった。円環はひとつの巨大な通路でもあった。そこにはジョブズの大嫌いなふつうのエアコンが存在せず、ファンのない革新的な空調が静謐と快温を保っていた。円周一・五キロの天井からは、どこまでもガラスの天の川から陽の光が優しく差し込み、木製のフロアは無数の細かな穴が反響を吸収してやわらかな静けさを醸しだしていた。

彼の遺志を継いだアイブは偶然の出会いが生まれるよう、みっつの仕掛けをこの宇宙船に施した。

円環のなかに配置された無数のポッドは仕事部屋の最小単位だ。アイブはなによりもポッドを徹底的に磨きあげた。ジョブズの嫌いなケーブルは細心の注意で隠されているのみならず、特注のドアノブにはネジ一本すら存在していなかった。ガラス製のホワイトボードは美しく、スライドさせれば大画面モニターが現れた。仕事机も椅子も彼が選り抜いたものであることは言うまでもない。

ポッドの連なりと交互に登場するオープンなワークスペースには、丸形クッションに座って思い思いに働くスタッフの姿があった。四階建ての低層に抑えたことで、人びとは芸術的なまでにシンプルなフォルムの階段で移動し、ジョブズの求めた偶然の出会いをあちこちで体験していた。そして、お昼時に四千人が集うアトリウム仕立てのカフェテリアがあった。

それはジョブズがピクサー社の社屋に設けたカフェテリアをさらに進化させたものだった。食にうるさかった彼が認めた至高のマルゲリータ、最高の焼き加減を損なわないよう特許を取った円形のピザケース、深澤直人に特注した流麗なテーブルセット――。[★031]提供方法もジョブズの哲学が反映されていた。ランチは有料だった。ひとは金を払ったほうが優れたフィードバックを返すようになり、作り手はいっそう素晴らしいものが作れるようになるからだ。有料とはいえ市価の半額以下で、ピザはひとり二枚までと決められた。美味すぎて食べすぎる者が少なからずいたからだ。

晴れた日には四階まで続く、見たこともないほど巨大なガラス扉が開き、眼前に広がる森を見てピクニック気分でランチを楽しむことができた。円環の中心は森を模した公園が広がっていた。若き日にアルバイトで働いた果樹園でジョブズが見た、アプリコットや林檎の木々が樫の木、松の木とともに澄明な池へ季節の影を映していた。オフィスのなかの森は、友との散歩を愛し、カリフォルニアの自然からインスピレーションを得ていた彼が社員に遺した贈り物だった。

金曜日の夕方には恒例のビール・パーティがＡｐｐｌｅ Ｐａｒｋの芝生で開かれるようになった。[★032]ときにはミニコンサートが催され、大物ミュージシャンがトップシークレットで招待された。我々が人生の大半を費やす仕事場は生活費を稼ぐ苦痛の牢獄などではなく、会心の仕事人生を演じる劇場であるべきという、創業者の想いをその催し物は反映していた。

そして宇宙船から離れた場所に、製品発表の場所となったスティーブ・ジョブズ劇場があった。それは遠くからだと、小高い丘に銀色のＵＦＯが浮かんでいるように見えた。円形劇場の外壁はすべてガラス製で、その上にステンレスの天井が載っていたのだ。その史上初の建築様式にはシンプルな美しさと技術の融合があった。なかに入れば、高級車フェラーリのものと同じ一席あたり一万四千ドル（一八〇万円）のレザーシートが蠱惑的な肌触りのサビア色で千人の記者を迎えた。[★033]

巨大な宇宙船。理想の庭園。そして驚異的な劇場。

それは遥かな目で見れば究極なまでにシンプルな形状であり、なかに入れば狂おしいまでに計算されつくしたフォルムにあふれている。細部という細部が胸を締めつける芸術品であり、美の精神がスタッフに働きかけてくる。不世出のデザイナー、ジョナサン・アイブの最高傑作といってよい。

かつてＡｐｐｌｅキャンパスでは、ビルの心奥に座したデザインスタジオが未来のインスピレーションを降ろす神聖な空間だった。今やＡｐｐｌｅ Ｐａｒｋの全体が、最高のユーザー体験を生みだすというたったひとつの目的に尽くす一万二千人の祭司を統合した大神殿となっていた。

それは総工費五十億ドル（六五〇〇億円）をかけた、ジョブズとアイブの最後の合作だった。同時にアイブのＡｐｐｌｅ時代における最後の作品となった。どれほど革新的で美しくとも十年経てば古びてしまう電気製品とは異なり、大いなる円環は二十一世紀の終わりまで空を映して輝き続けるだろう。

Ａｐｐｌｅ Ｐａｒｋ完成から二年後の二〇一九年、アイブは会社を去った。

彼は燃え尽きていた。

Apple Watch――ジョブズのいないNext Big Thing

ジョブズの臨終に立ち会ってからしばらく、ジョナサン・アイブは喪失感のなかにあった。だが、ほどなく彼は燃える眼差しを涼やかに取り戻した。

稀代のカリスマがいなくなったＡｐｐｌｅから今後、新しいものは出てこない。売上は大きくなるがありふれた大企業になるだろう。そんな批評が世に満ちていた。それは一見、称賛に見えてスティーブへの侮辱だ、とアイブは感じていた。歴史の風雨に耐えうるクリエイティヴな文化をＡｐｐｌｅに遺す、そのために命を削ったジョブズを間近に見てきたからだ。

ジョブズの死によって直ちに会社の魂も失せるという考えは、彼の魂を否定するに等しかった。

だが、その如何は結局、残されたじぶんたちの手にかかっていた。翌年の始めにはアイブたちＡｐｐｌｅの幹部は「次の大物（Next Big Thing）」が何になるか、どれから手を付けるべきか徹底的に会議を重ねていた。スマートＴＶ、スマートカー、スマートグラス、スマートホーム、ウェラブルとヘルスケア――。

議論は白熱し、それは抜き差しならぬ対立すら現出させた。

デザインの長、アイブはスマートウォッチを主張した。

世にはＦｉｔＢｉｔなどスマートウォッチのささやかなブームが起きていた。だがそれはＡｐｐｌｅの水準から見ればデザイン、ＵＩともに未熟で、人類の生活を変えうる素質を持ちつつも、ふさわしい評価を得ていない段階にあった。

スマートウォッチはＭａｃ誕生前のパーソナル・コンピュータ、ｉＰｏｄ誕生前のｍｐ３プレーヤー、ｉＴｕｎｅｓ誕生前の音楽配信、ｉＰｈｏｎｅ誕生前のスマートフォンと全く同じ状況にあったのだ。Ａｐｐｌｅの勝ちパターンが嵌る好機だった。アイブは生前のジョブズと、ポスト・スマートフォンとしてウェラブル・デバイスがどんなデザインになるべきか語り合い、すでにスマートウォッチのデザインに着手していた。

同じことはスマートＴＶにも言えた。全盛期からテレビとネットの融合はＳｏｎｙやマイクロソフト等々が挑戦してきたが、どこも正しいＵＩをみつけられなかった。ソフトウェアの長、スコット・フォーストールはこの課題に挑戦し、最晩年のジョブズが「どうすればいいか、ようやく摑んだ」と公式伝記で認めるだけのＵＩを見出していた。当然、フォーストールはスマートＴＶをやりたい。そんななか、アイブが幹部会でスマートウォッチを推したとき、フォーストールは難色を示した。[★034] ｉＰｈｏｎｅが人びとの注意力を吸い取っているなか、腕時計までそれを助長するのは正しいのか——。

それは難癖ではなくユーザー・インターフェースの専門家としての見解だったろう。だが、アイブはフォーストールに失望した。どんなに素晴らしいアイデアでも初めは不完全で醜く、脆い。だから繊細な敬意をもって取り扱わなければならない。追悼式でアイブが語ったジョブズの哲学だが、フォーストールの態度はそれに相反しているように見えた。

死の一年前、ジョブズは血中のグルコースをモニターする画期的な光学式センサーを開発したレアライト社を買収していた。[★035] 次の時代はＩＴと医療の融合になる、そう信じていたからだ。ジョブズの意図どおり、買収した光学式センサーの技術はやがてＡｐｐｌｅ Ｗａｔｃｈに応用されることになる。

スマートフォンの普及はクラウドの時代を呼び寄せていた。そしてクラウドが育てる人工知能はいっそうの進化を求めて、スマホが供給する以上のデータを欲していた。スマホにないセンシング技術を備えたウェラブル・デバイスが人体からデータを取り、ヘルスケアが加速度的に進むことは時代の要請に違いなかった。事実コロナ禍を機に、ヘルス関連アプリの年間成長率は二〇二〇年に六六％弱、二一年に三五％と、飽和気味のアプリ市場にあって唯一と

いってよいほど鋭く成長している。[★036]

アイブとフォーストール、ふたりの対立は深刻だった。Ａｐｐｌｅはソフト全盛の時代にあってソフトとハードの融合を目指した稀有な企業だったが、ジョブズも認めるようにその本質はソフトウェア中心の会社だ。ハードウェアのエースだったトニー・ファデルは、ソフトウェアのエースであるフォーストールとの対立に疲れて会社を去った。だが、ジョブズはファデルやフォーストールにも増して、アイブを重用した。彼はデザインの魔力でソフトとハードを融合していたからだ。野心に燃えていたフォーストールが、これを快く思っていなかったのは自然なことかもしれなかった。ミニ・スティーブと呼ばれるほどジョブズに心酔していた彼だが、自身も受けていたあの強烈な愛情をアイブやクックに対して向けることはできなかった。

意見が対立したまま、フォーストールはスマートＴＶの開発を進めていった。

彼の腕は確かで、リモコンに触れずとも、Ｓｉｒｉにひとこと、ふたこと語れば視聴者の好みを先読みしてお薦めの番組をタイムレスに並べてみせる画面を完成済みだった。だが、ここで音楽配信のときと同じ、いやそれ以上の難題に遭遇した。

放送、配信、放映中の作品と過去作品[★037]――。すべてをシームレスに並べるには、全コンテンツをいったんＡｐｐｌｅのクラウドに乗せなければならなかった。すべての放送局、配信会社、映画会社からその許諾を得ることは、三大メジャーレーベルのトップを説得するよりもはるかにハードルが高かった。それはジョブズが生きていても至難の技だったろう。〝ｉＴＶ〟計画はサスペンドに入ろうとしていた。

ほどなくしてフォーストールは失脚した。

二〇一二年の秋、Ａｐｐｌｅは彼の退社を発表。ジョブズの死から一年後のことだった。メディアは直前に起きた騒動が原因だと報道した。Ａｐｐｌｅの自家製地図アプリは利用者を危険に晒すほどのバグにあふれたままリリースされ、世界から非難を集めてしまったが、責任者のフォーストールは絶対に非を認めようとしなかったという。

実際、フォーストールは解任を告げたクックに「Ｍａｐｓが理由か」と訊いた。ＣＥＯは口を濁して答えなかったという。Ｍａｐｓは口実にすぎなかった。クックはフォーストールが妙な動きをしているとほかの幹部たちから聞いていた。このままクックを追い落とす動きを許せば、ジョブズなきチームは空中分解してしまう。危惧した彼はやむなくフォーストールを解任したと『アフター・スティーブ』の著者は記している。★038

かくしてジョブズ時代のソフトとハードの両エースはＡｐｐｌｅからいなくなった。クックは体制を立て直すべく、アイブにかつてのジョブズに匹敵するほどの権力を集中させた。ハードウェア部門の上位に立つデザイン部門だけでなく、ソフトウェア部門も彼の指揮下となったのである。それはアイブに〝ネクスト・ビッグ・シング〟を選ぶ自由を与えた一方、芸術家の彼に多大なる苦痛をもたらすことになった。

反対者が去ったことでアイブのスマートウォッチはおのずとネクスト・ビッグ・シングに定まった。二〇一五年、ＡｐｐｌｅＷａｔｃｈは発売された。その年、スマートウォッチ市場は五十倍となりウェラブル市場が事実上、ここに誕生した。★039

発売から六年後の二〇二一年、スマートウォッチの年間売上台数は一億二七五〇万台に到達。★040 これはスマホの十三億九千万台と比べると十分の一弱で、それくらいの普及率なのだろう。★041 一見、小粒に見えるが同年、ＡｐｐｌｅＷａｔｃｈの売上は四六〇〇万台。今ではその売上はスイスの時計産業すら超えている。★042

その美しいフォルムと新しいＵＩ、クラウンを回す心地よさからリストバンドを嵌める音の響きにまで及ぶ細部へのこだわり。ＡｐｐｌｅＷａｔｃｈは間違いなく「時計の再発明」であった。

人類はＡｐｐｌｅＷａｔｃｈで、天才アラン・ケイのヴィジョンを追い続けたジョブズの時代から一歩先へ踏み出した。その画面サイズはケイの提唱したＧＵＩが機能性を失いはじめる最小サイズであり、結果、ＳｉｒｉのようなボイスＵＩによる補助は必然的となったのみならず、さらには指先に変わって時計裏のセンサーが最重要の入力源となった。スマホにできなくてＡｐｐｌｅ Ｗａｔｃｈにできることは、この人肌に触れるセンサーに依存している。

結果、スマートウォッチの主な用途はジョブズが生前に予想したとおり、ヘルス関連となった。現在はフィットネスの用途が多いが、搭載されるセンサーが進化するにつれて医療関連の比重が高まってゆくだろう。

ジョブズの買収したレアライトの技術は糖尿病の血糖値管理を助けるが、さらに加速度計とジャイロで発作による転倒を検知して患者の命を救える。医療スタートアップ、カーディオグラム社のＡＩを使えば心拍数から危険な高血圧を事前に察知したり、睡眠無呼吸症候群による認知症を予防することも可能だ。[★043] エンパティカ社は、汗の微妙な変化を測るセンサーで、てんかん患者が発作で死亡するのを防ぐ技術を開発した。[★044] 自殺は戦争よりも人類の命を奪っているが、通院歴とカルテのデータに加えて脳活動のパターンを日常的に測れるようになれば、八五%の確率で自殺を事前に察知できることもわかっている。[★045] こうした技術はいずれＡｐｐｌｅ Ｗａｔｃｈに実装されるであろう。

パーソナルトレーナーからパーソナルドクターへ——。

現状、Ａｐｐｌｅ ＷａｔｃｈはｉＰｈｏｎｅほど世界を変えたようには見えないかもしれない。だが、センシング技術の進化につれて、そのポテンシャルは花開く。ほどなくそれは大輪をつけ、「命を救う時計」として必須のデバイスとなるだろう。どこかアイブらしい穏やかな革命だ。

しかし、その開発は穏やかさとは対極にあった。初代ｉＰｈｏｎｅの総力戦と同じく、燃え尽きたエンジニアの大量離脱を招いていた。そこを好機にテスラ社がＡｐｐｌｅの元社員を次々と雇っている節があった。「イーロン・マスクこそ次のスティーブ・ジョブズだ」とテスラ社に行ったエンジニアは、疲れた元同僚たちに話しているようだった。[★045]

実際、テスラはＡｐｐｌｅチルドレンが集う会社だった。テスラ車のダッシュボードは一枚の巨大タッチパネルになっているが、そのユーザー・インターフェースはAppleの元社員らが開発した。トニー・ファデルが去ったあと、彼の片腕だったダグ・フィールドをテスラに引き抜いたのは当のイーロン・マスクだった。

危惧したクックCEOは「どうすれば会社に留まってくれるのか」とヒアリングを重ねた。エンジニアたちが要求したのは労働環境のことではなかった。それはクックがCEOになってジョブズ時代よりかなり改善されていた。彼らが求めたのは、もう一度こころが燃え立つような次の大物を創らせてくれ、ということだった。それは何か、と問えば口を揃えて彼らは答えた。〝Apple Car〟だ、と。★045

その答えはクックがマッキンゼー社と進めていたリサーチとも合致していた。同社のコンサルタントは「Appleは五千億ドル(六十五兆円)の産業規模を持つ消費者家電をほとんど制覇しつつあります。今後も株主の要求に応えるには四倍の産業規模を持つ自動車か、十四倍の規模を誇るヘルスケアに進出するほかないでしょう」と進言していた。★045

マーケティング・リサーチに基づく新商品開発を嫌っていたジョブズと違い、クックはデータをなにより重視する人間だった。とはいえ、このときの結論はジョブズとクックで変わらなかったかもしれない。ヘルスケアはすでにApple Watchで橋頭堡(きょうとうほ)を築いた。

次は最高のスマートカーを創り、自動車産業に革命を起こす――。

クックは決断した。Apple Watchを発表した二〇一四年の秋、極秘プロジェクト〝タイタン〟に従事すべき自動車エンジニアのリクルートが始まった。★046

Apple Car――受け継がれる魂

「スマートフォンと電気自動車は似ている。バッテリーがあり、コンピュータを備え、モーターが付いている。i

Phoneにはモーターが付いているよ」

初代iPhoneの開発主任だったトニー・ファデルは、かつてジョブズと電気自動車（EV）の開発について語り合ったという。スマートカーはAppleにとって専門外では決してなかった。すでに描いたように、ジョブズはトヨタの生産方式も製造に取り入れていた。

「何度も散歩して議論した。二〇〇八年だったと思う。もし車を創るならどんな形になるか。ダッシュボードは？　座席は？　動力源はどうあるべきか？　スティーブは結局、そのときはやめることにした。iPhoneをメインストリームに乗せるのに集中したんだ[★047]」

ちょうど日本でiPhoneが発売された年にジョブズはポスト・スマートフォンを考えはじめていたのだ。ファデルもそうだった。その年、彼は退社し、人工知能でエアコンを操るネスト社を立ち上げた。今や生活家電とクラウドを結ぶコネクテッドホームは常識だ。さすがというか、ファデルの会社はその言葉が存在する前にスマートホームの嚆矢（こうし）となった。

グーグルが自動運転の開発に乗り出したのはファデルがジョブズと議論した翌年、二〇〇九年のことだった。それから五年後の二〇一四年、グーグルはトニー・ファデルを手に入れた。ネスト社を四二〇〇億円（三十二億ドル）の巨額で買収したのである。[★048]ジョブズを尊敬するラリー・ペイジCEOは、ハードウェア部門でジョブズの片腕だった男がどうしても欲しかったのだ。

同じ年、Appleのプロジェクト・タイタンも極秘で始動した。グーグルから五年遅れたことになるが、言い換えれば〝集中〟を社是とするAppleはその間、スマートフォン、タブレット、そしてスマートウォッチというジャンルの立ち上げに専念していたのである。

プロジェクトの始動にあたり、Appleはテスラのように行くか、グーグルのように行くかで社内が真っ二つに割れた。まずＥＶを創って参入し、自動運転システムを徐々に搭載していくか、それとも最初から完全自動運転でＡｐｐｌｅ Ｃａｒを創るか、だ。[★045]

ファデルの跡を継いだハードウェアの長、ダン・リッチオはテスラ路線を望んだ。完全な自動運転は先行するグーグルでさえ到達しておらず、実用段階は当時、十年以上先と予想されていたからだ。しかもＡＩの品質競争はデータの量が勝負を決める。秘密主義のＡｐｐｌｅが一気にグーグルやテスラを詰めるほど走行データを集められるかといえば、厳しいものがあった。

だが、ただのＥＶでは「テスラと並びました」という程度で終わってしまう。クックが望む、ｉＰｈｏｎｅが既存の携帯電話を過去のものにしたほどのインパクトを自動車産業に起こすのはむずかしかった。

アイブは完全自動運転でＡｐｐｌｅ Ｃａｒを創りたかった。運転手をＡＩにまかせきれるなら、ハンドルもペダルも要らない。運転席がなければインテリア、外観ともに車のデザインは劇的に変えられるはずだ。なのに、先行するグーグルのウェイモは外観もＵＩも哀れなほど未完成なデザインで、Ａｐｐｌｅの勝ちパターンが嵌る条件をみずからつくってくれていた。

実際、アイブのデザインしたモックは息を呑むほど大胆で美しく、これで完全自動運転車を発表すれば、ジョブズの頃の大喝采を取り戻せるのは容易に想像できた。

かつてＡｐｐｌｅ製の携帯電話の噂が流れたときには予想図が出回ったが、実際のｉＰｈｏｎｅは想像のはるか先をゆく全く新しいデザインだった。同じく報道とともに、いかにもＡｐｐｌｅらしい流線型のスポーツカーのイラストが出回ったが、当時、秘密だったアイブのそれは巷のデザイナーの予想を隔絶するものだった。まさか八〇年代のトヨタ製ミニ・ヴァンをオマージュしてくるとは誰も予想できなかったのだ。[★049]

いや、流線型という点だけは予想図が当てていたかもしれない。アイブは不要になったサイドミラーを取り除いただけでなく、自動運転車にありがちな突き出たセンサーを車体に埋め込んで存在を消し、シンプルなフォルムを生み出していた。

驚くべきは車輪がないことだった。かわりにアイブは球体のタイヤを提案していた。それは四つの卵に丸みを帯びた客室が載ったような斬新な形状を車体に与えただけでなく、真横に移動して縦列駐車ができるといった革新的な動きを可能にしていた。ドアのメカニックも斬新で、開閉時に全く音が鳴らない新方式を採用していた。

なかに入れば、四人が向かい合ってくつろげるソファが搭乗者を迎え入れた。ミニ・ヴァン由来のフォルムは、応接間のようなラグジュアリーな空間を活かすためだった。

Ｓｉｒｉに行き先を伝えれば車は走りだし、途中で見たレストランについて尋ねればＡＲガラスに情報が表示されるはずだった。それはもはや飛行機のファーストクラスを超える快適な空間であり、安らぎがあり、エンタメがあり、リモート会議さえも可能な場所だった。

かつてアイブは静電容量式液晶パネルと出会ったとき、これでキーボードもトラックパッドもない全く新しいＭａｃが作れると創造意欲を掻き立てられた。そのタブレットの試作機をジョブズが見たとき、ｉＰｈｏｎｅが誕生した。同じように完全自動運転技術との出会いはアイブに、人類が向かうべきヴィジョンを見せたのである。

しかしそれは、エンジニアのリッチオたちにとって恐怖そのものだった。たしかにこれなら、宇宙に衝撃を起こせるはずだった。だが、発売予定日の二〇一九年までに、肝心の完全自動運転技術が出来あがらなかったらどうなってしまうのか。

それでもプロジェクト・タイタン★050は完全自動運転版で方針が決まり、毎年十億ドル(一三〇〇億円)を投じ、千人の大戦力を抱えて開発が進んでいった。初代ｉＰｈｏｎｅの開発費一億五千万ドル(二〇〇億円弱)と比べても、タイタンの名にふさわしい巨大なプロジェクトである。

だが、若き日のジョブズも経験したように、いかなる情熱をもってしても技術ロードマップ自体を捻じ曲げるのは不可能だった。

先駆者グーグルは二〇〇九年以来、自動運転の品質で首位を独走していた。二〇一八年、カリフォルニア州局が公表した資料によると、グーグルのウェイモは一万七七〇〇キロに一度しか自動運転の失敗を起こさなかった。二位のＧＭと比べて二倍の安全走行距離だ。日本勢は、六位の日産が三四〇キロに一度、二十二位のトヨタが四キロに一度の運転失敗。グーグルの自動運転技術力は圧倒的だったが、そのグーグルをもってしても二〇三〇年まで完全自動運転の一般車は作れないだろうとされてきたのだ。[★051]

Ａｐｐｌｅはといえば、レクサスを改造して公道実験を秘密裏に進めていた。その安全走行距離はリストの最下位から二番めで、二キロ弱に一度、運転失敗を起こしていた。[★048]絶望的なビハインドに「Ａｐｐｌｅは自動車開発から撤退するのではないか」という憶測が何度も流れたが実際、社内は大事故の様相を呈していた。

そこにはハードウェア陣の苦境を背負ったリッチオと、圧倒的な革新にこだわるアイブとの深刻な対立があったが、それだけならジョブズ時代からの日常ともいえた。加えて社外から問題が怒涛のように流入していた。自動運転車の製造はｉＰｈｏｎｅとは比べ物にならないほど開発すべき部品が多く、様々な製造会社がアイブの革新的なデザインに悲鳴をあげていた。

加えてアイブのもとには、かつて経験したこともないほど社内の問題が押し寄せていた。二十人のデザインスタジオだけでなく、ソフトウェア部門も統括することになった彼は、巨大企業のマネジメントに忙殺されるようになっていた。大混乱のなか、彼は停滞したプロジェクト・タイタンからのデザインチーム撤退を決断したのだった。

いま振り返るなら、ジョブズが生きていたら確度の高いレベル4の半自動運転車と、挑戦的なレベル5の完全自動運転車のふたつのプロジェクトを同時に走らせていたのではないかと思う。彼は初代ｉＰｈｏｎｅの開発時、技術的に容易なｉＰｏｄベースの試作機と、Ｍａｃ ＯＳを作り直した挑戦的な試作機の両方を走らせていた。トヨタに学んだセットベース開発である。

そしてジョブズの励ましを受けたアイブならふたつの自動車をデザインする過程で、通常のＥＶであっても、彼自身も満足の行くデザインに到達したのではないか、と思ってしまうのだ。もちろん、完全運転の技術が実用に入る段階でおもむろに参入して〝宇宙に衝撃を起こす〟ほうが正解なのかもしれない。どちらが正しかったのか、筆者にはわからない。

ただ結果として残ったのは、ジョブズとともにモノづくりで数々の革命を起こしてきた天才ジョナサン・アイブが燃え尽きてしまったことだった。あれほど勤勉だった彼は自動車のデザインから離れると、徐々に会社へ顔を出さなくなっていった。そのままＡｐｐｌｅ Ｐａｒｋの建設現場にすべての力を投入するようになり、その完成を最後に会社を辞めた。

かくしてｉＰｈｏｎｅの誕生物語に登場したジョブズの重要な部下は、配信担当のエディ・キューとロジスティック担当のクックを残してＡｐｐｌｅからいなくなった。

ディズニー社もそうだが、革新的なヴェンチャーが大企業となっても、カリスマ的な創業者がいるあいだはクリエイティヴでいられるものだ。Ｓｏｎｙのように創業者が去っても彼と仕事をした経営陣が残っているあいだは、なおその魂を失わない場合もある。だが創業者世代が去ったあとには大いなる試練が待っている。そしてそれは筆者の想像以上にはやくＡｐｐｌｅに来ようとしていた。

たしかにＡｐｐｌｅは自動運転車で遅れをとった。だがグーグルが先行しているのはソフトウェアだ。市場で先行するテスラの車もハードウェア面で群を抜いているわけではない。そしてＡｐｐｌｅは史上初の製品を創る会社ではなく、世界初の完璧なプロダクトを目指す会社だ。

生前のジョブズが時代遅れといわれた垂直統合モデルにこだわったのは、ハードとソフトの融合で完璧なプロダクトを目指したからだった。対して世界初のソフトウェア企業を創り、オープン戦略の始祖となったビル・ゲイツは、ジョブズがいなくなってもＡｐｐｌｅは輝き続けるかと問われてこう言った。

「統合モデルが機能するのは、スティーブが王座にあるあいだだけです」

仇敵にして友のその言葉を、アイザックソンから伝え聞いたジョブズは鼻で嗤って言った。

「馬鹿なことを言う。俺以外だって、同じやり方で素晴らしい製品を創れるさ」

「じゃあ、すべてをじぶんたちで仕切って素晴らしい製品を創った会社は、ほかにどんなところがあるのかい？」と

アイザックソンが訊くと、彼は長考の末に答えた。

「……自動車メーカーだな。少なくともかつてはそうだった」[★052]

その会話から十一年の歳月が過ぎた。あの頃にはＳＦだった自動運転車は今や実現間近となり、自動車メーカーはフォードが規格大量生産を発明して以来、百年ぶりの大革新を迎えつつある。

執筆現在、〝Ａｐｐｌｅ Ｃａｒ〟の登場は二〇二五年と予測されている。[★053] ジョブズが目指したとおり、Ａｐｐｌｅは幾世代も超えて輝き続けるクリエイティヴな大企業となったのか。それは〝Ａｐｐｌｅグラス〟と〝Ａｐｐｌｅ Ｃａｒ〟の出来如何にかかっている。

盛田が予見した国内製造業の没落とＳｏｎｙのサバイバル

過日、Ｓｏｎｙが発表した決算は景気低迷に喘ぐ日本にあって、明るいニュースとなって報道された。二〇二一年度、Ｓｏｎｙは営業利益で初めて一兆円超えの一兆二千億円となり、十兆円に迫る売上高も実に二十年ぶりの記録更新となった。[★054] 売上、利益ともに王者トヨタに次ぐ国内二位の業績であり、特に営業利益は、平面ブラウン管テレビと

プレステ2のヒットでSonyが世界のトップブランドだった二〇〇一年度と比べても、実に五倍以上だった。

二十一世紀初頭、Sonyの売上構成はテレビやオーディオを代表とするエレクトロニクスが七一%弱だったが、今やゲーム・音楽・映画・金融を合わせた売上が六六%弱となり、ハード主体からソフト主体の企業に生まれ変わった。

ソフト重視の経営はSonyを否定するものだとたびたび批判があったが、Sonyの復活を喜ぶ出井元CEOは、この流れをつくったのは共同創業者の盛田昭夫その人だとインタビューに答えた。「盛田さんは『こんなに円が高くなったらとてもエレキだけではやっていられない』と、ものすごく強い危機感を持って変革を実行した」[★055]

七〇年代のニクソンショック、八〇年代のプラザ合意で円高は為替固定制の頃の三倍にまで進んだ。盛田は七〇年代にのちのソニー生命を創業。八〇年代には大賀典雄の進言を受け入れ、CBSレコードとコロンビア・ピクチャーズを買収して音楽事業、映画事業を世界的に展開。大賀が本社CEOの時代には、彼の興したSonyミュージックの社内でプレイステーション事業が育ち、ゲームも会社の柱に育ってゆく。

出井時代には盛田の念願だったソニー銀行を若手の十時裕樹(執筆時、本社COO)が創業。インターネットに力を入れる出井はソニーネットワークコミュニケーションズを立ち上げ、社長室にいた吉田憲一郎(執筆時、本社CEO)を送り込んだ。同社からは国内医療業界のDXを一手に担うエムスリー社が誕生し、一兆円以上の含み益をSonyにもたらしただけでなく、自動車産業よりも大きなヘルス産業進出の橋頭堡を築くことになる。

すでに書いたとおり久夛良木健は、初代プレステの発売からわずか七年でゲーム事業を売上一兆円に育てあげた功績で出井の次のCEOと目されていた。だが、Sonyにインテルの売上三五〇億ドル(四兆六千億円。二〇〇六年当時)[★056]と並ぶ半導体事業をもたらそうとした彼の試みは敗北に終わる。

出井に続くストリンガーCEO時代、Sonyは最も困難な局面を迎えた。

独自ＯＳの開発失敗を機に始まったＰＳ３の大敗北は、Ｃｅｌｌ（セル）のための設備投資を転じて巨額負債に変え、九千億円の累積赤字となって還ってきた。★057 さらにｉＰｈｏｎｅの登場で、エリクソン社と合弁で進めていた携帯電話事業が壊滅状態に。なによりもスマートフォンは家電のほとんどを無用にしたうえ、台頭する中国の安物家電がエレクトロニクス市場をレッドオーシャンに変えてしまった。

ソフトウェア事業も、ゲームだけでなく音楽が苦しんでいた。ｉＴｕｎｅｓ型のダウンロード販売は機能せず、ストリンガー時代に世界の音楽ソフト売上はＣＤ時代のピークから四割も減る谷底を迎えた。このとき苦しむＳｏｎｙを支えたのが金融と映画だった。就中、映画は乱脈経営に陥っていたのを先代の出井が立て直し、苦戦する音楽事業やＰＳ３に替わってＳｏｎｙのソフト売上を支えた。

さらには久夛良木に替わってゲーム事業を引き継いだ平井一夫がＰＳ３の立て直しに成功。全く新しいコンピュータとして久夛良木が創ったＰＳ３をゲーム機に再定義し、ゲームを売ることに集中。それ以外はコストダウンを徹底したのである。

その手法はどこかＡｐｐｌｅ復帰直後のジョブズに似ていた気がする。当時、ＡｐｐｌｅはいたずらにＷｉｎｄｏｗｓ機とすべての面で争っていたが、彼はThink DifferentキャンペーンでＭａｃの対象顧客を再定義。そこに訴えない製品群はすべてリストラし、コストダウンでｉＭａｃの登場前にＭａｃ事業を黒字化した。

そしてハードだった。製造業の衰退したアメリカから来たストリンガーは「日本もハードの時代は終わる」と考えていた。彼はまずセルで巨額の負債を生んだ半導体事業の売却を決断したが、皮肉にもその半導体事業の伸長がストリンガー政権最大の功績を生んだ。

Ｓｏｎｙは八〇年代、盛田の跡を継いだ岩間社長が育てた〝半導体の目〟ＣＣＤイメージセンサーで、史上初の携帯ビデオカメラを発売。日常を動画に収める文化を人類にもたらした。それはデジカメや携帯電話にも搭載され、ＳＮ

Sの基となる自撮り文化をこの星に根付かせた。出井時代、半導体事業は二〇〇四年には五八〇〇億円に育っていた。そしてその成功ゆえに次世代技術のCMOSイメージセンサー開発でSonyは最後尾となってしまい、このままでは平面ブラウン管テレビやウォークマン、CDと同じようにイノヴェーションのジレンマに嵌ってしまう危機を迎えていた。そこを本社COOとなった久夛良木がCCDへの追加投資を禁止。CMOSへの転換を迫った。その後、久夛良木はストリンガーにCOOを解任され、イメージセンサー事業部はセルの生産工場もろとも売却の危機を迎えた。

かろうじて社内に残ることができた彼らだったが、そこに久夛良木が集めた集積回路の最先端技術を持つエンジニア陣がセルの生産工場売却で合流。チームは総力を挙げて画期的な〝半導体の目〟を開発した。CMOSは高精細かつ高速処理が可能で動画に最適だったが、暗がりに弱いという致命的な欠点があった。これを技術革新で克服したのである。

だが、いざ国内の携帯電話メーカーに持っていくと「あなた方は素人か」と馬鹿にされ、「動画を携帯電話で送り合うなんて流行るはずがない。第一パケット代がかかりすぎる」とにべもなかった。[★058]そこを救ったのが家電を窮地に追いやったiPhoneだった。

iPhoneは初代から米オムニビジョン社製のCMOSセンサーを動画撮影のために採用していた。通信費のかからないWi-Fi環境が比較的整備されていた欧米では、スマホで動画を撮ってシェアする文化が流行りだした。が、その映像の品質にクレームが殺到。写真と比べ解像度が低いうえ、夜間はおろか室内で撮ると暗すぎて使い物にならなかったのだ。

日本のメーカーと違い、ジョブズはこの声に耳を傾けた。そして彼の最後の製品となるiPhone 4SにSonyのイメージセンサーを搭載。[★059]以降Appleのライバルたちもこぞって搭載しはじめ、家電に続きスマホの時代も、日常を動画に撮る文化をSonyの技術が築きあげた。

同時期、CMOSセンサーの増産を見込んでストリンガーはセルの長崎工場を東芝から買い戻す。半導体の雄、東芝出身のエンジニアもやってきたSonyは他社の二年半先を行く技術力を得て、十年後の二〇二一年度には半導体事業が一兆一千億円弱の柱に育った。

ストリンガーの就任期間はディープ・ラーニングの登場で人工知能が爆発的に成長した時代だった。Sonyの土井利忠は一九九八年に、来世紀はAIとロボットの時代になると見越してロボット犬AIBOを開発しヒット商品となったが、ストリンガーはAIBOの生産中止を決定。ロボティクス事業を時代遅れと否定したが、彼の時代にSonyはAIの対となるべきセンシング技術でリーディングカンパニーの地位を固めたのだった。

なお、土井の開発した非接触式通信半導体チップ、フェリカは日本でお財布ケータイを実現し、ジョブズの没後、iPhoneも搭載してApple Payが普及。トヨタ傘下のデンソーが発明したQRコードと並んで、電子マネーを使う生活を人類にもたらしている。

悲願のターンアラウンドを達成した平井Sonyとジョブズの共通点

かつてプロのオペラ歌手だった大賀典雄がSonyの社長に就任したとき、メディアは〝異色の経営者〟と報道したが、ストリンガーの跡を継いだ音楽ディレクター出身の平井一夫CEOも異端を自認していた。音楽、ゲームと渡り歩いてきた彼だったが、エンタメ事業は本社で傍流扱いされたからである。

彼の時代、Sonyのエンタメ事業は病も癒えて飛翔の刻(とき)を迎えた。音楽は、iPhoneでブレイクしたサブスク配信を味方につけて急回復した。映画もストリンガー時代、エレキの赤字補填で新作への投資が滞り不調となりつつあったが、ネットフリックス等の動画サブスクにコンテンツを次々と供給して回復。生まれた余力で積極投資が再開された。投資対象は大型新作にとどまらず、放送局、配信、テーマパークを持つ〝ミニ・ディズニー〟構想まで視野に入っている。

執筆現在、CD・DVD時代をはるかに超える繁栄をSonyの音楽と映画は享受している。パッケージ・ビジネスの全盛期だった一九九八年度と比して、二〇二一年度の音楽売上は一・五倍の一兆一千億円強、映画売上は二・三倍の一兆二千億円強だ。

そしてゲーム事業でも、平井は久夛良木以来となる大転換を敢行した。久夛良木は井深やジョブズと同じく、じぶんが創りたい今までにないものを製品化するプロダクトアウト志向だったが、PS4は平井の指示で、市場が求めているものを製品化するマーケットインの手法で開発された。独自のアーキテクチャではなくスマホと同じARMを採用し、パソコンに限りなく近い構造で制作してコストカット。残った資金余力を、消費者が求めていたプレイ動画を投稿・実況できる機能や、ゲーム会社の求めていた他社ハードにタイトルを転用できる開発環境の整備、そして人気作品の充実に充てたのである。結果、新型ハードの普及期には赤字覚悟が常識のゲーム業界にあって、PS2も達成できなかった初年度黒字を二〇一三年度に達成した。

さらにはクラウド・ゲームの先駆、ガイカイを買収。通信越しでもほぼ遅延なしで遊べるという、ストリーミング技術としてはスポティファイやネットフリックスのはるか先を行くテクノロジーを手に入れると二〇一四年、平井SonyはゲームΣが遊び放題のサブスク、PS Nowを立ち上げた。

それはかつて久夛良木が予言した[★060]「いずれプレステはネットの海に溶けて筐体(きょうたい)を持たなくなる」という未来をみずから引き寄せる大胆な決断でもあった。「喰われる前に喰え」がジョブズのモットーだったが、Sonyはかつて苦しんだイノヴェーションのジレンマを、半導体に続きゲーム事業でも克服した。

PS Nowの翌年にはプレイステーションVRを発売。高額なゲーミングPCを必要とするフェイスブック(現メタ社）のオキュラスリフトよりもはるかに安い価格を実現し、ＶＲでもＳｏｎｙが先頭を切ることになった。かつて久夛良木は映画『マトリックス』を観て、仮想空間上に物質世界を超える超文明社会を構築し、そこで人類が暮らす仮想世界をセルによって実現しようとしたが、ゲーム空間に入り込むＶＲゲームの誕生はメタヴァースの始まりだったとのちの歴史家は記すであろう。

　平井時代、エレクトロニクス事業の止血に成功したことはＳｏｎｙにとって大きな福音となった。祖業のエレキ事業は七年で累積赤字一兆円、主力のテレビ売上は十年で八千億円の大赤字であり、Ｓｏｎｙの病巣がそこにあった。「ほかに問題があるのか、というぐらい明確だった」と当時、ＣＯＯに抜擢された吉田憲一郎は語る。★060

　すでにパソコンのＶＡＩＯが、中国勢の仕掛けた価格競争と付き合ううちにＡＶ機能とデザインで一世を風靡した頃の輝きを失い、みずからコモディティ化して自滅していた。テレビもそれを追うかのように、韓国勢の出す製品群と逐一張り合ううちに何の差異化もないラインナップに変質。値下げ競争のレッドオーシャンにみずから溺れにいく状況となっていた。ジョブズ復帰前のＭａｃと同じ状況だ。

　当時、ＭａｃはＷｉｎｄｏｗｓ機と市場の面取り合戦を繰り返した結果、製品ラインナップが無秩序に氾濫していた。そこをジョブズが大鉈を振るい、〝シンプルな組織〟に構造改革して魅力あるＭａｃづくりに集中することでＡｐｐｌｅはレッドオーシャンから抜け出した。平井時代、Ｓｏｎｙがテレビでとった道もそれに近い。

　４Ｋテレビの成功も構造改革なくしてはありえなかった。吉田の片腕となった十時は、平井が「規模を追うな」と命令を出しても一向に聞かない海外の販売部隊を、国内の開発部隊と統合して分社化。売上台数ではなく収益率を経営目標とすることで、製品群の縮小と差異化に専念するほかない組織にした。

　分社化と統合でテレビ事業のトップは身軽さを取り戻し、部品メーカーや開発現場に足を運んでプロダクトづくりに注力できるようになった。コストダウンのため、外注頼りが進んで、それがコモディティ化に拍車をかけていたが、パネルメーカーから部品をオープンセル(半製品)のまま納入し、そこに独自の先端技術を載せて差異化の利いた4K液晶パネルを生産。コストダウンは海外のEMSで、最先端技術は国内工場で役割分担という円高時代の製造業の正解をついに見出した。

さらにトヨタやAppleのように販売現場から逐一情報が集約される体制を構築して、4Kの売れる兆しが見えた国に宣伝費を集中投資。大型販売店にAppleと同じくショップインショップを置いて4KテレビがAV売り場の主役になるよう推進し、工場も生産現場の都合でラインが動く前工程主義から、販売店の情報から逆算されたトヨタ式の後工程主義に改革された。

結果、「4K放送はまだ実験段階」「音質重視の時代は終わった」とライバルが油断するなか、値段や細かな機能追加でなく、圧倒的な画質と音質に集中したSonyのテレビ事業は二〇一五年度、十一年ぶりに黒字化を実現し、二〇一七年には二五〇〇ドル超のハイエンド市場で王者に返り咲いた。[★061] 二〇二一年度の決算では、エレクトロニクス事業の営業利益率は音楽や映画と同じ一六%台となり、レッドオーシャンと化した家電産業にあって驚異的な水準だった。

「あくまで内容の充実、実質的な活動に重点を置き、いたずらに規模の大を追わず」

これは共同創業者井深大が記した設立趣意書の一節だが、続く「経営規模としては、むしろ小なるを望み……」はもはや巨大企業となった現実に則さない。[★062] ジョブズは大企業の筋力とヴェンチャーの俊敏さを兼ね備えた会社づくりを目指したが、吉田COOの進言で平井は経営目標から売上高を外し、かわってROE(自己資本収益率)で一〇%以上を目標に掲げた。それはSonyの変質を招いた売上至上主義を捨て、量より質を求める原点回帰でもあった。一定の利益率を規律にすれば、ライバルとの競争に煽られてレッドオーシャンに迷い込む危険も減る。

ROEは特別な指標ではない。それどころか、出井の重視した経営指標EVAとほとんど変わりはない。どちらも、将来への投資を控えてコストカットに励めば簡単に誤魔化せる欠点がある。吉田のROEが出井のEVAと違ったのは、その運用に工夫があることだった。

まずＳｏｎｙの全事業をテレビと同じように分社化し、身軽になってもらう。さらに全事業を市場の成長速度に合わせて「成長牽引領域」「安定収益領域」「事業変動リスクコントロール領域」のみっつに分けた。スリム化した本社は、半導体事業やソフト事業など成長牽引領域のカンパニーに長期投資をおこない、プロシューマー製品や医療機器など安定収益領域ではコモディティ商品と一線を画す差異化に集中投資。テレビやスマホなど価格競争の激しい事業変動リスクコントロール領域では、投下資本を抑えつつコストダウンを図ることにした。

さらに音楽配信の時代が到来した際、Ｓｏｎｙミュージックとウォークマン部隊で起きたソフトとハードの対立がＡｐｐｌｅに遅れをとる原因となったこと等を反省し、それぞれのカンパニーのＣＥＯを本社の執行役員に就任させ、Ｓｏｎｙグループ全体にも責任を持たせて部分最適の害を防ぐことにした。

同じ用語を使っていないが、こうした事業ポートフォリオの管理はＡｐｐｌｅでもおこなわれている。成長牽引領域には配信やＡｐｐ Ｓｔｏｒｅなどソフトウェア事業が置かれ、将来へ向けてはスマートグラスや自律走行車の商品化を目指し大規模な長期投資が続いている。ｉＰｈｏｎｅはハイエンド・スマホ市場の成長鈍化とともに成長牽引領域から安定収益領域へ移動し、顔認識の独自半導体チップなど差異化技術に集中投資がおこなわれている。価格競争の激しいパソコン市場にあるＭａｃは事業変動リスクコントロール領域に置かれ、付加価値とコストのバランスを厳しく管理している。

ゲーム、音楽、映画、金融、半導体、そしてエレクトロニクス。Ｓｏｎｙの事業はＡｐｐｌｅよりも多岐にわたるがゆえに、どれかを重視し、どれかを軽視すれば組織の分断を招く。それが出井・ストリンガー時代に苦しみを生んだ。平井時代に半導体事業と本社研究開発部門を率いた鈴木智行はこう語った。

「Ｓｏｎｙの経営は極端だった。ソフトが大事といったら、ソフトに極端に重心を変え、ネットワークが大切という方針になればそちらに一気に傾く。どちらかが大事なのではなく、どれも重要なのだ。Ａｐｐｌｅはソフトとハードの両方をしっかりと大事に扱う[★063]」

若き日のジョブズが憧れた盛田昭夫は大賀典雄とともに〝ハードとソフトの両輪〟を目指した。平井政権はその原点に還り、〝Ｏｎｅ Ｓｏｎｙ〟を取り戻したのだった。

ジョブズと異なる？ Sony流ヴェンチャー精神の復興

平井時代はＳｏｎｙの伝統をストラテジックに再定義した時代だった。井深時代に大賀がデザイン室を創設して以来、若き日のジョブズが目標とするほど〝デザインのＳｏｎｙ〟は世界の工業デザインに影響を与えてきた。Ｓｏｎｙのブランド価値を形成してきたデザイン室は出井時代、コスト削減のため廃止されたが、平井は社長直轄でこれを復活。多岐にわたる事業部がデザイン・スタジオのコンサルティングを受けられる仕組みを創った。

井深時代からＳｏｎｙには〝机の下活動〟の伝統があった。「上司に隠れて研究やプロジェクトを進め、形になってきたら経営陣に見せてＧＯサインをとる」というものだ。プレイステーションがその典型でもあったし、平井時代にもそれはあった。二〇一六年のａｉｂｏの復活はデジカメ、ゲームほか各部署の有志が空き時間に集って試作機を作っていた結果だった[★064]。それは発売前からロボティクス事業再参入の気運を社内に高めただけでなく、のちに思わぬかたちで花を咲かせることになる。

ＣＥＯ就任時、平井は足を使って現場の話を聞くと決めた。社員を交えたランチ・ミーティングは日常で、各国でのタウン・ミーティングも七十回を超えた[★065]。社員たちの「情熱のマグマ」はすさまじく、事あるごとに「こんな商品を創りたい」という直訴を受けたという。事業部長に指示を出すなどできる限りのサポートをしていたが、やがて「じぶんと会えた人だけがチャンスを得るのは不公平では」と思うようになった。

平井は〝机の下活動〟を仕組み化することにした。社内に散在する新規事業のアイデアを集め、オーディションをかけてインキュベートする「シード・アクセラレーション・プログラム(SAP)」だ。社長直轄にして、ソニー銀行の起業で実績のある十時裕樹をキーパーソンにアサインした。

SAPは素早く初めのプロダクトを作って改善を重ねるトヨタ式のリーン・スタートアップを基本にしつつ、量産・サポート・法務・技術者の紹介などヴェンチャーが苦手な面で本社が補う体制を構築。ジョブズも大企業の筋力とヴェンチャーの俊敏さを併せ持った経営を目指したが、SAPはジョブズのようなトップダウンではなく、ボトムアップでプロダクトアウトする点で異なっていたかもしれない。

秘密主義のAppleに対し、SonyのSAPは外部との協業で立ち上げの速度を上げるオープン・イノヴェーションを奨励。音楽ではCBSといっしょに、CDではフィリップス社と、映画ではコロンビアと、生命保険ではプルデンシャルと——。外部との協業で次々と事業を立ち上げてきたSonyの伝統にもそれは適っていた。

ドローンで測量データを収集するエアロセンス社は、SAPの特徴が如実に出たスタートアップとなった。社長の佐部浩太郎は初代AIBOのソフトウェアを担当したのち、本社の研究開発部門にいたときSAPに応募。ドローンを製作するZMP社と事業アイデアのPoC(概念検証)を重ね、外部起業家を交えたSAPの事業評価委員会の承認を得て合弁企業を設立。建機のリースに強い住友商事と資本提携して素早く市場にアプローチした。

創業者がトップダウンでプロダクトアウトの新商品を開発する場合、「売れるはず」という信念のもと邁進できるが、創業者の去った大企業の社員がボトムアップで同じことを提案しても「思い込みでは」という経営陣の不安と衝突することになる。そこでSAPはクラウドファンディングで事前に需要を確認するかたちをとった。

超小型人工衛星を打ち上げ、そこに載せたSony製カメラをみんなでシェアして仮想宇宙旅行を楽しむ——。こんなアイデアは、その仕組みがなければ「そんなものに需要があるのか」の一刀両断で立ち消えていたかもしれない。

スタースフィアはSAPのクラウドファンディング・サイトで人気を集め、JAXAや東京大学と協業で人工衛星の打ち上げが決まった。

エアロセンスもスタースフィアも、ともにインスパイリングな新規事業だが、当初の売上規模は大きなものではない。それは数百億円単位の売上がないと組織のコストを賄えない大企業の事業部のなかではむずかしいものばかりだったが、それこそがイノヴェーションのジレンマの温床でもある。

SAPは事業部で拾い切れないアイデアを捕まえる狙いがあった。自然と「Sonyにふさわしくない小粒なものばかりだ」という批判が起きたが、音楽会社出身の平井は「レコード会社が新人を十組出したら当たるのは一組」と意に介さなかった。[★066]

「SAPのもうひとつの目的は、社内のオペレーション改革であり意識改革なんです」と平井は語る。[★067] SAPへの参加は、事業部からの一時的な出向や兼任サポートのかたちも許されており、社員がSAPに関わることでヴェンチャーのスピード感やノウハウを事業部に持ち帰ることも意図していた。

かくしてSonyはターンアラウンドに成功した。平井CEOの就任時、Sonyは四年連続の赤字決算。ストリンガー政権最後の二〇一一年度は過去最大の赤字である約四六〇〇億円だった。平井政権最後の二〇一七年度は純利益で四九〇〇億円を超え、営業利益では二十年ぶりの過去最高益となった。ようやくSonyは〝次の大物〟を狙える体力を回復した。二〇一八年、平井はともに構造改革をやり遂げた吉田憲一郎にあとを託した。

復活を目指すSonyのNext Big Thing

金融事業を柱に育てた吉田CEOと十時COOは事業投資の専門家だ。ふたりの登場はSonyにとって最適なタイミングだったかもしれない。iPhone登場時と違って次の大物は見えており、勝負は完成度の高いスマートカーやスマートグラスの決定版にどうたどり着くか、という開発競争の時代を迎えていたからだ。資金と投資がものをいう大規模な技術競争の時代が来たのである。

自律走行車はソフトとハードの新たな融合だが、ソフトの自動運転技術はグーグルが先駆けた一方、ハードのＥＶは日本が先行していた。ＥＶの心臓であるリチウムイオン電池は一九九一年、Ｓｏｎｙが初めて量産に成功。当時の大賀ＣＥＯはさっそく日産のテストコースにヘリで電池を運び、ＥＶの試作車に載せてみずから運転したという。[★068]

その十八年後に三菱自動車からミーブが、翌年には日産からリーフが出て、数々の特許も揃えた日本勢はＥＶ市場で先行したはずだった。だが、ここでもイノヴェーションのジレンマに嵌まり込んでしまう。既存のエンジン関連設備を持たない身軽な中国メーカーが、政府の積極支援も受けて安価な下位市場を席巻。上位市場でも、日本勢が安全なバッテリー開発に時間をかけているあいだに、米テスラ社がパソコン用のバッテリーで炎上の危険をものともせず一気に商品展開。ブランド構築に巨費を投じて高級ＥＶで王者となった。[★069]

危機感を募らせたホンダは二〇二一年、三部敏宏新社長がエンジン車の全廃を宣言。だがこの過激な方針に会社がついてこない。既存の売上や傘下の部品メーカーを守ろうとするジレンマが組織を拘束していた。ここでホンダが頼ったのが、同じ苦しみを先に味わい克服したＳｏｎｙだった。

その頃、Ｓｏｎｙではロボット犬ａｉｂｏの技術が思わぬかたちで花開いていた。クラウドの大脳とエッジの脊椎反応を備えたＡＩ、パワートランジスタの駆動系、周囲の人間との距離を把握する測距センサー等々。ａｉｂｏの要素技術は自律走行車のそれと一致していたのだ。ａｉｂｏの開発チームは、実際にＥＶを作ってみせた。Ｓｏｎｙの試作車ＶＩＳＩＯＮ－Ｓは二〇二〇年のＣＥＳで披露され、世界を驚喜させた。

やがて来る自律走行車は便利でかっこいいだけでは完成しない。運転から開放された社内の空間をワクワクしたものにして初めて完成する。アメリカでＳｏｎｙはエンタメのブランドだ。人びとがＳｏｎｙの試作車にワクワクを感じたのは、アメリカ勢のメーカーにその志向が足りていない証左だったのかもしれない。

『イノベーションのジレンマ』の著者クリステンセン教授は「トヨタなど日本の自動車会社が生き残る唯一の道は、ＥＶの新事業を別組織で起こすことだ」と処方箋を残して世を去った。[★070] ホンダはそのとおりにした。本稿執筆中の二〇二二年六月、Ｓｏｎｙとホンダはソニー・ホンダモビリティ株式会社を資本金百億円で設立。力を合わせてＥＶを開発・販売してゆくと宣言した。

それはＳｏｎｙとホンダの歴史を知る者なら胸の熱くなるニュースだったかもしれない。敗戦の廃墟から戦後を代表するヴェンチャーを興した本田宗一郎と井深大は、互いを認め合う無二の親友だったからだ。そしてふたりがいま生きていたら、グーグルの自律走行車を見た瞬間に「作るぞ」とどちらも言っていたに違いないからだ。

Ｓｏｎｙの〝半導体の目〟は吉田時代、スマホの時代からさらに進化を遂げた。グーグルが自動運転の研究を始めて今年で十三年が経ったが、未だに商品化しないのはセンサー等にボトルネックがあるためだった。これを解決する車載ＬｉＤＡＲ向けの積層型ＳＰＡＤ測距センサーをＳｏｎｙは世界に先駆けて商品化。ＡｐｐｌｅもＳｏｎｙの測距センサーの購入を決めた。[★071] 何のためかは言を俟たない。

ＡＩでもＳｏｎｙは面白い技術を持っている。二〇二二年、ＳｏｎｙのＡＩ「ＧＴソフィー」がカーレースゲーム『グランツーリスモ』でｅスポーツの世界王者を破ったが、これはかつて囲碁の欧州王者を降したグーグルのＡＩ「アルファ碁」に勝るとも劣らない技術的到達点だった。仮想空間内で物理法則に基づいた複数台の動きと敵ドライバーの意図を予測し、違反点を計算しながらリアルタイムで車体を操作して勝ったのは「自動運転用ＡＩの訓練にとって重要な一歩だ」とマサチューセッツ大学のシルヴァ教授は英科学誌ネイチャーで評価した。[★072]

これまで「ＡＩの優劣はデータの量で決まるゆえに実験車の走行時間で先行するグーグルには勝てない」とされてきたが、物理世界の道路状況をリアルタイムに仮想化できればデータ量は飛躍的に伸ばせる。すでに世界各地で５Ｇを活用したスマート道路の建設が始まっており、日本政府もあらゆる社会インフラのＤＸを目指す〝ソサエティ５・０〟を世界に先駆けて提唱し、推進中だ。

ジョブズがネクスト・ビッグ・シングを次々とものにしてきたのは、彼が要素技術のロードマップに研ぎ澄まされた感覚を有していたからでもあった。指先でＵＩを操れる静電容量式液晶パネル、ＧＵＩがまともに動くモバイル用プロセッサ。このふたつの進化が閾値（いきち）を超えるのを虎視眈々と見守っていたからｉＰｈｏｎｅで世界を驚かすことができた。どちらもハードウェアの技術だ。

スマートグラス（ＭＲグラス）のハード的要素技術はイメージセンサー、超小型ディスプレイ、バッテリーとなるが、どれもＳｏｎｙが関わっている。イメージセンサーはＳｏｎｙの独擅場だ。ディスプレイも、ＡｐｐｌｅがＬＧとＳｏｎｙからマイクロＯＬＥＤを仕入れると決めた。[★073] バッテリーも、村田製作所がＳｏｎｙの技術でウェラブル用の全固体電池を開発している。

おそらくスマートグラスのＵＩは声のほかに、イメージセンサーで瞳孔と手先の動きをトレースして動態解析するものになるだろう。将来には、脳波を感知するＢＵＩ（ブレイン・ユーザー・インターフェース）の世界が待っているが、次の大物に医療工学も設定しているＳｏｎｙはそこにも関わっていきそうだ。

スマートグラスは、対となる超現実空間が豊かになってこそポスト・スマートフォンとなりえるが、メタヴァースには商魂たくましい中国人ですら「バブルでないか」と警戒している。[★074] 中国の場合、共産党政府がゲームとＮＦＴを厳しく規制しだした事情もあるが実際、フェイスブックほかＩＴの巨人たちが提示するメタヴァースの将来像がどこかつまらないのが最大の理由かもしれない。

吉田Ｓｏｎｙは正面突破でメタヴァースを攻略しようとしている。ゲーム、アニメ、映画、音楽でメタヴァースをワクワクするエンタメ空間に変える、という戦略だ。

二〇二二年、Ｓｏｎｙは世界で三億五千万人が集い、常時三五〇〇万人が接続しているゲーム『フォートナイト』を有するエピック・ゲームズに十億ドル（一三〇〇億円）を出資した。[★075] オンラインゲームはもはや「一億人とつながるメディア」となっている。『フォートナイト』のゲーム空間では音楽ライヴも盛況だ。人気ＤＪのマシュメロが一千万人、カリスマ・ラッパーのトラヴィス・スコットが一二〇〇万人を集め、日本でもＳｏｎｙミュージックの米津玄師が仮想ライヴを行い話題を集めた。[★076]

吉田Ｓｏｎｙはネットワーク・ゲームの雄バンジー社も三十六億ドル（四七〇〇億円）の巨額で買収。毎日七千万人以上が集う中国最大の動画共有ビリビリにも四億ドル（五二〇億円）を出資した。[★077] 目指すは「十億人とつながるＳｏｎｙ」だ。

プレイステーションＶＲも吉田時代、４Ｋ対応の二世代目を迎え、閾値と呼ばれる一千万台を目指す。ＶＲは８Ｋで自然な体験を実現できると以前からいわれていたが、ヘッドセットの母艦となるＰＳ５は８Ｋに対応済みであり、実現は時間の問題だ。

テレビ事業のほうは、これまでの高精細化競争と別次元に向かいつつある。Ｓｏｎｙの裸眼３Ｄディスプレイには、以前の３Ｄテレビとは全く異なる、体験しなければわからない感動がある。現実をリアルタイムに全方向対応の３Ｄ映像へ変換する技術はもはやＳＦの世界であり、テレビもメタヴァースの重要デバイスとなってゆくのがじぶんの目で見てはっきりわかった。

吉田はＳｏｎｙの存在理由を「クリエイティヴィティとテクノロジーの力で、世界を感動で満たす」と定めた。前世紀にコンテンツ事業を立ち上げた大賀典雄ＣＥＯは「こころの琴線に触れる製品づくり」を謳っていたが、吉田の企業パーパスはコンテンツとハードの両輪を目指すＳｏｎｙにいっそうふさわしいものとなった。それはどこかジョブズの「テクノロジーとアートの交差点」と似通っている。若き日の彼がＳｏｎｙを目指したのを想えば、それは決して後追いでも、偶然でもないだろう。

ＡｐｐｌｅとＳｏｎｙ。ともに偉大なるカリスマを創業者に持つ。彼らが去っても偉大なる魂は受け継がれたのか。それは〝次の大物〟でも、彼らに負けない感動を生み出せるかにかかっている。

半導体の歴史とともにあったジョブズの人生

人類の三大発明は何だろうか？

それは通常、活版印刷・火薬・羅針盤とされている。どれも中世の中国で発明され、ルネッサンス期の欧州で革新を迎えた。だがルネッサンス期という枠を外すならば、古代シュメールに誕生した文字体系、近代イギリスの蒸気機関、そして現代アメリカで生まれた半導体素子が人類の三大発明になるかもしれない。インターネット、スマートフォン、人工知能の隆盛も、半導体素子が集積化していった流れの上にある。

今では半導体がなければ家電、自動車、飛行機、兵器はおろか医薬品すら生産できない。ＥＭＰ攻撃を受け半導体回路が破壊されれば発電所、工場、銀行、株式市場、放送局、政府機関のすべてが機能を停止し、文明社会は崩壊してしまう。

それは太平洋戦争から始まった。

アメリカのベル研究所は日本の艦隊を撃ち破るべく、弾道計算のコンピュータを開発していた。終戦から間もない一九四七年、同研究所は巨大だったコンピュータを小型化すべく、真空管や継電器よりはるかに小さい電子部品、トランジスタを発明した。半導体素子の誕生である。

その頃、サンフランシスコの湾岸は大日本帝国軍を物量戦で打ち破るべく兵器工場で満ちていた。街の中心には先端技術を担うスタンフォード大学があったため、軍需用のコンピュータはその周囲で開発・生産が進むようになった。やがて同地はシリコンバレーとなり一九五五年、ジョブズが近郊に生まれ落ちた。

一九五五年は、Ｓｏｎｙと戦後日本の復興にとってエポックメイキングな年でもあった。軍需一辺倒だったトランジスタの平和利用を井深大が着想し、世界で初めてヒットした日本の家電製品が誕生したからだ。据え置き型だったラジオの心臓部を真空管からトランジスタに変え、携帯できるラジオを彼は創った。それは音楽を初めて携帯できるように変えて若者にロックミュージックを解放しただけでない。Ｓｏｎｙは真空管から半導体へ切り替わるタイミングを捉えて、イノヴェーションのジレンマに囚われた欧米の家電メーカーを過去のものにした。

六〇年代にはトランジスタの集積回路（ＩＣ）が量産化を迎えたが、アメリカは依然として軍需用コンピュータの改良にこれを充てた。一九六五年、アメリカにおける半導体の需要は五〇％が軍需だった。一方、日本はＩＣで電卓の世界的ブームを起こす。そして一九六八年、Ｓｏｎｙから出たカラーテレビ〝トリニトロン〟の大ヒットは日本のエレクトロニクス産業を世界一に押し上げていった。

その後もＳｏｎｙは音楽、映画、テレビ番組、ゲームなどエンタテインメントを人類に送り届けるべく、ウォークマン、ＣＤ、ビデオ、ゲーム機、ＤＶＤプレーヤー等々、半導体の進歩を新たな家電製品の誕生に活用し、人類の生活を変えていく。そして日本の家電製品は世界市民を顧客にして半導体の旺盛な需要を生み、軍需に頼るアメリカ半導体産業は劣勢に追い込まれていった。

視点を変えれば日本はこの時代、エンタメをテクノロジー・ドライバーにして半導体文明の黎明期を切り拓いていたといえる。井深と盛田――。ジョブズも憧れたＳｏｎｙを創ったふたりの人生は、家電とエンタメが半導体を育てた時代とともにあったのだった。

八〇年代、日本はコンピュータ向けのＤＲＡＭ（メモリ）の生産でもアメリカを追い越すが、それは虎の尾を踏む事態を招いてしまった。自動車、鉄鋼、船舶、家電等々、日米は経済摩擦を頻繁に起こしていたが、アメリカ政府が日本のいち産業を本気で潰しにかかったのはGHQの航空禁止令以来のことだった。その理由は『NOと言える日本』で石原慎太郎議員(当時)が、共著者の盛田に語ったせりふに表れている。

「仮に日本が、半導体をソ連に売ってアメリカに売らないと言えば、それだけで軍事力のバランスががらりと様相を変えてしまう」★078

最新の半導体がなければ最先端の兵器は生産できない。このままシリコンバレーがデトロイトの自動車工場のように廃墟になれば、国防の命運を日本に握られてしまうとアメリカは恐れたのだ。ペンタゴンに呼び出された日本の交渉団が、「DRAMは汎用品で軍事用ではありませんから」と弁明するとアメリカ側は激怒して立ち上がり、「これがどれほど大事なものか、あなた方はわかっているのか！」と半導体チップのケースを振り回したという。★079

日本のGDPのわずか一%にすぎぬこの産業を、米国防総省がなぜそこまで本気で恐れるのか、当時の日本は理解できなかったかもしれない。だが、その頃に台湾で興った半導体企業のTSMCが現在、最先端のロジック半導体の製造をほぼ独占しているなか、中国の台湾侵攻が起きればどうなるか。それは現在の日本にとっても死活問題になっている。米トランプ政権は巨額の補助金を見返りにTSMCの工場をアリゾナ州に誘致。日本でも岸田政権下で経済安全保障推進法が成立し、TSMCのファンドリーがSonyの協力のもと熊本に建設されることになった。同地にはSonyのCMOSセンサー工場があったからだ。★080

一九八六年、日米半導体協定の締結により、日本は国内需要の二〇%を海外の半導体でまかなうと決められ、取り急ぎ韓国からその分を輸入することにした。これを機に韓国サムスンが急成長を遂げ、日本の半導体売上のほうは下降の一途をたどることになる。のちに民主党政権の超円高容認がとどめとなり、日本からDRAM生産工場は消滅する。

アメリカが突如、矛先を緩めたのはクリントン政権時代の一九九六年だった。日本が得意なのはメモリだけであり、これから伸びるMPUでは恐れるに足りないと判断したからだった。[★079]ネットの普及が始まり、アメリカの半導体売上はサーバーとパソコン用のMPUの急成長で復活していた。半導体を育てるテクノロジー・ドライバーは、家電産業からコンピュータ産業の手に移りはじめていたのだった。

そして二十一世紀にiPhoneが誕生すると、スマートフォン・メーカーが半導体の最大の買い手となる。二〇二一年、半導体の購入総額はAppleが世界一となった。[★081]今ではクックCEOのもと、Appleは独自チップを開発する半導体メーカーだ。iPhone 13に搭載された同社製A15プロセッサには一五〇億個のトランジスタが集積されている。[★082]

かくしてパソコンとスマホの時代を創ったジョブズのAppleは、半導体の進化を司る存在となった。これまでの半導体文明の前半はSonyとともにあり、後半はジョブズの人生とともにあった。結果、その表舞台は前半が日本で、後半は米国となった。

では日本が今後、ハイテク界で主役を演じることは、もはやないのだろうか?

日本発——もうひとつのNext Big Thing

この国で、半導体素子の発明に次ぐ技術革新が生まれ落ちたかもしれない。

二〇一九年四月、英『ネイチャー』の姉妹誌『ネイチャー フォトニクス』は、画期的な光トランジスタが誕生したと報道した。電子のかわりに光を使う光トランジスタはこれまでも存在したが、素子が大きすぎたり、電子と光を変換しあうと電力消費が多くなりすぎて実用的でなかった。その両方の欠点を、NTT物性科学基礎研究所の納富雅也(のうとみまさや)教授が解決したというのだ。[★083]いや電気消費量に至っては、従来の集積回路と比べて一〇〇分の一にすることも理論的に可能だった。[★084]

その七ヶ月後、同誌はさらに画期的な研究成果を掲載した。今度は、光トランジスタの演算速度を数十倍上げることにNTTの研究所が成功したという。★085 それだけにとどまらなかった。翌二〇二〇年三月の英『コミュニケーションフィジクス』誌に掲載された研究成果によって、業界中に衝撃が走った。コンピュータ科学者たちが諦めていた「光演算の夢」を可能にする、革命的な光の演算素子をNTTは開発した。

光コンピューティングは八〇年代に人工知能と同様、ブームだったことがある。人工知能はいったん冬の時代を迎えつつも二〇〇六年、ヒントン教授の深層学習で春の時代を迎えたが、同じことが光演算にも起きようとしていた。かつてブームが起きたのは、光通信の技術（光波長多重通信）と光トランジスタを組み合わせれば、プロセッサ・コアの数に依存することなく幾十重もの並列処理をこなすアーキテクチャを発明できそうだったからだ。★086

だが、そもそもまともな光トランジスタを作れなかった。光を回路のなかに閉じ込めることも、先の処理が終わるまで光に待ってもらう（光の速度を落とす）こともできなかったし、既存の半導体素子のように微細化するのも長らく不可能だった。これを納富教授たちは、フォトニック結晶やグラフェンを被せたプラズモニック導波路といった新素材の活用で実現したのである。

NTTは千載一遇のチャンスを得た。二十一世紀初頭にはGAFAを十倍する売上と技術を持ちつつも、気づけばはるか先に行かれてしまったが、光集積回路と光ファイバーを結び、すべてのデータセンターがまるでひとつのコンピュータのように稼働する世界をつくれば、時代をひっくり返すことも夢でない。

時代も味方していた。すでに半導体の微細化技術は分子レベルの2ナノミリに到達し、ムーアの法則はいよいよ限界に来ていた。王者TSMCは半導体チップを〝高層ビル化〟（三次元積層化）する技術に長けた東京大学と提携して対応しようとしていたが、★087 半導体文明の電力消費の増大はもはや地球の環境破壊につながりかねない時代が来ようとしていた。

日本最大のＩＴ企業を率いる澤田純社長は総力を挙げて、この発明に懸けると決断した。

ＮＴＴは壮大なヴィジョンを構想した。〝光のデータセンター〟を載せた通信衛星を数百機打ち上げ、宇宙にネットワークを構築。★088 これを地上にある無線機器を備えた光のデータセンター群とリンクして、５Ｇのはるか先を行く通信網を展開するというのだ。のみならず、このネットワークを他社に開放して、どの会社の通信機器を使っても６Ｇの通信網をつくれる世界（ＩＯＷＮ：Innovative Optical and Wireless Network）を目指すと宣言した。★089

三年前には、中国ファーウェイが５Ｇの基地施設を自社仕様で囲い込もうとして外交問題に発展していた。ＮＴＴは囲い込まない、という宣言は時代と響き合うものがあった。

それは、かつて犯した失敗から学んだ知恵でもあった。インターネットの勃興期だった一九九〇年、ＮＴＴは光通信網と無線を組み合わせたＶＩ＆Ｐ構想を提唱した。まだアナログのファックス回線でごく一部の人がインターネットにアクセスしはじめたばかりの年だ。ＮＴＴの構想は超時代的ですらあったが、数年後、日本の意図に気づいたシリコンバレーとアメリカ政府に「家電に続いてＩＴ産業まで日本に乗っ取られてしまう」と警戒され、国外事業者の支持をことごとく失った。だから今回は日の丸の旗をなるべく掲げず、穏便なオープン・イノヴェーションで進める戦略をとったのである。★090

国内ではまずＳｏｎｙがＮＴＴのラブコールを受けた。この技術を技術で終わらせないためには、技術をエンタメでワクワクするものに変えてきたＳｏｎｙの発想力が欲しかったのだ。半導体の生産に強い富士通のほか、ＮＥＣが通信機器ベンダーとして参加した。自律走行車でスマートシティの構築を目指すトヨタもボードメンバーに名を連ねた。

さらにはインテル、マイクロソフト、デルといった米ＩＴ界の巨人もこの技術革新に衝撃を受けて、ＮＴＴのＩＯＷＮ構想に乗ってきた。欧州からは通信機器ベンダー大手のエリクソンやノキアが参加。台湾のＮＴＴにあたる中華電信も参加を決めている。[★091] 澤田社長は二〇二四年には光のチップを他社へ提供し、二〇二五年には実際にＩＯＷＮの敷設に取りかかるという。[★092]

最後にもうひとつだけ。

光トランジスタはシンギュラリティすら実現してしまうかもしれない。

レイ・カーツウェルはＡＩが人類の知性を超える技術的差異点が二〇四五年に来ると予言したが、その予測は電力問題がボトルネックとなっている。カーツウェルが主な根拠としたムーアの法則は物理的限界に到達しつつあり、そこを今までのように物量戦で押せば膨大な電力消費が生じてしまうからだ。

量子コンピュータはこの電力問題を解決すると期待されてきた。電気抵抗ゼロの超伝導量子回路で計算処理すれば、電力消費は限りなくゼロに近づくためである。[★093] だが超伝導回路には、絶対零度を維持する冷却装置が膨大な電力消費と発熱を生むというジレンマがあった。[★094]

しかし光トランジスタで量子コンピュータを作れば話は違ってくる。光は常温でも抵抗がほとんどゼロ。巨大な冷却装置は不要となり、理論上はスマホ・サイズまでコンパクト化も可能だ。ＮＴＴはすでにその研究に取りかかっている。[★095]

電子の申し子、エレクトロニクス産業はアメリカのエジソンから始まったが、アナログ技術の時代は日本が征し、デジタル技術の時代はアメリカが取り返した。そして次はまた日本かもしれない。光と電子の交差点となる光トランジスタの実用化は、エレクトロニクスとフォトニクスの融合する新時代を切り拓こうとしている。

技術革新をイノヴェーションに変える魔法の杖

今、世界は戦争と平和の狭間で揺れ動いている。

この物語を締めくくるにあたり、あと少し補っておきたいことがある。スティーブ・ジョブズもSonyと同じく、平和の象徴であるエンタテインメントをモノづくりの駆動力にしていたことだ。

パーソナル・コンピュータで世界初のヒット商品となったApple Ⅱは、MPUをゲーム機メーカーのアタリから分けてもらうことで作ることができた。Apple Ⅱのキラーアプリは表計算と無数のゲームだ。[★096]初期のMacのキラーアプリはDTPソフトだった。PCに押されたMacは、本づくりを支えることで生き残ることができた。Appleを追放されたジョブズは、ワークステーションをCGアニメ映画の制作に活用してもう一度、表舞台に返り咲いた。

Apple復帰後、ジョブズはiPodで音楽事業に進出して飛躍の刻を迎えた。彼がiPhoneを創ると決めたきっかけは、日本の携帯電話メーカーが着メロと写真を武器に2Gを征したのち、3Gでも音楽配信(着うたフル)を携帯電話上に実現したのがiPodの脅威となったからだった。初代iPhoneのキラーアプリはiPodアプリ(Musicアプリの前身)とユーチューブだったが、当時、ユーチューブは検索の六割が音楽だった。[★097]時は流れて二〇二一年、AppStoreの売上は六割がゲームとなっている。

半導体というのは不思議な存在だ。二〇二一年、MPUやメモリなど半導体デバイスの世界売上は約五五六〇億ドル(七十二兆円)。[★098]これは世界総生産(GWP)のわずか〇・六%にすぎない。[★099]だがそれは我々の文明の中核であり、半導体がなければ停止する産業は四割を超えるだろう。

それゆえ半導体は油田に代わる新たな戦争の火種にすらなろうとしている。ロシアは二〇一四年のクリミア侵攻以来、経済制裁で高度な半導体の輸入を禁じられ、ウクライナ戦争では何十年も前の兵器を主力にせざるをえなくなった。

だが、半導体文明の隆盛を先導したSonyも、ジョブズのAppleも、世界の平和な毎日を彩るエンタメを駆動力にしてイノヴェーションを起こしてきた。文化産業も経済規模は小さい。日本でいえば二〇一八年、音楽・映画・出版・ゲームほかコンテンツ産業の総売上は十・六兆円で、GDPの一・九%にすぎなかった。★099 その年、日本の半導体デバイス売上はGDPの一%ほどだ。同年、コンテンツ産業の世界売上は世界総生産の一・四%で、半導体は世界総生産の〇・五%だった。★100

現代の技術文明を変えた半導体もインターネットも、発明の経緯に軍需が密接に関わっている。だが技術革新とイノヴェーションは同義語ではない。技術革新を、平和産業の起業家が実際のイノヴェーションに変えられるのは、彼らが兵器ではなく無数の民衆を顧客にするからだ。そしてエンタテインメントは、平和な日常を過ごす世界市民のこころを摑む魔法の杖なのだ。

Sonyの盛田昭夫も、Appleのスティーブ・ジョブズもこの秘密を知るがゆえに、世界の民衆を熱狂させる魔法を操れたのではないだろうか。

コンピュータ文明の神話時代

物語の登場人物たちの後先を、簡単に記しておこう。

ジョナサン・アイブはApple退社後、親友のカリスマ・デザイナー、マーク・ニューソンとラブフロム(LoveFrom)というデザインスタジオを開いた。Appleは彼と縁が切れたわけではなく、主要クライアントに名を連ねている。やがて彼らしいデザインをどこかで見ることができるだろう。

トニー・ファデルはグーグルのネスト社買収後、同社でスマートグラスの開発に携わっていたが、どうやら社風が合わなかったようだ。グーグルも辞めてパリに移住し、そこで後進の起業家たちを助けて暮らしている。

〝ミニ・スティーブ〟スコット・フォーストールはAppleから追放後、少年時代の夢を追っている。今はブロードウェイで演劇のプロデュースに忙しいらしく、何本かは興行に成功したらしい。

交渉人ジョブズの弟子、エディ・キューはＡｐｐｌｅで出世した。彼の率いる、ＡｐｐＳｔｏｒｅと音楽・映像配信を束ねたサービス部門はｉＰｈｏｎｅに次ぐ収益の柱となっている。

ジョブズの友人でもあった孫正義はＣＥＯとして今も邁進している。サウジアラビアのオイルマネーも取り込んだ空前絶後の規模を誇るソフトバンク・ビジョン・ファンドには、やはりジョブズの親友だったオラクル創業者ラリー・エリソンも参加しているようだ。

〝プレステの父〟久夛良木健は先だって近畿大学情報学部の学部長に就任し、後進の育成にあたっている。ときどきメディアのインタビューを受けているが、その超人的に研ぎ澄まされた洞察力は今も先鋭を極めている。

パンドラの創業者ティム・ウェスターグレンもじぶんの会社を去った。今はサブスクに続くビジネスモデルを構築し、世界中のミュージシャンたちをアルバイトから解放しようとふたたび生命を燃やしている。

ナップスターとフェイスブックの誕生に関わったショーン・パーカーは、スポティファイの世界的な成功に貢献したのち、またフリーになった。今はヴェンチャー・ファンドに参加しているが、次は古びた選挙システムをＩＴの力で改革して、世界を変えようと目論んでいるようだ。

〝アンドロイドの父〟アンディ・ルービンはアンドロイドＯＳの開発に区切りをつけたあと、鉄腕アトムが大好きだった子ども時代からの夢を実現しようと、本物のアンドロイド（人型ロボット）の開発に取り組んでいた。しかし、セクハラで失脚してグーグルを退社。彼もヴェンチャー・ファンドを立ち上げ、後進の育成に励んでいるようだ。

残念ながらもうひとり、セクハラで失脚したのがジョン・ラセター監督だ。義理立てするキャットムルとともに彼はディズニーを去った。新興のアニメーション・スタジオで再起したが、今ではＡｐｐｌｅ＋にも作品を提供している。

グーグルのラリー・ペイジは二〇一九年、ＣＥＯを後進に譲った。今はニュージーランドで静かに暮らしているらしい。

ビル・ゲイツのことは書くまでもないかもしれない。今も世界一の投資家ウォーレン・バフェットと慈善活動に専念している。コロナ禍でたびたびゲイツの見解が報道されたとおり、疫病の撲滅に注力しており、ＷＨＯへの影響力も強い。プライベートでは離婚を経験した。

リサは結婚後もニューヨークでジャーナリストを続け、雑誌などに寄稿しているようだ。

時代は進む。コンピュータ文明が始まってまだ一世紀にも満たない。

我々日本人が、信長や秀吉、家康の時代を何度も飽きずに描くように、五百年後、千年後の人類はこの新文明の瑞祥（ずいしょう）の時代を、神話のように繰り返し作品に起こすことになるのだろう。

小説なのか。映画なのか。あるいは我々現代人が全く想像もつかない、仮想現実と人工知能の融合が生む新たな表現形式なのか。いずれにせよ、そこにはジョブズだけでなく、本書に登場した人物たちも描かれるのだろう。

逆説的だがその主題は当然、技術の進歩ではない。マウスとキーボードも、スマートフォンも、ポリゴンや配信アプリも、車輪を持つ自律走行車さえも数百年後には、あまりに古びたものになっていくからだ。

後世の作家やクリエイターたちが描こうとするもの。それは人生に真実を求め、この世界を少しだけよいものに変えようと最高を目指してモノづくりに励み、世界を感動させた人たちのドラマであり、彼らの燦然（さんぜん）と輝く魂の軌跡なのだろう。

太陽に照らされた宝石のごとく煌めく高貴なスピリット。それこそが、この不完全でやるせない世界を、少しだけまともで美しくしている何かなのだから。

アウトロ

その秋の週末、パロアルトの朝は冴え、空は高かった。

トランポリンの機材を載せたトラックを運転する、ケーシー・ブラッドショウと同僚はいつになく無口で、車中、冗談も言わなかった。黄色を交えだした並木道を通り、その家の前に着くと、ブラッドショウは緊張した面持ちでチャイムを押した。

敷地を囲う白錆びた煉瓦の壁は無防備なほど低く、開放的な柵の門からは、お伽噺めいた大きな屋根に煙突のある家が見えていた。勝手口から、黒のTシャツ、短パンにビルケンシュトックのサンダルをひっかけた今日の顧客がやってきた。

「やあ、俺がスティーブ・ジョブズだ。今日はよろしく。入ってくれ[★101]」

イメージと違い、シリコンバレーのカリスマは屈託がなく、その家と同じく威圧感からはほど遠かった。が、ふたりは鯱張って挨拶を返し、あとをついて設置場所へ向かった。

さりげなく咲いた秋薔薇。ローズマリーやバジル、チェリーセージの香り立つハーブの菜園。白いベンチと、たわわに実った林檎の木々……。緩やかにくねる煉瓦の小道を通り、家の裏手に抜けると、見事なイングリッシュ・ガーデンが公園のように広がっていた。

「ここに設置してくれ」とジョブズは、林檎の木が見守る芝生の広場を指して言った。小鳥が囀(さえず)るなかふたりが作業を始めると、彼は興味津々でいろいろ尋ねてきた。素材は何か。ベンダーはどこか。製造のプロセスはどうなっているのか、等々。

「その部分の構造は、もっとシンプルにできるな」組み立てが進むにつれ、ジョブズは次々とアイデアをふたりに語りだした。「その枠は流線型のほうが美しい」

トランポリンはなかなかしっかりした造りで、設置には三時間を要したが、ジョブズは家に戻りつ庭に来つ、ふたりの作業を観察し、ときどき指示を出した。そのとおりにするとたしかに安定し、収まりがよくなった。

昼にトランポリンは出来あがった。

使用上の注意を聞いたジョブズは、おもむろにトランポリンに乗り、跳ねだした。二〇〇四年の秋だった。ふたりは知らなかったが、彼は最初のがん手術を終えて二ヶ月が経ち、ようやく動くようになった体を確かめ、楽しんでいた。

すると、庭で宙に跳ぶ父親に気づいて、末娘のイヴがリビングから飛んできた。イヴの友だちも走ってきた。その日、小学生になったばかりの娘のためにランチ・パーティを開いていたのだ。父のサプライズ・プレゼントにイヴは大はしゃぎだった。

「いい仕事をしてくれたな」

飛び跳ねるイヴたちの笑い声を聞きながら、ジョブズはふたりを労ったあと、百ドル札を何枚かずつ渡し、確認書類にサインを書きはじめた。ふたりにとって過去最高額のチップであったことは言うまでもない。

「ジョブズさん。あの……こちらにもサインをいただけないでしょうか?」

ふだんはデザイナーをしていて、実はジョブズの大ファンだったケーシー・ブラッドショウは、勇気を出してポケットから真っ白なｉＰｏｄを取り出した。

「俺のサインがあったら盗まれるぞ?」

ジョブズは笑いながら、裏地のステンレスにマジックでサインを書いてやった。

「パパ!　いっしょに遊ぼうよ」と背後から、イヴが叫んだ。

「よし！　どこまで高く跳べるか、みんなで競争だ」とジョブズは返し、ふたりに片手で挨拶して、トランポリンへ向かっていった。

それは七年後、十三歳で父を失うイヴにとっても、忘れられない思い出となった。ジョブズは本気でいっしょに跳びながら、空の高みから娘を励ました。

「さあ！　もっとだ！　もっと高く！　高く翔ぶんだ！」

イヴはありったけの力で何度も跳び、太陽を背負って両手を広げる父に届こうと、右手を真っ直ぐ空に伸ばした——。

（了）

あとがき

筆者はスティーブ・ジョブズからずっと逃げようとしてきた。

事は本書の前に遡る。前著『音楽が未来をつれてくる』は、音楽産業が百年間のうちに幾度となく体験した破壊と再生の道のりを歴史小説の体を借りて描いた作品だ。そこには本書に登場したSonyの井深大、盛田昭夫、大賀典雄も各章の主人公として登場するが、できればスティーブ・ジョブズのことは手短に済ませてスポティファイのダニエル・エクの章に進んでしまいたかった。

ジョブズと音楽といえばふつうiPodとiTunesが思い浮かぶが、超有名な彼を今さらその件で一章にまとめたところで目新しいものはないだろう、と思ったからだ。いや、正直にいうと、彼とまともに付き合いだしたら一章どころかとんでもないことになると作家の直感でわかっていたからだ。

だが、音楽という視点に限ったとしてもiPodは彼の序章にすぎないことを、音楽産業の専門家として筆者は知っていた。彼について書き出したのは八年前で、日本は音楽業界の人間すら「サブスク？　なにそれ」という時期にあった。

筆者は当時、衰退した音楽産業を今は小さなサブスクが救うと確信してそれを伝えるために筆を執ったのだが、同時に音楽サブスクが二〇〇一年に誕生してからずっとニッチなサービスにとどまっていたのを知っていた。スポティファイもiPhoneの登場なくば鳴かず飛ばずに終わっていたわけであり、音楽産業の真の救世主はやはりスティーブ・ジョブズだったのだ。

筆者は諦めてジョブズのことを書き進めていったが、やはり悪い予感は的中してしまった。ｉＰｈｏｎｅの誕生は、技術革新とひとりのカリスマのアイデアで成り立ったような生易しいものではなかったのである。それは本書で書き綴ったように、ひとりの男の魂の成長なくば存在しえなかった革命だった。

ジョブズから逃げたかったのは、その人間離れした情熱に一度巻き込まれたら圧倒されてしまうと恐れていたためでもある。作家として偉人を崇め奉る作品などに人生を費やしたくはなかったのだ。だが八年越しに原稿を書き終えて、筆者は予想外の感慨を持つに至った。彼の偉大な仕事よりもなによりも、彼が人生を生き切った、完全燃焼して世を去ったという事実に、今では深い畏敬の念を感じている。

彼は聖人君子からほど遠い人間だった。誰よりも鈍感で、誰よりも繊細だった。冷酷で、同時に圧倒的な愛情を持つ人物だった。人として愚かで、同時に賢者の叡智を兼ね備えていた。他人から学ぶのにひたすら謙虚で、同時に鼻持ちならぬほど高慢でもあった。周囲が顔を顰めるほど醜いこともやれば、万人を感動させる美の探求者でもあった。人生の戦場に明け暮れながらも、崇高なるものを常に求めて生きた。つまり、彼は人類そのものだったのだ。彼を深く知ればその人生を讃えずにいられないのは、醜くも美しい人類という生き物のこころそのものを彼が象徴していたからだ。だから、この小説で筆者はひとつの人間讃歌を歌いあげたのだと今では思っている。

本書の原稿は『音楽が未来をつれてくる』の続編として書き進めてきたものだったのだが、上梓にあたり前著を知らない読者でも問題なく楽しめるように書き直してある。だが、もし本書のプリクエル（前日譚）として前作に興味を持ってくださるのなら、嬉しい限りである。

前著は、音楽が好きでも音楽産業にはそれほど興味がない方々をメインターゲットに書いたが、音楽にあまり興味がない方なら、Ｓｏｎｙの話が始まる「日本の章」から読めば物語に入り込めると思う。ジョブズが大好きでとにかく彼の話が読みたいという方なら、彼が登場する「再生の章」から入り、音楽産業の未来について語った最終章を読み飛ばしていただければ、iPod誕生物語からiPhone誕生前夜までを、既存のジョブズ本にはなかった視点で楽しんでいただけるはずだ。

最後に謝辞を添えておこう。本書では敬称を略したが、そのなかには直接面識のある方もいれば、無関係の者による名前の呼び捨てに眉を顰めた方もいたかもしれない。しかし登場人物の誰に対しても最大限の敬意をもって書いたことに免じて(非常なプレッシャーだった)、お許しいただければと思う。

また本書は歴史小説やノンフィクション小説の形式を使った必然として、本にすればおそらく二百冊分の資料を基に書いた。どの資料が欠けてもこの本は成り立たなかったが、アイザックソンの公式伝記は言を俟たず、ピクサーの章ではエド・キャットムル著『ピクサー流創造するちから　小さな可能性から、大きな価値を生み出す方法』(ダイヤモンド社)、ネクストの資料ではアラン・デウッチマン著『スティーブ・ジョブズの再臨　世界を求めた男の失脚、挫折、そして復活』(毎日コミュニケーションズ)、孫正義の章では佐野眞一著『あんぽん　孫正義伝』(小学館)、久夛良木健の章では西田宗千佳著『漂流するソニーのDNA　プレイステーションで世界と戦った男たち』(講談社)、リサの章では彼女自身の自叙伝『スモール・フライ』(未訳 Grove Press)、半導体の資料では牧本次生著『日本半導体　復権への道』(筑摩書房)から多大なる恩恵を賜った。ここに御礼申し上げておきたい。読者が本書で特に気に入った章があれば、関連本として一読をお勧めする。本書とはまた違った学びと感慨がたくさんあると思う。

前著に続いて編集の労をとっていただいた小澤俊亮氏にもお礼申し上げる。エピローグの執筆に想定外の時間を費やしてしまいご迷惑をおかけしたが、最後まで付き合っていただいた。のみならず英文を交えた膨大な資料のファクトチェックや、アニメから半導体の歴史に至るまでテーマが多岐にわたる本書の編集は大変なものだったと推察するが、氏の丁寧な編集のおかげで完成度を上げることができた。

そしてなによりもこの分厚い本を手に取り、最後まで筆者と旅路をともにしてくださった読者のみなさますべてに御礼申し上げる。旅の終わりに、何がしかの感動をあなたのこころに残すことができたのなら作家としてなによりの幸福である。また別の作品であなたと再会できることを楽しみにして、筆を擱こう。

二〇二二年七月五日

出典・注釈

＊物語の構成上、登場人物のせりふは、原文の内容と齟齬のない範囲で表現および表記を変えている場合があります。

第一部——流離譚

挫折の章　若き日のスティーブ・ジョブズ

★001———マイケル・モーリッツ著、林信行監修・解説、青木榮一訳『スティーブ・ジョブズの王国 アップルはいかにして世界を変えたか』プレジデント社、2010年、第10章、207頁

★002———ジェフリー・S・ヤング著、日暮雅通訳『スティーブ・ジョブズ パーソナル・コンピュータを創った男(下)』JICC出版局、1989年、第14章、75頁

★003———Filip Truta "Wozniak Breaks the Silence, Says Jobs Movie Was "Largely a Lie About Me,"" Softpedia News (21 Jan. 2014) https://news.softpedia.com/news/Wozniak-Breaks-the-Silence-Says-Jobs-Movie-Was-Largely-a-Lie-About-Me-419039.shtml

★004———Jeffrey S. Young "Steve Jobs: The Journey Is the Reward," Scott Foresman (1987) Chap. 16

★005———スティーブ・ウォズニアック著、井口耕二訳『アップルを創った怪物 もうひとりの創業者、ウォズニアック自伝』ダイヤモンド社、2008年、第15章、324頁

★006———ジェフリー・S・ヤング、ウィリアム・L・サイモン著、井口耕二訳『スティーブ・ジョブズ 偶像復活』東洋経済新報社、2005年、第2章、90頁

★007———Jay Elliot, William L. Simon "The Steve Jobs Way: iLeadership for a New Generation," Vanguard Press (2011) Chap. 2, p. 51

★008———Adam Lashinsky "Inside Apple: How America's Most Admired—and Secretive—Company Really Works," Business Plus (2012) Chap. 2, p. 47

★009———David Sheff "Playboy Interview: Steve Jobs, " Playboy (Feb. 1985)

★010———Walter Isaacson "Steve Jobs, " Simon & Schuster (2011) Chap. 17, p. 181

★011———『スティーブ・ジョブズ パーソナル・コンピュータを創った男(下)』第17章、179頁

★012———"The Making of Macintosh – An Interview with The Macintosh Design Team, " BYTE (Feb. 1984)

★013———Mimi O'Connor, Sarah Fanthorpe "Steve Jobs: One Last Thing," PBS (2011) 20:00-30:00

★014———『スティーブ・ジョブズ 偶像復活』第4章、175頁

★015———『スティーブ・ジョブズ パーソナル・コンピュータを創った男(下)』第17章、190頁

★016———Andy Hertzfeld著、柴田文彦訳『レボリューション・イン・ザ・バレー 開発者が語るMacintosh誕生の舞台裏』オライリー・ジャパン、2005年、Part VI、278頁

★017———Deadline Hollywood "'Steve Jobs' clip from Alex Gibney documentary," YouTube (18 Mar. 2015) https://youtu.be/j7hP47HogmY

★018———榎本幹朗『音楽が未来を連れてくる 時代を創った音楽ビジネス百年の革新者たち』DU BOOKS、2021年、日本の章、52頁

★019———Elliot, Simon "The Steve Jobs Way," Chap. 3, p. 154

★020———Jeffrey S. Young "Steve Jobs: The Journey Is the Reward,"Scott Foresman (1987) Chap. 17, Location No. 10282 (Kindle Edition)

★021———同上 Chap. 18

★022———Brent Schlender, Rick Tetzeli "Becoming Steve Jobs: The Evolution of a Reckless Upstart

into a Visionary Leader," Crown Business (2015) Chap. 4, p. 115

★023———Alan Deutschman "The Second Coming of Steve Jobs," Crown Business (2001) Chap. 1, p. 46

★024———CPIで現在価値に直し、130円／ドル換算した。http://www.measuringworth.com/uscompare/relativevalue.php

★025———"The Second Coming of Steve Jobs," Chap. 1, p. 73

★026———ウォルター・アイザックソン著、井口耕二訳『スティーブ・ジョブズ I』講談社、2011年、第18章、359頁

★027———Schlender, Tetzeli "Becoming Steve Jobs," Chap. 4, p. 126

★028———高木利宏『ジョブズ伝説 アートとコンピュータを融合した男』三五館、2011年、第3章、219頁

★029———"The Second Coming of Steve Jobs," Chap. 3, p. 157

★030———同上 Location No. 2539 (Kindle Edition)

★031———Isaacson "Steve Jobs," Chap. 21, p. 277

★032———オーウェン・W・リンツメイヤー、林信行著、武舎広幸、武舎るみ翻訳協力『アップル・コンフィデンシャル2.5J(下)』アスペクト、2006年、第22章、122頁

★033———ウォルター・アイザックソン著、井口耕二訳『スティーブ・ジョブズ II』講談社、2011年、第23章、22頁

★034———同上、25頁

★035———同上、58頁

成長の章 ジョブズが生まれ変わった場所、ピクサーの誕生物語

★001———エド・キャットムル、エイミー・ワラス著、石原薫訳『ピクサー流創造するちから 小さな可能性から、大きな価値を生み出す方法』ダイヤモンド社、2014年、終章、Location No. 5400(Kindle版)

★002———同上、Location No. 400

★003———同上、Location No. 360

★004———デイヴィッド・A・プライス著、櫻井祐子訳『メイキング・オブ・ピクサー 創造力をつくった人々』早川書房、2009年、第2章、48頁

★005———同上、47頁

★006———アラン・デウッチマン著、大谷和利訳『スティーブ・ジョブズの再臨 世界を求めた男の失脚、挫折、そして復活』毎日コミュニケーションズ、2001年、第2章、141頁

★007———Brent Schlender, Rick Tetzeli "Becoming Steve Jobs: The Evolution of a Reckless Upstart into a Visionary Leader," Crown Business (2015) Chap. 7, p. 177

★008———『ピクサー流創造するちから』第2章、Location No. 910(Kindle版)

★009———『メイキング・オブ・ピクサー』第2章、44頁

★010———『スティーブ・ジョブズの再臨』第2章、162頁

★011———Schlender, Tetzeli "Becoming Steve Jobs," Chap. 7, p. 173

★012———同上 Chap. 5, p. 136

★013———Measuring Worth(https://www.measuringworth.com)で計算し、130円／ドルで換算。以下同

★014———ジェフリー・S・ヤング、ウィリアム・L・サイモン著、井口耕二訳『スティーブ・ジョブズ 偶像復活』東洋経済新報社、2005年、第6章、257頁

★015——Schlender, Tetzeli "Becoming Steve Jobs," Chap. 5, p. 137

★016——『スティーブ・ジョブズ 偶像復活』第6章、263頁

★017——同上、第3章、138頁

★018——Bill Moyers "Cinema: Of Myth And Men," TIME (26 Apr. 1999) http://content.time.com/time/subscriber/article/0,33009,990820,00.html

★019——2021年に2,444億ドル。"Film And Music Global Market Report 2022," Business Wire (6 July 2022) https://www.businesswire.com/news/home/20220706005437/en/Film-And-Music-Global-Market-Report-2022-Penetration-of-Newer-Distribution-Platforms-Driving-Growth---ResearchAndMarkets.com

★020——『メイキング・オブ・ピクサー』第3章、80頁

★021——同上、81頁

★022——同上、83頁

★023——榎本幹朗『音楽が未来を連れてくる 時代を創った音楽ビジネス百年の革新者たち』DU BOOKS、2021年、栄光の章

★024——130円/ドル

★025——『メイキング・オブ・ピクサー』第3章、73頁

★026——ジョン・ラセター、宮崎駿『ラセターさん、ありがとう』ブエナ・ビスタ・ホーム・エンターテイメント、2003年

★027——宮崎はのちにこの映画の監督から降りた

★028——ジブリのせかい「ジョン・ラセターが語るクールジャパン【前編】」2015年8月18日 http://ghibli.jpn.org/report/tiff-lassetr-1/

★029——北原照久、Facebook投稿、2014年3月6日 https://www.facebook.com/toys.kitahara/photos/a.184441771723818.1073741828.184070518427610/267671296734198/

★030——Carmine Gallo "Steve Jobs' Four Magic Words That Built Pixar," Forbes (20 June 2012) https://www.forbes.com/sites/carminegallo/2012/06/20/steve-jobs-to-pixar-chief-just-make-it-great/#34d2c4c0252e

★031——Oscars "John Lasseter on winning an Oscar® for "Tin Toy,"" YouTube (21 Mar. 2008) https://www.youtube.com/watch?v=lph0JuWv_ko

★032——ウォルター・アイザックソン著、井口耕二訳『スティーブ・ジョブズ I』講談社、2011年、第20章

★033——『スティーブ・ジョブズの再臨』第3章、220頁

★034——柳田由紀子「スティーブ・ジョブズが愛した禅僧、乙川弘文評伝③」yukikoyanagida.com、2014年6月4日 http://www.yukikoyanagida.com/article/398698982.html

★035——同上を基に創作

★036——『音楽が未来を連れてくる』神話の章

★037——Aaron Magulick "Viz Manga Sales are Destroying DC, Marvel in Comic Market," GoBoinano (8 Oct. 2017) http://goboiano.com/viz-manga-sales-are-destroying-dc-marvel-in-comic-market/

★038——「宮崎駿さんの手塚体験『原点だから崇拝しない』」読売新聞、2009年4月14日 https://web.archive.org/web/20140222044515/http://www.yomiuri.co.jp/entertainment/ghibli/cnt_eventnews_20090414b.htm

★039——手塚治虫「わがアニメ狂いの記」『手塚治虫エッセイ集 2』手塚プロダクション、2015年

(Kindle版)

★040———手塚治虫「ジャングル大帝」『ぼくのマンガ道』新日本出版社、2008年、18頁

★041———「ニューヨークのディズニー」『手塚治虫エッセイ集 2』

★042———Madhavi Sunder "From Goods to a Good Life: Intellectual Property and Global Justice," Yale University Press (2012) p. 156

★043———「ウォルト・ディズニー」『手塚治虫エッセイ集 2』

★044———シド・バスとの会談を再構成した。マイケル・アイズナー著、布施由紀子訳『ディズニー・ドリームの発想(上)』徳間書店、2000年、229頁

★045———Don Hahn "Waking Sleeping Beauty," Walt Disney Studio Motion Pictures (2009) 0:8:00-0:9:00

★046———同上 0:21:06

★047———同上 0:15:00-0:16:00

★048———Harvey Deneroff "Fred Ladd: An Interview," Animation World Magazine, no.5 (Aug. 1996)

★049———手塚眞「ライオン・キング騒動」『天才の息子 ベレー帽をとった手塚治虫』ソニー・マガジンズ、2003年、204-207頁

★050———Schlender, Tetzeli "Becoming Steve Jobs," Chap. 7, p. 179

★051———NHKスペシャル取材班著『Steve Jobs Special ジョブズと11人の証言』講談社、2012年、71頁

★052———『スティーブ・ジョブズの再臨』第3章、224頁

★053———同上、223頁

★054———『ピクサー流創造するちから』終章、Location No. 5274(Kindle版)

★055———ヒルマン調査

★056———アンドレア・ガボール著、鈴木主税訳『デミングで蘇ったアメリカ企業』草思社、1994年、103頁

★057———エド・キャットムル、エイミー・ワラス著、石原薫訳『ピクサー流創造するちから 小さな可能性から、大きな価値を生み出す方法』ダイヤモンド社、2014年、第3章

★058———エズラ・ヴォーゲルの『ジャパン・アズ・ナンバーワン』(1979年)も影響があった。https://diamond.jp/articles/-/144706?page=2

★059———『デミングで蘇ったアメリカ企業』172頁

★060———ジェフ・サザーランド著、石垣賀子訳『スクラム 仕事が4倍速くなる"世界標準"のチーム戦術』早川書房、2015年、88頁

★061———『デミングで蘇ったアメリカ企業』93頁

★062———稲垣公夫『開発戦略は「意思決定」を遅らせろ! トヨタが発想し、HPで導入、ハーレーダビッドソンを伸ばした画期的メソッド「リーン製品開発」』中経出版、2012年、147頁

★063———『スティーブ・ジョブズの再臨』第3章、239頁

★064———"Becoming Steve Jobs,"Chap. 7, p. 174

★065———Walter Isaacson "Steve Jobs, " Simon & Schuster (2011) Chap. 22, p. 287

★066———『メイキング・オブ・ピクサー』第6章、190頁

★067———『スティーブ・ジョブズ I』第21章、437頁

★068———Andy Hertzfeld著、柴田文彦訳『レボリューション・イン・ザ・バレー 開発者が語るMacintosh誕生の舞台裏』オライリー・ジャパン、2005年

★069———『ピクサー流創造するちから』終章

★070———"Steve Jobs," Chap. 20, pp. 287-288

★071———マイケル・アイズナー著、布施由紀子訳『ディズニー・ドリームの発想(下)』徳間書店、2000年、99頁

★072———同上、104-105頁

★073———次節のニューヨークでのディズニーの記者会見よりあとの出来事。ブレント・シュレンダー、リック・テッツェリ著、井口耕二訳『スティーブ・ジョブズ 無謀な男が真のリーダーになるまで(上)』日本経済新聞出版社、2016年、279頁

★074———『スティーブ・ジョブズの再臨』第4章、270-272頁

★075———『音楽が未来を連れてくる』先駆の章、372頁

★076———『スティーブ・ジョブズ 無謀な男が真のリーダーになるまで(上)』280頁

★077———『スティーブ・ジョブズの再臨』第4章、296頁

★078———『メイキング・オブ・ピクサー』第2章、35頁

★079———ブレント・シュレンダー、リック・テッツェリ著、井口耕二訳『スティーブ・ジョブズ 無謀な男が真のリーダーになるまで(下)』日本経済新聞出版社、2016年、187頁

★080———同上、175頁

★081———同上、191頁

★082———『ピクサー流創造するちから』第12章、Location No. 4348-4349(Kindle版)

★083———『スティーブ・ジョブズ 無謀な男が真のリーダーになるまで(下)』189頁

★084———ウォルター・アイザックソン著、井口耕二訳『スティーブ・ジョブズ II』講談社、2011年、第32章、237頁

★085———『スティーブ・ジョブズ 無謀な男が真のリーダーになるまで(下)』195頁

★086———『ピクサー流創造するちから』第12章、Location No. 4457-4458(Kindle版)

★087———著者がジョブズの通っていた京都「すし岩」で店主に聞いた

★088———『ピクサー流創造するちから』第12章、Location No. 4705-4706(Kindle版)

★089———同上、Location No. 4406

★090———エド・キャットマル著、小西未来訳・解説『ピクサー流マネジメント術 天才集団はいかにしてヒットを生み出してきたか』ランダムハウス講談社、2009年、72-74頁

★091———『ピクサー流創造するちから』第12章、Location No. 4469(Kindle版)

★092———『魔法の映画はこうしてつくられる ジョン・ラセターとディズニー・アニメーション』ウォルト・ディズニー・ジャパン、0:57:00-0:58:00

★093———同上、0:34:00-0:36:00

★094———同上、0:09:00-0:10:00

★095———『ピクサー流創造するちから』第12章、Location No. 4677-4678(Kindle版)

★096———"Global Top 100 Companies by market capitalisation 2017, " PwC, p. 37 https://www.pwc.com/gr/en/publications/global-top-100-companies-market-capitalisation.pdf

★097———『ピクサー流創造するちから』終章、Location No. 5375-5376(Kindle版)

★098———『音楽が未来を連れてくる』先駆の章、415頁

★099———Schlender, Tetzeli "Becoming Steve Jobs," Chap. 9, p. 233

★100———『ピクサー流創造するちから』終章、Location No. 5419(Kindle版)

★101———『スティーブ・ジョブズ 無謀な男が真のリーダーになるまで(下)』274-275頁

★102———『ピクサー流創造するちから』終章、Location No. 5468-5469(Kindle版)

第二部——復活

円環の章　iPhoneの完成と音楽産業の復活

★001———榎本幹朗『音楽が未来を連れてくる 時代を創った音楽ビジネス百年の革新者たち』DU BOOKS、2021年、再生の章、262頁

★002———デイヴィッド・A・プライス著、櫻井祐子訳『メイキング・オブ・ピクサー 創造力をつくった人々』早川書房、2009年、第4章、122頁

★003———Nolan Bushnell, Gene Stone "Finding the Next Steve Jobs: How to Find, Keep, and Nurture Talent," Simon & Schuster (2013) Introduction, pp. 7-8

★004———Matt Weinberger "The ex-Apple exec behind iOS tells the story of the time Steve Jobs saved his life," Business Insider (21 June 2017) https://www.businessinsider.com/ex-apple-exec-scott-forstall-on-how-steve-jobs-saved-his-life-2017-6

★005———『音楽が未来を連れてくる』先駆の章、442頁

★006———Brent Schlender, Rick Tetzeli "Becoming Steve Jobs: The Evolution of a Reckless Upstart into a Visionary Leader," Crown Business (2015) Chap. 12, pp. 309-310

★007———Fred Vogelstein "Dogfight: How Apple and Google Went to War and Started a Revolution," Macmillan (2013) Chap. 1, last 3 pages

★008———『音楽が未来を連れてくる』再生の章、253頁

★009———同上、先駆の章、410頁

★010———Adam Lashinsky "Inside Apple," Grand Central Publishing (2012) Chap. 4, p. 75

★011———Jeremy White "iPhone-creator Tony Fadell: don't let smartphones threaten your 'analogue life'," WIRED (27 June 2017) https://www.wired.co.uk/article/tony-fadell-iphone-10th-anniversary

★012———フレッド・ボーゲルスタイン著、依田卓巳訳『アップルvs.グーグル どちらが世界を支配するのか』新潮社、2013年、第1章、48頁

★013———Schlender, Tetzeli "Becoming Steve Jobs," Chap. 4, p. 115 / Chap. 12, p. 310

★014———ウォルター・アイザックソン著、井口耕二訳『スティーブ・ジョブズ II』講談社、2011年、第35章、283頁／『アップルvs.グーグル』第1章、48頁

★015———『音楽が未来を連れてくる』再生の章、299 300頁

★016———Lashinsky "Inside Apple," Chap. 1, p. 23

★017———『アップルvs.グーグル』第3章、101-102頁

★018———Vogelstein "Dogfight," Chap. 3, p. 71

★019———アダム・ラシンスキー、依田卓巳訳『インサイド・アップル』早川書房、2012年、第3章、79頁

★020———同上、第3章、82頁

★021———同上、第4章、97頁

★022———Brian X. Chen "An iPhone Engineer-Turned-Game Maker Shares His Apple Story," The New York Times (24 Apr. 2014) https://bits.blogs.nytimes.com/2014/04/24/ex-iphone/

★023———WIRED特別保存号『WIRED X STEVE JOBS』コンデナスト・ジャパン、2013年、14頁

★024———『インサイド・アップル』第2章、63頁

★025———同上、第2章、62頁

★026———同上、第5章、139頁

★027———同上、第3章、76頁

★028———同上、第4章、92頁

★029———同上、第2章、63頁

★030———せりふを一部要約。Andy Hertzfeld著、柴田文彦訳『レボリューション・イン・ザ・バレー 開発者が語るMacintosh誕生の舞台裏』オライリー・ジャパン、2005年、xv頁

★031———リーアンダー・ケイニー著、関美和訳『ジョナサン・アイブ 偉大な製品を生み出すアップルの天才デザイナー』日経BP社、2015年、第13章、370頁

★032———Zac Hall "Jony Ive says we 'sense care' in good design, Apple will continue to be revolutionary, and more in new interview," 9TO5MAC (6 Oct. 2017) https://9to5mac.com/2017/10/06/jony-ive-new-yorker-techfest-live/

★033———"JONATHAN IVE, Q+A," DESIGN MUSEUM (3 Oct. 2014) http://designmuseum.org/design/jonathan-ive

★034———Walter Isaacson "Steve Jobs, " Simon & Schuster (2011) Chap. 26, p. 342

★035———Leander Kahney, "Inside Steve' s Brain, Expanded Edition," Portfolio (2009) p. 96

★036———Lev Grossman "How Apple Does It," TIME (16 Oct. 2005) http://content.time.com/time/magazine/article/0,9171,1118384,00.html

★037———『ジョナサン・アイブ』第9章、280頁

★038———"Apple's One-Dollar-a-Year Man," CNN (Fortune)[24 Jan. 2000] https://money.cnn.com/magazines/fortune/fortune_archive/2000/01/24/272277/

★039———Lashinsky "Inside Apple," Chap. 5, p. 102

★040———James Culham "Forever Young: From Cars to Computers to Furniture, the Current Colourful, Playful, Almost Toy-like Design Esthetic Owes More to the Playhouse Than the Bauhaus," Vancouver Sun (10 Feb. 2001)

★041———『スティーブ・ジョブズ II』第25章、99頁

★042———『ジョナサン・アイブ』第5章、179頁

★043———Isaacson "Steve Jobs," Chap. 27, p. 350

★044———同上 Chap. 42, p. 568

★045———『ジョナサン・アイブ』第1章、31頁

★046———『音楽が未来を連れてくる』先駆の章、372-373頁

★047———2022年時点で、デザイナーは20人ほどに増えた

★048———Christopher Stringer testimony "Apple v. Samsung trial, San Jose Federal Courthouse" (July 2012)

★049———『ジョナサン・アイブ』第10章、309頁

★050———「スティーブ・ジョブズ 1995」MOVIE PROJECT編『スティーブ・ジョブズ1995 ロスト・インタビュー』講談社、2013年、130頁

★051———『ジョナサン・アイブ』第13章、371頁

★052———Tom Huddleston Jr. "This is the advice Apple CEO Tim Cook would give his younger self—and it came from Steve Jobs," CNBC (6 Apr. 2018) https://www.cnbc.com/2018/04/06/the-lesson-steve-jobs-taught-apple-ceo-tim-cook.html

★053———『音楽が未来を連れてくる』再生の章、245頁

★054———Isaacson "Steve Jobs," Chap. 28, p. 360

★055———Kit Eaton "Tim Cook, Apple CEO, Auburn University Commencement Speech 2010," Fast

Company (26 Aug. 2011) https://www.fastcompany.com/1776338/tim-cook-apple-ceo-auburn-university-commencement-speech-2010

★056———Lashinsky "Inside Apple," Chap. 4, p. 76

★057———Glenn Leibowitz "Apple CEO Tim Cook: This Is the Number 1 Reason We Make iPhones in China (It's Not What You Think)," Inc. (21 Dec. 2017) https://www.inc.com/glenn-leibowitz/apple-ceo-tim-cook-this-is-number-1-reason-we-make-iphones-in-china-its-not-what-you-think.html

★058———後藤直義、森川潤『アップル帝国の正体』文藝春秋、2013年、第1章、66頁

★059———『インサイド・アップル』第5章、123-124頁

★060———Marco della Cava "Tim Cook tells USA TODAY: 'This is epic,'" USA Today (9 Sept. 2014) https://www.usatoday.com/story/tech/2014/09/09/tim-cook-interview-usa-today/15312749/

★061———Schlender, Tetzeli "Becoming Steve Jobs," Chap. 5, p. 306

★062———ケイン岩谷ゆかり著、井口耕二訳『沈みゆく帝国 スティーブ・ジョブズ亡きあと、アップルは偉大な企業でいられるのか』日経BP社、2014年、第1章、66頁

★063———Duke University "The Tech Life, ft. Eddy Cue, Senior VP of Internet Software and Services, Apple, Inc.," YouTube (12 Oct. 2017) https://youtu.be/ph6Cw0bnpA4

★064———『音楽が未来を連れてくる』再生の章、291-296頁

★065———フレント・シュレンダー、リック・テッツェリ著、井口耕二訳『スティーブ・ジョブズ 無謀な男が真のリーダーになるまで(下)』日本経済新聞出版社、2016年、第15章、212頁

★066———Vogelstein "Dogfight," Chap. 1, p. 28

★067———会議の内容をせりふに起こした。『スティーブ・ジョブズ 無謀な男が真のリーダーになるまで(下)』第15章、212-214頁

★068———Harmeet Singh Wallia "Apple Captures 75% of Global Handset Market Operating Profit in Q2 2021," Counterpoint (14 Oct. 2021) https://www.counterpointresearch.com/global-handset-market-operating-profit-q2-2021/

★069———Fred Vogelstein "The Untold Story: How the iPhone Blew Up the Wireless Industry," WIRED (9 Jan. 2007) https://www.wired.com/2008/01/ff-iphone/

★070———Brian Merchant "The One Device: The Secret History of the iPhone," Little, Brown and Company (2017) Location No. 5325 (Kindle Edition)

★071———内容を会話に起こした。Vogelstein "Dogfight," Chap. 1, p. 39

★072———Vogelstein "Dogfight," Chap. 1, p. 17

★073———Schlender, Tetzeli "Becoming Steve Jobs," Chap. 15, p. 357

★074———Vogelstein "Dogfight," Chap. 2, p. 46

★075———同上 Chap. 1, p. 42

★076———Guillaume Dumortier "S. Wozniak in the iPhone waiting line," YouTube (30 June 2007) https://youtu.be/j6JhU8QzLGc

★077———スティーブ・ウォズニアック著、井口耕二訳『アップルを創った怪物 もうひとりの創業者、ウォズニアック自伝』ダイヤモンド社、2008年、第10章、212頁

★078———Isaacson "Steve Jobs," Chap. 21, pp. 279-280

★079———Vogelstein "Dogfight," Chap. 3, p. 80

★080———史実としては、初代iPhoneのプロトタイプを、グーグルのエリック・シュミットCEO(当時)はAppleの取締役会でもらっており、ルービンが事前にシュミットから譲り受けていた可

能性もあるが、シュミットの義理堅い性格からその可能性は低いと判断してこう書いた

★081———Paul McNamara "A look back: Steve Ballmer laughs at the iPhone," Network World (27 June 2012) https://www.networkworld.com/article/2222662/wireless/a-look-back--steve-ballmer-laughs-at-the-iphone.html

★082———Merchant "The One Device," Location No. 5610 (Kindle Edition)

★083———三国大洋「iPhoneは何を破壊したのか」ZDNet Japan、2012年7月12日 https://japan.zdnet.com/article/35019196/

★084———井上篤夫『志高く　孫正義正伝 新版』実業之日本社文庫、2015年、第27章、278頁

★085———佐野眞一『あんぽん　孫正義伝』小学館文庫、2014年、第4章、246頁

★086———同上、第11章、109頁

★087———Chris Yamamoto「孫正義氏　生い立ちを語る　2010年6月25日」YouTube、2010年10月7日 https://youtu.be/DYjooacju_8

★088———『志高く』第3章、41頁

★089———同上、第16章、165頁

★090———『あんぽん』第4章、188-190頁

★091———『音楽が未来を連れてくる』再生の章、300-301頁

★092———同上、明星の章

★093———『志高く』第34章、344頁

★094———同上、345頁

★095———マネー現代編集部「孫正義が初めて明かす『僕は経営の修羅場をこうして生き延びてきた』」マネー現代、2018年6月19日 https://gendai.ismedia.jp/articles/-/56035?page=3

★096———同上 https://gendai.ismedia.jp/articles/-/56035?page=4

★097———『あんぽん』第4章、248頁

★098———時期は前後関係から推定した

★099———「孫社長『アーム買収、ヒントをくれたのはジョブズ』」日本経済新聞、2016年9月3日 https://www.nikkei.com/article/DGXMZO06648840Q6A830C1I00000/

★100———以下を基に本節の会話を構成した。「孫正義が初めて明かす『僕は経営の修羅場をこうして生き延びてきた』http://gendai.ismedia.jp/articles/-/56035

★101———『音楽が未来を連れてくる』明星の章、358-359頁

★102———引用元はない。前後の経緯から類推したせりふ

★103———『音楽が未来を連れてくる』先駆の章、378-379頁

★104———Android Developers "Android Demo," YouTube (12 Nov. 2007) https://youtu.be/1FJHYqE0RDg

★105———Vogelstein "Dogfight," Chap. 4, p. 96

★106———Christy Petty "Gartner Says Worldwide PC Market Grew 13 Percent in 2007"," Gartner (Web Archive) [16 Jan. 2008] https://web.archive.org/web/20130219215402/https://www.gartner.com/newsroom/id/584210

★107———Isaacson "Steve Jobs," Chap. 37, p. 478

★108———『音楽が未来を連れてくる』明星の章、356-359頁

★109———同上、日本の章、68-70頁

★110———同上、再生の章

★111———Chris Smith "Steve Ballmer finally explains why he thought the iPhone would be a flop,"

BGR (4 Nov. 2016) https://bgr.com/2016/11/04/ballmer-iphone-quote-explained/
★112———『沈みゆく帝国』第2章、30-34頁
★113———『音楽が未来を連れてくる』先駆の章、446-475頁
★114———Ross Benes "Spotify and Pandora lead US in audio listeners," eMarketer (12 Oct. 2021) https://www.emarketer.com/content/spotify-pandora-lead-us-audio-listeners
★115———Scott Gerber "The Ah-ha Moment That Launched Pandora," Inc. (24 Apr. 2013) http://www.inc.com/scott-gerber/tim-westergren-the-ah-ha-moment-that-launched-pandora.html
★116———Tim Westergren "Pandora and Artist Payments," Pandora Official Blog (9 Oct. 2012) http://blog.pandora.com/2012/10/09/pandora-and-artist-payments/
★117———『音楽が未来を連れてくる』先駆の章、446-475頁／カデンツァ、501-513頁
★118———IFPI "RIN 2015"
★119———『音楽が未来を連れてくる』明星の章、336-338頁
★120———同上、破壊の章
★121———同上、先駆の章、486-491頁
★122———同上、カラヤン：日本の章、126-127頁／ミック・ジャガー：月面の章、95-96頁／U2：再生の章、288-289頁
★123———同上、明星の章、357-358頁
★124———グラフを参照。Mark Mulligan "Spotify Hits 20 Million Monthly Users and Could be on Track for 8 Million Paid Users 1 Year From Now," Music Industry Blog (15 May. 2012) https://musicindustryblog.wordpress.com/2012/05/15/spotify-hits-20-million-monthly-users-and-could-be-on-track-for-8-million-paid-users-1-year-from-now/
★125———榎本幹朗「Spotifyジャパンが語る。日本と世界の音楽についての15のデータ」Musicman、2014年7月10日 https://www.musicman.co.jp/business/14309
★126———Vogelstein "Dogfight," Chap. 5, p. 119
★127———『音楽が未来を連れてくる』再生の章、333頁
★128———Daniel Sanchez "48% of the Entire Swedish+Norwegian Population Is Paying for Streaming," Digital Music News (14 Aug. 2017) https://www.digitalmusicnews.com/2017/08/14/spotify-youtube-sweden-norway-streaming/
★129———IFPI "RIN 2010," p. 50
★130———『音楽が未来を連れてくる』先駆の章、416-428頁
★131———同上、先駆の章、409頁
★132———同上、破壊の章、168頁
★133———同上、再生の章、281-283頁
★134———Steven Bertoni "Sean Parker: Agent Of Disruption," Forbes (21 Sept. 2011) http://www.forbes.com/sites/stevenbertoni/2011/09/21/sean-parker-agent-of-disruption/
★135———The Daily Beast "Sean Parker on Spotify: "We've Got You by the Balls,"" YouTube (22 Oct. 2010) https://youtu.be/f1Hx8_y_g88
★136———『音楽が未来を連れてくる』破壊の章、176-178頁
★137———同上、231-237頁
★138———同上、先駆の章、476-478頁
★139———以下を基に会話を構成。Vogelstein "Dogfight," Chap. 4, p. 101
★140———同上 p. 108

★141———同上 Chap. 6, p. 131

★142———Brad Stone "Google's Andy Rubin on Everything Android," Bits (The New York Times) [27 Apr. 2010] https://bits.blogs.nytimes.com/2010/04/27/googles-andy-rubin-on-everything-android/

★143———Mass Needham "Smartphone Market Share," IDC (28 Oct. 2021) https://www.idc.com/promo/smartphone-market-share/os

★144———『音楽が未来を連れてくる』破壊の章、167-169頁

★145———同上、177頁

★146———同上、198-200頁

★147———同上、289-297頁

★148———その後、EMIが分割買収され、三大メジャーレーベルとなった

★149———ジョブズやゲイツ、ザッカーバーグも登壇した当時、世界一権威があったITカンファレンス。なお数字は通し番号で、開催年によって異なる

★150———以下を基に会話を構成。Wall Street Journal "Sean Parker on Apple and Spotify - D10 Conference," YouTube (31 May 2012) https://youtu.be/NoZYhK0365g

★151———スベン・カールソン、ヨーナス・レイヨンフーフブッド著、池上明子訳「SpotifyのCEOが語った『ジョブズからの無言電話』」ダイヤモンド・オンライン、2020年6月29日 https://diamond.jp/articles/-/241386

★152———Lashinsky "Inside Apple," Chap. 8, p. 162

★153———『ジョナサン・アイブ』第11章、325頁

★154———当時の名称はOS X

★155———『沈みゆく帝国』第5章、117頁

★156———Schlender, Tetzeli "Becoming Steve Jobs," Chap. 17, pp. 391-392

★157———Lisa Brennan-Jobs "Small Fry," Grove Press (2018) Chap. Coda, Location No. 4943 (Kindle Edition)

★158———以下から会話を再構成。『ジョナサン・アイブ』第13章、351頁

★159———Schlender, Tetzeli "Becoming Steve Jobs," Chap. 17, p. 394

★160———Martin Peers "Apple's Hard-to-Swallow Tablet," The Wall Street Journal (30 Dec. 2009) https://www.wsj.com/articles/SB10001424052748703510304574626213985068436

★161———Vogelstein "Dogfight," Chap. 5, p. 114

★162———引用部分は著者訳。Bob Dylan "Like a Rolling Stone," Columbia Records (1965)

★163———ジョブズのスタンフォード大学でのスピーチ

★164———コトケのインタビューから会話を再構成。Rick Chapman "An Interview with Daniel Kottke, the Man Who Built Some of Steve Jobs' First Macintoshes (and Witness to the Last Steve Jobs Reality Distortion Field)," Softletter (25 May 2016) https://softletter.com/an-interview-with-daniel-kottke-the-man-who-built-the-first-macintosh-and-witness-to-the-last-steve-jobs-reality-distortion-field/

★165———Isaacson "Steve Jobs," Chap. 38, p. 495

★166———Vogelstein "Dogfight," Chap. 7, p. 155

★167———同上 p. 160

★168———Comscore via Canaccord Genuity (May 2011)

★169———以下を基に会話を構成。Isaacson "Steve Jobs," Chap. 38, p. 509

★170———Isaacson “Steve Jobs,” Chap. 38, p. 509

★171———以下を基に会話を構成。『沈みゆく帝国』第11章、286-288頁

★172———以下を基にせりふを創作。Cynthia Littleton, Janko Roettgers “Ted Sarandos on How Netflix Predicted the Future of TV,” Variety (21 Aug. 2018) https://variety.com/2018/digital/news/netflix-streaming-dvds-original-programming-1202910483/

★173———以下を基に会話を構成。Josh Spector “The Story Of The Guy Who Decides What Netflix Produces,” Medium (12 Mar. 2017) https://medium.com/an-idea-for-you/the-amazing-origin-story-of-netflixs-chief-content-officer-51875068df71

★174———人事部長の思い出から会話を構成。Greg Sandoval “How one of Netflix's top execs nailed his job interview and stood out even without having a college degree or going to film school,” Business Insider (24 July 2018) https://www.businessinsider.com/netflix-exec-ted-sarandos-nailed-job-interview-without-finishing-college-or-film-school-2018-7

★175———このせりふはヘイスティングスのこれまでのインタビューを基に創作した

★176———以下を基にせりふを創作。Littleton, Roettgers “Ted Sarandos on How Netflix Predicted the Future of TV”

★177———以下を基に会話を構成。パティ・マッコード著、櫻井祐子訳『NETFLIXの最強人事戦略 自由と責任の文化を築く』光文社、2018年、序章の冒頭

★178———Lauren Arevalo-Downes “Netflix vs. YouTube – How Their Statistics Stack Up,” a.list (28 Oct. 2011) https://www.alistdaily.com/media/netflix-vs-youtube-how-their-statistics-stack-up/

★179———このせりふはヘイスティングスのこれまでのインタビューを基に創作した

★180———“Netflix Sees Itself as the Anti-Apple,” WIRED (15 Apr. 2018)

★181———IFPI “DMR 2009,” p. 3 ＊iTMSのシェア70%を5%にかけた

★182———榎本幹朗「スポティファイ上陸、足止め4年『真の理由』(中編)」NewsPicks、2016年8月9日 https://newspicks.com/news/1712017/body/

★183———Adam Turek, Qayyah Moynilhan “Netflix's Reed Hastings tells Business Insider why he doesn't care about the Cannes Film Festival,” Business Insider (28 Apr. 2018) https://www.businessinsider.com/head-of-netflix-we-have-improved-television-2018-4

★184———Andy Greene “How ‘Lilyhammer’ Changed the TV World,” Rolling Stone (5 Dec. 2013) https://www.rollingstone.com/music/music-news/how-lilyhammer-changed-the-tv-world-203682/

挑戦の章 シリコンバレーを唯一、脅かした日本人の物語

★001———「SOBAX (Sony)」電卓博物館 http://www.dentaku-museum.com/calc/calc/4-sony/sobax/sobax.html

★002———以下を基に会話を構成。週刊東洋経済編集部「印象深かった若き日のジョブズ氏と孫さん シャープ元副社長・佐々木正氏①」東洋経済オンライン、2012年7月18日 https://toyokeizai.net/articles/-/9565

★003———大西康之「追悼、佐々木正——孫正義もジョブズも憧れたイノヴェイター、その『偶然と必然』に満ちた102年の生涯」WIRED.jp、2018年2月4日 https://wired.jp/2018/02/04/rip-rocket-sasaki/

★004———榎本幹朗『音楽が未来を連れてくる 音楽ビジネス百年の革新者たち』DU BOOKS、2021年、栄光の章

★005———「Sony Revenue 2010-2021 | SONY」Macrotrends https://www.macrotrends.net/stocks/charts/SONY/sony/revenue

★006———新経済連盟「NES2014 ラリー・エリソンによる基調講演(2014年4月9日)」YouTube、2014年4月25日 https://youtu.be/kDvUdGaPob0

★007———『音楽が未来を連れてくる』栄光の章、124-127頁

★008———日経新聞社編『ソニーとSony』日本経済新聞社、2005年、第2章、81頁

★009———以下を基にせりふを創作。立石泰則『さよなら!僕らのソニー』文藝春秋、2011年、第5章、170頁

★010———水島愛一朗「ソニー、エレキ事業の弱体化と人材喪失を招いた、19年前の誤算 トヨタとの対比」ビジネスジャーナル、2014年4月27日 https://biz-journal.jp/2014/04/post_4724.html

★011———盛田昭夫著、下村満子訳『MADE IN JAPAN(メイド・イン・ジャパン) わが体験的国際戦略』朝日文庫、1990年、第7章、411頁 *原著は1987年に刊行

★012———西田宗千佳『ソニーとアップル 2大ブランドの次なるステージ』朝日新聞出版、2012年、38頁

★013———以下を基に会話を再構成。立石泰則『ソニーインサイドストーリー』講談社、2006年、第6章、176頁

★014———『音楽が未来を連れてくる』再生の章、131-133頁/144-146頁

★015———平井一夫『ソニー再生 変革を成し遂げた「異端のリーダーシップ」』日本経済新聞出版、2021年、第5章、Location No. 1872(Kindle版)

★016———ジョン・ネイスン著、山崎淳訳『ソニー ドリーム・キッズの伝説』文藝春秋、2000年、第10章、395頁

★017———『さよなら!僕らのソニー』第5章、164頁

★018———『ソニーとSony』第3章、100頁

★019———一部要約。クレイトン・クリステンセン、マイケル・レイナー著、櫻井祐子訳『イノベーションへの解 利益ある成長に向けて』翔泳社、2003年、第10章、Location No. 5018-5025(Kindle版)

★020———Walter Isaacson "Steve Jobs," Simon & Schuster (2011) Chap. 42, p. 567

★021———高橋史忠「携帯型DVDプレーヤの開発 ソニー、許すまじ(下)」日経クロステック、2013年2月5日 https://tech.nikkeibp.co.jp/dm/article/COLUMN/20130123/261744/?ST=jtn&P=5

★022———『ソニーとSony』第4章、150頁

★023———引用ではなく、事件前後の大賀のせりふから創作

★024———日本経済新聞、2012年10月5日朝刊

★025———以下を基に会話を構成。麻倉怜士『久夛良木健のプレステ革命』ワック出版、2003年、第1章、34-35頁

★026———宗像誠之「『時代遅れという批判の中でAIBOは生まれた』AIBOの開発責任者、土井利忠の述懐(その1)」日経ビジネス電子版、2016年6月13日 https://business.nikkei.com/atcl/interview/16/031800001/061000010/?P=2

★027———要約して引用。『久夛良木健のプレステ革命』第1章、37頁

★028———『音楽が未来を連れてくる』日本の章

★029———同上、再生の章

★030———ダイヤモンドクォータリー編集部「"プレイステーションの父"が語るイノベーションの核心 デジタル時代の『愉快な未来』のつくり方【1】」ダイヤモンド・オンライン、2016年12月16日 https://diamond.jp/articles/-/243387

★031———『久夛良木健のプレステ革命』第5章、219頁

★032———同上、第1章、43頁

★033———以下を基に会話を構成。西田宗千佳『漂流するソニーのDNA プレイステーションで世界と戦った男たち』講談社、2012年、第1章、21頁

★034———同上、22頁

★035———『音楽が未来を連れてくる』栄光の章、147-149頁

★036———要約して引用。『久夛良木健のプレステ革命』第2章、68-69頁

★037———『音楽が未来を連れてくる』栄光の章、133-136頁

★038———以下を基に会話を構成。「『敵はインテルだよ』ソニー再起(4)」日本経済新聞、2012年10月4日 https://www.nikkei.com/article/DGXDASDD0205C_S2A001C1EA1000/

★039———『ソニーとSony』第4章、140頁

★040———森川潤「【激白1万字】久夛良木健。プレステからAIへ『未来はチップに宿る』」NewsPicks、2017年10月10日 https://newspicks.com/news/2544601/

★041———『久夛良木健のプレステ革命』第6章、266頁

★042———同上、266-268頁

★043———以下を基にせりふを創作。宗像誠之「『ソニー社長を引き受けた平井さんは軽率だな』プレステ生みの親・丸山茂雄が語る迷走の裏側(上)」日経ビジネス電子版、2016年5月16日 https://business.nikkei.com/atcl/interview/16/031800001/051000001/

★044———『久夛良木健のプレステ革命』第2章、79頁

★045———以下を基に会話を構成。『漂流するソニーのDNA』第1章、55-56頁

★046———『久夛良木健のプレステ革命』第4章、186頁

★047———「革命は辺境から(15) に・よん・なな・みゅーじっく社長 丸山茂雄氏」日経産業新聞、2005年6月16日

★048———『漂流するソニーのDNA』第2章、111頁

★049———同上、第4章、166頁

★050———要約して引用。アスキー編集部「2002年に、久夛良木氏が語ったこと」アスキー、2007年4月27日 http://ascii.jp/elem/000/000/031/31681/

★051———『ソニーとSony』第4章、141頁

★052———『久夛良木健のプレステ革命』特別付録、34-358頁

★053———『漂流するソニーのDNA』第4章、209-210頁

★054———より正確には、セルをカスタマイズしたもの

★055———後藤弘茂「ビジネスモデルを変革するためのPS3の価格戦略～SCEI 久夛良木健氏インタビュー(2)」PC Watch、2006年6月8日 https://pc.watch.impress.co.jp/docs/2006/0608/kaigai277.htm

★056———要約して引用。「ビジネスモデルを変革するためのPS3の価格戦略～SCEI 久夛良木健氏インタビュー(2)」

★057———加藤亘、平澤寿康「やっとすべてを発表できた——SCE久夛良木健氏プレスイベント直後インタビュー」ねとらぼ、2006年5月9日 https://nlab.itmedia.co.jp/games/articles/0605/09/news046.html

★058———「賞味期限切れで迷走をはじめた？ 綻びが露呈するソニー・出井流経営」エルネオス、2003年第5号 http://www.elneos.jp/0305sf2.html

★059———斎藤端『ソニー半導体の奇跡 お荷物集団の逆転劇』東洋経済新報社、2021年、第1章、29-30頁

★060———“Top Selling Title Sales Units,” Nintendo, IR https://www.nintendo.co.jp/ir/en/finance/software/wii.html

★061———この発言時、SCEの社名はすでにSIEへ変更されているが、前後に合わせた。Colin Stevens “PlayStation Exec Discusses What Sony Learned From PlayStation 3's Missteps - DICE 2019,” IGN (13 Feb. 2019) http://www.ign.com/articles/2019/02/12/playstation-exec-discusses-what-sony-learned-from-playstation-3s-missteps-dice-2019?utm_source=intl

★062———『漂流するソニーのDNA』第4章、242頁

★063———「役員人事のお知らせ」Sonyニュースリリース、2007年4月26日 http://www.sony.co.jp/SonyInfo/News/Press/200704/07-0426/index.html

★064———Georg Szalai “Video game industry growth still strong: study,” Reuters (21 June 2007) https://www.reuters.com/article/us-media-videogames/video-game-industry-growth-still-strong-study-idUSN2132172920070621

★065———スティーブ・ウォズニアック著、井口耕二訳『アップルを創った怪物 もうひとりの創業者、ウォズニアック自伝』ダイヤモンド社、2008年、第9章、197-199頁

★066———Dean Takahashi “Newzoo: Smartphone users will top 3 billion in 2018, hit 3.8 billion by 2021,” Venture Beat (11 Sept. 2018) https://venturebeat.com/2018/09/11/newzoo-smartphone-users-will-top-3-billion-in-2018-hit-3-8-billion-by-2021/

★067———James Batchelor “GamesIndustry.biz presents... The Year In Numbers 2018,” GamesIndustry.biz (17 Dec. 2018) https://www.gamesindustry.biz/articles/2018-12-17-gamesindustry-biz-presents-the-year-in-numbers-2018

★068———以下を基にせりふを創作。日本経済新聞、1999年7月26日朝刊

★069———以下を基に一連の会話を構成。IGN “Former PlayStation Boss Jack Tretton - IGN Unfiltered 11,” YouTube, 10:00~ (28 Sept. 2016) https://youtu.be/z88tlFKdp-k

★070———当時の技術的な制約上、正確にはプレステ3の高速メモリは、CPUとGPUの完全共有ではない

★071———Norm Jouppi “Google supercharges machine learning tasks with TPU custom chip,” Google Cloud Official Blog (19 May 2016) https://cloud.google.com/blog/products/gcp/google-supercharges-machine-learning-tasks-with-custom-chip

★072———「ブルータス」2009年10月15日号、マガジンハウス、46頁

★073———西村吉雄「生産額は10年で半減、日本の電子産業凋落の真相 電子立国は、なぜ凋落したか(1)」日本経済新聞、2014年7月14日 https://www.nikkei.com/article/DGXNASFK0102R_R00C14A7000000/

★074———『アップル帝国の正体』第6章、181頁

★075———売上(77兆円)は2018年、従業員数(80万7,000人)は2017年、ウルフラム・アルファで試算。サウジのGDPはインターナショナル・マネタリー・ファンドに基づく

★076———要約して引用。Sean Parker “At long last... Spotify launches in the US!” Facebook (15 July 2011) https://www.facebook.com/notes/sean-parker/at-long-last-spotify-launches-in-the-us/10150260494833293/

★077———『音楽が未来を連れてくる』破壊の章、178-179頁

★078———同上、再生の章、314-318頁

★079———同上、329-335頁

★080———同上、破壊の章、176-177頁/190-191頁

★081―――榎本幹朗「スポティファイ上陸、足止め4年『真の理由』(中編)」NewsPicks、2016年8月9日 https://newspicks.com/news/1712017/body/

★082―――IFPI "GMR 2021" https://gmr2021.ifpi.org/report

★083―――「スマホとフィーチャーフォンの出荷台数、2011年度に逆転」ITmedia ビジネスオンライン、2013年2月1日 https://www.itmedia.co.jp/makoto/articles/1302/01/news117.html

★084―――IFPI "RIN 2009," p.87

★085―――日本レコード協会「日本のレコード産業2011」および「日本のレコード産業2012」より試算

★086―――サービス・イン当初、ビデオ・アンリミテッドの名はSonyビデオ・オンデマンド。のちにビデオ・アンリミテッドはプレイステーション・ビデオに、ミュージック・アンリミテッドはプレイステーション・ミュージックになった

★087―――John Borland "How Sony failed to Connect, again," CNET (23 June 2006) https://www.cnet.com/tech/home-entertainment/how-sony-failed-to-connect-again/

★088―――日経産業新聞編『SONY平井改革の1500日』日本経済新聞出版、2016年、第3章、116頁

天穹の章 人類の最良の精神を信じた男

★001―――執筆現在、グーグル検索は、セマンティック検索やファクトチェックのアルゴリズムの導入が進み、事実検索の精度が上がってきた

★002―――"Siri represents nearly 25 percent of Wolfram Alpha queries after four months," 9TO5Mac (7 Feb. 2012) https://9to5mac.com/2012/02/07/four-months-in-siri-represents-about-a-quarter-of-all-wolfram-alpha-queries/

★003―――本節の会話と場面は、ウルフラムの回顧を基に創作した。なお、ウルフラムの訪問時、リサがネクスト社に来ていた事実はない。Stephen Wolfram "Steve Jobs: A Few Memories," Stephen Wolfram Official Blog (6 Oct. 2011) https://blog.stephenwolfram.com/2011/10/steve-jobs-a-few-memories/

★004―――Karl Freund "2019: A Cambrian Explosion In Deep Learning, Part 1," Forbes (23 Jan. 2019) https://www.forbes.com/sites/moorinsights/2019/01/23/2019-a-cambrian-explosion-in-deep-learning-part-1/

★005―――アンドリュー・パーカー博士の光スイッチ説

★006―――Amina Elahi "Siri co-founder, a Chicagoan, faces same cancer as Steve Jobs," Chicago Tribune (13 Jan. 2017) https://www.chicagotribune.com/bluesky/originals/ct-siri-dag-kittlaus-pancreatic-cancer-bsi-20170113-story.html

★007―――Yoni Heisler "Steve Jobs wasn't a fan of the Siri name," Network World (28 Mar. 2012) https://www.networkworld.com/article/2221246/steve-jobs-wasn-t-a-fan-of-the-siri-name.html

★008―――Bud Colligan "How the Knowledge Navigator video came about," Dubberly Design Office (20 Nov. 2011) http://www.dubberly.com/articles/how-the-knowledge-navigator-video-came-about.html

★009―――このせりふは、下記およびキットラウスのほかでの発言を基に創作した。NHKスペシャル取材班『Steve Jobs Special ジョブズと11人の証言』講談社、2012年、ダグ・キットラウスの章、213-214頁

★010―――Siriの名前にまつわる会話と場面は、下記および『Steve Jobs Special ジョブズと11人の証言』のキットラウスの回顧に基づいて創作した。Heisler "Steve Jobs wasn't a fan of the Siri name"

★011―――『Steve Jobs Special』216頁

★012———同上、215頁

和解の章　魂の変容——とある父娘の罪と許しの物語

★001———Lisa Brennan-Jobs "Small Fry" Atlantic Books (2018) Chap. Let's Blast, Location No. 1180-1190 (Kindle Edition)

★002———同上 Location No. 1280

★003———同上 Location No. 1176

★004———別の場面のせりふを本場面へ移動。Brennan-Jobs "Small Fry," Chap. Lifeline, Location No. 732 (Kindle Edition)

★005———Brennan-Jobs "Small Fry," Chap. Let's Blast, Location No. 1248 (Kindle Edition)

★006———同上 Chap. Runaway, Location No. 2563

★007———同上 Chap. Let's Blast, Location No. 1305

★008———同上 Location No. 1352

★009———同上 Location No. 1360

★010———同上 Location No. 1450

★011———別の場面のせりふを本場面へ移動。Brennan-Jobs "Small Fry," Chap. Small Fry, Location No. 1660 (Kindle Edition)

★012———別の場面のせりふを本場面へ移動。Brennan-Jobs "Small Fry," Chap. Hippies, Location No. 165 (Kindle Edition)

★013———下記内容から本会話を創作。Brennan-Jobs "Small Fry," Chap. Hippies, Location No. 180 (Kindle Edition)

★014———下記内容から本会話を創作。Brennan-Jobs "Small Fry," Chap. Hippies, Location No. 168 (Kindle Edition)

★015———Brennan-Jobs "Small Fry," Chap. Small Fry, Location No. 1702 (Kindle Edition)

★016———ふたつの場面を合成。Brennan-Jobs "Small Fry," Chap. Small Fry, Location No. 1720 / 1751 (Kindle Edition)

★017———Brennan-Jobs "Small Fry," Chap. Small Fry, Location No. 1805 (Kindle Edition)

★018———複数の場面から本会話を創作。Brennan-Jobs "Small Fry," Chap. Let's Blast, Location No. 1055 / Chap. Let's Blast, No.1467 / Chap. Small Fry, No.1691 (Kindle Edition)

★019———Brennan-Jobs "Small Fry," Chap. Small Fry, Location No. 2192 (Kindle Edition)

★020———別の場面のせりふを本場面へ移動。Brennan-Jobs "Small Fry," Chap. Small Nation, Location No. 3955 (Kindle Edition)

★021———Brennan-Jobs "Small Fry," Chap. Runaway, Location No. 2507 (Kindle Edition)

★022———同上 Location No. 2666 (Kindle Edition)

★023———以下を基にせりふを創作。Brennan-Jobs "Small Fry," Chap. Runaway, Location No. 2691 (Kindle Edition)

★024———ふたつの場面を合成。Brennan-Jobs "Small Fry," Chap. Runaway, Location No. 2959 / 2987 (Kindle Edition)

★025———別の場面のせりふを本場面へ移動。Brennan-Jobs "Small Fry," Chap. Hippies, Location No. 358 (Kindle Edition)

★026———Brennan-Jobs "Small Fry," Chap. Runaway, Location No. 3020 (Kindle Edition)

★027———同上 Location No. 3043

★028———同上 Location No. 3101

★029———同上 Location No. 3119

★030———同上 Location No. 3153

★031———創作。素材はリサが高校生になってからの場面。Brennan-Jobs "Small Fry," Chap. Marketable Skills, Location No. 4386 (Kindle Edition)

★032———Brennan-Jobs "Small Fry," Chap. Runaway, Location No. 3178 (Kindle Edition)

★033———同上 Chap. Small Nation, Location No. 3398

★034———同上 Location No. 3370

★035———Margaret Kadifa "Halloween at Steve Jobs' house," Houston Chronicle (29 Oct. 2015) https://www.houstonchronicle.com/local/gray-matters/article/Halloween-at-Steve-Jobs-house-6598472.php

★036———Brennan-Jobs "Small Fry," Chap. Small Nation, Location No. 3515 (Kindle Edition)

★037———同上 Location No. 3330

★038———Walter Isaacson "Steve Jobs," Simon & Schuster (2011) Introduction

★039———ふたつの場面の会話を合成。Isaacson "Steve Jobs," Chap. 37, p. 486 / Chap. 41, p. 55

★040———正確には別の日の出来事。Brennan-Jobs "Small Fry," Chap. Coda, Location No. 4935 (Kindle Edition)

★041———Brennan-Jobs "Small Fry," Chap. Small Nation, Location No. 3978 (Kindle Edition)

★042———ふたつの記事を基に教授のせりふを創作。Abigail Beall "Theory claims to offer the first 'evidence' our Universe is a hologram," WIRED (31 Jan. 2017) https://www.wired.co.uk/article/our-universe-is-a-hologram / Margi Murphy "IS THIS THE REAL LIFE? Our universe is one massive HOLOGRAM and our entire existence is an ILLUSION, scientists claim," The Sun (31 Jan. 2017) https://www.thesun.co.uk/news/2746443/our-universe-is-one-massive-hologram-and-our-entire-existence-is-an-illusion-scientists-claim/

★043———Jason Koebler "Elon Musk Says There's a 'One in Billions' Chance Reality Is Not a Simulation," VICE (2 June 2016) https://www.vice.com/en_us/article/8q854v/elon-musk-simulated-universe-hypothesis

★044———Brennan-Jobs "Small Fry," Chap. Small Nation, Location No. 3768 (Kindle Edition)

★045———ふたつの場面を合成。Brennan-Jobs "Small Fry," Chap. Small Nation, Location No. 3464 / 3472 (Kindle Edition)

★046———Brennan-Jobs "Small Fry," Chap. Small Nation, Location No. 3464 (Kindle Edition)

★047———同上 Location No. 3452

★048———同上 Chap. Marketable Skills, Location No. 4078

★049———以下を基に会話を構成。Brennan-Jobs "Small Fry," Chap. Small Nation, Location No. 3493 (Kindle Edition)

★050———同上 Location No. 3384

★051———Lisaコンピュータの仕事をした何人もから「ジョブズが認知していない娘の名をコンピュータに付けたので、対策に追われた」という証言が出ている。例としてプロジェクト責任者ジョン・カウチの証言を挙げておく。斎藤由多加『マッキントッシュ伝説』アスキー出版局、1996年、141頁

★052———Brennan-Jobs "Small Fry," Chap. Small Nation, Location No. 3791

★053———直後のジョブズ夫妻の会話は創作。Brennan-Jobs "Small Fry," Chap. Small Nation,

Location No. 4041 (Kindle Edition)

★054———Brennan-Jobs "Small Fry," Chap. Marketable Skills, Location No. 4338 (Kindle Edition)

★055———同上 Location No. 4155

★056———以下を基に会話を構成。Brennan-Jobs "Small Fry," Chap. Small Nation, Location No. 2051 (Kindle Edition)

★057———Brennan-Jobs "Small Fry," Chap. Marketable Skills, Location No. 4264 (Kindle Edition)

★058———同上 Location No. 4417

★059———同上 Location No. 4436

★060———同上 Chap. Small Fry, Location No. 1419

★061———同上 Chap. Flight, Location No. 4637

★062———ジョブズの出張中、リサが願書のサインを偽造した。Brennan-Jobs "Small Fry," Chap. Flight, Location No. 4571 (Kindle Edition)

★063———以下を基に会話を創作。父娘による電話での直接のやり取りとは確定していない。Brennan-Jobs "Small Fry," Chap. Coda, Location No. 5039 (Kindle Edition)

★064———Brennan-Jobs "Small Fry," Chap. Coda, Location No. 4707 (Kindle Edition)

★065———同上 Location No. 4733

★066———同上 Location No. 4741

★067———同上 Location No. 4766

★068———せりふは創作

★069———事務員のせりふは以下を基に創作。Brennan-Jobs "Small Fry," Chap. Coda, Location No. 4833 (Kindle Edition)

★070———Brennan-Jobs "Small Fry," Chap. Coda, Location No. 4852 (Kindle Edition)

★071———同上 Location No. 4776

★072———以下を基に会話を構成。Brennan-Jobs "Small Fry," Chap. Coda, Location No. 4874 (Kindle Edition)

★073———以下を基に会話を構成。Brennan-Jobs "Small Fry," Chap. Coda, Location No. 4886 (Kindle Edition)

★074———以下を基に会話を構成。Brennan-Jobs "Small Fry," Chap. Coda, Location No. 4763 (Kindle Edition)

★075———創作。素材は、リサの高校時代に自宅であった場面と死の床にあるジョブズとの会話から取った。Brennan-Jobs "Small Fry," Chap. Small Nation, Location No. 3787 / Chap. Flight, Location No. 4512 / Chap. Coda, Location No. 4924 (Kindle Edition)

★076———Brennan-Jobs "Small Fry," Chap. Coda, Location No. 4908 (Kindle Edition)

★077———同上 Location No. 4910

★078———同上 Location No. 4895

★079———Walter Isaacson "Steve Jobs, " Simon & Schuster (2011) Chap.21, p.279

★080———Brent Schlender, Rick Tetzeli "Becoming Steve Jobs: The Evolution of a Reckless Upstart into a Visionary Leader," Crown Business (2015) Chap. 8, p. 197

★081———Isaacson "Steve Jobs," Chap. 23, p. 294

★082———同上 Chap. 39, p. 512

★083———Fred Vogelstein "Dogfight: How Apple and Google Went to War and Started a Revolution," Macmillan (2013) Chap. 5, p. 124

★084———メッセージ内容はジョブズの回顧を基に創作。Isaacson "Steve Jobs," Chap. 41, p. 551

★085———Richard Waters "FT interview with Google co-founder and CEO Larry Page," Financial Times (31 Oct. 2014) https://www.ft.com/content/3173f19e-5fbc-11e4-8c27-00144feabdc0#axzz3HlX9MCjF

★086———ジョブズの回顧を基にせりふを創作。Isaacson "Steve Jobs," Chap. 41, p. 552

★087———Brennan-Jobs "Small Fry," Chap. Coda, Location No. 4998 (Kindle Edition)

★088———電話に出なかった理由のやり取りは、実際には病院での出来事。Brennan-Jobs "Small Fry," Chap. Coda, Location No. 5035 (Kindle Edition)

★089———Brennan-Jobs "Small Fry," Chap. Coda, Location No. 5015 (Kindle Edition)

★090———同上 Location No. 5029

★091———同上 Location No. 5060

★092———同上 Location No. 5076

★093———Nellie Bowles "In 'Small Fry,' Steve Jobs Comes Across as a Jerk. His Daughter Forgives Him. Should We?" The New York Times (23 Aug. 2018) https://www.nytimes.com/2018/08/23/books/steve-jobs-lisa-brennan-jobs-small-fry.html

★094———以下を基に会話を構成。Schlender, Tetzeli "Becoming Steve Jobs," Chap. 17, p. 404-405

★095———Boaz Yakin "Remember the Titans," Walt Disney Pictures (2000) 0:19-0:21

★096———同上 1:37-1:39

★097———Josh J. Tyrangiel "Tim Cook's Freshman Year: The Apple CEO Speaks," Bloomberg (6 Dec. 2012) https://www.bloomberg.com/news/articles/2012-12-06/tim-cooks-freshman-year-the-apple-ceo-speaks

★098———ふたつの資料に基づく。AERA『スティーブ・ジョブズ 100人の証言』朝日新聞出版、2011年、25頁／NHKスペシャル取材班『Steve Jobs Special ジョブズと11人の証言』講談社、2012年、孫正義の章、243頁

★099———もとのせりふでは「七年」だが事実に合わせた。Anders Köhler "Larry Ellison dooms Apple without Steve Jobs," YouTube (14 Sept. 2016) https://youtu.be/mzNs_Gp7MVM

★100———Brennan-Jobs "Small Fry," Prologue, Location No. 54 (Kindle Edition)

★101———Isaacson "Steve Jobs," Chap. 42, p. 572

★102———同上 Chap. 32, p. 425

★103———Philip Elmer-Dewitt "Who attended the memorial service for Steve Jobs?" Fortune (17 Oct. 2011) https://fortune.com/2011/10/17/who-attended-the-memorial-service-for-steve-jobs/

★104———引用部分は著者訳。Bob Dylan "Every Grain of Sand," Columbia Records (1981)

★105———以下を基にせりふを創作。Isaacson "Steve Jobs," Chap. 41, pp. 538-539

★106——— Schlender, Tetzeli "Becoming Steve Jobs," Chap. 17, p. 408

★107——— Brennan-Jobs "Small Fry," Chap. Coda, Location No. 5110 (Kindle Edition)

★108———ここまでAppleの公式送別会より各人のせりふを引用

★109———引用部分は著者訳。Coldplay "Yellow," Parlophone Records (2000)

エピローグ　ジョブズが託したNext Big Thing

★001———2021年の数字。Tom Warren "Apple now has 1.8 billion active devices," The Verge (28 Jan. 2022) https://www.theverge.com/2022/1/28/22906071/apple-1-8-billion-active-devices-stats

★002———2020年の数字。"Meeting pandemic challenges, Apple developers grow total billings and

sales in the App Store ecosystem by 24 percent to $643 billion in 2020," Apple.com (2 June 2021) https://www.apple.com/in/newsroom/2021/06/apple-developers-grow-app-store-ecosystem-billings-and-sales-by-24-percent-in-2020/

★003———"Ericsson Mobility Report," p. 5 (Nov. 2021) https://www.ericsson.com/4ad7e9/assets/local/reports-papers/mobility-report/documents/2021/ericsson-mobility-report-november-2021.pdf

★004———日本は4.6時間、アメリカは4.2時間。"State of Mobile 2022," data.ai, p. 6 (12 Jan. 2022) https://www.data.ai/en/go/state-of-mobile-2022

★005———90.7%。"DIGITAL 2022," We Are Social, p. 30 https://wearesocial.com/uk/blog/2022/01/digital-2022/

★006———6時間58分。同上 p. 26

★007———同上 p. 43

★008———"The biggest social media trends for 2022," GWI, pp. 13-14

★009———"DIGITAL 2022," p. 33

★010———"Heat map of Russian SIM cards roaming Ukrainian cellphone networks," liveuamap.com https://liveuamap.com/en/2022/12-may-heat-map-of-russian-sim-cards-roaming-ukrainian-cellphone

★011———WIRED特別保存号『WIRED X STEVE JOBS』コンデナスト・ジャパン、2013年、100頁

★012———"Global Ecommerce Forecast 2022, " eMarketer (2 Feb. 2022) https://www.emarketer.com/content/global-ecommerce-forecast-2022

★013———榎本幹朗『音楽が未来を連れてくる 時代を創った音楽ビジネス百年の革新者たち』DU BOOKS、2021年、カデンツァ、495-497頁

★014———Mark Mulligan "Music subscriber market shares Q2 2021," MIDiA (18 Jan. 2022) https://www.midiaresearch.com/blog/music-subscriber-market-shares-q2-2021

★015———Bret Kinsella "The Rise and Stall of the U.S. Smart Speaker Market," Voicebot.ai (2 Mar. 2022) https://voicebot.ai/2022/03/02/the-rise-and-stall-of-the-u-s-smart-speaker-market-new-report/

★016———"20+ Impressive Smart Speaker Statistics for All Voice Assistant Enthusiasts," Safe at Last (29 Jan. 2022) https://safeatlast.co/blog/smart-speaker-statistics/ ＊元データはStatista

★017———秋月かほ「スマートスピーカーの認知率は8割 実際の利用率は？」ITMedia、2022年5月18日 https://www.itmedia.co.jp/business/articles/2205/18/news132.html

★018———Roland Udvarlaki "Amazon leads smart speaker market, while Apple doubles its market share," PocketNow (21 Dec. 2021) https://pocketnow.com/amazon-leads-smart-speaker-market-while-apple-doubles-its-market-share

★019———William Parker "Netflix Password Sharing: Are You One of 53% Doing It?" HotDog.com (Last Updated: 3 June 2022) https://hotdog.com/tv/stream/netflix/password-sharing-survey/

★020———Jacob Carpenter "Why Apple TV+ is Hollywood's most intriguing streaming service," Fortune (29 Mar. 2022) https://fortune.com/2022/03/28/apple-tv-plus-coda-oscars-streaming-netflix-tim-cook/

★021———"With 19.9% CAGR, Global Video Streaming Market Size Worth USD 1,690.35 Billion in 2029," Fortune Business Insights (5 May 2022) https://finance.yahoo.com/news/19-9-cagr-global-video-112100878.html

★022———Tom Wijaman "The Games Market and Beyond in 2021: The Year in Numbers," Newzoo (22 Dec. 2021) https://newzoo.com/insights/articles/the-games-market-in-2021-the-year-in-numbers-esports-cloud-gaming

★023———Georg Szalai "Video game industry growth still strong: study," Reuters (21 June 2007) https://www.reuters.com/article/us-media-videogames-idUSN2132172920070621

★024———Aman Chaudhary "Global Smartphone Revenue Hits Record ~$450 Billion in 2021," Counterpoint Research (25 Feb. 2022) https://www.counterpointresearch.com/global-smartphone-revenue-hits-record-450-billion-2021-apple-captures-highest-ever-share-q4-2021/

★025———"State of Mobile 2022," p. 2

★026———Ralph Wyss "2021 aerospace and defense industry outlook," Deloitte Switzerland (6 Jan. 2022) https://www2.deloitte.com/ch/en/pages/manufacturing/articles/aerospace-and-defense-industry-outlook-2021.html

★027———"Global Car & Automobile Sales - Market Size 2005–2027," IBISWorld (21 Aug. 2021 Updated) https://www.ibisworld.com/global/market-size/global-car-automobile-sales/

★028———Walter Isaacson "Steve Jobs," Simon & Schuster (2011) Chap. 42, p. 567

★029———Steven Levy "Apple's New Campus: An Exclusive Look Inside the Mothership," WIRED (16 May 2017) https://www.wired.com/2017/05/apple-park-new-silicon-valley-campus/

★030———『音楽が未来を連れてくる』再生の章、272頁

★031———Nick Comption "In the loop: Jony Ive on Apple's new HQ and the disappearing iPhone," Wallpaper (9 Nov. 2017) https://www.wallpaper.com/design/jony-ive-apple-park

★032———Christina Passariello "How Jony Ive Masterminded Apple's New Headquarters," Wall Street Journal (26 Jul. 2017) https://www.wsj.com/articles/how-jony-ive-masterminded-apples-new-headquarters-1501063201

★033———Tripp Mickle "After Steve: How Apple became a Trillion-Dollar Company and Lost Its Soul," HarperCollins Publishers (2022) Chap. 15, p. 271

★034———同上 Chap. 6, p. 112

★035———同上 p. 111

★036———"mHealth Apps Market Size, Share & COVID-19 Impact Analysis, By App Type," Fortune Business Insight (Jul. 2021) https://www.fortunebusinessinsights.com/mhealth-apps-market-102020

★037———"After Steve," Chap. 6, p. 114

★038———同上 p. 127

★039———Matt Hamblen "Smartwatch shipments to catapult by 500% in 2015 on interest in Apple Watch," Computerworld (30 Mar. 2015) https://www.computerworld.com/article/2903715/smartwatch-shipments-to-catapult-by-500-in-2015-on-interest-in-apple-watch.html

★040———Team Counterpoint "Infographic: 2021 | Smartwatch," Counterpoint Research (3 Mar. 2022) https://www.counterpointresearch.com/infographic-smartwatch-2021/

★041———Team Counterpoint "Global Smartphone Market Share: By Quarter" Counterpoint Research (29 Apr. 2022) https://www.counterpointresearch.com/global-smartphone-share/

★042———Roberta Naas "Apple Watches Outsell Entire Swiss Watch Industry, But Don't Ring The Death Bell Yet," Forbes (7 Feb. 2020) https://www.forbes.com/sites/robertanaas/2020/02/07/apple-watches-outsell-entire-swiss-watch-industry-but-dont-ring-the-death-bell-yet/?sh=56549f2178f1

★043———Megan Molteni "With AI, Your Apple Watch Could Flag Signs of Diabetes," WIRED (7 Feb. 2018) https://www.wired.com/story/with-ai-your-apple-watch-could-flag-signs-of-diabetes/

★044———Matt Reynolds "A medical-grade smartwatch is helping people live with epilepsy," WIRED (30 Mar. 2018) https://www.wired.co.uk/article/empatica-embrace-epilepsy-wearable-medical-device

★045———Mickle "After Steve," Chap. 10, p. 203

★046———Neil Hughes & Mikey Campbell "Project Titan, SixtyEight & SG5: Inside Apple's top-secret electric car project," AppleInsider (13 Mar. 2015) https://appleinsider.com/articles/15/03/13/project-titan-sixtyeight-sg5-inside-apples-top-secret-electric-car-project

★047———Dawn Chmielewski "Steve Jobs Tinkered With the Idea of an Apple Car the Year After the iPhone Premiered," Vox (4 Nov. 2015) https://www.vox.com/2015/11/4/11620350/steve-jobs-tinkered-with-the-idea-of-an-apple-car-the-year-after-the

★048———Marcus Wohlsen "What Google Really Gets Out of Buying Nest for $3.2 Billion," WIRED (14 Jan. 2014) https://www.wired.com/2014/01/googles-3-billion-nest-buy-finally-make-internet-things-real-us/

★049———同上 Chap. 15, pp. 268-270

★050———同上 Chap. 17, p. 298

★051———Steve Crowe "Waymo autonomous vehicles leave Apple in the dust," The Robot Report (15 Feb. 2019) https://www.therobotreport.com/waymo-autonomous-vehicles-apple/

★052———Isaacson "Steve Jobs," Chap. 41, pp. 554-556

★053———Dan Milmo "Apple aims to launch self-driving electric car in 2025, says report," The Guardian (18 Nov. 2021) https://www.theguardian.com/technology/2021/nov/18/apple-aims-to-launch-self-driving-electric-car-in-2025-says-report

★054———Sonyの決算関連は本社IRから。https://www.sony.com/ja/SonyInfo/IR/

★055———「週刊東洋経済」2019年7月6日号、東洋経済新報社、46頁

★056———円換算は当時の為替レートではなく、本書統一のもの。"Intel 2007 Annual Report" http://media.corporate-ir.net/media_files/irol/10/101302/2007annualreport/download/index.html

★057———石島照代「バンダイナムコは子会社社長を降格、SCEは実質解体 惨状を極めるゲーム業界の未来を考える」ダイヤモンド・オンライン、2010年4月5日 https://diamond.jp/articles/-/7789

★058———斉藤端『ソニー半導体の奇跡：お荷物集団の逆転劇』東洋経済新報社、2021年、第1章、27頁 ＊前後のCMOS関連の基礎資料

★059———Eric Slivka "First iPhone 4S Image Sensor to Be Identified Comes from Sony," Mac Rumors (14 Oct. 2011) https://www.macrumors.com/2011/10/14/first-iphone-4s-image-sensor-to-be-identified-comes-from-sony/

★060———日経産業新聞編『SONY平井改革の1500日』日本経済新聞出版、2016年、第1章、20頁

★061———元データはDSCCとHIS。「焦点：韓国サムスンの「誤算」、高級TVでソニーやLGに後塵」ロイター、2018年5月9日 https://jp.reuters.com/article/samsung-elec-tv-idJPKBN1IA08S

★062———Sony設立趣意書 https://www.sony.com/ja/SonyInfo/CorporateInfo/History/prospectus.html

★063———『SONY平井改革の1500日』第2章、98頁

★064———西尾邦明、大鹿靖明「アイボ復活、鍵は『机の下開発』 有志が空き時間に試作」2018年1月11日 https://digital.asahi.com/articles/ASL1855D5L18ULFA003.html?pn=4&unlock=1#continuehere

★065———平井一夫『ソニー再生 変革を成し遂げた「異端のリーダーシップ」』日本経済新聞出版、2021年、第4章、Location No. 1573-1574(Kindle版)

★066———西田宗千佳『ソニー復興の劇薬 SAPプロジェクトの苦闘』KADOKAWA、2016年、最終章、No. 2318-2319(Kindle版)

★067———同上、Location No. 2087-2090

★068———宗像誠之「立ち上がれ！ソニーの中の"不良社員"」日経ビジネス電子版、2016年6月1日 https://business.nikkei.com/atcl/interview/16/031800001/053000009/

★069———永井隆「《EV・日本の大逆襲》日の丸EVの先陣を切った『日産・NEC連合』の失敗に学ぶ」週刊エコノミスト Online、2022年6月3日 https://weekly-economist.mainichi.jp/articles/20220614/se1/00m/020/052000c

★070———肥田美佐子「テスラを『破壊的な革新者』と見るのは早計だ」東洋経済オンライン、2017年10月28日 https://toyokeizai.net/articles/-/194531

★071———根津禎「ソニーの車載LiDAR素子、低コスト化に有利 Apple採用追い風」日経クロステック、2021年2月26日 https://xtech.nikkei.com/atcl/nxt/column/18/00001/05236/?i_cid=nbpnxt_sied_blogcard

★072———Will Knight "Sony's AI Drives a Race Car Like a Champ," WIRED (9 Feb. 2022) https://www.wired.com/story/sony-ai-drives-race-car-champ/

★073———Phillip Tracy "Kuo: Apple's AR Headset Will Be Its 'Most Complicated Product' Ever—And It's Coming Soon," Gizmode (24 Jun. 2022) https://gizmodo.com/apple-ar-mr-vr-headset-release-date-2023-kuo-analyst-re-1849104690

★074———浦上早苗「『メタバースは一過性のブーム、来年消える』中国メガITがそろって消極的な理由」Business Insider Japan、2021年11月23日 https://www.businessinsider.jp/post-246334

★075———Keith Stuart Keza MacDonald "Fortnite to celebrate 350m players with massive virtual party," The Guardian (6 May 2020) https://www.theguardian.com/games/2020/may/06/fortnite-now-has-350m-players-with-32bn-hours-played-in-april

★076———Matthew Meadow "Travis Scott's Fortnite debut draws 12.3 million users, tops Marshmello," Your EDM (24 Apr. 2020) https://www.youredm.com/2020/04/24/travis-scotts-fortnite-debut-draws-12-3-million-users-tops-marshmello/

★077———"Bilibili Inc. Announces 2021 Fourth Quarter and Fiscal Year Financial Results," GlobeNewswire (23 Mar. 2022) https://www.globenewswire.com/en/news-release/2022/03/03/2395987/0/en/Bilibili-Inc-Announces-2021-Fourth-Quarter-and-Fiscal-Year-Financial-Results.html

★078———盛田昭夫、石原慎太郎『「NO(ノー)」と言える日本 新日米関係の方策(カード)』光文社、1989年、第1章、14頁

★079———太田泰彦『2030 半導体の地政学 戦略物資を支配するのは誰か』日本経済新聞出版、2021年、Ⅳ -column、147-149頁

★080———「巨額補助金、問われる果実 台湾TSMC誘致」日本経済新聞、2021年10月9日 https://www.nikkei.com/article/DGXZQOGM08C050Y1A001C2000000/?unlock=1

★081———元データはGartner(2021年2月)。牧本次生『日本半導体 復権への道』筑摩書房、2021年、第1章、57頁

★082———Stephen Shankland "Apple's A15 Bionic chip powers iPhone 13 with 15 billion transistors, new graphics and AI," CNET (14 Sept. 2021) https://www.cnet.com/tech/mobile/apples-a15-bionic-chip-powers-iphone-13-with-15-billion-transistors-new-graphics-and-ai/

★083———「光変調器を超省エネ化し、高速高効率な光トランジスタを実現～光電子融合型の超低消費エネルギー・高速信号処理へ前進～」NTT、2019年4月16日 https://group.ntt/jp/newsrelease/2019/04/16/190416a.html

★084———「これから来る！ 脱炭素DX技術革命」週刊エコノミスト(2021年11月9日号)、毎日新聞出版、19頁

★085———野地秩嘉「ムーンショット・エフェクト：第6回 光コンピューティングへの第一歩」NTT技術ジャーナル(2021年2月号)、一般社団法人電気通信協会 https://journal.ntt.co.jp/article/10409

★086———一岡芳樹「光演算処理とその材料」高分子(1987年7月号36巻)、公益社団法人高分子学会、494-497頁 https://www.jstage.jst.go.jp/article/kobunshi1952/36/7/36_7_494/_pdf

★087———『2030 半導体の地政学』終章、283頁

★088———関口和一、MM総研『NTT 2030年世界戦略 「IOWN」で挑むゲームチェンジ』2021年、日本経済新聞出版、第1部第4章、61頁

★089———同上、第6部第3章、319-321頁

★090———同上、第1部第2章、40-42頁

★091———同上、43-45頁

★092———同上、第5部第5章、278-280頁

★093———リケラボ「量子コンピュータは何がすごいのか？ NASAとGoogleが世の中の空気を変えた」講談社ブルーバックス、2022年1月29日 https://gendai.ismedia.jp/articles/-/91411?page=2

★094———「AIの人知超え『前倒しも』 量子計算機、グーグル幹部言及」日本経済新聞、2021年8月24日 https://www.nikkei.com/article/DGKKZO75050550T20C21A8TB0000/?unlock=1

★095———『NTT 2030年世界戦略』第2部第2章、89-91頁

★096———下記サイトには2,700を超えるApple IIのゲームタイトルが掲載されている。"List of Apple II games," MobyGames https://www.mobygames.com/browse/games/apple2/list-games/

★097———2008年の数字。初代iPhoneの発売は2007年。Bryson Meunier "YOUTUBE VIDEO KEYWORD RESEARCH AND CHARACTERISTICS OF POPULAR YOUTUBE QUERIES," Mobile SEO Insights (22 May 2008) http://www.brysonmeunier.com/youtube-video-keyword-research-and-characteristics-of-popular-youtube-queries/

★098———"Historical Billings Report," WSTS https://www.wsts.org/67/Historical-Billings-Report

★099———109円／ドル。「コンテンツの世界市場・日本市場の概観」経済産業省、令和2年2月、2頁 https://www.meti.go.jp/policy/mono_info_service/contents/downloadfiles/report/202002_contentsmarket.pdf

★100———GWPは2021年93.86兆ドル、2018年86.34兆ドル。元データは世界銀行。https://statisticstimes.com/economy/world-gdp.php 世界の半導体売上は★098から引用で2018年4,688億ドル、世界のコンテンツ産業売上は★099から引用で1.18兆ドル

★101———本節の一連の会話は以下を基に構成。最後の父娘のせりふは創作。kc! Bradshaw "Steve Jobs and the Trampoline," Exkclamation Magazine (25 Sept. 2004) http://magazine.exkclamation.com/gadgets/steve-jobs-and-the-trampoline/

本書は、Musicmanの連載「スティーブ・ジョブズが世界の音楽産業にもたらしたもの」(2015年10月5日〜2017年4月19日掲載)を加筆・再構成し、新たに書き下ろしを加えたものです。

THE NEXT BIG THING

スティーブ・ジョブズと日本の環太平洋創作戦記

榎本幹朗 Mikiro Enomoto

1974年東京生。作家・音楽産業を専門とするコンサルタント。上智大学に在学中から仕事を始め、草創期のライヴ・ストリーミング番組のディレクターとなる。ぴあに転職後、音楽配信の専門家として独立。2017年まで京都精華大学講師。寄稿先はWIRED、文藝春秋、週刊ダイヤモンド、プレジデントなど。朝日新聞、ブルームバーグに取材協力。NHK、テレビ朝日、日本テレビにゲスト出演。著書に『音楽が未来を連れてくる 時代を創った音楽ビジネス百年の革新者たち』(DU BOOKS)がある。

初版発行　2022年7月30日

著 ―― 榎本幹朗（えのもとみきろう）

デザイン ―― 小沼宏之［Gibbon］

編集 ―― 小澤俊亮［DU BOOKS］

発行者 ―― 広畑雅彦

発行元 ―― DU BOOKS

発売元 ―― 株式会社ディスクユニオン

東京都千代田区九段南3-9-14

［編集］TEL.03.3511.9970 ｜ FAX.03.3511.9938

［営業］TEL.03.3511.2722 ｜ FAX.03.3511.9941

https://diskunion.net/dubooks/

印刷・製本 ―― 大日本印刷株式会社

ISBN978-4-86647-176-1

Printed in Japan

カバー写真＝MediaNews Group / The Mercury News via Getty Images

本書の感想をメールにてお聞かせください。

dubooks@diskunion.co.jp

DU BOOKS

好評2刷!

音楽が未来を連れてくる
時代を創った音楽ビジネス百年の革新者たち
榎本幹朗[著]

エンタメの"新常識"はすべて音楽から始まった。

エジソンの蓄音機から、ラジオ放送、ウォークマン、CD、ナップスター、iPod、着うた、スポティファイ、"ポスト・サブスク"の未来まで。史上三度の大不況を技術と創造力で打破した音楽産業の歴史に明日へのヒントを学ぶ、大興奮の音楽大河ロマン。

▶本体2500円＋税　▶四六　▶656ページ

ネットフリックス大解剖 Beyond Netflix
ネット配信ドラマ研究所[著]

イッキ見(ビンジウォッチ)がとまらない。世界最大手の定額制動画配信サービスNetflixが製作・配信する、どハマり必至の傑作オリジナルドラマ・シリーズ11作品を8000字超えのレビューで徹底考察。『ストレンジャー・シングス 未知の世界』『ベター・コール・ソウル』『ボージャック・ホースマン』『13の理由』『ブラック・ミラー』『The OA』ほか収録。ネトフリを観ると現代社会が見えてくる!

▶本体1500円＋税　▶四六　▶232ページ

わたしはラップをやることに決めた
フィメールラッパー批評原論
つやちゃん[著]

マッチョなヒップホップをアップデートする革新的評論集!

日本のラップミュージック・シーンにおいて、これまで顧みられる機会が少なかった女性ラッパーの功績を明らかにするとともに、ヒップホップ界のジェンダーバランスおよび「フィメールラッパー」という呼称の是非についても問いかける。COMA-CHI／valkneeのロングインタビューを収録。

▶本体2200円＋税　▶四六　▶280ページ

好評7刷!

AMETORA 日本がアメリカンスタイルを救った物語
日本人はどのようにメンズファッション文化を創造したのか?
デーヴィッド・マークス[著] **奥田祐士**[訳]

「戦後ファッション史ではなく、まさにこの国の戦後史そのものである」
――宮沢章夫氏
朝日新聞(森健氏)、日本経済新聞(速水健朗氏)など各メディアで話題!
石津祥介、木下孝浩(POPEYE編集長)、中野香織、山崎まどか、ウィリアム・ギブスンなどが推薦文を寄せて刊行された、傑作ノンフィクション。

▶本体2200円＋税　▶四六　▶400ページ＋口絵8ページ